Karl Geiringer

Johannes Brahms
Sein Leben und Schaffen

Unter Mitarbeit von Irene Geiringer

Bärenreiter

Kassel Basel Tours London

Taschenbuchausgabe der 2. erweiterten und verbesserten Aufla
Zürich/Stuttgart 1955.

Gesamtherstellung Bärenreiter Kassel
Printed in Germany · ISBN 3-7618-0470-9

Dem Andenken meiner Mutter

INHALTSVERZEICHNIS

VERZEICHNIS DER ABBILDUNGEN

Aus dem Vorwort zur ersten Auflage

Die Zahl der im Druck erschienenen Arbeiten über Johannes Brahms ist nicht gering. Wenn der Verfasser es dennoch unternimmt, mit einer neuen Biographie des Meisters vor die Öffentlichkeit zu treten, so geschieht dies in dem Glauben, daß eine Fülle neu beigebrachter Dokumente sowie die mehrfache Anwendung geänderter methodischer Gesichtspunkte ihm hiezu die Berechtigung verleihen.

Für den biographischen Teil des Buches stand ein ganz einzigartiges Material zur Verfügung, welches bisher noch von keinem Forscher eingesehen werden konnte. Es sind dies weit über 1000 Briefe, die Brahms während seines Lebens von den verschiedensten Schreibern erhielt. Sie gingen aus dem Nachlaß des Meisters in den Besitz der „Gesellschaft der Musikfreunde" in Wien über, an deren Sammlungen der Autor als Kustos wirkt. Hier ruhten sie auf Grund eines in der Verlassenschaftsabhandlung nach Johannes Brahms getroffenen Übereinkommens unter amtlichem Verschluß, bis zu dem Zeitpunkt, da ihre Eröffnung für die Zwecke dieses Buches stattfand. Den Kern dieser Sammlung bilden die kostbaren Briefe der Mutter, des Vaters und der Geschwister. Sie werden ergänzt durch die Briefe einer ganzen Anzahl hervorragender Persönlichkeiten, mit denen Brahms teilweise in herzlichen freundschaftlichen Beziehungen stand. Unter ihnen seien nur herausgegriffen: Eugen d'Albert, Julius Allgeyer, Ignaz Brüll, Daniela v. Bülow, Friedrich Chrysander, Peter Cornelius, Luise Dustmann, Anton Dvorák, Edward Grieg, Georg Henschel, Ferdinand Hiller, Gottfried Keller, Hermann Kretzschmar, Vinzenz Lachner, Franz Liszt, Adolf Menzel, Artur Nikisch, C. F. Pohl, Robert Schumann, Richard Strauß, Carl Tausig, Mathilde Wesendonk. Aus diesem reichen Material haben sich für nahezu jede Lebensperiode des Meisters bedeutsame Dokumente ergeben. Eine wertvolle Ergänzung hiezu bilden Briefe von Clara Schumann und Joseph Joachim an Brahms' Eltern und Briefe von Brahms an Amalie Joachim und Hans v. Bülow, sowie der Briefwechsel zwischen Brahms und Theodor Billroth.

Auch für das Schaffen des Meisters konnte Material herangezogen werden, das in den bisherigen Brahms-Biographien nur wenig oder gar nicht beachtet wurde. Es besteht zunächst aus den von der „Gesellschaft der Musikfreunde" bewahrten Skizzen des Meisters, denen ein außerordentlicher Seltenheitswert zukommt, da Brahms alle seine Entwürfe zu vernichten pflegte. Hinzu kommen die Originalmanuskripte der Kompositionen und die von Brahms selbst angelegte Sammlung von je einem Exemplar seiner gedruckten Werke, welch letztere sich gleichfalls in der „Gesellschaft der Musikfreunde" befindet. Hier merkte sich der Meister für eventuelle weitere Auflagen Fehlerkorrekturen sowie Abänderungen vor, die zeigen, wie Brahms in späterer Zeit über seine Werke gedacht hat. Dieses Material, das den Entstehungsprozeß der Kompositionen in allen seinen Phasen veranschaulicht, bietet als Ganzes tiefe Einblicke in die Werkstatt des Meisters.

Im Musikteil wurden die einzelnen Werke zunächst nach Gattungen, sodann innerhalb der einzelnen Gruppen nach ihrer Entstehungszeit geordnet. Alle größeren Stücke wurden gesondert besprochen, wobei stets das Streben maßgebend war, nicht in Einzelheiten stecken zu bleiben, sondern auf Grund der stilkritischen Methode das Typische herauszuarbeiten und zu zeigen, durch welche Merkmale sich die Werke des jungen, des reifen und des späten Brahms auszeichnen.

Im letzten Abschnitt wurden die bei der Beschreibung des Lebens und der Besprechung der Werke festgestellten Grundlinien in inneren Zusammenhang gebracht, woraus sich ein Gesamtbild der menschlichen und künstlerischen Persönlichkeit des Meisters ergab.

Der Verfasser möchte diese Vorrede nicht beschließen, ohne allen, die ihn in seiner Arbeit unterstützt haben, auch an dieser Stelle herzlichst zu danken. Besonders hervorheben möchte er die gütige Hilfe, welche ihm die Direktion der „Gesellschaft der Musikfreunde" — insbesondere Herr Vizepräsident Dr. Ernst Kraus und Herr Generalsekretär Sektionschef Dr. Friedrich Dlabac — sowie auch Frau Archivdirektor Dr. Hedwig Kraus angedeihen ließen. Zu aufrichtigem Dank ist er auch verpflichtet Herrn Rittmeister Eugen von Miller, den Damen Olga und Else Lewinsky, Herrn Präsident Wilhelm Kux, Professor Paul Wittgenstein, Konservator Dr. Robert Caillet, Professor Bronislaw Huberman und Universitätsprofessor Dr. Josef Hupka.

Wien, im Oktober 1934 Karl Geiringer,

Kustos an den Sammlungen der
Gesellschaft der Musikfreunde in Wien.

Vorwort zur zweiten Auflage

Seit seinem ersten Erscheinen ist das vorliegende Buch in verschiedenen fremdsprachigen Fassungen — in England und Amerika (2 Auflagen), Italien und Japan — veröffentlicht worden.

Eine Anzahl unbekannter Kompositionen, die seit 1935 ans Tageslicht gelangten, wurden nunmehr in der Werkbesprechung behandelt.

Im übrigen hat die Brahmsforschung in den letzten zwei Jahrzehnten keine Ergebnisse gezeitigt, die zu einer Abänderung des Gesamtbildes der menschlichen und künstlerischen Persönlichkeit des Meisters, wie es in diesem Buch entworfen wurde, Veranlassung gegeben hätte.

Boston (USA), Januar 1955 Karl Geiringer,

Ordinarius für Musikwissenschaft an der Universität Boston (Mass.)

DAS LEBEN

DIE ELTERN

Der Hamburger Pastor von Ahlsen mußte sich mancherlei Gedanken gemacht haben über das sonderbare Paar, das er am 9. Juni 1830 in den heiligen Stand der Ehe aufnahm. Vor ihm befand sich ein strahlend gesunder, stattlicher junger Mann in der kleidsamen Uniform der Hamburger Bürgerwehr, daneben ein schwächlich aussehendes, ältliches Mädchen mit einem kürzeren Fuß, deren einzigen äußeren Vorzug die schönen tiefblauen Augen bildeten. Die vorgelegten Dokumente bestätigten den krassen Altersunterschied: der Mann, Johann Jakob Brahms mit Namen, zählte 24 Jahre; das Mädchen, Johanna Henrike Christiane Nissen, hatte bereits das 41. Jahr vollendet. Nicht ohne Bedenken gab der Pastor das ungleiche Paar zusammen und mochte sich wohl vorgenommen haben, die Familie Brahms auch weiter im Auge zu behalten. Zunächst verlief das Dasein des Ehepaares durchaus in den für arme, von der Hand zum Mund lebende Leute vorgezeichneten Bahnen. Bezeichnend hiefür war vor allem der häufige Wohnungswechsel. Je nach dem Stand der kärglichen Einnahmen vertauschte man eine armselige Unterkunft mit einer noch beschränkteren, billigeren und bezog dann wieder ein etwas geräumigeres Quartier, wenn Familienzuwachs dies unerläßlich machte. Familie stellte sich ja bald ein. Im Februar 1831 taufte Pastor v. Ahlsen eine Tochter auf den Namen Elisabeth Wilhelmine Luise; ihr folgte am 7. Mai 1833 ein Sohn, der den Namen Johannes erhielt, und am 26. März 1835 ein zweiter Sohn, Fritz Friedrich. Trotz aller schweren materiellen Sorgen machte das Ehepaar Brahms einen recht zufriedenen Eindruck und es schien, als hätte Johann Jakob mit seiner zunächst kaum erklärlichen Wahl gerade das Richtige getroffen. Was aber mochte ihn zu diesem Schritt veranlaßt haben? War es Liebe, waren es Vernunftgründe? Um diese Frage zu beantworten, ist es nötig, einiges über die äußeren Schicksale des Ehepaares zu erfahren.

Johann Jakob Brahms stammte aus dem holsteinischen Städtchen Heide, wo sein Vater als ehrsamer Gastwirt und Gemischtwarenhändler tätig war. Sein älterer Bruder Peter Hoeft übernahm das väterliche Gewerbe und erweiterte es durch eine Pfandleihanstalt und einen Trödlerladen, wobei er übrigens allmählich für die aufgehäuften Schätze so leidenschaftliche Liebe entwickelte, daß er nur bestrebt war, keinen davon verkaufen zu müssen. (Ein ähnlicher Zug wird uns noch bei seinem Neffen begegnen.) Ganz anderes hatte Johann Jakob im Sinn. Zum Entsetzen der Familie, in der seit undenklichen Zeiten Handwerk oder Handel die selbstverständliche Betätigung waren, erklärte der Junge, Musiker werden zu wollen. Und mit der Zähigkeit des holsteinischen Menschen, der es gelernt hat, sich unter schwersten Lebensbedingungen durchzusetzen, gelang es ihm schließlich, alle Widerstände zu besiegen. Nachdem er mehrmals aus dem Vaterhaus weggelaufen war, entschlossen sich die Eltern endlich, ihn zu einem in der Nähe ansässigen Musiker in die Lehre zu geben, der den Jüngling nach längerer Studienzeit 1825 freisprach. Damit war alles geschehen, was die Familie für den unbändigen Sohn tun konnte. Nun hieß es, sich selbst weiterhelfen. Jakob Brahms hielt es nicht in den kleinen holsteinischen Provinzstädten; nur in Hamburg konnte sich für ihn das herrliche Schicksal erfüllen, das — er fühlte es genau — seiner harrte. Klein war das Bündel seiner Habseligkeiten, mit denen der Neunzehnjährige in die Großstadt zog; um so größer aber war sein Glaube an die Zukunft.

Bald mußte der Jüngling erfahren, daß es keineswegs leicht war, als Musiker in der Hauptstadt seinen Lebensunterhalt zu finden. Er hatte wohl alle Streichinstrumente und überdies Horn und Flöte spielen gelernt; doch diese Vielseitigkeit allein vermochte ihm angesichts seiner recht mittelmäßigen Leistungen in Hamburg nicht weiterzuhelfen. Da blieb also nichts übrig, als die Zähne zusammenbeißen und nicht wählerisch sein. Das Matrosenviertel nahm ihn auf. Hier durfte er in erbärmlichen Kneipen zum Tanz aufspielen und auch nur hier fand sich ein für ihn erschwingliches Elendsquartier. Aller Schmutz und alle Häßlichkeit, denen Jakob Brahms in diesen ersten Hamburger Jahren ausgesetzt war, konnten ihn jedoch nicht beirren. Er übte seinen Musikerberuf mit jenem Aufwand an Fleiß und Gewissenhaftigkeit aus, mit dem seine ehrsamen holsteinischen Vorfahren etwa an der Hobelbank oder im Kaufmannsladen gewirkt hatten. Mit kluger Einsicht in die Begrenztheit seiner musikalischen Fähigkeiten verlegte sich der Jüngling hauptsächlich auf den Kontrabaß, dessen Partien gewöhnlich technisch leicht gehalten und dabei für ein etwas größeres Ensemble unentbehrlich waren. Auf diesem eng begrenzten Gebiet brachte er es durch fleißiges Studium zu einem gewissen Können, und so gelang es ihm allmählich, Mitwirkungen in besseren Vergnügungslokalen zu erhalten, bis er schließlich Aushilfs- und dann ständiges Mitglied des angesehenen Sextetts in dem eleganten Alsterpavillon wurde, in welchem sich die beste Gesellschaft zusammenfand. Schon vorher aber hatte ihm sein Hornspiel zu einer Anstellung bei der Hamburger Bürgerwehr verholfen. Und dieser kleine sichere Verdienst verlieh ihm den Mut, eine grundlegende Änderung seiner bisherigen ungeordneten Existenz ins Auge zu fassen. Das Weitere lassen wir am besten Christiane Nissen selbst erzählen. In einem kurz vor ihrem Tode an ihren berühmten Sohn gerichteten Brief [1] berichtet sie mit rührender Schlichtheit über ihr Dasein bis zu ihrer Verheiratung *:

„Tante (ihre Schwester, verheiratet mit dem Arbeiter Philipp Detmering) und ich, wir sind so einfach groß geworden. Ich war 13 Jahre, wie ich ausging zu nähen. Abends kam ich um 6 zu Hause, dann machte es mir Vergnügen, Kleinigkeiten zu bestreiten und meiner Mutter zu Hilfe zu kommen und abends nähte ich oft noch bis 12 Uhr und so sechs Jahre. Dann habe ich zehn Jahre als Kleinmädchen gedient bei honetten Herrschaften. Dann bin ich wieder zum Nähen ausgegangen..

* In diesem und den folgenden Briefen von Brahms' Angehörigen wurden fehlende Interpunktionszeichen ergänzt und gelegentliche kleine Verstöße gegen die Rechtschreibung richtiggestellt.

Da verheiratete Tante sich und ich blieb bei ihr, paßte im Laden (einer Kurzwarenhandlung) mit auf und verdiente mit Nähen was ich konnte. Vater (Jakob Brahms) mietete eine Stube bei uns und so haben wir uns kennen gelernt. Wie er 8 Tage bei uns gewohnt hatte, hat er schon gewünscht, daß ich seine Frau würde. Nachdem hat er sich Onkel (Philipp Detmering) offenbart, der sagte es mir. Ich konnte es mir gar nicht denken, weil wir so verschieden an Jahren waren. Onkel fing mehrmals wieder davon an und so hielt ich es für Bestimmung."

Wenn man der Erinnerung der alten Frau trauen darf — und hiezu liegt aller Anlaß vor, da Frau Brahms' Gedächtnis allseits gerühmt wird —, so hat Johann Jakob überraschend schnell den schwerwiegenden Entschluß gefaßt. Nach der allgemeinen Ansicht der Biographen waren es die hervorragenden Hausfrauentugenden Christianes, welche den jahrelang von einem unordentlichen Elendsquartier zum anderen verschlagenen Musiker die in die Augen fallenden Nachteile seiner künftigen Frau vergessen ließen. Dies wird wohl zum Teil zutreffen, doch kann dieser Umstand allein nicht ausschlaggebend gewesen sein, da ja häusliche Fähigkeiten in damaliger Zeit nicht zu den Seltenheiten gehörten. Aus dem gleichen Brief von Frau Brahms geht hervor, daß sich Jakob knapp vor seiner Bekanntschaft mit Christiane für eine hübsche Siebzehnjährige lebhaft interessiert hatte. Wenn der lebensfreudige, blühende junge Mann nun doch das 41jährige gebrechliche Mädchen vorzog, so mußte dies tiefere Gründe gehabt haben. Tatsächlich entsprach die Persönlichkeit von Christiane Nissen — so befremdend dies im ersten Augenblick klingen mag — einem Grundzug im Wesen Johann Jakobs: jenem Streben nach Aufstieg, das ihn auch aus der Provinz in die Hauptstadt und aus tiefsten sozialen Niederungen zu einer geachteten bürgerlichen Existenz geführt hatte. Denn die verkrüppelte kleine Näherin, die sich seit ihrem 13. Jahr den Lebensunterhalt selbst verdient hatte, war dem jungen Musiker in vieler Hinsicht weit voraus, und Jakob mußte dunkel gefühlt haben, daß gerade sie die richtige Lebensgefährtin war, die ihm bei dem ersehnten Aufstieg mit der vollen Kraft ihrer Seele beistehen konnte. Schon durch Rang und Ansehen ihrer Vorfahren war sie ihm weit überlegen. Wie A. v. Ehrmann darlegt, geht aus der „Ahnentafel berühmter Deutscher“ hervor, daß Christiane Nissens Familie sich bis ins 14. Jahrhundert zurückverfolgen läßt. Unter den Vorfahren finden sich Stiftsvögte, Ratsherren, Bürgermeister und Pastoren. Auch der Urgroßvater und der Großvater Christianes waren noch Träger eines geistigen Berufes: beide wirkten als Schulmeister. Der Vater war allerdings Schneider und ihm dankte Christiane wohl ihre große manuelle Geschicklichkeit. Von den älteren Vorfahren aber erbte sie eine ausgesprochene geistige Regsamkeit, die auf den etwas schwerfälligen Johann Jakob stärksten Eindruck machen mußte.

Die Brahmsforschung hat bisher von Johannes Brahms' Mutter eine ziemlich unklare Vorstellung gehabt, da keinerlei Dokumente über sie auffindbar waren. Diesem Mangel vermag ich nun durch das neuerschlossene Briefmaterial abzuhelfen. Denn die 120 Briefe, welche Christiane an ihren Johannes richtete, und die noch ergänzt werden durch zahlreiche Briefe der Geschwister, liefern ein überaus lebendiges Bild dieser vortrefflichen Frau, so daß ich mich veranlaßt sehe, hierauf etwas näher einzugehen.

Wohl niemand wird sich beim Lesen der Briefe Christianes eines tiefen Eindrucks erwehren können. Diese einfache Frau — deren geringe Schulbildung sich in dem konsequenten Auslassen aller Interpunktionszeichen und in verschiedenen Orthographieschnitzern zeigt — versteht es, alles, was sie zu sagen hat, höchst lebendig zu formulieren, so daß man vermeint, sie sprechen zu hören. Sie ist die einzige in der Familie, die sich durch die Tätigkeit des Schreibens nicht gehemmt fühlt. Und wenn die allzeit Fleißige einmal Zeit hat, etwa abends, wenn sie allein ist, so kennt sie nichts Schöneres, als brieflich mit ihrem Johannes zu plaudern, dem sie immer so viel zu erzählen hat. Diese gerade bei Menschen ohne bessere Schulbildung höchst seltene Unbefangenheit und Ursprünglichkeit des Stils findet sich kaum jemals in den Briefen der Geschwister und — mit einer einzigen charakteristischen Ausnahme (s.S. 108) — niemals bei Jakob Brahms. So lange Christiane lebt, ist er nicht dazu zu bewegen, auch nur eine Zeile an den Sohn zu schreiben. Als er nach ihrem Tod hiezu gezwungen ist, beginnt fast jeder der kurzen Berichte an Johannes mit Entschuldigungen, wie „es fehlt mir ja an Stoff zum Schreiben“ [2] oder „ich habe mich leider vom Schreiben immer gerne gedrückt, davon kommt es denn wohl, daß es mir so schwer wird“ [3].

Zeugt die Art und Weise, wie Frau Brahms ihre Briefe abfaßt, von einer gewissen naiv-unbekümmerten Erzählerfreude, so gibt der Inhalt ein Bild ihrer mit natürlicher Klugheit gepaarten Herzensgüte. In den langen Episteln, in denen die Mutter dem Sohn alles Interessante aus Hamburg berichtet, kommt es kaum jemals vor, daß sie etwas Schlechtes über irgendeinen Menschen zu sagen hätte. Ja, sie sucht sogar noch Entschuldigungsgründe für Personen, über die sich ihr heißgeliebter Johannes zu beklagen hat. Als sich der Geiger Reményi im Jahre 1853 nach gemeinsamer Konzertreise plötzlich von dem jungen Brahms trennte, so daß der mittellose und weltfremde Zwanzigjährige fern von der Heimat ganz auf sich gestellt blieb, schrieb Christiane die folgenden Zeilen, die ebenso von ihrem gütigen Herzen zeugen, wie von ihrem unbeirrbaren Glauben an die Fähigkeiten des — damals noch keineswegs berühmten — Sohnes [4]: „Ich hoffe, Ihr seid als Freunde von einander geschieden. Böse kann man ihm doch nicht sein. Er glaubt doch wohl, er steht sich allein besser . . ., denn in Deiner Gegenwart kann Reményi wohl auf den Augenblick gefallen, aber nicht auf längere Zeit.“

Und erst die Freunde ihres Johannes! Ihnen kann sie überhaupt nicht genug Gutes erweisen. Häufig ermahnt sie den Sohn, dessen Schreibunlust ihr wohl bekannt ist, ihnen doch oft zu schreiben, und obwohl sie selbst die Stunden zählt, bis wieder ein neuer Brief ihres Johannes eintrifft, erklärt sie sich bereit, noch länger zu warten, damit die Freunde nicht zu kurz kommen. [5] Glücklich ist sie, wenn sie jemandem helfen kann; denn „was beseligt wohl mehr, als wenn ich, so viel in meinen Kräften steht, meinen Nebenmenschen nütze und diene. Der

Mensch lebt nur halb, der nur für sich und nicht für andere lebt".[6] In ihre Briefe schleicht sich nur dort eine gewisse Bitterkeit ein, wo sie es beklagt, anderen nicht helfen zu können. So heißt es einmal[7]: „Wir haben nicht die Mittel, können für unsere Nebenmenschen nur fühlen und die die Mittel haben, tuns nicht, weil sie nichts fühlen, die trösten nur mit schönen Worten." Und als ihre Tochter Elise von Clara Schumann ein Geschenk bekommt, zittert in Mutter Brahms ein leiser Neid, daß Clara so gestellt sei in der Welt, um anderen Freude machen zu können.[8] Hand in Hand mit ihrer Güte geht Christianes Feinfühligkeit. Ein reizender kleiner Zug mag sie belegen. Einmal muß sie ihrem Johannes wegen einer unüberlegten Handlung Vorwürfe machen. Da sie weiß, daß der Sohn alle ihre Briefe sorgsam aufbewahrt, schreibt sie diesen Passus auf ein separates Blatt, „damit Du es verbrennen kannst, daß es Dir nicht nach Jahren noch wieder vor Augen kömmt".[9] Ein Ausläufer dieser Zartheit des Fühlens in allen Dingen, die mit ihrem Sohn im Zusammenhang stehen, ist eine gewisse Sensibilität. „Deinen lieben Brief", schreibt sie,[10] „habe ich schon geahnt, heute früh, wie ich aufstand. Denn wie gewöhnlich ist mein erster Gedanke an Dich und da war es mir, als hörte ich, Du sagtest: Mutter, heute bekommst du einen Brief von mir."

Ein so gearteter Mensch muß natürlich auch für religiöse Fragen höchst empfänglich sein. Unerschütterlich ist sie in ihrem Gottvertrauen. Als Fritz Brahms 1854 zu ihrer schwersten Bestürzung eine ausgezeichnete Stellung einbüßt, schreibt sie[11]: „Fritz muß sich auf Gott verlassen, der aller Menschen Schicksal lenkt. Er wird ihn auch wieder aus diesem Dunkel führen." Und es ist nur selbstverständlich, daß die Mutter keinen Abend vergißt, Johannes in ihr Gebet aufzunehmen.[12] Doch keineswegs nur ihn allein; in ihrer wahrhaft mütterlichen Art bedenkt sie die beiden anderen, weniger gut geratenen Kinder mit gleicher Liebe und Fürsorge wie Johannes, den Stolz ihres Lebens. Stets ist sie ängstlich bemüht, den Zusammenhalt zwischen den drei Geschwistern so eng wie nur möglich zu bewahren. Rechtzeitig erinnert sie Johannes an die Geburtstage, damit er ja nicht vergesse zu gratulieren, und ebenso mahnt sie bei ihm versprochene Geschenke ein, um Elise oder Fritz Enttäuschungen zu ersparen.

Ob die literarischen Neigungen der vielgeplagten Frau wirklich so stark waren, wie alle Biographen vermuten (nach Kalbeck soll sie den ganzen Schiller auswendig gekonnt haben), möchte ich nach Kenntnis der Briefe eher bezweifeln. In den ganzen 120 Briefen findet sich nur einmal die Erwähnung eines Dichters, und zwar Klopstocks. Sie schreibt aber nicht etwa, daß sie seine Werke gelesen, sondern nur, daß sie gelegentlich eines Ausfluges nach Neumühlen sein Grab besucht habe.[13] Hingegen besteht jede Veranlassung, von Frau Christianes häuslichen Tugenden die allerhöchste Meinung zu hegen. Sie war nicht nur mit der Nadel überaus gewandt, sondern eine vorzügliche Köchin, über deren kulinarische Leistungen — besonders den berühmten Bickbeeren-Pfannkuchen — sich nicht nur Johannes, sondern auch verwöhnte Künstler, wie Clara Schumann oder Joachim, anerkennend äußerten. Vor allem aber war sie in Geldsachen peinlichst genau. „Du weißt, Deine Mutter kann nicht ruhen, wenn sie nur 50 Thaler schuldig ist. Verdienen, wo man kann, aber um Gottes willen nicht pumpen!" ruft sie einmal aus.[14] An diesem Grundsatz hielt sie um so strenger fest, als der unruhige Geist ihres Gatten immer wieder neue — teilweise recht kostspielige — Versuche unternahm, um weiter zu kommen. Zuerst trachtete er, in der Zahlenlotterie sein Glück zu machen, wobei er aber nur einen Teil der sauer verdienten Ersparnisse einbüßte. Sodann wurde auf sein Betreiben ein kleiner Laden, ähnlich dem früher gemeinsam mit Schwester Detmering betriebenen, eröffnet, ein Unternehmen, das von vornherein nicht viel Aussicht auf Erfolg bot, da Frau Brahms dies Übermaß an Arbeit nicht gut zu bewältigen vermochte. Einige Zeit später faßte man den Plan einer Auswanderung nach Amerika (s. S. 29) und nun wurde das Geschäft eiligst und natürlich mit Schaden verkauft. Nimmt man hinzu, daß Vater Brahms auch wenig geglückte Versuche mit einer Hühner-, Tauben- und Kaninchenzucht unternahm,[15] so versteht man, daß Frau Brahms das Wirtschaften nicht gerade leicht gemacht wurde.

So hatte Johann Jakob mit seiner Christiane eine wirklich gute Wahl getroffen und das Zusammensein gestaltete sich so glücklich, als dies bei der drückenden materiellen Lage möglich war. Unter diesen Umständen erscheint es kaum angebracht, hier von einer „keineswegs harmonischen Ehe“ zu sprechen, wie dies die meisten Biographen tun. Sie haben hiebei die in den letzten Lebensjahren von Frau Brahms aufgetretenen Unstimmigkeiten zwischen den Gatten im Auge, die sich begreiflicherweise ergaben, als sich der Altersunterschied besonders kraß auszuwirken begann. Damals war Frau Brahms eine durch ihr von schwerster Arbeit erfülltes Leben gänzlich entkräftete Greisin, während ihr Mann sich als besonders rüstiger Fünfziger noch im Vollbesitz seiner Kräfte fühlte.

In den ersten Jahrzehnten dieser 34 Jahre währenden Ehe ist jedoch kein Anzeichen für eine Disharmonie zwischen den Gatten gegeben und, wenn man nach den erhaltenen Briefen schließen darf, herrschte im allgemeinen Frieden und Frohsinn im Hause Brahms, da beide, Vater wie Mutter, Lebenskünstler waren, die es verstanden, jede kleinste Freude mit offenem Herzen zu genießen. So bildete sich etwa in der Familie eine eigene Tradition für Geburtstagsfeiern aus. Da wurden alle Bilder im Zimmer mit Girlanden geschmückt und des Abends trank man auf die Gesundheit des Geburtstagskindes und aller Lieben den von sämtlichen Familienmitgliedern — Johannes inbegriffen — heiß geliebten Eierpunsch. Dieses Getränk spielt in der Korrespondenz der Familie Brahms eine so gewichtige Rolle, daß ich den Lesern das von Elise Brahms für Clara Schumann niedergeschriebene Rezept[16] nicht vorenthalten kann: eine Flasche Rum, 12 Eier, 4 Zitronen, 1½ Pfund Zucker. So eine Eierpunschfeier schuf stets eine höchst vergnügte Atmosphäre, deren man sich noch lange nach dem Fest dankbar erinnerte. Als Johannes einmal aus Detmold über ein anderes Getränk lobend schrieb, antwortete die Mutter entrüstet[17]: „Daß Ananaspunsch besser schmeckt als Eierpunsch, kann ich mir nicht denken. Ich habe mich schon lange gefreut auf den Eierpunsch, wenn Du kommst.“ Eine weitere eiserne Festregel bildete die Gans zu Weihnachten. Als

Johannes noch über recht bescheidene Einkünfte verfügte, schickte er eigens 2 Taler für diesen Zweck nach Hause, um die Eltern, denen es damals schlecht ging, nicht um dieses Vergnügen zu bringen.

Unter den armselig-häßlichen Wohnungen, die die Familie durch lange Jahre beherbergten, litten natürlich Christiane Brahms und vielleicht noch mehr ihr Gatte, der es gar nicht schön genug haben konnte, wenn er Freundesbesuch empfing.[18] Doch auch in dieser Hinsicht taten sie, was in ihren bescheidenen Kräften stand, um ihr Heim wohnlicher zu gestalten. Der Bilder wurde bereits gedacht. Unter ihnen rühmte Johannes' Jugendgespielin Lieschen Giesemann (s. S. 33) noch als alte Frau wiederholt das reizende Pastellbild von Christiane Brahms als Mädchen im hellroten Kleid, mit enger Taille und kurzen Ärmeln, das in jeder Wohnung den Ehrenplatz über der Kommode neben dem Klavier innehatte.[19] Außerdem hielt man gerne einen Singvogel — oft ist von einer Nachtigall die Rede — und schmückte, wann immer es anging, die Stube mit Blumenstöcken, an deren Gedeihen die ganze Familie innigsten Anteil nahm. Wie denn überhaupt die Freude dieser in das häßlichste Stadtviertel verschlagenen Menschen an allem, was mit der Natur zusammenhängt, etwas geradezu Rührendes hat. Als man 1858 eine bessere Wohnung mit Gartenaussicht in der Fuhlentwiete bezieht, kennt die Begeisterung über die „frische Luft, als säße man im Garten“ [20] keine Grenzen. Jeder Fortschritt in der Entwicklung des die Fenster umrahmenden wilden Weins wird dem Sohn genau mitgeteilt und, als der erste Schnee fällt, schreibt Mutter Brahms begeistert: „Das sah wunderhübsch aus, als stünden die Bäume alle in Blüte.“ [21] Auch der Vater fühlt sich auf dem Land, wenn er vor der Türe den Wald hat, „wie im Paradies“ [22] und noch als alter, schwerleidender Mann, nahe vor seinem Tod, kann er es nicht unterlassen, auf ausgedehnten Ausflugsfahrten die Schönheiten der heimischen Erde mit unversieglicher Empfänglichkeit zu genießen.

Viele der eben geschilderten Züge lassen sich im Charakterbild von Johannes Brahms deutlich verfolgen. Vom Vater erbt der Sohn drei Grundzüge: die ausgezeichnete physische Gesundheit — als hoher Sechziger tanzt Jakob mit einer selbst unter seinen kräftigen Stammesgenossen allgemein bewunderten Ausdauer ganze Nächte hindurch —, den mächtigen Aufstiegswillen und die Musikalität. Allerdings: es darf nicht übersehen werden, daß zwischen der Musikalität des Vaters und des Sohnes ein grundsätzlicher Unterschied besteht. Gewiß war Johann Jakobs Talent bedeutend genug; denn wie wäre ihm sonst der ungeheure Aufstieg vom Straßenmusikanten des Matrosenviertels bis zum Kontrabassisten des Sextetts im Alsterpavillon und späterhin sogar des Hamburger philharmonischen Orchesters geglückt. Und auch die musikalische Vielseitigkeit des alten Brahms verdient Anerkennung. Er spielte nicht nur Kontrabaß und Horn, er war auch ein vorzüglicher Flötist, der noch als Einundsechzigjähriger von einem neuen Dirigenten ausdrücklich belobt wurde.[23] Und als im hohen Alter der leidende Mann dank der großzügigen Hilfe des Sohnes aller materiellen Sorgen enthoben war, spielte er zu seinem Vergnügen mehrmals in der Woche in verschiedenen Streichquartetten erste Violine und übte daneben fleißig Flöte.[24]

Vater Brahms war daher gewiß mehr als der etwas beschränkte Musikant, den manche Biographen in ihm sehen wollen. Dennoch fehlte seiner Begabung jeder höhere künstlerische Zug. So vorzüglich er sich auch als Musiker entwikkelte, letzten Endes blieb er hierin doch stets ein solider Handwerker. Wie aus der musikantischen Begabung des Vaters das schöpferische musikalische Genie des Sohnes wurde — dies entzieht sich jeder verstandesmäßigen Erklärung. Immerhin kann mit hoher Wahrscheinlichkeit angenommen werden, daß gerade jene seelischen und geistigen Qualitäten, die aus dem reproduktiven Talent das produktive machen, von der Mutter herrühren. Und über das rein Musikalische hinaus dankt der Meister seine bedeutende geistige Regsamkeit wohl in erster Linie der Familie Nissen. Hauptsächlich mütterliches Erbe ist auch seine seltene Güte und Hilfsbereitschaft, der wir im Verlaufe dieses Buches immer wieder begegnen werden. Beide

Eltern aber steuerten einen weiteren Wesenszug bei: die tiefe Empfänglichkeit für die Natur und für die kleinen Freuden des Daseins. Diese Gabe hatte das Ehepaar trotz aller ihm beschiedenen Sorgen und Mühen zu glücklichen Menschen gemacht. Daß dem Sohn nicht gleiches Schicksal beschieden war, daß ein mit so herrlichen Gaben ausgestatteter Mensch letzten Endes doch nicht glücklich wurde — dies liegt wohl im tiefsten Wesen des schöpferischen Genies begründet, darüber hinaus aber im Falle Brahms in einer eigenartigen inneren Entwicklung.

KINDHEIT UND JUGEND
(1833—1853)

Man kann sich die Umgebung, in der der kleine Johannes aufgewachsen ist, kaum armselig genug vorstellen. Enge, winklige Straßen, umsäumt von baufälligen, altersgeschwärzten Fachwerkhäusern, bilden das sogenannte „Gängeviertel", in dem das Kind seine Jugend verbringt. Schmutz und Krankheit sind hier selbstverständlich, und bricht — wie es der kleine Brahms als Neunjähriger erlebt — eine Feuersbrunst aus, so muß sie in den aneinandergedrängten, überfüllten und größtenteils aus Holz gebauten Häusern eine verheerende Wirkung ausüben.

Obwohl die Atmosphäre dieses Armeleuteviertels für die Entwicklung heranwachsender Kinder gewiß nicht günstig ist, tun die Eltern Brahms doch ihr Bestes, um in ihrem Heim eine Oase wenn auch nur bescheidenster, friedlicher Sicherheit zu schaffen. Unbeschadet aller materiellen Schwierigkeiten und Sorgen verbringen Johannes und seine Geschwister die ersten Lebensjahre in verhältnismäßiger Geborgenheit und ihre natürlichen Anlagen finden verständnisvolle Förderung.

Am liebsten spielt der kleine Johannes mit Bleisoldaten. Unerschöpflich ist er im Kombinieren neuer Stellungen, rastlos wandern die kleinen Finger über den Tisch, um durch planmäßige Verrückungen ein neues Bild zu schaffen. Man ist erstaunt, den zarten, stillen Knaben, der gewöhnlich die lärmenden Spiele seiner Altersgenossen meidet, bei so martialischer Beschäftigung zu finden. In Wirklichkeit aber hat dieses Aufstellen von Soldaten — das Johannes übrigens noch als Erwachsener fortsetzt und das ihn sogar zum Schaffen angeregt haben soll — mit der Freude eines Knaben am Kriegsspiel nur wenig zu tun; in ihm gibt sich bereits Brahms' tiefverwurzelte Fähigkeit kund, zahllose Kombinationen auszudenken. Das Aufstellen der kleinen Bleifiguren in immer neuen Anordnungen bereitet dem kleinen Johannes ein ähnliches Vergnügen, wie später das Variieren eines Themas. In beiden Fällen zeigt sich das gleiche Streben, einer gegebenen Substanz durch das Walten der Phantasie immer neue Seiten abzugewinnen.

Bald aber muß das Spiel der Arbeit weichen, die Schule ruft. Beide Eltern sind sich darin einig, daß man kein Opfer scheuen darf, um die Kinder viel lernen zu lassen. Bei Elise ist dies leider ausgeschlossen; das arme Mädchen leidet zu häufig an furchtbaren Kopfschmerzen, die ihr jedes Lernen unmöglich machen. Aber Johannes und Fritz sollen eine bessere Bildung erhalten als ihre Eltern. So wird Johannes als Sechsjähriger in die Privatschule des Herrn Heinrich Voß geschickt, die er im 11. Jahr mit Joh. Friedrich Hoffmanns Institut vertauscht. Beides sind gute Schulen - die in den meisten Brahms-Biographien wiederkehrende Legende von dem elenden Unterricht, den Johannes genossen haben soll, kann auf Grund neuester Forschungen nicht mehr aufrecht erhalten werden — und der Knabe lernt hier so viel, wie es bei dem damaligen allgemeinen Bildungsstand eben möglich ist. Das Institut des Herrn Hoffmann ist sogar berühmt fortschrittlich; neben Latein, Französisch und Englisch pflegt es mit Vorliebe Mathematik und Naturwissenschaften. Auch verwendet man hier Turngeräte, die erst viele Jahre später an den staatlichen Schulen eingeführt werden. Der Leiter wird als „herzensguter Mann, voll Phantasie und Tatkraft“ geschildert, der den kleinen Brahms gewiß nicht schlecht behandelt hat. Denn Johannes denkt noch 30 Jahre später gerne an den Lehrer zurück und anläßlich des fünfzigjährigen Jubiläums der Schule beteiligt er sich nicht nur mit einer ansehnlichen Summe an dem Festgeschenk,[1] sondern schickt Herrn Hoffmann auch sein Bildnis ein.

Bald tritt jedoch die Bedeutung des Schulunterrichtes für die Eltern und Johannes selbst zurück. Was bereits bei dem kleinen Kind geahnt werden konnte, zeigt sich nun von Tag zu Tag klarer: die unwiderstehliche Hinneigung zur Musik. „Nun gut“, meint Vater Jakob, „so soll Hannes Orchestermusiker werden wie ich", und er beginnt, das Kind in die Geheimnisse der Streichinstrumente einzuführen. Aber Hannes ist der richtige Sohn seines Vaters; er weiß, was er will. Die Streichinstrumente genügen ihm nicht. Genau so wie der junge Jakob bei seinen Eltern in Heide den Musikunterricht erzwang, setzt Johannes durch, daß er Klavier lernen darf, und mit sieben Jahren beginnt sein Unterricht. In der Wahl des Lehrers beweist Vater Brahms eine außerordentlich geschickte Hand. Otto Friedrich Willibald Cossel, ein Schüler des hochangesehenen Hamburger Komponisten und Pädagogen Eduard Marxsen, ist ein vorzüglicher Pianist und ein wirklicher Musiker. In idealer Weise vereinigt er in seinem Unterricht die Ausbildung aller technischen Fähigkeiten mit liebevoller Erfassung des inneren Gehaltes der Kompositionen. Bei ihm gibt es keine leere Virtuosenbrillanz; jede kleine Phrase muß Ausdruck eines inneren Erlebnisses sein. Diese im Zeitalter eines Kalkbrenners, Herz, Moscheles u. a. durchaus nicht übliche Einstellung ist von höchster Bedeutung für die Entwicklung des Kindes. Rein musikalisch ist es für Johannes wertvoll, daß er von vornherein nicht die modische Virtuosenrichtung einschlägt; tiefer geht jedoch noch der menschliche Gewinn. Hier begegnet das Kind einem Musiker, der seinen Beruf ganz anders auffaßt, als etwa der Vater oder dessen Kollegen; denn für seinen Lehrer ist jedes Kunstwerk etwas Heiliges, dem man nur mit Ehrfurcht nahen darf.

Bald merkt Cossel, daß Johannes nicht nur eine ganz ungewöhnliche Begabung, sondern auch innerlich alle Voraussetzungen zu einem bedeutenden Musiker mitbringt, und es entwickelt sich das innigste Verhältnis zwischen Lehrer und Schüler. Der Knabe verbringt ganze Tage im Hause Cossels, um mit dem Hin- und Hergehen nicht kostbare Zeit zu verlieren, und endlich entschließt sich der Lehrer sogar zu übersiedeln, um Johannes ganz in der Nähe zu haben. Die benachbarten Familien werden nun treue Freunde, die sich in allen Lebenslagen beistehen. 1857 fungiert Johannes als Gevatter eines Töchterchens seines Lehrers;[2] als Mutter Brahms stirbt, wird die einsame Elise von Cossels liebevoll aufgenommen[3] und nur zu bald kann sie Gleiches mit Gleichem vergelten. Wenige Monate nach Frau Brahms wird Friedrich Cossel seiner Familie entrissen, und nun betreut Elise die Kinder, während die Witwe sich einen Lebensunterhalt sucht.[4]

Unter der Leitung dieses ausgezeichneten Lehrers entwickelt sich Hannes' Klavierspiel in ganz ungeahnter Weise. Mit zehn Jahren kann er bereits bei einer von seinem Vater veranstalteten Aufführung des Quintetts op. 16 von Beethoven und eines Klavierquartetts von Mozart mitwirken. Ein Konzertmanager ist zufällig unter den Zuhörern und verspricht Jakob Brahms goldene Berge, wenn er mit dem kleinen Genie nach Amerika auswandere. In der ärmlichen Hamburger Stube wirken diese Wundermären berauschend. Die Eltern sind einverstanden und eilen zu Cossel, um ihm von dem Glücksfall zu berichten. Doch der Lehrer ist ganz anderer Ansicht. Er weiß, daß bei einer noch nicht abgeschlossenen künstlerischen Entwicklung eine Konzertreise den Ruin der kostbaren Menschenblüte bedeuten könnte, und mit allen Kräften setzt er sich dagegen zur Wehr. Als alle seine Mahnungen ungehört verhallen, rafft er sich zu dem schwersten Opfer auf: er tritt den geliebten Schüler an einen Besseren ab, der den Eltern gegenüber die notwendige Autorität besitzt. Dies ist Eduard Marxsen, einer der bedeutendsten Musiklehrer Hamburgs. Ihn bittet Cossel, den genialen Knaben, dem er selbst nichts mehr beibringen könne, zu unterrichten, und als der berühmte Meister sich nach einigem Zögern hiezu entschließt, ist Stolz und Begeisterung der Eltern so groß, daß sie dem Zureden der Lehrer folgen und auf Amerika verzichten.

Das Jahr 1843 bringt demnach eine entscheidende Wendung in Johannes' musikalischer Entwicklung. Eduard Marxsen teilt sich zunächst mit Cossel in des Knaben Unterricht, um ihn zwei Jahre später gänzlich zu übernehmen. Hatte Cossel bei Johannes eine ausgezeichnete technische und musikalische Grundlage des Klavierspieles gelegt, so besorgt Marxsen nun seine Ausbildung zu voller pianistischer Reife. Namentlich auf zwei Dinge legt er — wenn man nach Marxsens eigenen Kompositionen schließen darf — besonderen Wert: auf die Ausbildung der linken Hand und auf Sicherheit im Vortrag verschiedenartiger, schwieriger Rhythmen. In einem wichtigen Punkte wendet sich Marxsen jedoch von der Methode seines Vorgängers ab: denn während Cossel stets der Ansicht war, der junge Brahms könne nur ein guter Pianist werden, wenn er das leidige Komponieren sein ließe, nimmt Marxsen keinen Anstand, den Jüngling noch in seiner Passion zu bestärken. Mit Entzücken erkennt er Johannes' „scharf und tief denkenden Geist" und erteilt ihm richtigen Theorie- und Kompositionsunterricht. Marxsen selbst hatte bei dem Mozart-Schüler Seyfried und bei dem Freund Beethovens und Schuberts, Bocklet, studiert und so ist es nur selbstverständlich, daß er den jungen Brahms vor allem in die klassische und frühromantische Kunst einführt.

Es ist jedoch unrichtig — wie dies häufig geschieht — von einer ausgesprochenen Gegnerschaft Marxsens der Kunst seiner Zeit gegenüber zu sprechen. Seine „3 Romanzen" zeigen eine gewisse Vertrautheit mit den Werken Chopins, und Fritz Brahms, der gleich seinem Bruder von Marxsen unterrichtet wird, studiert bei ihm 1853 die As-dur-Polonaise von Chopin.[5] — In wichtigen Grundzügen stimmt Marxsen mit seinem großen Schüler überein. Die für Brahms so bezeichnende Vorliebe für die Volkskunst verschiedener Länder und im besonderen für das deutsche Volkslied, sowie die Freude an der Variationskunst finden sich schon in den Kompositionen des Lehrers vorgebildet. Und selbst in gewissen Wendungen von Brahms' Frühwerken erkennt man noch Anklänge an die Sprache Marxsens. Betrachtet man das Thema von Marxsens „Charakteristischen Variationen über einen Bauerntanz" op. 67/1, so überrascht es, wie nahe diese Volksweise mit ihrem unablässigen Wechsel von geradem und ungeradem Takt dem Thema von Brahms' frühestem Variationenwerk op. 21/2 steht. Und auch im Verlaufe von Marxsens „Variationen über ein finnisches Volkslied" op. 67/2 finden sich Stücke (Nr. 8 und 10), die wie Vorahnungen Brahms'scher Klaviervariationen klingen.

Auch in seinem Wesen ist Marxsen ganz anders geartet als

Cossel: herb-verschlossen, klug und geistreich; noch im Alter schreibt er seinem berühmten Schüler sehr boshafte, witzige Berichte über das Hamburger Musikleben. Doch bei aller äußeren Kühle ist Marxsen, wie viele seiner Heimatgenossen und nicht zuletzt sein Schüler, im Innersten sehr weich. Als er seinen schon alten blinden Hund verliert, vermag er und mit ihm die ganzen Hausgenossen drei Tage lang vor Kummer keinen Bissen anzurühren.[6] Die Familie Brahms hat Marxsens Güte immer wieder erfahren. Er verlangt keine Entschädigung für den Unterricht und ist in schwierigen Situationen ein kluger, hilfsbereiter Freund, dessen Rat wie ein Orakel aufgefaßt wird.

Bei Marxsen ist Johannes in der glücklichen Lage, auf der Höhe seines Ruhmes die Dankbarkeit gegen den alten Lehrer durch Taten beweisen zu können. Er bleibt ständig mit ihm in Korrespondenz, schickt ihm jedes neue Werk (oft — wie etwa das „Deutsche Requiem" — im Manuskript, mit der Bitte um Korrekturen!) und widmet ihm 1882 sein Klavierkonzert in B-dur. Als Marxsen 1883 sein fünfzigjähriges Künstlerjubiläum feiert, hat der Schüler den hübschen Gedanken, die „100 Variationen über ein Volkslied" seines Lehrers auf eigene Kosten bei Simrock drucken zu lassen. Die Antwort des Siebenundsiebzigjährigen sei hier wiedergegeben[7]: „... Welch' eine Überraschung, welch' eine Freude, in Deinem Herzen entsprungen, hast Du mir bereitet! In hohem Alter erlebe ich den zweiten Jubeltag für meine Kunstlaufbahn. Der erste war bekanntlich, wo Seyfried mich infolge meiner 1. Symphonie Sohn und „Du" anredete, der zweite hervorgerufen von treuen Schülern, an deren Spitze Du, der Stolz meines Lebens und meiner Berufstätigkeit ... Ich wollte Dich ans Herz drücken, den treu gebliebenen, der zum wahren Heil der Kunst seine Göttergaben verwertet. Gott nehme Dich ferner in seinen Schutz und schütte das Füllhorn seiner Liebe über Dich aus, zur Freude aller deren, die dem Hohen, Edlen in der Kunst huldigen ... Dein beglückter Marxsen."

Es wirkt gewissermaßen wie ausgleichende Gerechtigkeit des Schicksals, daß Johannes, dessen Jugend im übrigen nicht eben unter einem glücklichen Stern steht, zwei in künstlerischer und charakterlicher Hinsicht so prächtige Menschen als Lehrer hat. Denn ist seine Kindheit auch nicht freudlos — da Humor und Lebensmut im Hause Brahms immer zu finden sind —, so ist sie doch gewiß nicht sorglos. Wenig, sehr wenig ist es, was Vater Brahms für den fünfköpfigen Haushalt zu verdienen vermag; da ist es nur selbstverständlich, daß auch die Kinder bald mithelfen müssen, besonders, wenn ein Junge so begabt ist wie Johannes. So muß er schon mit 13 Jahren in Gasthäusern aufspielen und der Ruf des kleinen Pianisten verbreitet sich bald unter den Besitzern von Vergnügungslokalen und Schenken. Oft wird er noch spät abends aus dem Haus gerufen, um zum Tanz aufzuspielen, und man bietet ihm hiefür ein mageres Entgelt und soviel zu trinken, wie er nur will. Gewiß ist dies eine gefährliche Umgebung für den Knaben und man fragt sich, wie Frau Brahms dies zulassen konnte. Stimmt dies noch mit dem Bild der zärtlichen Mutter überein, das wir von ihr gewonnen haben? Will man diese Frage beantworten, so muß man zunächst bedenken, daß Frau Brahms, die selbst seit ihrem 13. Jahr im Erwerbsleben stand, stets den Grundsatz hegte, daß ehrliche Arbeit niemals Schaden bringen könne. Vor allem aber ist sie sich bewußt, daß für die Charakterbildung schließlich die Eindrücke ausschlaggebend sind, die man im eigenen Elternhaus empfängt. Hier aber atmet Johannes eine vollkommen gesunde Luft. So gibt sich die Mutter zufrieden und trachtet nur, wann immer sich eine Gelegenheit bietet, den Sohn zu einem ordentlichen Lebenswandel anzuhalten. Noch im Juli 1853, zur Zeit des Zerwürfnisses mit Reményi, ermahnt sie ihn[8]: „bleibe gesund und *moralisch gut,* dann wird auch diese unangenehme Periode vorübergehen.“

Naturgemäß kann eine solche Doppelexistenz nicht verfehlen, auf den zarten Knaben in körperlicher und seelischer Hinsicht die übelste Wirkung auszuüben. Allmählich wird es für das in den Entwicklungsjahren stehende Kind zu viel, sich zugleich unter Marxsens strenger Führung zum Virtuosen auszubilden und daneben stundenlang in stickigen, verräucherten

Lokalen zum Tanz aufzuspielen. Johannes wird äußerst blutarm und so nervös, daß er — wie er seinem Freund Klaus Groth später erzählt — damals „in einer Allee nur von Baum zu Baum balancieren kann, sonst wäre er gefallen". Da hilft ihm gerade in der ärgsten Zeit ein gütiges Geschick. Sein Vater macht die Bekanntschaft des Papiermühlenbesitzers Adolf Giesemann aus dem Städtchen Winsen a. d. Luhe und dieser lädt den Knaben für die Sommermonate zu sich, damit er seine Tochter Lieschen Klavier unterrichte und zugleich gute Landluft einatmen könne.

Die Sommer 1847/48 verbringt Johannes in dem reizenden kleinen Ort und gewiß gehören diese sorglosen, vergnügten Monate zu den schönsten Erinnerungen seiner Kindheit. „Onkel" und „Tante" Giesemann verwöhnen das blasse Stadtkind; Lieschen ist eine liebenswürdige Spielgenossin, mit der man auch zusammen lesen kann, und schließlich findet der kleine Künstler hier zum erstenmal eine bewundernde Musikgemeinde. Er dirigiert den Männergesangverein des Dorfes und für diesen Zweck bearbeitet er Volkslieder und schreibt eigene Chorkompositionen. Überhaupt muß das Glücksgefühl des zum erstenmal für längere Zeit der Stadt Entflohenen sich in einer Überfülle der Produktion Luft gemacht haben. Denn in einem Brief aus späteren Jahren[9] beklagt es Lieschen schmerzlich, daß die vielen ihrem Vater gewidmeten Manuskripte, die sie stets als Heiligtum bewahrt hatte, auf Brahms' Wunsch — wohl zum Zwecke der Vernichtung — in den Sechziger Jahren zurückgegeben werden mußten. Die Verbindung mit Giesemanns bleibt noch eine Zeitlang aufrecht und, als Johannes seine erste Konzertreise unternimmt, müssen all seine an die Eltern gerichteten Briefe den Freunden gezeigt werden, die sie nicht ohne Tränen lesen können.[10] Dann heiratet Lieschen nach Wilhelmshaven und man verliert sich aus den Augen. Aber viele Jahre später, da Lieschens Tochter Agnes als Gesangsschülerin unter Joachim in Berlin studiert, wendet sich die verarmte Witwe an den berühmten Jugendfreund mit der Bitte, ihrer Tochter ein Stipendium zu verschaffen. Brahms ist glücklich, von Lieschen etwas zu hören;

er erfüllt natürlich ihren Wunsch (wobei er im geheimen die Kosten des Unterrichts auf sich nimmt) und bittet sie, ihm ausführlich über ihre Familie zu schreiben und womöglich Bilder ihrer Eltern zu schicken.[11] An Joachim schreibt er zur Erklärung seines Anliegens: „Ich bin der Familie des Mädchens für viel Liebe und Freundschaft verbunden und bewahre ihrem Großvater ein Gedenken, wie es im Menschenherzen nicht schöner sein kann."

Als Johannes im Herbst 1848 von Winsen nach Hamburg zurückkehrt, ist aus dem zarten Stadtkind ein kräftiger Jüngling geworden, dem unerschütterliche Gesundheit sein ganzes Leben lang treu bleiben sollte. Bald bietet sich Gelegenheit, die neu gewonnenen Kräfte zu erproben. Am 21. September 1848 gibt der junge Brahms, nachdem er vorher bereits mehrfach in fremden Veranstaltungen mitgewirkt hatte, sein erstes eigenes Konzert. Merkwürdig wirkt in dem Programm neben den vorgeschriebenen Virtuosenstücken eine Fuge von J. S. Bach. Im Frühjahr 1849 folgt ein zweites Konzert, in dem sich der Jüngling an die Waldsteinsonate von Beethoven heranwagt und auch eine eigene Komposition — eine Phantasie über einen beliebten Walzer — zum Vortrag bringt. Hiemit nimmt seine Virtuosenlaufbahn vorläufig ein Ende. Äußere und innere Gründe sind hiefür maßgebend. Der Erfolg seiner Konzerte bei Publikum und Kritik ist nicht gerade überwältigend; gibt es doch — außer den berühmten internationalen Sternen — in Hamburg selbst genug hervorragende Pianisten, wie Goldschmidt, Todesco u. a., die es mit dem sechzehnjährigen Brahms durchaus aufnehmen können. Außerdem widerstrebt es dem heranreifenden Jüngling immer mehr, dem Modegeschmack zu huldigen. Mit einem Programm nach seinem Sinn aber hätte er schwerlich einen Saal füllen können. Und vor allem bringt die zunehmende Reife Johannes auch Klarheit über den ihm vorgezeichneten künstlerischen Weg. Er weiß, daß er nicht als Pianist, sondern als Komponist sein Bestes zu geben vermag. Unaufhaltsam quillt ja in ihm der schöpferische Strom und der Jüngling schreibt Werke von einer Kühnheit der Erfindung und einem hinreißenden Schwung, deren er sich selbst auf der Höhe seiner Meisterschaft nicht zu schämen braucht. 1851 entsteht das Scherzo in es-moll op. 4, im November 1852 folgt die Klaviersonate fis-moll op. 2, im gleichen Jahr beginnt er noch die Klaviersonate C-dur op. 1, welche im Januar 1853 beendet wird. Daneben schreibt Brahms eine Unzahl von Liedern, unter denen sich sogar die berühmte „Liebestreu" findet. Dies ist nur ein Bruchteil des damals Geschaffenen. Das meiste — wie ein Trio, Streichquartett u. a. — hat der gegen sich selbst unerbittlich strenge Meister später vernichtet. Hand in Hand mit dieser schöpferischen Eruption geht eine zunehmende Erweiterung und Vertiefung seines geistigen Horizontes. Der Jüngling verschlingt alle Bücher, deren er habhaft werden kann, und verwendet die wenigen Groschen, die ihm verbleiben, nachdem er sein Scherflein zum Haushalt beigetragen hat, um sich Bücher zu kaufen und damit den ersten Grundstock zu seiner später so imponierend großen Bibliothek zu legen. Unter seinen Büchern hat sich eines mit der Eintragung „Johannes Brahms 1848" erhalten und es ist bezeichnend für die ernste Sinnesart des damals erst Fünfzehnjährigen, daß es sich hiebei um die 1742 erschienene Generalbaß-Schule des Hamburgers David Kellner handelt. Auch das vom Onkel ererbte starke antiquarische Interesse, das sich besonders Hamburger Altertümern zuwendet, kommt schon in dieser Anschaffung zum Ausdruck. Als Gegengewicht gegen die trockene Musiktheorie aber versenkt sich der Jüngling mit besonderer Inbrunst in die Welt der romantischen Dichtung. Hier findet er auf andere Weise *das* ausgedrückt, was in seinen eigenen Schöpfungen Leben gewonnen hat. Um seine innige Verbundenheit mit dem Geist der Romantik zu bekunden, nennt er sich nach der Hauptgestalt des heißgeliebten Romans „Kater Murr" von E. T. A. Hoffmann nunmehr „Johannes Kreisler junior". Er beginnt, besonders schöne Stellen seiner Lieblingsdichter in kleine Büchlein zu schreiben, die er „Schatzkästlein des jungen Kreisler" nennt. Diese schöne Auslese vermittelt in der Vielseitigkeit der Interessen und dem Blick für das wahrhaft Bedeutende einen überwältigenden Eindruck von der Geistesart des jungen Brahms.

Doch von all dem weiß man in Hamburg nichts. Freunde hat der verschlossene Jüngling kaum und auch in der eigenen Familie kommt er sich oft wie ein Fremder vor. Zwar hängt er an der Mutter mit der ganzen Wärme seines liebevollen Herzens und weiß, daß ihre mütterliche Liebe sie selbst dort noch ahnungsvoll folgen läßt, wo ihr Verstand die Gedankengänge des Sohnes nicht zu erfassen vermag. Mit der Mutter verlebt er denn auch die meisten freien Stunden und selig denkt sie später an die schönen, zu zweit verbrachten Abende. Über einen Silvesterabend schreibt sie im Jahre 1855 [12]: „Ich erinnerte mich noch, wie wir beide, Du und ich (Vater Brahms war dienstlich beschäftigt), einmal so vergnügt waren, weißt Du noch, vor so vielen Jahren; man kann es sich so deutlich erinnern als war es gestern gewesen. Ich habe Dich so vergnügt nicht wiedergesehen." Auch den Vater liebt Johannes von ganzem Herzen, doch weiß er, daß er mit ihm nicht über Fragen geistiger Art sprechen kann, die ihn so stark beschäftigen.

Vor allem aber braucht ein junger Mensch verständnisvolle Altersgenossen. Seine Geschwister sind es nicht. Elise hat gewiß den besten Willen, aber ein Zusammenleben mit ihr ist sehr schwierig. Oft ist sie überschwänglich zärtlich — so spricht sie etwa einmal [13] von Johannes' „schönen, himmlischen, göttlichen Briefen" — was dem zurückhaltenden Bruder nicht gerade zusagt, dann wieder macht ihr furchtbares Kopfleiden sie tagelang vollkommen apathisch für alles, was um sie herum vorgeht. Auch wenn sie gesund ist, vermag sie sich mit Johannes nur über die kleinen Dinge des Alltags zu verständigen — ihr Sinnen ist vor allem darauf gerichtet, ihm seine Lieblingsspeisen, so wie er es gern hat, zu kochen — aber geistig hat sie wenig Berührungspunkte mit ihm, da sie sich nie mit anderem als Nähen und Hauswirtschaft beschäftigt. Dennoch hat vielleicht auch in Elise ein Funke der von der Mutter ererbten Geistesart geglüht. Auffallend ist jedenfalls, welch wertvolle Bücher sie bei ihrer Übersiedlung nach der Mutter Tod aus der Bibliothek des Bruders für sich behält; neben den Gedichten von Bürger und „Paul und Virginie" finden sich hier u. a. Goethes Briefwechsel mit Schiller, die Mozart-Biographie von Otto Jahn und Schumanns Schriften.[14] Die Welt der Bücher ist Elise jedenfalls erst spät durch ihren Bruder und vielleicht auch durch Clara Schumann (vgl. S. 63) erschlossen worden; zur Zeit, als der junge Johannes sein geistiges Wachstum durchmacht, hat seine Schwester ihm gewiß nicht folgen können.

Viel näherliegend wäre es, an Bruder Fritz Anschluß zu suchen; er hat den gleichen Bildungsgang genossen und ebenfalls die Musik zum Beruf erwählt. Hier aber ergeben sich innere Schwierigkeiten unüberbrückbarer Natur. Fritz ist charakterlich von seinem Bruder sehr verschieden. Er ist viel lebhafter und immer zu großen Worten und Versprechungen bereit, aber es steckt nicht viel dahinter. Eine charakteristische Szene dieser Art erzählt Elise.[15] Oft machte sich ihre Mutter schwere Sorgen um die Zukunft der schwächlichen Tochter und jedesmal erklärte Fritz mit Pathos, daß sie vollständig beruhigt sein könne, er werde für die Schwester in liebevollster Weise sorgen. Johannes saß still dabei. Als jedoch Elise dann tatsächlich allein stand, nahm sich Johannes, der keine Versprechungen gegeben hatte, in aufopfernder Weise der Schwester an, während der großsprecherische Fritz nicht das Geringste für sie tat. Auch in künstlerischer Hinsicht fehlt Fritz der ideale Ernst und die Zielstrebigkeit seines Bruders. Zu dieser Gegensätzlichkeit der Charaktere kommt ein aus der Gleichheit der Betätigung sich selbstverständlich ergebendes Rivalitätsverhältnis. Fritz muß sich mit Johannes vergleichen und fühlt sich benachteiligt von Natur und Schicksal (wie muß es ihn gekränkt haben, als er in Hamburg den Spitznamen „der falsche Brahms" erhielt!); der Ältere ahnt dies und verbirgt sein Schuldgefühl hinter Streitbarkeit. Auch Mutter Brahms ist sich hierüber im klaren. Einmal schreibt sie über Fritz[16]: „Der arme Junge! ... Vater sprach oft genug darüber, daß Fritz stiefmütterlich behandelt wurde; deshalb riet Vater ihm zu der Geige, worauf er auch sehr viel Zeit verwendet hat ... Ach, was hätte Fritz von Dir lernen können, wäret Ihr einige Brüder gewesen!"

So ist Johannes menschlich einsam und auch sein Schaffen

entwickelt sich im Verborgenen, unbemerkt von der Öffentlichkeit. Einmal unternimmt er einen Vorstoß und schickt dem in Hamburg konzertierenden Robert Schumann seine Kompositionen zur Durchsicht. Der vielbeschäftigte Meister sendet sie ihm uneröffnet zurück und die bittere Enttäuschung steigert noch des Jünglings Schüchternheit. — Nach außen hin ist Johannes Brahms damals nichts anderes als ein fleißiger Handwerker. Er gibt Stunden, spielt Begleitmusik auf dem Theater, macht Arrangements für den Verleger Cranz, ja komponiert sogar für ihn modische Salonstücke, die er allerdings nicht unter seinem eigenen Namen erscheinen läßt.

Über die Art dieser Werke ist ein dichtes Dunkel gebreitet. Kalbeck behauptet, ohne dies jedoch zu begründen, daß die Stücke unter dem Pseudonym G. W. Marks veröffentlicht wurden. Nun hat es sich aber herausgestellt, daß G. W. Marks auch als Autor von Werken anderer Verleger, wie Peters, Hofmeister, Bote & Bock, figuriert, die nicht von Brahms herrühren können. Müller-Blattau nimmt an, daß es sich bei dem Namen Marks —wie dies in damaliger Zeit nicht selten vorkam — um ein Sammelpseudonym verschiedener Autoren handelt, und es ist nicht ausgeschlossen, daß auch Brahms einer darunter war. Daß aber gerade das bei Kalbeck erwähnte „Souvenir de Russie“ von G. W. Marks eine Brahms'sche Komposition sein soll, erscheint sehr unwahrscheinlich, wenn man diese vollkommen seichte, gehaltlose Salonkomposition durchsieht. Sicher ist nur, daß Brahms für Cranz fortlaufend Arbeiten verfertigte, darunter auch solche, mit denen er — wie die Mutter schreibt[17] — „ziemlich viel verdiente“, und daß er selbst nach seiner Abreise aus Hamburg noch Aufträge dieser Art vom Verleger erhielt.

All dies ist weder ehrenvoll noch kann es einem jungen Mann zu einer befriedigenden äußeren Existenz verhelfen. Kein Wunder also, daß Vater Brahms ungeduldig wird.[18] Dazu hätte Johannes nicht soviel lernen müssen! Der Junge sollte aus dem Haus, meint er; in der Fremde, ganz auf sich gestellt, werde er erst zeigen, was in ihm steckt. Auch Johannes fühlt sich nicht mehr wohl in der Vaterstadt und sehnt aus ganzem Herzen eine Gelegenheit herbei, um in die weite Welt hinauszuziehen. Endlich bietet sie sich. Der begabte ungarische Geiger Eduard Reményi, der infolge politischer Betätigung im Jahre 1848 aus der Heimat fliehen mußte und in Hamburg große Erfolge erringt, wird auf den jungen Pianisten aufmerksam und fordert ihn auf, mit ihm gemeinsam eine Konzertreise zu unternehmen.

Am 19. April 1853 tritt die entscheidende Wendung im Leben Johannes Brahms' ein. Der zwanzigjährige unbekannte Musikhandwerker verläßt seine Heimat, die er nur wenige Monate später als berühmter Künstler wiedersehen soll.

SIEBEN BEDEUTSAME MONATE

In den letzten Maitagen des Jahres 1853 wird dem königlich hannoverschen Konzertmeister Joseph Joachim ein Besuch gemeldet. Ins Zimmer treten zwei Jünglinge, der eine dunkel und feurig, in seinem ganzen Gehaben den Ausländer bekundend, der andere schüchtern-unscheinbar, mit schönen, klaren Zügen und langem blonden Haar. Ungestüm fällt der Ausländer Joachim um den Hals und gibt sich als Eduard Reményi, einen ehemaligen Studiengenossen am Wiener Konservatorium zu erkennen. Nun erinnert sich auch Joachim des temperamentvollen Ungarn und erkundigt sich teilnahmsvoll nach dessen Schicksalen. Reményi kann dem berühmten, weit über ihn emporgestiegenen Kollegen nicht genug von den eigenen Erfolgen erzählen, von den Triumphen, die er in Hamburg und selbst in Amerika errungen hat. Auch die jetzige kleine Konzertreise sei recht befriedigend verlaufen; bisher hätten sie wohl nur in kleinen Orten wie Winsen, Lüneburg, Celle gespielt, aber das Ergebnis sei überall ganz ausgezeichnet gewesen und nun hofften sie auf Konzerte in Hannover und anderen größeren Städten.

Während der Ungar all dies in den ersten Minuten hervorsprudelt, ruhen die Augen Joachims immer häufiger auf Reményis Begleiter. Etwas in dem nach innen gekehrten Blick des Fremden zieht ihn eigentümlich an und er versucht, ihn ins Gespräch zu ziehen. Zunächst ist Johannes Brahms außerordentlich befangen; nie ist er noch vor einem Künstler von internationalem Ruf, wie es dieser Zweiundzwanzigjährige bereits ist, gestanden. Und noch dazu handelt es sich um Joachim, dessen geniale Wiedergabe des Beethovenschen Violinkonzertes den fünfzehnjährigen Johannes in Hamburg zu den höchsten Höhen der Begeisterung erhoben hatte! Doch bald fühlt er, daß hier ein Jüngling vor ihm steht, der ihm seiner ganzen Einstellung nach zutiefst verwandt ist. Da weicht die starre, eingefleischte Zurückhaltung von ihm, er erzählt von seinen Zielen, seinen Kämpfen und ehe er sich's versieht, sitzt er am Klavier und spielt Joachim seine Werke vor. Der Eindruck ist stärker, als der so bescheidene Komponist je hätte ahnen können. Der große Geiger ist vollständig hingerissen von der Originalität und Kraft dieser Kompositionen und nicht weniger von der Art, wie Brahms sie spielt. Wenige Tage genügen, um zwischen den beiden Künstlern einen Freundschaftsbund fürs Leben zu knüpfen und zum erstenmal erfährt Johannes die Seligkeit, sich wirklich verstanden zu wissen. Doch diese schöne Zeit nimmt nur zu bald ein jähes Ende. Kaum waren Reményi und er bei Hof aufgetreten, als die Polizei darauf kommt, daß ein berüchtigter ungarischer Revolutionär es gewagt hätte, vor dem König zu spielen. Reményi wird einem strengen Verhör unterzogen, das mit einer sofortigen Ausweisung des Ungarn und seines Begleiters endet. Traurig trennt sich Brahms von Joachim; einen kleinen Trost nur gewährt ihm die zum Abschied von dem ahnungsvollen Freunde ausgesprochene Einladung, ihn sofort aufzusuchen, falls sich ein weiteres Zusammenarbeiten mit Reményi als unmöglich erweisen sollte. — Das erste Erlebnis der Freiheit, des Erfolges und vor allem der Freundschaft mit einer so herrlichen Künstlernatur muß berauschend auf den jungen Brahms gewirkt haben. Seine ausführlichen Berichte an die Eltern hat er leider selbst später vernichtet, aber ihr Widerschein leuchtet aus einem Antwortschreiben der Mutter[1]:

„... Dein Brief hat uns so angenehm überrascht und gerührt, daß ihn keiner lesen konnte, und wie er zu Ende war, sagten wir: der glückliche Johannes und wir glückliche Eltern. Ja gewiß, dieses köstliche Gefühl, nicht um alle Schätze der Welt möchten wir es entbehren. Jetzt, lieber Johannes, fängt Dein Leben erst an, jetzt wirst Du ernten, was Du hier mit Mühe und Fleiß gesät hast, Deine Stunde hat geschlagen. Danke der gütigen Vorsehung, sie sandte Dir einen Engel, der Dich aus dem Dunkel in die Welt führte, wo es Menschen gibt, die Dich und das, was Du gelernt hast, zu schätzen wissen. Ein paar Stunden möchten wir Dich bei uns haben, um Deinen frohen Blick zu sehen und unser Glück mündlich miteinander zu teilen, doch das geht nicht. Wir wollen also Gott um Deine Gesundheit bitten, die Du aber auch nicht zu sehr anstrengen mußt, und abends nicht zu spät aufbleiben darfst."

Die nächste Station der Reise ist Weimar. Hier regiert Franz Liszt auf der Altenburg über eine schwärmerische Gemeinde von Pianisten und Komponisten. An ihn hat Joachim den Freund warm empfohlen; denn er kennt Liszts außerordentliche Güte und Hilfsbereitschaft jungen Künstlern gegenüber. Doch der Besuch bei dem Weimarer Musikfürsten verläuft nicht ganz nach Erwartung. Zwar machen auch auf Liszt, der fremde Eigenart wohl zu würdigen versteht, die Werke des jungen Hamburgers einen ausgezeichneten Eindruck und er wäre bereit, Brahms den Weg in die Öffentlichkeit so weit als möglich zu ebnen. Eine selbstverständliche Bedingung hat der Jüngling allerdings zu erfüllen: er muß sich zu den Kunstanschauungen Liszts und seines Kreises bekennen, da der große Pianist recht wohl fühlt, daß eine kraftvollgeniale Natur wie die Johannes Brahms' von größter Bedeutung für den Sieg seiner Bewegung werden könnte. Denn Liszt ist das Haupt der sogenannten „neudeutschen" Richtung in der Musik, die, von den Werken Hector Berlioz' ausgehend, eine gewisse Lockerung der Fesseln der Tonalität anstrebt und vor allem eine durch poetische Ideen bestimmte Formgebung der Musikwerke fordert.

Brahms aber vermag die von ihm erwartete Gefolgschaft nicht zu leisten. Die neudeutsche Musik, wie sie sich für ihn in den Kompositionen Liszts verkörpert, erscheint ihm hohl und wertlos und der Marxsen-Schüler lehnt ihre teilweise von außermusikalischen Gesichtspunkten ausgehende Kunstanschauung entschieden ab. Auch der ganze Betrieb auf der Altenburg, wo sich alles um den vergötterten Liszt dreht, sagt ihm nicht zu. Eine weite Kluft trennt ihn von diesen Menschen und er macht gar keinen Versuch, sie zu überbrücken. Dies ist charakteristisch für den Menschen und Künstler Johannes Brahms. Obwohl er weiß, daß er — der so dringend eines Protektors bedarf — sich hiemit die Gunst eines der mächtigsten Musiker in Deutschland verscherzt, vermag er doch nicht zu heucheln und es kann Liszt nicht entgehen, wie wenig seine Werke dem jungen Brahms gefallen. Im einzelnen hat sich eine ganze Legende um dieses Zusammentreffen der Künstler auf der Altenburg gesponnen und es wird sogar behauptet, Brahms sei eingeschlafen, als Liszt eigene Werke vorspielte. Wenn diese Mitteilung auch nicht wirklich überzeugend klingt — wie Ehrmann hervorhebt, hat Mason, der einzige Gewährsmann dieser Episode, Brahms nicht wirklich schlafen gesehen, sondern dies nur von dem absolut unverläßlichen Reményi gehört —, so ist eines gewiß richtig: Brahms verletzte den älteren Meister durch die Gleichgültigkeit, welche er dessen Schaffen entgegenbrachte, und verscherzte sich dadurch auch jede weitere Anteilnahme Liszts.

Diese unvorsichtige Handlungsweise zieht zunächst eine von Brahms gewiß nicht vorausgesehene Folge nach sich. Eduard Reményi ist empört. Das Vorgehen seines Kunstgenossen erscheint ihm als Gipfel der Unklugheit; ihm liegt außerordentlich viel an Liszts Gunst und er muß daher alles tun, um ja nur jeden Schatten eines Verdachtes, daß er Brahms' Gesinnung teilen könne, abzuwehren. Übrigens ist ihm sein Begleiter, der sich nicht im Hintergrund halten läßt, schon längst unbequem geworden; so ist er froh über den sich bietenden Anlaß und weigert sich, mit Brahms weiter zu konzertieren.

Nun befindet sich der Jüngling in einer bösen Lage. Ohne größere Mittel — das bisher Verdiente ist gewiß durch die Reisespesen verschlungen worden — steht er allein in der Fremde. Wohin soll er sich wenden? Darüber gibt es keinen Zweifel; er hat ja einen Freund: Joseph Joachim. An ihn schreibt er einen Brief, der nicht nur inhaltlich bedeutsam, sondern auch bezeichnend für den romantischen Stil des jungen Brahms ist, und daher auszugsweise hier wiedergegeben werden soll:*

* Vgl.: Briefe von und an Joseph Joachim, Berlin 1911.

Weimar, 29. Juni 1853

Werther Herr Joachim!

Trüge ich nicht den Namen Kreisler, ich hätte jetzt vollwichtige Gründe, etwas Weniges zu verzagen, meine Kunstliebe und meinen Enthusiasmus zu verwünschen und mich als Eremit (Schreiber?) in die Einsamkeit (eines Büreaus) zurückzuziehen ... Reményi wird von Weimar ohne mich fortgehen. Es ist *sein* Wille, mein Betragen gegen ihn konnte ihm nicht den geringsten Anlaß geben ... Es wäre mir wirklich nicht nöthig noch eine so bittre Erfahrung zu machen, ich hatte in der Hinsicht schon reichlich Stoff zum Dichter und Componisten ...

Ich kann nicht ohne jedes Resultat nach Hamburg zurück, wo mir doch jetzt am wohlsten wäre mit meinem in c-gis gestimmten Herzen, ich muß mindestens 2 oder 3 meiner Werke verlegt sehen, damit ich meinen Eltern frisch und freudig ins Gesicht sehen kann ... Schreiben Sie mir doch *so bald als irgend möglich*, ob Sie, was mir *unnennbar lieb* wäre, noch dieser Tage in G(öttingen) sind u(nd) ich Sie dort besuchen kann ... Ich bin vielleicht unbescheiden, aber meine Lage u(nd) mein mißgestimmtes Gemüt zwingen mich dazu ..."

Natürlich läßt Joachim den jungen Brahms zu sich nach Göttingen kommen, wo er seinen Urlaub verbringt, um an der Universität philosophische und geschichtliche Vorlesungen zu hören. Es folgen beglückende Wochen des gemeinsamen Musizierens, Lesens, Debattierens, Wanderns und von immer neuen Seiten erschließt sich jedem die Wesensart des Freundes. Joachim ist nicht nur ein begnadeter ausübender Künstler. Weit mehr als am Konzertieren ist er zu dieser Zeit noch am Komponieren interessiert — was sich später infolge der ungeheuren Konzert- und Lehrtätigkeit ändern sollte. Von maßgebenden Musikern wie Schumann und Liszt werden die Werke des jungen Joachim hoch geschätzt. Auch Brahms findet, daß in „Joachim mehr steckt, als in allen anderen jungen Komponisten zusammen", ihn selbst nicht ausgenommen; er widmet sich dem Studium der Werke des großen Geigers mit solcher Begeisterung, daß er zu seinem Privatvergnügen, ohne dem Autor auch nur etwas davon zu sagen, zwei Ouvertüren Joachims für Klavier bearbeitet. Gemeinsam nehmen die Künstler die beiderseitigen Kompositionen durch und die Freundschaft, die sie verbindet, bewirkt nur, daß jeder seine besten Kräfte daran wendet, dem Werke des anderen zur höchsten Vollendung zu verhelfen. Dieses innige Zusammenarbeiten und die Gemeinsamkeit der Denkweise findet übrigens auch rein äußerlich in einem charakteristischen Merkmal Ausdruck: die Notenschriften der beiden Jünglinge gewinnen eine verblüffende Ähnlichkeit. Vergleicht man etwa die Originalhandschrift von Joachims „Demetrius-Ouvertüre" mit der vierhändigen Bearbeitung des gleichen Werkes durch Brahms, so wird es dem, der den Sachverhalt nicht kennt, gar nicht so leicht fallen festzustellen, welches Exemplar von Brahms und welches von seinem Freund geschrieben wurde.

Nun das Verhältnis ein so inniges geworden ist, trägt Johannes auch kein Bedenken, bei seinem Freund „Jussuf" (wie sich Joachim gerne nennen läßt) länger in Göttingen zu verweilen. Die Eltern aber sind anderer Ansicht. Nach dem glänzenden Anfang der Konzertreise mit Reményi trifft sie der jähe Abschluß um so härter. Sie verstehen nicht, warum sich Johannes in das kleine Göttingen zurückzieht, wo er es doch zu nichts bringen kann, und die schnell geschlossene Freundschaft mit Joachim ist ihnen etwas unheimlich. Die Familie ist zu jedem Opfer bereit, um Johannes eine Fortsetzung der Reise zu ermöglichen. Man bietet ihm die Ersparnisse von Bruder Fritz an und, als er ablehnt, da es ihm an nichts fehle, antwortet die Mutter[2]: „Du hast nicht ... über deine Verhältnisse geschrieben ...: Du brauchst kein Geld! Wenn Du auch Logis und Essen und Trinken hast, Du mußt doch Wäsche haben, das Fußzeug geht entzwei und überhaupt wie kann man im fremden Land ohne Geld sein? Wenn Du jede Kleinigkeit von Herrn Joachim haben mußt, wirst Du dem Manne zu sehr verpflichtet. Du solltest doch lieber mal an Herrn Marxsen schreiben, der kann Dir doch in allem raten, aber Du mußt ihm alles ganz genau und aufrichtig schreiben, daß es Dir nicht noch einmal so geht wie mit Reményi. Du kennst die Menschen zu wenig und traust ihnen zu viel." Nun greift Freund Joachim selbst zur Feder, um die Eltern zu beruhigen. Sein Brief zählt zu den kostbarsten Dokumenten der neidlosen Liebe, welche die beiden Künstler verband, und stellt Brahms nicht minder als dem Schreiber selbst das ehrenvollste Zeugnis aus. In den von Brahms aufbewahrten Briefen hat sich auch dieses an Vater Jakob Brahms gerichtete Schreiben erhalten und sei hier zum erstenmal wiedergegeben:

„Gestatten Sie mir, obwohl ich Ihnen unbekannt bin, daß ich mich an Sie wende, Ihnen zu sagen: wie unendlich ich mich beglückt fühle, durch das Zusammensein mit Ihrem Johannes; denn wem besser als den Eltern kann man von dem Glück erzählen, welches ihr Sohn verbreitet! Mit Ihrem Johannes ist mir eine neue Anregung auf meinem Weg zur Kunst geworden, auf die ich nicht gehofft hatte; mit ihm zu streben nach einem gemeinsamen Ziel ist mir ein frischer Sporn auf der mühsamen Bahn, die wir Musiker im Leben wandeln. Seine Reinheit, seine frühe Selbständigkeit, der ungewöhnliche Reichtum seines Herzens und seines Verstandes sprechen sich ebenso sympathisch in seiner Musik aus, wie sein ganzes Wesen allen denen freudebringend sein wird, die ihm geistig entgegenkommen. Wie herrlich, wenn seine ganze Kraft sich einmal künstlerisch in einem Werke allen verständlich offenbaren wird! Und bei seinem heißen Sehnen nach Vollkommenheit ist das nicht anders möglich.

Daß ich den Wunsch hege, ihn, so lange es mit seinen Pflichten gegen sich selbst nicht streitet, in meiner Nähe zu haben, werden Sie erklärlich finden, weil ich glaube, daß es auch Johannes bequem sein müsse, ungestört im stillen Göttingen zu leben, wo er gewiß ist, in Musikdirektor Wehner und meiner Wenigkeit Leute zu haben, die seinen Eigentümlichkeiten in Leben und Kunst gerne folgen. — Wie glücklich wäre ich, meinem lieben Freund Johannes einmal einen wirklichen Dienst zu erweisen, denn daß er über mich nach Freundesrecht zu disponieren habe, versteht sich von selbst. Ich wollte nur, unser neuer Bund hätte sich der Weihe Ihrer Zustimmung zu erfreuen.

Hochachtungsvoll Joseph Joachim"

G(öttingen) am 25. Juli 1853

Die Wirkung dieses Schreibens des berühmten Virtuosen auf die — durch Lobpreisungen ihres Sohnes keineswegs verwöhnten — Eltern läßt sich denken. Mit Stolz zeigen sie es allen Freunden und es ist nur selbstverständlich, daß es auch nach Winsen mitgenommen wird. Darüber berichtet Elise Brahms[3]: „Ich las auch Giesemanns ... den uns so teuren Brief des Herrn Joachim vor, welchen Lieschen gleich abschreiben mußte ... Sie freuten sich ganz unendlich, daß Du einen Freund gefunden hast, der Deine wahre Kunst und Deinen gutmütigen Charakter recht zu schätzen weiß."

Johannes aber fühlt selbst, daß er nicht zu lange in Göttingen bleiben darf. Noch ist das Ziel, das er sich gesetzt hat, nicht erreicht. Er muß einige seiner Werke gedruckt sehen und auch weitere Verbindungen in angesehenen Musikerkreisen suchen. Nun will er es einmal im Westen Deutschlands versuchen, nicht zuletzt aus dem Grunde, weil ihm dies Gelegenheit bietet, einen alten Lieblingswunsch zu erfüllen und den Rhein entlang zu wandern. Die Einnahmen aus einem gemeinsam mit Joachim veranstalteten Konzert verschaffen ihm die Möglichkeit zu dieser Reise, die er im August unternimmt. Der Eindruck, den er von der lieblichen Gegend empfängt, ist außerordentlich stark. Der Hamburger empfindet den Loreleyfelsen und die bisweilen so romantischen engen Ufer des mächtigen Flusses als richtiges Gebirge, für das er trotz seiner Abstammung aus dem Flachland weit mehr übrig hat als für die Poesie des Meeres. Wieder müssen wir uns — da die direkten Berichte fehlen — damit begnügen, das Echo seiner Schilderungen aus Frau Brahms' Antwort herauszuhören. Ebenso rührend wie erheiternd ist die naive Art, in der das besorgte Mutterherz auf die überschwänglichen Naturschilderungen des Jünglings reagiert[4]: „... Das ist eine wunderschöne Reise, die Du machst, aber auch mitunter sehr gefährlich. Ich bitte Dich, über so schroffe Felsen! Wie leicht kannst Du da hinunterstürzen, mich schaudert, wenn ich daran denke. Und deine Brust ist freilich stark, aber man kann es auch übertreiben mit dem vielen Bergansteigen. Die Tochter Nestlers, eine Frau von 25 Jahren, machte auch eine Lustreise nach einer bergigen Gegend und wie sie zurückkam, ist sie bald nachher am Blutsturz gestorben. Also bitte, lieber Johannes, nimm Dich in Acht ... und gehe auch um Gottes willen nicht im Gewitter. Die Malvine Erk ... wurde auf Helgoland vom Blitz erschlagen. Heute genug von all diesen Schrecknissen, ich möchte nicht daran denken ..."

Die Reise verläuft in jeder Hinsicht befriedigend. In Bonn lernt Brahms den Musikdirektor Wasielewski kennen, einen Freund Robert Schumanns, der ihm dringend anrät, den Meister in Düsseldorf aufzusuchen. Das gleiche hat schon Joachim getan, aber Brahms lehnte dies ab; denn er kann die Kränkung nicht vergessen, die ihm Schumann zufügte, als er seine Manuskripte uneröffnet zurücksandte. Von Wasielewski wird er an die musikfreudige Patrizierfamilie Deichmann in Mehlem empfohlen. In dem gastlichen Haus nimmt man ihn überaus freundlich auf, seine Kompositionen gewinnen ihm immer neue Freunde und er tritt mit bedeutenden Musikern, wie Franz Wüllner, Ferdinand Hiller, Carl Reinecke in Verbindung.

Doch wie verblassen all diese Ereignisse neben dem starken Erlebnis, das Brahms nun beschieden ist. Bei Deichmanns wird er dazu angeregt, Robert Schumanns Werke wirklich genau zu studieren — die meisten hat er ja überhaupt noch nie in der Hand gehabt. Groß ist sein Staunen und Entzücken; denn hier hat ein genialer Komponist eine Welt in Tönen aufgebaut, die der „junge Kreisler" durchaus als seine eigene geistige Heimat empfindet. Weggeblasen sind mit einem Schlag alle Erinnerungen an die zugefügte Kränkung und Brahms wird von dem heißen Wunsch ergriffen, diesen großen Meister auch menschlich kennenzulernen. So entschließt sich der Jüngling, nach Düsseldorf zu reisen, und am 30. September macht er seinen ersten Besuch im Hause Schumann.

Hier umfängt ihn gleich eine ganz andere Atmosphäre als auf der Altenburg. Ein kleines Mädchen öffnet ihm die Tür, das älteste der sechs Kinder des Meisters. Die Wohnung ist (wie Clara Schumann in ihrem Tagebuch hervorhebt) „freundlich und still gelegen", aber man findet hier nichts von dem glänzenden Prunk des Liszt'schen Palais. Und der Meister selbst ist nicht von einer großen Jüngerschar umgeben. Als er Brahms ersucht, ihm vorzuspielen, befindet sich außer ihm nur eine Zuhörerin im Zimmer: seine Gattin Clara, die herrliche Künstlerin. In dieser warmen, traulichen Umgebung schwindet die anfängliche Befangenheit des jungen Brahms und er, der es nicht über sich gebracht hatte, Liszt seine Werke selbst vorzuspielen, trägt sie nun mit dem vollen Einsatz seiner Kunst vor. Es ereignet sich das Gleiche wie bei Joachim. Auch Schumann ist vollkommen hingerissen und erkennt sofort, daß es sich hier um eine ganz große Begabung handelt. In dem oft gewaltsam schweren Klaviersatz der Sonaten hört er bereits ein ganzes Orchester klingen und ahnt, zu welch gewaltiger Höhe Brahms' Kunst noch gelangen muß, wenn „er seinen Zauberstab dahin senken wird, wo ihm die Mächte der Massen im Chor und Orchester ihre Kräfte leihen".

Robert und Clara Schumanns Tagebücher des Monats Oktober sind ganz erfüllt von Brahms; es vergeht kaum ein Tag, wo nicht sein Spiel oder seine Werke in Worten höchster Begeisterung erwähnt werden. Weit über das Musikalische hinaus aber entwickelt sich ein Freundschaftsverhältnis zwischen dem Ehepaar und dem so viel jüngeren Brahms. Roberts tiefer, vielseitiger Geist übt stärksten Einfluß auf den jede Anregung begierig aufgreifenden Johannes und vor der feinen, gütigen und verständnisvollen Art Claras weicht die ererbte norddeutsche, durch eine schwere Jugend noch verstärkte Zurückhaltung des Jünglings. Das Glück macht ihn — wie Joachim, der sich Mitte des Monats zu den Freunden gesellt, schreibt — „besser und edler". Er wird mitteilsam, oft übersprudelnd lustig und fühlt sich von Tag zu Tag sicherer in der von seinem Elternhaus so sehr abstechenden Umgebung. Auch Schumanns Freunde werden mit ihm bekannt, vor allem die

Professoren der Düsseldorfer Malerakademie, und des Meisters Schüler Albert Dietrich, der zeitlebends zu Brahms' engstem Kreis zählen sollte.

Doch Schumann läßt es durchaus nicht bei der so überaus freundschaftlichen Aufnahme des jungen Brahms bewenden. Mit der ganzen herrlichen Energie seiner Kämpfernatur setzt er sich für den „jungen Adler" ein. Zunächst empfiehlt er ihn an Breitkopf & Härtel mit einer Dringlichkeit, die das große Leipziger Verlagshaus geradezu zwingt, sich für Brahms zu interessieren. Vor allem aber drängt es ihn, der Welt über das kometengleich aufgetauchte junge Genie zu berichten und ihm den herrlichsten Aufstieg zu prophezeien. Kaum vierzehn Tage, nachdem er Brahms zum erstenmal gesehen hat, schreibt er bereits jenen berühmten Artikel „Neue Bahnen", in dem er Kunde gibt von dem Künstler, „an dessen Wiege Grazien und Helden Wache hielten", der in Hamburg „in dunkler Stille" seine ersten Werke geschaffen hat und den „höchsten Ausdruck der Zeit in idealer Weise auszusprechen berufen ist". Am 28. Oktober erscheint der Artikel in der „Neuen Zeitschrift für Musik" und die Worte des auch als Schriftsteller so berühmten Vorkämpfers für die romantische Kunst, der seit zehn Jahren nichts mehr in der von ihm begründeten Zeitschrift veröffentlicht hatte, lassen allenthalben aufhorchen. Mit einem Schlag wird der Name Brahms weit über die reinen Musikerkreise hinaus bekannt und man erwartet mit Spannung die Veröffentlichung seiner Werke. So viel ist schon jetzt klar: leicht wird es dieser junge Komponist nicht haben. Publikum und Kritik werden nach dieser glanzvollen Ankündigung Allerhöchstes von ihm erwarten.

Johannes liest den Artikel Schumanns erst in Hannover, wohin er sich Anfang November begeben hat, um in der ihm so wohltuenden Atmosphäre bei Freund Jussuf seine Werke einer letzten Durchsicht zu unterziehen, bevor er sie dem Verleger einreicht. Der Jüngling steht dieser begeisterten Lobpreisung seines Schaffens zunächst fassungslos gegenüber und in seiner Seele wechselt Freude mit dem Gefühl, eine zu große Verantwortung auferlegt bekommen zu haben. Erst Mitte

November hat er soviel Abstand von den Ereignissen gewonnen, daß er Schumann wenigstens danken kann. Mit unerbittlicher Selbstkritik führt er die Revision seiner Kompositionen zu Ende und auf Rat Schumanns, der größtes Gewicht darauf legt, daß Johannes die Werke dem Verleger selbst vorspielt, geht er nach Leipzig.

Hier erwartet man ihn zunächst mit einigem Mißtrauen. Die „Neuen Bahnen" haben ihm durch ihr überschwängliches Lob fast mehr geschadet als genützt und das musikalische Leipzig beabsichtigt, sich sein Urteil über das neue Genie ganz selbständig zu bilden. Doch auch hier besiegt des Jünglings wahres Künstlertum und sein einfaches, von allem Sich-in-Szene-Setzen freies Wesen alle Vorurteile. Sehr hübsch drückt dies Hedwig Salomon, in deren Haus Brahms eingeführt wird, in ihrem Tagebuch aus: „Er saß mir gegenüber ... dieser von Schumann verheißene Messias, blond, anscheinend zart, und hat doch im 20. Jahr schon durchgearbeitete Züge ... Reinheit, Unschuld, Natur, Kraft und Tiefe — das bezeichnet sein Wesen. Man hat so große Lust, ihn wegen Schumanns Weissagung lächerlich zu finden, streng gegen ihn zu sein, aber man vergißt alles, liebt und bewundert ihn ohne Ausnahme." Er spielt in den Leipziger Patrizierhäusern, sowie öffentlich in einem Abend des David-Quartetts seine Werke mit großem Erfolg. Auch menschlich knüpft er manch wertvolle Beziehung an, so vor allem zu dem livländischen Musiker J. O. Grimm, der ihm stets ein treuer Freund geblieben ist.

Mit Breitkopf & Härtel kommt es zu einem befriedigenden Abschluß und mit unsagbarem Stolz kassiert Brahms sein erstes Verlagshonorar ein. Er verwendet es in der gleichen Weise wie später so manche größere Einnahme aus seinen Werken: er schickt das Geld nach Hause.[5] Überhaupt hat Johannes im Schwall der auf ihn einstürmenden Ereignisse keineswegs das ärmliche Elternhaus vergessen. Er schreibt den Seinen ausführliche Berichte und, als er bei der Gräfin Ida von Hohenthal eingeführt wird, gelingt es ihm, ihr seinen Bruder Fritz als Nachfolger des aus Leipzig abreisenden Grimm für den Musikunterricht ihrer Kinder zu empfehlen.[6] Aus Dankbarkeit dafür widmet er der Gräfin seine Sonate op. 5, eine Tatsache, die bisher den Biographen unverständlich war, da man nichts von Fritz Brahms' Anstellung bei der Familie Hohenthal wußte.

Weihnachten naht heran und nun sehen die Eltern auch noch ihren Lieblingswunsch erfüllt: Johannes' erste Werke erscheinen im Druck. Die Sonate op. 1 widmet er dem Freunde Joachim, die Sonate op. 2 der hochverehrten Clara Schumann — für eine Widmung an Robert Schumann selbst findet Brahms keines seiner Werke gut genug —, die Lieder op. 3 aber werden Bettina v. Arnim zugeeignet. Diese bedeutende Frau hatte Brahms bei Schumann persönlich kennengelernt, nachdem sich schon durch den mit der Familie Arnim sehr befreundeten Joachim mancherlei Beziehung ergeben hatte. Vor allem aber verkörpert Bettina v. Arnim für den „jungen Kreisler" gleichsam die Muse der Romantik. Sie selbst war stets im Mittelpunkt der romantischen Bewegung gestanden und ihr Mann Achim hatte ja zusammen mit ihrem Bruder Clemens Brentano die große Sammlung deutscher Volkslieder „Des Knaben Wunderhorn" herausgegeben. Die Widmung von Brahms' Liedern an sie ist daher gleichbedeutend mit einem Bekenntnis zur Romantik.

Endlich ist alles Geschäftliche in Leipzig erledigt und am 20. Dezember 1853 fährt Johannes zu den Eltern, in deren neuer, besserer Wohnung — Vater Brahms ist inzwischen zum Kontrabassisten am Stadttheater vorgerückt — er überaus glückliche Tage verbringt. Auch in Hamburg ist Johannes' Erfolg bekannt geworden. Von allen Seiten strömen Verwandte und Bekannte herbei, um den Jüngling von seinen Erlebnissen berichten zu hören, und die Eltern können sich nicht genug tun vor Stolz über den Sohn, der in diesen sieben Monaten um „zehn Jahre gestiegen" ist.

STURM UND DRANG
(1854—1856)

Die ersten beiden Monate des Jahres 1854 vergehen in ungetrübter Freude. Brahms arbeitet in Hannover an einem neuen Werk, dem H-dur Klaviertrio op. 8, und die freien Stunden verbringt er mit Joachim, bei dem er auch dessen Freund Hans v. Bülow, den genialen Pianisten und nachmaligen Dirigenten, kennen lernt. Trotz seiner engen Beziehungen zu der „neudeutschen" Musikbewegung empfängt Bülow von Brahms' Schöpfungen einen so starken Eindruck, daß er als erster ein Werk des Komponisten — den 1. Satz der C-dur-Sonate — in einem öffentlichen Konzert vorträgt (Hamburg, 1. März 1854). Und Ende Januar stellt sich der liebste Besuch ein; das „herrliche" Ehepaar Schumann hält sich eine Woche lang in Hannover auf. Dies sind — wie Brahms an Dietrich schreibt — „hohe Festtage", die „erst ordentlich lebendig machen". Wer kann da ahnen, daß derjenige, der es so gut versteht, alles um sich herum mit stärkstem geistigen Leben zu erfüllen, nur einen Monat später selbst nicht mehr zu den geistig Lebendigen gezählt werden wird?

Am 27. Februar 1854 tritt die Katastrophe im Leben Robert Schumanns ein. Nervöse Störungen, die ihn schon früher gequält hatten, nehmen unerträgliche Formen an; er fühlt sich von Geistern verfolgt; bald klingen ihm himmlische Stimmen, bald teuflisches Gekreisch ins Ohr. Um all der Qual zu entrinnen, sucht er den Tod und stürzt sich in den Rhein. Er wird gerettet; doch da er aus der Ohnmacht erwacht, hat die Nacht des Wahnsinns sich noch tiefer über ihn herabgesenkt. Am 4. März muß er in eine Heilanstalt nach Endenich bei Bonn gebracht werden. Clara bleibt mit sechs Kindern zurück und ein siebentes ist in wenigen Monaten zu erwarten. Ungeheuer ist schon die rein materielle Last, die dieser armen Frau damit aufgebürdet wird, doch sie ist noch klein, verglichen mit dem unsäglichen Leid, das die Trennung von dem geliebten Mann für sie bedeutet. Es ist hier nicht der Platz, auf die Schumannsche Ehe einzugehen, die in ihrer ungetrübten Harmonie und gegenseitigen inneren Bereicherung wohl etwas ganz Einzigartiges in der Geschichte der persönlichen Beziehungen zwischen Künstlern darstellt. 14 Jahre hindurch war Robert seiner Frau liebevollster Gatte und zugleich ein wunderbarer Führer in der Kunst gewesen. Wie soll sich Clara nun damit abfinden, daß der herrliche Meister sie nicht mehr leitet, daß der von ihr mit ganzer Inbrunst Vergötterte als Wahnsinniger dahinsiecht? Wie soll die zarte Frau die einzelnen aufreibenden Phasen der Krankheit des Gatten, das Auf und Ab von Hoffnung und Verzweiflung bis zur völligen Gewißheit der Unheilbarkeit ertragen? In dieser so entsetzlichen Lage ist es vor allem das Gefühl der Pflicht ihren unversorgten Kindern gegenüber, das Clara aufrecht erhält, daneben aber der Trost, im Unglück nicht wirklich allein zu sein. Denn gleich nach der Kunde von Schumanns Erkrankung war einer zu ihr geeilt, bereit, ihr mit den ganzen Kräften seines Wesens beizustehen.

Als Brahms die furchtbare Nachricht vernimmt, ist es zunächst das Gefühl der Dankbarkeit für den Mann, der soviel für ihn getan hat, das ihn bestimmt, sofort nach Düsseldorf zu fahren. Auch seine Eltern sind mit ihm in diesem Punkte einig. Die Mutter schickt ihm sogar Geld und schreibt[1]: „Einen sehr traurigen und zerstreuten Brief bekamen wir heute von Dir. Daß Schumann so krank ist, tut uns ganz unendlich leid. Du hast sehr recht getan, daß Du gleich hingereist bist.“

So tut nun der junge Brahms sein Bestes, um der verehrten Frau über die erste furchtbare Zeit hinwegzuhelfen, und wirklich gelingt ihm das Wunder, Clara aus ihrer Verzweiflung zu reißen. Verschiedene Umstände mögen hier zusammengewirkt haben. Zunächst ist es die gerade damals gewaltig hervorbrechende schöpferische Kraft des Jünglings, deren Eindruck sich die Künstlerin selbst in einer Zeit eigenen Leidens nicht entziehen kann. Schon bald nach der Katastrophe läßt sie sich Brahms' neues Trio vorspielen; mit tiefer Anteilnahme verfolgt sie das Werden einer Sonate für zwei Klaviere (die nach zahllosen Umarbeitungen schließlich die Form des Klavierkonzertes in d-moll annehmen sollte) und ihr zur Freude komponiert er nach der Geburt ihres Sohnes Felix im Juni 1854 seine Variationen über ein Thema von „Ihm", dem geliebten Robert, die er „Ihr" zueignet. Clara fühlt recht wohl, daß sie durch ihr tiefes Verständnis den Jüngling zum höchsten Flug der Phantasie inspiriert, und gerade dies gewährt ihr einen wunderbaren Trost. Denn die Künstlerin, die sich mit Recht als Muse Robert Schumanns betrachtet hatte, richtet es nun auf, daß sie auf ihre Weise die Entwicklung dieses jungen Genies fördern kann. Überdies ist sie dem Weltfremden, in kleinen Verhältnissen Aufgewachsenen in vielen Dingen der Lebensführung und Kultur weit überlegen und hat daher die Befriedigung, auch auf diesem Gebiet zur Entfaltung seiner Persönlichkeit beitragen zu können. Hübsch drückt dies Brahms aus, als er ihr gelegentlich eines Einkaufes schreibt*: „Ich bekomme Schönheitssinn, nicht wahr? Ja, wenn man so lange mit einer schönen Frau umgeht und alles immer hübsch geschmackvoll und herzlich zugleich sieht, dann kriegt man doch etwas ab." Auch sei der heilsame Einfluß nicht vergessen, den die frische Empfänglichkeit des Jünglings auf die müde Frau ausübt. Durch das Zusammensein mit Johannes erhalten alle Dinge für sie neuen Glanz und in seiner Gesellschaft — etwa bei der 1855 unternommenen Fußwanderung den Rhein entlang — genießt sie die Schönheiten der Landschaft mit verjüngtem Herzen.

Brahms seinerseits gerät immer mehr in den Bann dieser bedeutenden Frau. Und wenn er zuerst mehr aus einem gewissen Pflichtgefühl zu ihr geeilt ist, so wird es ihm bald fast unmöglich, getrennt von ihr zu sein. Als sie im August 1854 nach Ostende zur Erholung reist, versucht es Brahms mit einer Wanderung durch den Schwarzwald; auf halbem Weg aber kehrt er um; denn „man soll nicht reisen, wenn man so fest an einem Ort hängt wie ich jetzt an Düsseldorf". Und als sie wenige Monate später eine Konzertreise nach Holland unter-

* Clara Schumann — Johannes Brahms Briefe, hg. v. B. Litzmann, Leipzig 1927.

nimmt, fährt er ihr mit seinem letzten Geld nach Rotterdam nach, um noch ein paar Tage mit ihr sein zu können.

Vergegenwärtigt man sich Clara Schumanns Wesensart und Erscheinung, so wirkt es durchaus begreiflich, daß aus der verehrungsvollen Freundschaft, die Brahms zunächst für sie hegt, allmählich heiße Liebe wird. Hier tritt dem Jüngling eine Frau von klassischer, beseelter Schönheit entgegen, die — selbst eine hervorragende Künstlerin — über die reichsten Schätze des Geistes und der Bildung verfügt. Daß sie um 14 Jahre älter ist als er, kann seinen Gefühlen keinen Abbruch tun; im Gegenteil, es gehört mit zu Claras Reizen, daß sie dem noch unreifen Johannes an Lebenserfahrung weit voraus ist. Bald liebt er die herrliche Frau mit den besten, edelsten Kräften seines Wesens und diese Liebe empfängt noch neue Nahrung durch sein Mitgefühl mit ihrem furchtbaren Schicksal und seine Bewunderung für die Art, wie sie es trägt.

In seinen Briefen an Clara, die sich nur zum Teil erhalten haben, verleiht er zuweilen in Andeutungen, zuweilen auch ganz offen seiner Liebe Ausdruck. Aus den zahllosen reizenden Beispielen, die sich hiefür anführen ließen, sei nur folgende Stelle herausgegriffen: „Ich möchte Ihnen immer nur Liebes sagen . . . Jedes Wort reut mich, das ich an Sie schreibe und das nicht von Liebe spricht. Sie haben mich gelehrt und lehren es mich täglich mehr erkennen und anstaunen, was Liebe, Zuneigung und Hingebung ist . . . Ich möchte Ihnen gern immer rührend schreiben, wie innig lieb ich Sie habe, und kann Sie doch nur bitten, es aufs Geradewohl zu glauben." Doch — Clara ist die Frau seines an schrecklichem Leiden dahinsiechenden Freundes; sie hängt mit unwandelbarer Treue an dem geliebten Gatten und sie kann für Brahms nur mütterliche Freundin sein. Sie selbst betont dies, indem sie ihm das „Du" gewährt, während er ihr gegenüber auch weiterhin die „Sie"-Form beibehalten muß, und Brahms nennt sie nun gerne seine „liebe Frau Mama". Doch wenige Monate später schleicht sich das „Du" immer häufiger auch in seine Briefe, vor allem in die leidenschaftlichen Schlußwendungen ein. Immer noch bemüht er sich, auf dem Boden der Freundschaft zu bleiben, und wenn ihm einmal das Wort „Geliebte“ in die Feder kommt, schreibt er gleich dazu „oder geliebte Freundin“.

Brahms’ ganzes Dasein wird in diesen Jahren von seiner Liebe zu Clara bestimmt. Er bleibt bei ihr in dem ihm gar keine Möglichkeiten bietenden Düsseldorf und, wenn sie auf Reisen ist — denn bald muß die Künstlerin ja ihre Konzertlaufbahn wieder aufnehmen, um ihre Kinder erhalten zu können —, will er sich wenigstens in der ihm so lieben Atmosphäre ihres Heims aufhalten. So behält er auch in ihrer Abwesenheit sein „reizend gemütliches“ Zimmer in der Schumann’schen Wohnung, betreut die Kinder und schreibt der „viel schönen, hohen Frau“ endlose Briefe. Zuweilen ergibt sich die Möglichkeit zu einigen Unterrichtsstunden, aber die bringen viel zu wenig ein und bedeuten jedenfalls keinen Aufstieg. Von einer geregelten Konzerttätigkeit aber will Brahms zunächst nichts wissen.

Die Eltern und Marxsen sind verzweifelt. Nun hat Schumann ihm den Weg so herrlich bereitet und, statt daß Johannes das Interesse, das für ihn geweckt wurde, verwertet und sich in Konzerten als Pianist und Komponist vorstellt, vergräbt er sich in Düsseldorf. Auch Joachim fällt dies auf und er schreibt darüber an Gisela v. Armin: „Seine Sorglosigkeit für die Existenz ist schön, ja großartig. Nicht das kleinste Opfer seiner geistigen Neigungen ist er gewillt zu bringen. Er will nicht öffentlich spielen, aus Nichtachtung des Publikums und aus Bequemlichkeit — obwohl er ganz göttlich schön musiziert.“ Mit dieser Auffassung ist Joachim wohl mehr an der Oberfläche geblieben. Es ist nicht nur Bequemlichkeit und Nichtachtung des Publikums, die Brahms augenblicklich zu seiner unklugen Einstellung veranlassen, sondern vor allem das Bestreben, sein Leben ganz nach Clara zu richten. Deutlich zeigt dies etwa die Antwort, die er Joachim einmal auf dessen Vorschlag, in Hannover öffentlich zu spielen, erteilt. Nachdem er allerlei Ausflüchte, wie die vorgeschrittene Jahreszeit für seine Ablehnung vorgebracht hat, entschlüpft ihm das Geständnis: „Frau Schumann reist auch den 7. oder 8. ab, da möchte ich doch nicht zwei Tage vorher verreisen.“

Nur zu den Eltern treibt es ihn nach monatelanger Trennung. Welch Glück, daß Clara im November 1854 in Hamburg konzertiert! Da kann er mitfahren und die Freundin im Elternhaus einführen. Rührend ist Mutter Brahms' Freude, als sie davon hört. Sie schreibt[2]: „Wie schön, wie wunderschön ist es, daß Du uns besuchen willst und daß die gute Frau Schumann auch nach Hamburg kommt. Wie sehr freut es uns, sie zu sehen ... Du weißt es ja am besten und kennst sie am besten, ob es sich paßt, daß wir Frau Schumann es anbieten, bei uns zu wohnen. Etwas besser sieht es bei uns aus wie voriges Jahr, als der alte Kochofen in der Stube stand und Elise krank war. Vor Krankheit wird uns der liebe Gott bewahren und dann werden wir alle mehr davon haben. Ich freue mich ganz unendlich, hatte Weihnachten nicht Zeit, ein Wort mit Dir zu teilen. Wir wollen's nachholen. Komm nur recht bald und bleib' recht lange... Schreib es aber ja, wann Du kommst, damit wir die dicke Grütze am Tag vorher machen, die Du so gern ißt in Stücke geschnitten ..." Diesmal nimmt Clara die Einladung noch nicht an, doch speist sie häufig bei den „einfachen, aber ehrenwerten" Leuten, wo sie sich „so wohl fühlt", und als sie wegreist, stimmt sie der Abschied von der „Frau, deren Sohn ihrem Herzen so lieb und teuer geworden", ganz wehmütig. Das Weihnachtsfest 1854 verbringt Johannes an ihrer Seite in Düsseldorf, zum erstenmal fern vom Elternhaus. Darum drängt es die feinfühlige Künstlerin, sich mit einer Gabe bei den Eltern einzustellen. In ihrem — hier zum erstenmal wiedergegebenen — Brief[3] an die Mutter heißt es:

„Meine liebe Frau Brahms, ich habe Ihnen Ihren teueren Johannes geraubt, gerade jetzt zum Weihnachtsfest! Ich konnte es mir nicht versagen, ihn Ihnen im Bilde zu senden, das, ich hoffe es, Ihnen Freude machen soll, und Sie zuweilen erinnere an mich und meinen teuren Mann, die wir Ihm durchs ganze Leben hindurch in treuer Liebe zur Seite stehen werden. Möchte die Überzeugung dessen Ihrem Mutterherzen zuweilen ein kleiner Trost sein, wenn er fern von Ihnen. Sie alle herzlichst grüßend, Ihre wahrhaft ergebene

Clara Schumann."

Die Sendung bereitet in Hamburg außerordentliche Freude und, als Clara im nächsten Sommer auf der Durchreise nach dem Seebad Düsternbrook zum erstenmal im Hause Brahms übernachtet, gestalten sich die Beziehungen zwischen den beiden Menschen, die Johannes am liebsten hat, viel herzlicher. War der Weihnachtsbrief noch eher zurückhaltend, so nimmt Clara nun keinen Anstand, sich offen zu ihrer Freundschaft mit Johannes zu bekennen, wenn sie schreibt[4]:

„... Von mir, meine liebe Freundin, kann ich Ihnen wenig oder nichts Gutes sagen. Ich fühle die Trennung von Johannes zu schmerzlich und habe das einsamste Leben von der Welt. Düsternbrook ist schön, das ist wahr, doch je schöner, desto wehmütiger dünkt's mich, daß ich allein es genießen soll ohne den heißgeliebten Mann und den teuersten Freund, den ich auf der Welt habe, und das ist mir Johannes. Wäre er bei mir, wohl würde ich es gerne hier aushalten ... Sie hatten mir den Tag in Hamburg so gemütlich gemacht, daß ich mich hier doppelt einsam fühlte ..."

Zu dem freundschaftlichen Verhältnis der beiden Frauen hat gewiß auch der Umstand beigetragen, daß Brahms, dem dringenden Zureden Claras folgend, sich nun endlich entschlossen hat, in Konzerten aufzutreten. Den Beginn macht ein im Herbst 1855 gemeinsam mit Clara und Joachim veranstaltetes Konzert in Danzig. Bald folgen Aufführungen von Beethovens und Mozarts Klavierkonzerten in Bremen, Leipzig und seiner Vaterstadt, wo er einen „für Hamburg ganz enthusiastischen Beifall" erringt. Während Brahms so als Pianist an Boden gewinnt, kann sein Schaffen naturgemäß von den sein ganzes Innere aufwühlenden Erlebnissen nicht unberührt bleiben. In ihm tobt der Kampf zwischen der Liebe zu Clara und dem Wunsch, seinen Freund und Wohltäter, dessen Genesung er aus ganzer Seele herbeisehnt, die Treue zu bewahren.

Diese gewitterhafte Stimmung spiegeln die schon Ende 1854 begonnenen düster-leidenschaftlichen Balladen, vor allem aber zwei Werke, die erst viel später ihre endgültige Form erlangen sollten, doch schon in dieser „Sturm und Drang"-

Periode konzipiert werden: der 1. Satz der c-moll-Symphonie und das c-moll-Klavierquartett op. 60. Den Einleitungssatz dieses wild bewegten Quartetts hat Brahms selbst einem Freund mit den Worten erklärt: „Nun stellen Sie sich einen Menschen vor, der sich eben totschießen will und dem gar nichts anderes mehr übrig bleibt." Gedeihen schon diese Werke nicht bis zur letzten Vollendung, so kommen schließlich Zeiten, wo die Schaffenstätigkeit völlig stockt. Denn der quälende innere Zwiespalt ist so übermächtig geworden, daß Brahms jene Objektivität, die für die Gestaltung des Kunstwerkes unerläßlich ist, nicht aufzubringen vermag. Vor allem im Jahre 1855 ist ein Nachlassen seiner Schaffenskraft zu beobachten, das er durch neuerliche eifrige Kontrapunktstudien zu bannen sucht. Mit Freund Joachim wird ein Pakt geschlossen, daß jeder dem anderen einmal wöchentlich eine Arbeit über ein schwieriges kontrapunktisches Problem zur Kritik einzusenden habe, und während der überbürdete Geiger gerne das vereinbarte — zum Ankauf von Büchern bestimmte — Strafgeld zahlt,* ist Brahms außerordentlich gewissenhaft in der Erfüllung seiner Verpflichtungen. Sicherlich verleihen ihm diese Studien eine noch größere Leichtigkeit in der Handhabung schwieriger Formen; doch sie allein können nicht die schöpferischen Quellen in ihm befreien. In seinem Innern muß erst Klarheit werden, er muß wissen, wie er zu Clara steht; denn dieser Zustand des Schwankens reibt ihn völlig auf. Auch die Mutter fühlt, daß ihr Sohn leidet, wenn sie auch nicht die Gründe seines Kummers voll durchschaut, und in einem Gratulationsbrief zu seinem 23. Geburtstag versucht sie, ihn auf ihre einfache Art zu trösten[5]:

„... Was Du diesen Augenblick vor hast, weiß ich nicht. Ich bin ganz allein, möchte mich noch gerne ein wenig mit Dir unterhalten. Heute morgen wachte ich gerade die Stunde auf,

* Unter Brahms' Büchern hat sich ein Exemplar der „Altdänischen Heldenlieder, Balladen und Märchen" erhalten, auf dessen erster Seite sich folgende Eintragung von des Meisters Hand befindet: „Joh. Brahms / Mai 1856 / (von J. Joachim als Strafgeld)."

wie Du vor 23 Jahr(en) das Licht der Welt erblicktest. Eine halbe Stunde nachher hatte ich Dich in meinen Armen, an meiner Brust. — Und nun bist Du so weit von mir entfernt; es ist doch hart, daß man nicht zusammenbleiben kann. — Wir sind heute abend recht vergnügt gewesen, haben Euer aller Gesundheit getrunken, aber dem Kranken seine am meisten. Lieber Johannes, stünd es doch in unserer Macht, etwas für den guten Schumann zu tun. Ich bitte Dich, nimm es Dir nicht zu sehr zu Herzen, ihm ist damit nicht geholfen und Dir tut es Schaden ... Schreibe recht bald, wie Du den heutigen Tag verlebt hast ... Deiner Dich zärtlich liebenden

Mutter"

Bald darauf greift das Schicksal selbst ein, um eine Entscheidung herbeizuführen. Am 29. Juli 1856 wird Robert Schumann durch den Tod von schrecklichen Leiden erlöst. Im tiefsten Schmerz ist Clara — wie Joachim an Liszt schreibt — „noch immer ein edles Beispiel gottergebener Kraft". Rührend einfach sind die Worte, mit denen sie diesen Abschnitt in ihrem Tagebuch beschließt: „So war denn mit seinem Hingang all mein Glück dahin! Ein neues Leben begann jetzt für mich."

Wie wird dieses neue Leben aussehen und welchen Platz wird Johannes Brahms in ihm einnehmen? Diese Frage muß bald entschieden werden, das fühlen beide; doch zunächst sind sie von dem furchtbaren Erlebnis so mitgenommen, daß sie sich nur nach Entspannung und Ruhe sehnen. Zu diesem Zweck tritt Clara eine Reise in die Schweiz an und wird begleitet von ihren beiden Söhnen, sowie Johannes und dessen Schwester Elise. Schon lange hat sich der Bruder vorgenommen, etwas für das stets kränkelnde Mädchen zu tun; nun erhofft er sich von der Gebirgsluft eine Besserung ihres Gesundheitszustandes. In reizender Weise hilft Clara bei Elises Reisevorbereitungen. Schon eine Woche nach Schumanns Tod hat sie sich soweit in der Gewalt, daß sie einen ausführlichen Brief[6] an Mutter Brahms zu schreiben vermag, in dem sie den unerfahrenen Frauen eine Reihe praktischer Ratschläge erteilt. Erschütternd aber ist es, wie doch auch in diesem rein sachlichen Schreiben der Schmerz über den unersetzlichen Verlust durchbricht:

„Liebe Frau Brahms, ich will Ihnen Johannes Ankunft melden, weil ich wegen der guten Elise noch Einiges erwähnen möchte. Joh(annes) kommt also wahrscheinlich Freitag... und fährt Montag mit Elise hierher. Ich wollte nun wegen Elise noch einiges erwähnen: Lassen Sie sie ja nicht zu viel Sachen mitnehmen. Braucht sie wöchentlich 2 Hemden, so bringe sie 6 Hemden. Trägt sie nur eines, so etwa 4 Stück. Strümpfe 6 Paar. Kleider braucht sie nur zwei zum Wechseln; lassen Sie ja das schöne blaue zu Haus, es wäre ja Schade, wenn sie es durch Packen ruinierte. Hat sie einen schwarzen Unterrock, so ist das das Schönste auf der Reise und braucht sie dann nur *einen* weißen Rock, wenn sie etwa einmal ein helles Kleid anziehen will; hat sie aber nur dunkle Kleider mit, so braucht sie gar keinen weißen Rock. Ich nehme keinen mit, es erschwert das viele Gepäck das Reisen, und Wäsche verteuert sehr. Sie braucht auch nur *einen* Hut, womöglich einen dunklen Strohhut. Ein warmes Tuch für die Reise hat sie wohl? Handschuhe kaufen Sie keine, die kann ich ihr geben, wenn sie sich nichts daraus macht, gewaschene zu tragen. Ich glaube, das war Alles! Welche Freude sollte es mir sein, täte Elisen diese Reise gut! Welch schwere Gefühle mich bedrücken, wissen Sie, ich schweige davon, das Herz blutet gleich, will ich nur davon sprechen. Johannes ist mein treuer schützender Freund — welch ein Segen, daß ich ihn habe. Leben Sie mit allen Ihren Lieben wohl.

Von Herzen Ihre Clara Schumann"

Der Bruder holt Elise also ab — wobei sich die Mutter über sein gar zu elendes Aussehen grämt [7] — und nun erschließt sich dem armen Mädchen eine neue Welt. Bis in ihr spätes Alter hat Elise in rührender Weise von dieser einzigen Reise ihres Lebens geschwärmt, die sie an den Rhein, den Vierwaldstädter- und den Bodensee und nach Heidelberg führte. Auch der Umgang mit der feinen, liebevollen Künstlerin muß auf Elise tiefen Eindruck gemacht haben; denn sie spricht von Clara stets in Ausdrücken größter Verehrung.

Ob die Reise für die beiden Hauptpersonen ebenso erfreulich gewesen ist, läßt sich heute nicht feststellen. Gerade für diese entscheidende Zeit sind wir lediglich auf Vermutungen angewiesen und völlige Klarheit über das, was sich zwischen Clara und Johannes ereignete, wird sich wohl niemals gewinnen lassen. Aus dem Briefwechsel ist jedenfalls soviel zu entnehmen, daß schon bald nach Schumanns Tod der Ton von Brahms' Seite unmerklich zurückhaltender wird und die Sprache des verliebten, schwärmerischen Jünglings immer mehr der des herzlich teilnehmenden, ruhigen Freundes weicht. Dies zu verstehen, fällt nicht leicht, hatte doch das Hinscheiden des teuren Meisters trotz des schweren Kummers, den es bei Brahms hervorrief, rein äußerlich eine Klärung der Lage mit sich gebracht. Clara ist nun frei und damit der innere Zwiespalt beseitigt, unter dem der Jüngling zwei Jahre lang so unsäglich gelitten hatte. Endlich kann er daran denken, sich der Geliebten zu erklären und sein Schicksal dauernd an das ihre zu knüpfen. Will er das aber wirklich, will er Clara zu seiner Frau machen?

Sich diese Frage zu beantworten, ist nicht leicht, wenn man Johannes Brahms heißt. Wie viel einfacher war es noch für seinen Vater gewesen! Er war fast genau so alt wie jetzt Johannes, als er die Ehe mit einer um 17 Jahre älteren Frau ins Auge faßte, und, sobald er einmal die Vorteile eines solchen Schrittes erkannt hatte, verschloß er seine Augen vor der offenkundigen Schwierigkeit und heiratete mit fröhlicher Zuversicht die alte Jungfer. So geradlinig, wie der kleine Musikant Johann Jakob Brahms, aber kann das Genie Johannes Brahms nicht denken. Denn bei den großen Entscheidungen seines Daseins handelt es sich nicht nur um sein persönliches Wohlergehen, sondern mehr noch um seine Kunst. Gewiß verkörpert Clara in jeder Hinsicht Johannes' Frauenideal und er hat es erprobt, wie gut sie in allen großen und kleinen Dingen des Lebens zusammenpassen. Als Mensch kann er sich daher nichts Besseres wünschen, als mit ihr vereint leben zu können, und der Altersunterschied schreckt ihn gewiß nicht ab.

Wenn nun Brahms mit Gewalt all die lockenden Träume von einer Verbindung mit Clara in sich niederzwingt und sich begnügt, ihr zeitlebens ein treuer Freund zu bleiben, so geschieht es, weil der Künstler in ihm dunkel fühlt, daß er sich nicht binden darf. Was für kleinere Seelen gilt, daß das Aufhören der Widerstände auch ein Nachlassen der Bemühungen um den geliebten Menschen nach sich zieht, kann für Brahms nicht den Ausschlag gegeben haben; vielmehr wird er von dem unbewußten Gefühl beherrscht, daß es ihm noch nicht erlaubt sei, ein ruhig geordnetes Leben an der Seite eines geliebten Menschen zu führen, daß er noch tief in den Strudel eines an Leiden und Freuden reichen Daseins tauchen muß, um Werke schaffen zu können, die wirklicher Ausdruck des Lebens mit all seinen Höhen und Tiefen sind. Eine unüberbrückbare Kluft gähnt hier zwischen der Sehnsucht des Menschen und dem Gebot seiner Kunst und mit dem sicheren Instinkt des Genies entscheidet sich Brahms — wie manch großer Meister vor ihm — für den Weg der persönlichen Entsagung, der seine Kunst zu herrlicher Blüte bringen sollte. Ohne sich dessen bewußt zu werden, hat er damit sein Dasein jenem Gedanken unterworfen, dem er schon drei Jahre zuvor in dem bereits erwähnten Schreiben an Joachim (vgl. S. 44) Ausdruck verliehen hatte, daß bittere Erfahrungen dem Künstler den Stoff zu seinem Schaffen bieten. *Diese* bittere Erfahrung aber hat Brahms eigentlich nie verwinden können. Er ist auch späterhin zu Menschen in enge freundschaftliche Beziehung getreten und hat noch manche andere Frau geliebt. Nie wieder aber hat er es vermocht, sich so ganz, so rückhaltlos zu geben; nie wieder hat er einen anderen Menschen in gleicher Weise in die tiefsten Winkel seines Herzens sehen lassen. Mit der heißen Liebe zu Clara endet Brahms' Jünglingszeit. Er wird ernster, stiller, zurückhaltender; aus seinen Werken verschwindet allmählich die zärtliche Weichheit, der romantische Überschwang der ersten Schöpfungen. Im Leben wie im Schaffen beginnt nun ein neuer Abschnitt.

ZWISCHEN DETMOLD UND HAMBURG
(1857—1862)

Die Zeit des Träumens ist vorbei. Nun heißt es, den Kampf mit dem Leben aufnehmen und sich unabhängig von den liebsten Freunden sein eigenes Schicksal zimmern. 1857 tritt Brahms seine erste Stellung an. Nach einem sehr günstig verlaufenen Probespiel wird er für die Monate September bis Dezember an den Fürstenhof nach Detmold berufen. Die kleine Residenz gibt an Strenge der Etikette einem Königshof nichts nach. Doch auch in kultureller Hinsicht sucht sie, großen Vorbildern nachzueifern. Die Musik ist das Hauptvergnügen des — mit Regierungsgeschäften nicht eben überlasteten — Fürsten. Seinem Vorbild folgt naturgemäß der ganze Hof und so lernt in der guten Gesellschaft Detmolds jeder, der nur einigermaßen hiezu die Anlage besitzt, Klavier oder betätigt sich im Hofchor, wo man die Ehre genießt, zusammen mit den fürstlichen Herrschaften musizieren zu dürfen. Die Stellung, bei der sich Brahms' Obliegenheiten darin erschöpfen, daß er der musikliebenden Prinzessin Friederike Klavierunterricht erteilen, den Hofchor leiten und in den Hofkonzerten als Pianist auftretet soll, bietet mannigfache Vorteile. Sie ist so gut bezahlt, daß man bei bescheidenen Ansprüchen das ganze Jahr von den Einnahmen dieser drei Monate leben kann; vor allem aber bringt sie dem jungen Künstler neue Arbeitsmöglichkeiten, deren sich Brahms mit der ganzen glühenden Zielstrebigkeit seiner Natur bemächtigt.

In Detmold bildet er sich zum Chordirigenten heran, und groß ist daneben der Nutzen, den er aus dieser praktischen Tätigkeit für seine Werke schöpft. Zu eigenem Schaffen bleibt ihm ja noch reichlich Muße; denn die ganzen Vormittage sind frei von beruflichen Verpflichtungen. Eine weitere Annehmlichkeit ist die herrliche Lage der kleinen Residenz im Teutoburger Wald, dessen Schönheiten der Künstler auf langen, einsamen Wanderungen kennen lernt. Wie unwichtig erscheint eigenes Schicksal in diesen dichten, stillen Wäldern, in denen zahlreiche historische Stätten an die gewaltigen Kämpfe der alten Germanen mit den Römern erinnern. Da fühlt man sich nur als winziger Teil eines großen Ganzen, das man nicht anders als bejahen kann. Die starken Natureindrücke und die Einkehr in sich selbst zeitigen in Brahms allmählich eine innere Wandlung. In seiner Seele gewinnen heiterere Gefühle die Herrschaft und in einem aus Detmold an Clara gerichteten Brief äußert er Anschauungen, die er vor einiger Zeit noch entschieden zurückgewiesen hätte: „Leidenschaften" — heißt es in diesem Brief — „gehören nicht zum Menschen als etwas Natürliches. Sie sind immer Ausnahme oder Auswüchse... Ruhig in der Freude und ruhig im Schmerz und Kummer ist der schöne, wahrhafte Mensch. Leidenschaften müssen bald vergehen oder man muß sie vertreiben."

Ein gewisses beruhigtes Aufatmen, eine Aussöhnung mit dem Schicksal spiegeln denn auch die in den Detmolder Jahren entstandenen Kompositionen. Außer zahlreichen Chorwerken sind es die beiden anmutigen Serenaden op. 11 und 16 und das blühende Streichsextett op. 18. Daß Brahms daneben an seinem dämonischen d-moll-Klavierkonzert weiter arbeitet, ist kein Widerspruch. Hier handelt es sich ja um ein aus früherer Zeit stammendes Werk, das den Komponisten in der ursprünglichen Form einer Symphonie nicht befriedigen wollte und nun einer vollständigen Umarbeitung unterzogen wird. Künstlerisch bringt der Detmolder Aufenthalt demnach reichen Ertrag und es ist begreiflich, daß Brahms nach dem ersten Probejahr gerne das gleiche Abkommen für die Herbstmonate des Jahres 1858 trifft.

In diesem Entschluß wird er auch nicht wankend gemacht, als er von Ferdinand Hiller aus Köln einen Brief folgenden Inhalts erhält[1]: „Es wird diesen Herbst eine Stelle in unserem Konservatorium frei, welche Franck seit ungefähr acht Jahren innehatte. Wollen Sie dieselbe übernehmen? Sie hätten jeden Tag 2 Stunden zu geben (Piano, Partiturspiel, Übungen im Ensemblespiel)... Der Gehalt ist 100 Thaler für 4 Stunden die Woche, also wenn Sie jene 12 Stunden geben, 300 Thaler fix. — Sie werden in unseren Kammermusiksoireen und Konzerten leicht weitere 100 Thaler einnehmen. — Wenn Sie sich daher bequemen wollen, noch in ein paar Familien einige Stunden zu geben (zu 1 Th.), so haben Sie ein zwar bescheidenes, aber doch sicheres Einkommen. Von allem anderen, was Sie außerdem hier Gutes und Schlimmes finden, spreche ich Ihnen nicht. Nur das muß ich aussprechen, daß Sie hier jedenfalls aufs beste aufgenommen sein werden und daß ich meinerseits gewiß alles tun werde, was in meinen Kräften steht, Ihnen das Leben angenehm zu machen . . ."

Die hier angebotenen Bedingungen sind keineswegs glänzend, da Brahms in Detmold außer Kost und Quartier für drei Monate 566 Reichsthaler erhält, also um ein Viertel mehr als in Köln für das ganze Jahr. Vor allem aber widerstrebt es dem Künstler, das ganze Jahr hindurch gebunden zu sein, und er übersieht darüber den von Hiller in einem folgenden Brief [2] hervorgehobenen Vorteil, daß es „für einen so jungen Mann vielleicht besser wäre, in einer großen Stadt zu leben". Tatsächlich ist Brahms in Detmold sehr einsam. Er schließt sich nur an den 1. Geiger Bargheer, einen Schüler Joachims, sowie an den jungen Sohn des Hofmarschalls v. Meysenbug an, sonst aber bleibt der Künstler ein Fremder in der steifen Hofgesellschaft, der er oft genug Anlaß zur Entrüstung über sein unzeremonielles Benehmen bietet. So berichtet Brahms etwa in einem Brief nach Hamburg: „Neulich dirigierte ich meinen mit Durchlauchtens gespickten Singverein ohne Halstuch! Zum Glück brauchte ich mich nicht zu genieren und zu ärgern, denn ich merkte es erst beim zu Bette gehen." Man kann sich jedoch vorstellen, daß die „Durchlauchtens" die mangelhafte Kleidung ihres Kapellmeisters nicht übersehen haben werden.

Auch Hamburg, wo sich Brahms mit kurzen Unterbrechungen bis zum Sommer 1858 aufhält, bietet ihm menschlich nicht sehr viel und, als sich endlich Gelegenheit zu längerem Zusammensein mit Freunden ergibt, genießt er die lang entbehrte Freude mit doppelter Empfänglichkeit. Er verbringt den Sommer in Göttingen, wo J. O. Grimm seit kurzer Zeit als

Musikdirektor wirkt und im Verein mit seiner jungen Frau Philippine, der Tochter des Klavierfabrikanten Ritmüller, einen Kreis musikbegeisterter Jugend um sich geschart hat. Göttingen, dem Brahms schon vor 5 Jahren einen so schönen Sommer bei Joachim verdankt hatte, soll ihm auch diesmal wieder entscheidende Eindrücke bringen. In dieser heiteren, zwanglosen Umgebung holt der junge Mann alles am Fürstenhof Versäumte nach. Er kann nach Herzenslust tolle Spässe treiben, mit gleichgestimmten Freunden umherwandern und in ungebundenem, von keiner Etikette geregeltem Musizieren schwelgen. Und wenn man in so gelöster Stimmung noch ein schönes junges Mädchen kennen lernt, das einem die eigenen Lieder mit einer Stimme vorsingt, deren zauberhafter Klang, nach Joachims Urteil, nur einer Amatigeige zu vergleichen ist, dann kann sich diese Ferienfreude leicht zu einem stärkeren Gefühl verdichten.

Die Besitzerin dieser „Amatigeige" ist Agathe v. Siebold, die Tochter eines angesehenen Göttinger Universitätsprofessors, ein höchst anziehendes Mädchen mit feurigen dunklen Augen und prachtvollen schwarzen Zöpfen, die Joachim noch überdies zu dem Ausspruch veranlaßten: „Welch' eine Lust, in solchem Haar zu wühlen!" Doch wenn sich auch der große Geiger dem Liebreiz des jungen Mädchens weder entziehen konnte, noch wollte, so ist es schließlich nicht er, der sein Herz an die „Gathe" verliert, sondern sein Freund Johannes. Wehmütig gedenkt Agathe in ihren Erinnerungen der „schönen Sommertage verklärt von der Glorie der Liebe", und tatsächlich haben diese Monate wohl zu den glücklichsten im Leben der beiden jungen Menschen gezählt. Die Natur hat Agathe nicht nur mit einer reizvollen äußeren Erscheinung ausgestattet; sie besitzt auch Temperament, Witz, Energie und ein tief empfängliches Herz für alles Schöne. Dies zeigen vor allem ihre mehr als durchschnittliche stilistische Begabung verratenden Briefe, die Emil Michelmann in seiner fesselnden Biographie von „Brahms' Jugendliebe" abgedruckt hat. Wenn man darin liest, wie einfach und tief Agathe alle Natureindrücke erlebt, wie sie Gebirgswanderungen aus voller Seele genießt, so fühlt man sich immer wieder an Brahms erinnert und begreift, welch starkes Band schon diese eine Gemeinsamkeit zwischen den beiden Menschen bedeutet haben muß. Und dazu kommt noch als weit wichtigeres Verbindungsglied die Musik.

Knapp, aber vielsagend ist Freund Grimms Bericht an Joachim: „Johannes hat herrliche Lieder gemacht, die uns die Gathe singt und wir alle sind einmütiglich, es ist eine herrliche Zeit." Tatsächlich verdankt die Mehrzahl der Gesänge aus Brahms' op. 14, 19 und 20 ihre Entstehung der Liebe des Komponisten zu Agathe und deren prachtvoller Sopranstimme. Doch neben beseligtem Musizieren bleibt auch zu vielem anderen Zeit; man vergnügt sich an lustigen Gesellschaftsspielen, wie Verstecken, Blindekuh, die durchaus geeignet sind, die Liebe der jungen Menschen noch mehr zu entflammen. Auch Clara Schumann hat sich eingefunden, um in altgewohnter Weise den Sommer mit Johannes zu verbringen. Die ernste Frau aber paßt nicht gut in die übermütige Gesellschaft, und manchmal überkommt Brahms etwas wie Schuldbewußtsein. Dann macht er sich von Agathe los mit der naiven Erklärung, er müsse jetzt mit Clara allein sein, um sie nicht eifersüchtig zu machen. Aber schließlich nützt dies nichts mehr; Clara kann Johannes' Verliebtheit nicht entgehen und, als sie bei einem Ausflug bemerkt, wie er seinen Arm um Agathe legt, packt sie noch am gleichen Abend ihre Koffer und reist ab. Brahms aber bleibt weiter in Göttingen und erst, als die Rückkehr nach Detmold nicht mehr aufgeschoben werden kann, reißt er sich los.

Am Fürstenhof kann sich der Künstler diesmal gar nicht recht einleben und Mutter Brahms durchschaut den wahren Grund, wenn sie auf seine Klagen antwortet[3]: „Es ist Dir dort so eng und langweilig . . ., daß Du weglaufen möchtest . . Voriges Jahr wurde es Dir wohl leichter. Du bist in Göttingen zu verwöhnt worden." Über die Sehnsucht hilft sich Brahms durch Komponieren weiterer Lieder hinweg und außerdem steht er in reger Korrespondenz mit dem Göttinger „Kleeblatt". Sein Briefwechsel mit Agathe — für sie „Quellen des tiefsten, reinsten Glückes" — hat sich nicht erhalten; aber auch in der Korrespondenz mit J. O. Grimm und dessen Frau spielt das geliebte Mädchen eine wichtige Rolle. Den Freunden gegenüber muß sich Brahms ja keinen Zwang auferlegen, da das selbst sehr glücklich verheiratete Ehepaar die Verbindung zwischen den beiden ihnen so lieben Menschen nur zu fördern sucht. Deutlich zeigt dies etwa ein bisher unbekannter Brief von Frau Philippine Grimm. Während nämlich ihr Mann hauptsächlich vom gemeinsamen Musizieren mit Gathe berichtet, setzt sie die Zuneigung ihrer Freundin für Johannes als etwas durchaus Bekanntes voraus, wenn sie an Brahms schreibt[4]: „... Soeben kommt Ihr lieber Brief. Herzlichen Dank dafür. Ich werde ihn Gathen gleich zuschicken, sie wird sich sehr freuen ... Nun komme ich aber mit einer sonderbaren Bitte. Ich möchte gerne Agathen ein Bild von Ihnen zu Weihnachten bescheren, aber ich habe keines. Es wäre reizend von Ihnen, lieber Johannes, wenn Sie mir eines schickten. Ich will es gerne rahmen lassen. Wenn Sie es ihr aber gerne selbst schenken wollen, so habe ich auch nichts dabei, nur wünsche ich sehr, daß die Gathe eines bekommt, denn ich weiß, es würde ihr so große Freude machen, eines zu besitzen." Bezeichnend ist Brahms' Antwort, die — wie so oft beim Künstler — die Hauptsache ungesagt läßt: „Es tut mir leid, Frau Pine, daß aus Ihren freundlichen Absichten mit meinem Kopf nichts werden kann. Es ist nur ein sehr schofler Künstler dieses Faches hier, dem ich mich nicht überlassen will, und so brauche ich nicht weiter zu überlegen, ob ich oder Sie. Aber —" (wozu wohl zu ergänzen ist: gerne hätte ich mein Bild bei Agathe gewußt).

Als die dem jungen Künstler gerade in jenem Jahre unerträglich lang erscheinende Detmolder Zeit vorüber ist, eilt Brahms noch am Neujahrstag 1859 nach Göttingen, wo er sich nur zwei Wochen aufhalten kann. Aus vollem Herzen genießt er die Freude, Agathe wieder nahe zu sein, und denkt gar nicht daran, daß in der kleinen Universitätsstadt seine Freundschaft mit der Professorentochter längst Anlaß zu allgemeinem Gerede gegeben haben muß. Selig gibt er sich dem

Augenblick hin und, erst nachdem er abgereist ist, öffnet ihm Freund Grimm in einem Brief die Augen dafür, daß man in Agathes Kreisen nach allem Vorgefallenen mit einer Verlobung rechne und es für ihn nur zwei Möglichkeiten gebe: sich zu erklären, oder nie wieder vor Agathe zu erscheinen.

Wieder muß sich der Künstler die gleiche Frage stellen wie in den schicksalsschweren Tagen nach Schumanns Tod. Und obwohl sich Brahms — wie ein in Göttingen aufgenommenes Bild zeigt — sogar zu einem (wenn auch nur heimlich getragenen) Verlobungsring aufgeschwungen hat, kann er auch diesmal ebensowenig eine feste Bindung eingehen wie vor drei Jahren. Deutlich bringt dies ein Schreiben zum Ausdruck, welches Brahms als Antwort auf Grimms Mahnung an das Mädchen richtet. Nach Agathes „Erinnerungen" soll es gelautet haben: „Ich liebe Dich! Ich muß Dich wiedersehen! Aber Fesseln tragen kann ich nicht! Schreibe mir, ob ich wiederkommen soll, Dich in meine Arme zu schließen, Dich zu küssen, Dir zu sagen, daß ich Dich liebe!" Solche Worte müssen ein Mädchen von Agathes stolzem Charakter aufs tiefste kränken. Wie könnte sie auch verstehen, daß die Liebe zu ihr, die Brahms zu so herrlichen Liedern inspiriert hat, eine Fessel für den Künstler bedeuten soll?

So ist sie es, die alle Bande zwischen sich und Brahms zerreißt und ihm den Absagebrief schreibt. Aber beide, Agathe und Johannes, müssen lange an den Wunden dieser jähen Trennung leiden. Noch 1864 erkundigt sich Brahms voll verhaltener Erregung nach jenem „Haus und Garten am Tor", wo Agathe wohnt, und sein um die gleiche Zeit komponiertes 2. Streichsextett ist eigentlich ihr zugeeignet. Im 1. Satz wird der Name Agathe von der 1. und 2. Violine (Takt 162—168) durch die Noten a-g-a-d-h-e dreimal sehnsüchtig angerufen, und der Komponist hat selbst jeden Zweifel über die Deutung dieser Stelle dadurch ausgeschlossen, daß er seinem Freunde Gänsbacher erklärte: „Hier habe ich mich von meiner letzten Liebe frei gemacht." Weit mehr aber hat naturgemäß der große Künstler in Agathes Leben bedeutet. Nach der Trennung von Brahms läßt sie 10 Jahre vergehen, bevor sie sich entschließt, einen anderen zu heiraten, und erst als alte Frau vermag sie, Brahms soweit zu verzeihen, daß sie einen durch Joachim gesandten Gruß erwidert. Schließlich ringt sie sich aber doch zu vollem Verständnis von Brahms' Handlungsweise durch und so finden sich in ihren in Form einer Erzählung gehaltenen „Erinnerungen" am Schluß versöhnliche Worte: „Das Andenken aber an ihre große Liebe zu dem Jüngling, an die von Poesie und Schönheit verklärten Tage ihrer Jugend ist nie und nimmer in ihr erloschen ... Seine unsterblichen Werke trugen wieder und wieder zu ihrem Lebensglück bei. Er aber schritt weiter auf seinem Ruhmespfad ... und da er wie jeder Genius der Menschheit gehörte, hat auch sie nach und nach einsehen lernen, daß er recht tat, die Bande zu zerreißen, die ihn zu fesseln drohten, daß sie mit ihrer großen Liebe nie imstande gewesen wäre, sein Leben auszufüllen."

In den Entscheidungstagen des Jänners 1859 aber wird Brahms sich über die Tiefe seines Schmerzes kaum klar geworden sein; denn in die gleiche Zeit fällt ein für den Künstler bedeutsames Ereignis. Sein Klavierkonzert in d-moll, dessen Umformung Brahms nun schon so lange beschäftigt, erlebt die ersten öffentlichen Aufführungen. Zunächst spielt der Komponist es unter Joachims Leitung in Hannover, sodann fünf Tage später unter Rietz in Leipzig. In Hannover ist die Aufnahme trotz allgemeiner Verständnislosigkeit immerhin dank Joachims Einfluß nicht unfreundlich, in Leipzig aber erleidet das Konzert eine so furchtbare Niederlage, wie sie Brahms in seinem ganzen Leben weder vorher noch nachher jemals widerfahren ist. In seinem Bericht an Clara Schumann gibt sich der Künstler auffallend gleichgültig: „Mein Konzert ging sehr gut, ich hatte zwei Proben. Du weißt wohl schon, daß es vollständig durchgefallen ist. In den Proben durch tiefstes Schweigen, in der Aufführung (wo sich nicht drei Leute zum Klatschen bemühten) durch ordentliches Zischen. Mir hat das gar keinen Eindruck gemacht. Die übrige Musik habe ich voll genossen und nicht an mein Konzert gedacht."

Trotz aller äußeren Beherrschung ist sich Brahms über die

praktische Auswirkung seiner Niederlage gewiß nicht im Unklaren gewesen und letzten Endes war sie wohl auch mitbestimmend für seine endgültige Trennung von Agathe. Allerdings wird dem Komponisten eine gewisse Genugtuung in seiner Vaterstadt geboten, wo das gleiche Konzert zwei Monate später unter Joachims liebevoller Leitung sogar einen bescheidenen Erfolg erringt. Und vier Tage nachher wird seine 1. Serenade sogar mit einer bei den kalten Hamburgern ganz seltenen Herzlichkeit aufgenommen. Der Schauplatz dieses kleinen Triumphes ist eine musikalische Soiree, die Brahms und Joachim zusammen mit einem neuen Freund veranstalten, dem begnadeten Sänger Julius Stockhausen. Ihn hatte Brahms 1856 in Düsseldorf auf dem Niederrheinischen Musikfest kennen gelernt. Bald hatte sich ein inniges Verhältnis zwischen dem Komponisten und dem Sänger herausgebildet; beide fanden sich fortan häufig zu gemeinsamen Konzerten zusammen, bei denen Brahms sich auch als Begleiter betätigte. Nicht nur rein praktisch war die Verbindung mit dem berühmten Sänger für den jungen Brahms von größtem Wert; noch weit wichtiger war der Einfluß, den der große Künstler auf das Schaffen seines Freundes ausübte. Viele der schönsten Brahms-Lieder sind recht eigentlich für Stockhausen komponiert worden, der sie auch als erster im Konzertsaal eingeführt hat, und so wird der Name des herrlichen Sängers stets unlösbar mit Brahms' Liedschaffen verbunden sein.

Auch unter den eingesessenen Hamburger Musikern gewinnt Brahms nun einige Freunde. Er verkehrt viel mit dem beim Hamburger philharmonischen Orchester sehr einflußreichen Musiklehrer Th. Avé-Lallemant, mit dem Komponisten Karl Grädener und mit G. D. Otten, dem der Ruhm gebührt, dem erwachsenen Brahms erstmalig (am 6. Dezember 1859) ein Auftreten in seiner Heimatstadt ermöglicht zu haben.

Mehr noch als das Zusammensein mit gleichgesinnten Freunden erfreut den Künstler die Arbeit mit einem kleinen Frauenchor, der sich im Laufe des Sommers 1859 zu regelmäßigem Musizieren unter seiner Leitung zusammenfindet.

Künstlerisch wird Brahms durch die frischen, hellen Stimmen und die sichere Musikalität seiner Damen zu neuen Chorarbeiten angeregt und auch menschlich bedeuten die Gesellschaft der lustigen jungen Mädchen und die gemeinsamen Wanderungen unter unermüdlichem Gesang — auf denen Brahms oft in den Zweigen eines Baumes sitzend dirigiert — viel für den gerade in letzter Zeit durch sein Erlebnis mit Agathe und den Leipziger Mißerfolg schwer mitgenommenen jungen Mann. Innerhalb des Chores ist es wieder ein Damenquartett, mit dem er auch allein musiziert und persönlich in engeren Kontakt tritt. Es besteht aus den Schwestern Betty und Marie Völckers, Laura Garbe und Marie Reuter, deren Musikalität Brahms so hoch schätzt, daß er sie selbst vor so strengen Richtern wie Clara Schumann, Joachim und Stockhausen seine Stücke singen läßt. Noch aus Wien bittet Brahms um ein Bild seines Damenquartetts, was die Mädchen zu der Bemerkung veranlaßt, er brauche die Photographie wohl zur „Vergrößerung seiner Sammlung" oder zum Entfachen des Feuers in einem widerspenstigen Ofen.[5] Im Grunde aber erfüllen sie natürlich den Wunsch ihres Chormeisters nur zu gerne, da sie ebenso wie die anderen Chormitglieder den tiefsten Eindruck von der Persönlichkeit des Künstlers empfangen haben.

Man geht wohl nicht fehl mit der Annahme, daß die Bekanntschaft mit Brahms auf die Schicksale mancher Mädchen entscheidenden Einfluß ausgeübt hat. Auffallend ist jedenfalls die Tatsache, daß von dem Damenquartett nur Betty Völckers früh heiratete (und auch ihre Hochzeit stand im Zeichen von Brahms' Kunst; denn sie fand ihren Abschluß mit der Wiedergabe von drei Brahms-Liedern und einem Hoch auf den Komponisten[6]). Marie Völckers aber vermählte sich erst 1873 und die beiden anderen blieben zeitlebens unverheiratet. Über Laura Garbe schreibt Elise Brahms noch 1875, als sie dem Bruder erzählt, daß „Donna Laura" zu dick geworden sei, die boshaften Worte[7]: „Wenn sie also meine Schwägerin werden soll, wie Du sie früher immer nanntest, so muß es in nächster Zeit sein, sonst erkenne ich sie nicht als solche an." Auch mit anderen Mitgliedern des Chores hält Elise noch in späteren Jahren die Verbindung aufrecht, übertrug sich doch die Schwärmerei der Damen für ihren Chormeister, nachdem Brahms Hamburg verlassen hatte, auf des Künstlers Schwester. Zum Geburtstag des Komponisten und nach schönen Brahms-Aufführungen erhielt Elise noch im späten Alter herrliche Blumen, Süßigkeiten und sogar Lorbeerkränze für sein Bild.

Wenn auch Brahms selbst herzliche Zuneigung für „seine lieben Mädchen" empfindet, so ist doch die einzige in dem Kreis, die einen tieferen Eindruck auf ihn macht — zum Leidwesen der Hamburgerinnen — eine zum Besuch in dieser Stadt weilende Wienerin. Durch Bertha Porubszky lernt Brahms zum erstenmal Wienerische Wesensart kennen. Das heitere, einfach-natürliche Mädchen übt starken Zauber auf ihn aus und er kann sich nicht satthören, wenn sie ihm die reizenden Volkslieder ihrer Heimat vorsingt. Daß es sich bei seiner Freude an Bertha nicht so sehr um eine flüchtige Verliebtheit handelt, wie um eine im Wesen der Familie Brahms begründete Hinneigung zum österreichischen Menschenschlag, geht schon aus der Tatsache hervor, daß Berthas Bruder Emil, der eine Zeitlang bei den Eltern Brahms ein Zimmer gemietet hatte, Elise besonders gut gefiel. In ihren zahlreichen später nach Wien gerichteten Briefen an Johannes versäumt sie es kaum jemals, sich nach dem lustigen Emil Porubszky zu erkundigen.[8] Ihr Bruder aber gestaltet — besser als es je mit Worten möglich wäre — in Tönen den anmutigen warmen Eindruck, den er von der ersten Wienerin, die ihm begegnet ist, empfangen hat. Sein berühmtes „Wiegenlied" schreibt er für Bertha, nach ihrer Verheiratung mit Arthur Faber, und die wiegende Klavierbegleitung verarbeitet einen der Ländler, den das junge Mädchen ihm in jenem schönen Sommer 1859 vorgesungen hat.

Als Brahms sich im Herbst 1859 wieder nach Detmold begibt, fällt ihm der Abschied von seinem lieben Frauenchor, der ihn mit einem silbernen Tintenfaß beschenkt, und von Hamburg recht schwer. Er hat nun die Erfahrung gemacht, daß es ihm auch bei seinen kühl zurückhaltenden Landsleuten gelingt, eine verständnisvolle Musikgemeinde um sich zu scharen, und langsam beginnt in ihm die Hoffnung zu keimen, daß die geliebte Heimatstadt ihm auch künstlerisch das richtige Betätigungsfeld bieten könnte. In absehbarer Zeit muß Friedrich Wilhelm Grund, der bejahrte Dirigent der Hamburger philharmonischen Konzerte und der Singakademie, seine Stelle an einen jüngeren abgeben. Wie, wenn Brahms, ein Hamburger, der seiner Vaterstadt schon Ehre gebracht hat, Grunds Nachfolger werden könnte?

Diese Vorstellung nimmt in der Detmolder Einsamkeit immer verlockendere Formen an, so daß er sich bald von ihr nicht mehr losmachen kann. Jede Entscheidung, die er zu treffen hat, wird unter dem Gesichtspunkt der Hamburger Zukunft gefällt und dies macht sich bereits bei seiner Einstellung zu Detmold geltend. Es kommt ihm jetzt vor allem darauf an, Übung in der Leitung eines Orchesters zu erlangen, und er bittet daher den Fürsten, ihn im nächsten Jahr die Hofkonzerte, bei denen er bisher als Solist mitwirkte, dirigieren zu lassen. Um seinen Wunsch auch äußerlich zu begründen, weist er auf die Reibungen hin, die sich zwischen ihm als Solisten und dem Dirigenten August Kiel mehrfach ergeben haben. Dieser Bitte kann der Fürst jedoch nicht entsprechen, da er den seit vielen Jahren an dieser Stelle wirkenden alten Kapellmeister nicht verletzen will, und als Ausweg schlägt er Brahms vor, im nächsten Jahr überhaupt nicht in den Hofkonzerten mitzuwirken, sondern seine Tätigkeit auf den Unterricht der Prinzessin und die Leitung der Singübungen zu beschränken. Sollte er bei diesen Choraufführungen auch die Mitwirkung des Orchesters benötigen, so würde es selbstverständlich von ihm dirigiert werden. Unter diesen Umständen verliert jedoch die Detmolder Stellung an Interesse für Brahms und er verzichtet auf die großen materiellen Vorteile, die sie ihm bietet umso leichter, als es ihm günstig erscheint, sich ständig in Hamburg aufzuhalten und in den maßgebenden Kreisen Fuß zu fassen.

Seit dem Beginn des Jahres 1860 weilt der Künstler demnach überwiegend in seiner Vaterstadt. Im Elternhaus findet er oft nicht die ungestörte Ruhe zum Schaffen und daher mietet er 1861 in dem Vorort Hamm eine „ganz überaus reizende Gartenwohnung" bei Frau Dr. Rösing, einer Tante der sangesfreudigen Schwestern Völckers, mit denen er durch den Chor nach wie vor in reger Beziehung steht. Hier ist alles ganz nach seinem Geschmack: die ruhigen, luftigen Zimmer mit dem prächtigen Garten ebenso wie die feinen, freundlichen Menschen, mit denen er sich gerne zu gemütlichen Musizierstunden — vor allem an den berühmten Freitagabenden — zusammenfindet. In dieser wie für einen Musiker geschaffenen Umgebung reift manches Stück zur endgültigen Vollendung. Die Reihe der Klavierwerke wird fortgesetzt durch die vierhändigen Variationen über ein Thema von Schumann und die meisterhaften Händel-Variationen. Daneben erobert sich Brahms die Gattung des Klavierquartetts durch die beiden Werke in g-moll und A-dur. Auf dem Gebiet der Gesangsmusik entstehen die ersten der reizvollen Magelonen-Romanzen, die Brahms seinem Sängerfreund Julius Stockhausen widmet. Nur ein einziges Werk aus dieser gesegneten Zeit will anfangs nicht recht gelingen. Es ist das Streichquartett in f-moll, das Brahms zunächst zu einer Sonate für zwei Klaviere und 1864 zum Klavierquintett umgearbeitet hat.

So sind diese Hamburger Jahre erfüllt von angespannter Tätigkeit mannigfacher Art und alles wird vergoldet durch die Hoffnung, in der Heimat, in der sich der Künstler so tief verwurzelt fühlt, ein ersprießliches Tätigkeitsfeld finden zu können. Angenehme Unterbrechungen bieten vereinzelte Reisen, vor allem zu den alljährlichen Musikfesten. Beim Kölner Fest des Jahres 1862 ereignet es sich zum zweitenmal, daß Brahms durch eine Frau mit Wien in Verbindung kommt. Die bedeutende Sängerin Luise Dustmann-Meyer, die selbst aus Aachen stammt, doch seit 5 Jahren an der Wiener Hofoper wirkt, fühlt sich schon ganz als Wienerin und kann Brahms nicht genug von den Schönheiten der Kaiserstadt erzählen. Mehr noch als der Inhalt ihrer Berichte bezaubert den Künstler die ungezwungene, temperamentvolle Art der Sängerin.

Erinnerungen an die reizende Bertha Porubszky werden in Brahms wach und Sehnsucht erfaßt ihn nach der Stadt, die so liebenswürdige Menschen wie Bertha oder Luise heranbildet. Auch sachlich spricht vieles für eine Reise nach Wien, die ihm Clara und Joachim schon oft angeraten haben. Die Donaustadt ist in allen Fragen der Musik tonangebend, und wenn es Brahms gelingen sollte, in Österreichs Hauptstadt Erfolge zu erringen, wird er bei seinen Landsleuten mehr Ansehen genießen und hat größere Aussichten, die ersehnte Stelle zu erlangen. Schnell ist daher der Entschluß gefaßt. Am 8. September 1862 tritt Brahms die Reise nach Wien an in der festen Hoffnung, sich nach einem kurzen Besuch endgültig in der Heimat niederlassen zu können.

HEIMAT UND FREMDE

Im Jahre 1887 schrieb der Berliner Schriftsteller Julius Grosser in Erinnerung an seinen Wiener Aufenthalt an Brahms die folgenden Zeilen[1]: „Es war doch schön damals; trotz allem sind die Menschen dort doch viel bequemer und behaglicher für den Umgang als hier bei uns, es lebt sich leichter, und die Natur, die Umgebung hilft schließlich über manche Misere leichter hinweg, die man unter dem grauen nordischen Himmel bohrend in sich herumträgt . . . Eines ist sicher: was in mir steckt an Freude am Dasein und an allem Guten und Schönen desselben, ist damals in Wien gezeitigt worden und deshalb hänge ich mit dankbarsten Empfindungen an der liebenswürdigsten der Städte.“ Ähnlich wie dieser Norddeutsche mag Brahms selbst empfunden haben und auch für ihn lassen sich die Hauptanziehungspunkte der Donaustadt in die Worte: Landschaft und Menschen zusammenfassen, wozu als Letztes und gewiß nicht Unwichtigstes die geistige Atmosphäre hinzukommt.

Die unvergleichlich schöne Lage Wiens hat schon vor Brahms manchen anderen zugereisten Künstler unwiderstehlich in ihren Bann gezogen, stellt sie doch einen wahrhaft idealen Hintergrund für das Wachsen und Entfalten eines Kunstwerkes dar. Hier ist die Natur nicht etwa so großartig und erhaben, daß sie den Menschen vollkommen beherrscht und an sich vergessen läßt; doch die sanft gewellten, von dem oft südlich blauen Himmel sich scharf abhebenden Rebenhügel, die weit geschwungenen Wälder, in denen sich Laub- und Nadelbäume so reizvoll mischen und zur Frühlings- und zur Herbstzeit die herrlichsten Farbensymphonien vor das entzückte Auge führen, der Blick auf den majestätischen Donaustrom — all dies ist Schönheit, die leise und unmerklich das Herz mit Freude erfüllt und die verborgensten Keime zum

Wachsen bringt. Und daß es sich unter den Wiener Menschen leicht leben läßt, erfährt Brahms bald mit Freude und Staunen. Den zurückhaltenden Hamburger entzückt die ungezwungene Geselligkeit der Wiener Familien, der freie, heitere Ton, der hier herrscht, die reizende Fürsorglichkeit der Hausfrauen, die dem Fremden mit Stolz immer neue Prachtwerke ihrer Kochkunst vorführen, und nicht zuletzt die selbstverständliche, natürliche Musikalität der meisten seiner Bekannten, die oft unvermutet zu schönsten Hauskonzerten führt.

Rasch bilden sich freundschaftliche Beziehungen zu manchen der Wiener Fachgenossen heraus. Merkwürdigerweise sind es aber gerade zwei Musiker aus dem Liszt-Wagner-Kreis, mit denen Brahms am liebsten verkehrt: der Komponist Peter Cornelius und der Pianist Karl Tausig, über die Brahms zu Joachim bemerkt, daß sie „mit dem kleinen Finger mehr leisten als die übrigen Musiker mit dem ganzen Kopf und allen Fingern". Besonders der junge Pianist fesselt Brahms durch sein dämonisches Spiel und unter dem Eindruck dieser blendenden Virtuosität schreibt Brahms die Paganini-Variationen, die Tausig auch mit großer Begeisterung in Konzerten zur Aufführung bringt. Die beiden Musiker lieben es nicht nur, zusammen zu musizieren, sondern auch zu philosophieren, wobei Tausig sich vergebens bemüht, Brahms für die auch von Wagner vertretene Weltanschauung Schopenhauers zu gewinnen. Daß es aber nicht immer so ernsthaft zwischen ihnen zugegangen ist, beweist Tausigs Bemerkung in einem Brief[2] aus dem Jahre 1867: „Erinnern Sie sich noch an die 1. Preßburger Reise, wo wir drei (wohl Cornelius als dritter im Bund) knüppeldick besoffen waren? und Sie auf Ihrem Caffee bestanden? Hoffentlich kommen wir nochmals so fidel zusammen." Ebenso nennt der Schriftsteller Grosser die damals mit Brahms verbrachten Monate eine „tolle Zeit".

Auch zu einem Wiener Verleger ergibt sich bald eine Beziehung. Brahms kennt schon von früher her J. P. Gotthard, Geschäftsführer im Verlag Spina, und dieser erzielt die Veröffentlichung zweier Brahms'scher Vokalwerke, des Psalms op. 27 und der Duette op. 28. Gotthard vermittelt auch die

Bekanntschaft mit dem Musikhistoriker Gustav Nottebohm, dessen bedeutende Beethoven- und Schubert-Forschungen eine unerschöpfliche Anregung für einen Künstler mit so stark ausgeprägten historischen Interessen wie Brahms bilden. Außer Autographen schätzt Nottebohm vor allem einen guten Tropfen, wofür auch Brahms einiges Verständnis hat. Berichte wie den folgenden aus der Feder des gemeinsamen Freundes C. F. Pohl,[3] des Archivars der Gesellschaft der Musikfreunde in Wien, werden den Komponisten gewiß mit Behagen erfüllt haben: „Bei Gause (Wiener Restaurant) ist tägliche Abfütterung ... N(ottebohm) findet jedes weitere Glas Bier delikat und jedes schmeckt ihm besser, als das vorausgegangene." Überdies kann Brahms bei Nottebohm, dem eingefleischten Junggesellen und Sonderling, seiner Freude an kleinen Bosheiten freien Lauf lassen. Bezeichnend ist etwa der folgende Bericht, den Pohl an Nottebohm richtet[4]: „Beim Kronprinzen (dem Stammlokal der drei Musiker) hängt seit ihrem Fortgang eine Trauerfahne mit N. darauf gestickt vom Dache herunter. Brahms versicherte Weigl (ha ha!), Sie seien mit zwei Frauen durchgebrannt. Weigl aber (ha ha!) wollte es nicht glauben. ‚Der N. ist ein Weiberfeind' meinte er, worauf Brahms in den Bart brummte: ‚Da kennt er den N. schlecht.' Im Kaffeehause aber gab Brahms dem überraschten Marqueur die ganz merkwürdige Neuigkeit zum besten, sein Freund N. sei gestern mit einem Frauenzimmer durchgegangen. Der bestürzte Marqueur schlug die Hände überm Kopf zusammen und sagte fast erbittert: ‚Nein, was doch nicht alles in diesem Jahr geschicht! Wer hätte das gedacht!' " — Nicht vergessen seien auch die schönen Frauen der Kaiserstadt, die den entzündlichen Dreißigjährigen in kleinere oder größere Verliebtheiten stürzen. Sehr herzlich entwickelt sich bald die Beziehung zu Luise Dustmann, die auch als Darstellerin — vor allem als ideale Verkörperung des „Fidelio" — auf Brahms tiefsten Eindruck macht. Den Ton zwischen den beiden Künstlern kennzeichnen am besten die von Brahms bewahrten, meist mit „Fidelio" unterzeichneten Briefe der Sängerin, wie etwa der folgende[5]:

„Gestern Abend erhielt ich Ihre Zeilen und mit überstürzender Schnelligkeit gebe ich Ihnen Antwort. Meine Adresse ist die Ihnen angegebene (in dem Vorort Hietzing). Dort erteile ich bis Schluß dieses Monats Audienzen. Meine Stadtwohnung ... ist in überraschender Nähe von Ihrer Residenz. Dort hausen aber jetzt die Maler und andere verschiedene Künstler, die ein gewünschtes Rendezvous nicht gut zulassen. Wenn Sie also der schrecklich teuren Zeiten wegen den Weg nach Hietzing nicht antreten können (ein Witz, da die Fahrt nach Hietzing weder lang noch kostspielig war), so bleibt nur meine Garderobe im Theater als der geeignetste Ort zu einem Rendezvous, und zwar bin ich da morgen als „heilige Elisabeth" von 5—6 Uhr zu sprechen. Wie immer Ihre

Luise Dustmann"

Ein anderesmal schreibt sie[6]: „Ich werde mir einmal den Hamburger statt für mein Klavier für *mich* bestellen. Er stimmt so vortrefflich. Vielleicht gelingt es ihm, auch meine verstimmten Saiten wieder klingen zu machen."

Luise Dustmann ist auch wohl der einzige Mensch gewesen, der auf den Gedanken kam, den kühl-reservierten Johannes in ihren Briefen mit dem Wiener Kinderkosenamen Hansi anzureden.[7] — Nicht minder freundschaftlich verkehrt Brahms mit Bertha Porubszky, die sich gerade mit Arthur Faber verlobt hatte. Anderer Art sind die Beziehungen zu der temperamentvollen, hochbegabten Sängerin Ottilie Hauer, mit der Brahms seine neuen Lieder durchzunehmen pflegt und die bei dieser Gelegenheit nicht weniger als sechzehn Manuskripte des Meisters geschenkt erhält. Die Sängerin ist Mitglied eines kleinen erlesenen Frauenchors, der sich bald nach Brahms' Eintreffen in Wien bei der mit Clara Schumann befreundeten Familie v. Asten regelmäßig zusammenfindet und dem Künstler die beste Meinung von der Musikalität der schönen Wienerinnen beibringt. Alle anderen aber treten zurück hinter Ottilie und wieder geschieht es, daß eine süße Stimme sich dem Künstler ins Herz singt.

Wenn Brahms später an Clara von dem „hübschen Mädchen" schreibt, mit der er, „weiß Gott, dummes Zeug gemacht hätte, wenn nicht zu Weihnacht jemand sie rasch zum Glück geangelt hätte", so kann sich dies nur auf Ottilie beziehen, die sich gerade am Weihnachtstag 1863 mit Dr. Edward Ebner verlobte. Ottilies Tochter berichtet denn auch in ihrem Erinnerungsbuch, daß die Verwandten und Freunde ihrer Mutter allgemein eine Verlobung Brahms' mit Ottilie erwartet hatten. Und noch viele Jahre später deutet Brahms in unmißverständlicher Weise an, daß Ottilie auf die Entstehung mancher seiner Lieder Einfluß genommen hat. Denn als ihm sein Freund Hermann Levi von den ausgezeichneten Leistungen einer Sängerin berichtet und hinzufügt „Frau Ebner in Ehren — aber das ist doch etwas anderes", antwortet ihm Brahms: „Grüße ... die, die besser singt — ich bin ja leider so roh, daß ich dafür nicht viel Empfindung habe. Es ist ja auch wohl natürlich, denn diese singen uns doch nur hinterher vor, was jene uns machen ließen." So hat sich auch in diesem Falle Brahms' Liebe in eine herzliche Freundschaft gewandelt, die im Laufe der Jahre nicht an Wärme verliert.

Wichtiger noch als die neu angeknüpften menschlichen Beziehungen ist die Aufnahme, die Brahms in den maßgebenden musikalischen Kreisen Wiens findet. Die Kaiserstadt steht damals in allen Zweigen der Tonkunst auf einer kaum zu überbietenden Höhe. Direktor des Hofoperntheaters ist der ausgezeichnete junge Otto Dessoff, der gleichzeitig auch die „Philharmonischen Konzerte" dirigiert, in denen das Orchester des Theaters spielt. Die von der altehrwürdigen „Gesellschaft der Musikfreunde" veranstalteten Orchester- und Chorkonzerte stehen unter der Führung des eleganten, ehrgeizigen Johann v. Herbeck. Wird in diesen Veranstaltungen vor allem Oratorium und Symphonie gepflegt, so widmet sich die 1858 begründete „Singakademie" in erster Linie dem a-cappella-Gesang. Zahlreiche kleinere Chor- und Kammermusikvereinigungen — unter ihnen ragt vor allem das Hellmesberger-Quartett hervor — schließen sich an. Und endlich verfügt Wien über eine kaum zu überblickende Fülle ausgezeichneter Gesangs- und Instrumentalsolisten. Für die Heranbildung des Nachwuchses und Aufrechterhaltung der großen Traditionen aber sorgt das berühmte Konservatorium der „Gesellschaft der Musikfreunde".

In diese Gemeinschaft erlesener Künstler tritt nun Johannes Brahms, dessen Werke in Wien noch so gut wie gar nicht bekannt sind. Der Dreißigjährige ist alles eher denn ein Weltmann; seine Schüchternheit hat er noch immer nicht recht überwunden und, sich für die eigenen Werke tatkräftig einzusetzen, liegt ihm ganz und gar nicht. Unter diesen Umständen müßte es Brahms eigentlich schwer fallen, sich innerhalb der Fülle blendender Erscheinungen bemerkbar zu machen. Und doch gelingt ihm dies in erstaunlich schneller Zeit. Zunächst ist es Julius Epstein, nach Bülows Ausspruch der „tüchtigste und feinste Klavierspieler in Wien", der von Brahms' Werken hingerissen, sich ganz in ihren Dienst stellt. Er bringt den Komponisten in Verbindung mit Hellmesberger, der sich sofort zur Aufführung des Klavierquartetts op. 25 unter Brahms' Mitwirkung entschließt. Schon am 16. November 1862 kann sich demnach der Hamburger Künstler dem Wiener Publikum als Komponist wie auch als Pianist vorstellen. Der Erfolg ist erfreulich, und nun bestürmt Epstein den neuen Freund, ein eigenes Konzert zu veranstalten; und um jeden Widerstand von vornherein zu brechen, mietet er in seinem Namen den Saal für den 29. November. An diesem Abend gelangen aus Brahms' eigener Werkstatt das Quartett op. 26 sowie die Händel-Variationen zum Vortrag; außerdem spielt er Bach und Schumann „so frei, als säße er zu Haus mit Freunden". In einem Brief nach Hause begründet er dies mit der Bemerkung: „durch dies Publikum wird man freilich ganz anders angeregt als von unserm". Auch bei einem zweiten eigenen Konzert bleibt ihm der Erfolg treu, wobei es nur begreiflich ist, daß der Pianist weit mehr Anerkennung findet als der Komponist. Immerhin zeichnet sich aber das Wiener Publikum vor dem anderer Städte dadurch aus, daß die unbekannten Werke wenn schon nicht mit Verständnis, so doch mit Achtung und teilnahmsvollem Interesse angehört werden. Zur Stärkung von Brahms' Stellung in Wien trägt es auch bei, daß die beiden Dirigenten Dessoff und Herbeck den Fremden durch die Aufführung seiner beiden Serenaden fördern, und schließlich verhelfen zahlreiche Mitwirkungen Brahms zu immer größerem Ansehen. Die verschiedensten Umstände wirken so zusammen, um dem Komponisten den Aufenthalt in Wien angenehm zu gestalten.

Mit begreiflicher Freude vernehmen die Eltern alles Günstige, was sie von ihrem Liebling erfahren. Die Zeitungsberichte kann Mutter Brahms nicht ohne Tränen lesen, und als gerade zu Weihnachten wieder eine solche Sendung einlangt, schreibt Bruder Fritz im Namen der Familie[8]: „Du hättest uns wohl nicht leicht reichlicher beschenken können ... Wie ich mich königlich über die prächtige Aufnahme freue .., brauche ich wohl nicht besonders zu sagen. Überraschend war zugleich für uns Hamburger so freundliches Entgegenkommen." Ein anderesmal schreibt die Mutter[9]: „Sehr viele Freunde hast Du wohl schon in Wien! Also ist Dein Heimweh auch wohl nicht mehr so schlimm, sonst glaubt ich, Du wärest schuld daran, daß ich Nachts gar nicht schlafen kann." Und am 30. Jänner 1863 dankt sie für eine aus Wien gesandte Photographie, auf der ihr Johannes so fröhlich und unternehmend aussehe, daß sie schon in nächster Zeit eine Verlobungsanzeige von ihm erwarte.

Diesmal läßt sich die feinfühlige Mutter durch die äußerlichen Tatsachen blenden. In Wirklichkeit ist ihr Johannes trotz aller Erfolge und aller künstlerischen und menschlichen Anregung, die ihm die lustige Kaiserstadt beschert, alles eher denn glücklich. Zum zweitenmal in seinem Leben muß er sich mit einer Enttäuschung abfinden, die sein Inneres bis in die letzten Tiefen erschüttert. Bald nach seiner Ankunft in Wien erhält er aus Hamburg von Avé-Lallemant die Mitteilung, daß seine sehnliche Hoffnung, zum Leiter der Singakademie und des philharmonischen Orchesters gewählt zu werden, sich nicht erfüllen könne, da sein Freund, der Sänger Julius Stockhausen, zum Nachfolger des alten Grund ernannt wurde. Die Beweggründe der Hamburger sind klar; sie wissen, daß Stockhausen sich höchster Beliebtheit erfreut und auf das Publikum wie auf die Chormitglieder größte Anziehungskraft ausüben wird. Wie wenig ernstlich sie aber die Wahl ihres großen Sohnes in Erwägung gezogen haben, erweist die Tatsache, daß Brahms 5 Jahre später, als Stockhausen von der Leitung der Konzerte zurücktritt, neuerlich übergangen wird und man sich nun den Dirigenten Julius v. Bernuth aus Leipzig holt.

Gewiß mag — wie manche Biographen hervorheben — hiebei ausschlaggebend gewesen sein, daß die Hamburger Patrizier Johannes Brahms' Abstammung aus dem Gängeviertel nicht vergessen konnten. Wie dem auch sei, jedenfalls mußten noch viele Jahre vergehen, bis sich gerade die Vaterstadt des Komponisten über seine Bedeutung klar wurde. Bitter schreibt der in der Nähe von Hamburg lebende, mit Brahms befreundete Händel-Forscher Chrysander 1869 [10]: „Ihr Vater äußerte neulich, Sie würden wohl bald einmal herkommen. Möchte dies bald geschehen! Freilich weiß ich nur zu gut, daß Ihrer keine besonderen musikalischen Genüsse harren, eher versteckte Feindseligkeiten kleinlicher Menschen, die leider einflußreich genug sind, in Hamburg nichts Bedeutendes gedeihen zu lassen." Und noch 1876 klagt Marxsen [11] nach einer Aufführung des „Deutschen Requiem": „Die Hamburger Künstler, die sogenannten intimen Freunde, glänzten *sämtlich* durch ihre Abwesenheit!!!"

So sieht sich Brahms in seinen liebsten Hoffnungen enttäuscht und die Wirkung dieses Schicksalsschlages auf den Dreißigjährigen kann gar nicht stark genug vorgestellt werden. Am besten erklärt der Künstler dies selbst in einem Brief an Clara, in dem man unter den mühsam beherrschten Worten tiefstes Leid durchfühlt: „Inliegenden Brief (von Avé-Lallemant) fühle ich das Bedürfnis, Dir mitteilen zu müssen. Es ist mir ein viel traurigeres Ereignis, als Du denkst und vielleicht begreiflich findest. Wie ich überhaupt ein etwas altmodischer Mensch bin, so auch darin, daß ich kein Kosmopolit bin, sondern wie an einer Mutter an meiner Vaterstadt hänge. Nun kommt dieser feindliche Freund und stößt mich für — immer wohl, fort. Wie selten findet sich für unsereinen eine bleibende Stätte, wie gerne hätte ich sie in der Vaterstadt gefunden. Jetzt, hier, wo mich so viel Schönes erfreut, empfinde ich doch, und würde es immer empfinden, daß ich fremd bin und keine Ruhe habe. Du hast die Sache gewiß schon erfahren und auch vielleicht an mich dabei gedacht, aber es ist Dir wohl nicht erschienen, als ob mir so großes Weh geschähe, doch braucht' nur eines Fingerzeiges, daß Du siehst, wieviel mir entflieht. Konnte ich hier nicht hoffen, wo soll ich's? Wo mag und kann ich's! Du hast an Deinem Mann erlebt und weißt es überhaupt, daß sie uns am liebsten ganz loslassen und allein in der leeren Weite herumfliegen lassen. Und doch möchte man gebunden sein und erwerben, was das Leben zum Leben macht und ängstigt sich vor der Einsamkeit. Tätigkeit im regen Verein mit andern und im lebendigen Verkehr, Familienglück, wer ist so wenig Mensch, daß er die Sehnsucht danach nicht empfindet? ..."

Clara versucht in ihrer Antwort, die Sache leichter zu nehmen: „Du bist noch so jung, lieber Johannes, Du findest schon eine bleibende Stätte und ‚nimmt ein liebes Weib man sich, in jeder Stadt den Himmel man hat'." Aber sie irrt. Mit der ganzen Kraft und Beharrlichkeit seines Wesens klammert sich Brahms an die Vorstellung einer festen Anstellung in Hamburg. Und gerade weil ihre Verwirklichung an dem Unverstand seiner Landsleute scheitert, erscheint ihm der Traum, sich in der Vaterstadt eine bürgerliche Existenz zu begründen, als besonders verlockend. Noch 16 Jahre nach Stockhausens Ernennung lebt der alte Groll mit unverminderter Stärke in ihm; denn als er anläßlich des fünfzigjährigen Jubiläums des Hamburger Orchesters der Mittelpunkt großer Ehrungen ist, flüstert er seinem Nachbar, dem Dichter Klaus Groth, erregt zu: „Zweimal hat man die offene Direktorstelle der Philharmonischen Gesellschaft mit einem Fremden besetzt, mich übergangen. Hätte man mich zur rechten Zeit gewählt, so wäre ich ein ordentlicher bürgerlicher Mensch geworden, hätte mich verheiraten können und gelebt wie andere. Jetzt bin ich ein Vagabund."

Ob dies tatsächlich zutrifft, ob Brahms in Hamburg eine geordnete bürgerliche Existenz geführt hätte — wer mag dies heute entscheiden? Der Künstler, der jeder Möglichkeit einer

Eheschließung aus dem Wege ging, der es in keiner festen Stellung längere Zeit aushielt, hätte es wohl auch in der Heimat nicht über sich gebracht, dauernd feste Bindungen zu ertragen. Die Amtsgeschäfte eines Chor- und Orchesterdirigenten wären ihm rasch zur Last geworden und vermutlich hätte er bald alles daran gesetzt, die für seine Kunst unerläßliche Ungebundenheit zurückzugewinnen. Zu solch objektiver Betrachtung der Sachlage aber ist der Komponist nie gelangt. Die ihm in Hamburg widerfahrene Demütigung bewirkt, daß sich alle Unbefriedigtheit und Zerrissenheit seines Charakters (deren Ursachen uns noch beschäftigen sollen) in diesem einen Punkt sammelt. Es ist nicht zuviel gesagt, wenn man behauptet, daß letzten Endes von der Hamburger Niederlage, deren Bedeutung der Künstler maßlos überschätzt, der Anstoß ausgeht zu dem großen Wandel in Brahms' Wesensart. Er verschanzt sein allzu weiches und verwundbares Herz hinter Mißtrauen, Verschlossenheit, Spott und ist mitunter — nach den Worten Hermann Levis — geradezu „vom Dämon der Schroffheit und der Kälte“ besessen. Dies will nicht heißen, daß Brahms' so ungewöhnlich gütiger Charakter sich geändert hätte; ihn bezeugen nach wie vor eine Fülle selbstloser, feinfühliger Handlungen. Im alltäglichen Leben aber macht sich die im Grunde seines Herzens wohnende Bitterkeit und Enttäuschung, gerade weil er sie den besten Freunden gegenüber nie offen zum Ausdruck bringt, in tausend kleinen Sarkasmen Luft.

Ganz anders aber stellt sich Brahms' Niederlage von der Warte des historischen Beobachters gesehen dar. Wir Nachkommen sind weit eher geneigt, sie als Schicksalsfügung anzusehen, die sich für Brahms' Kunst nur segensreich ausgewirkt hat. Da er sich aus Hamburg verstoßen fühlt, ist er genötigt, sich einen neuen Wohnsitz zu suchen, und nach einigem Schwanken entscheidet er sich mit dem sicheren Instinkt des Genies für jene Stadt, die die günstigsten Voraussetzungen für die Entwicklung seines Schaffens bietet. Gerade für den schwerblütigen Norddeutschen hat die Verpflanzung in die ihm innerlich fremde, von Musik geradezu durchtränkte

Atmosphäre Wiens eine Bereicherung und Erweiterung seiner künstlerischen Persönlichkeit mit sich gebracht und manche seiner herrlichsten Schöpfungen kann man sich in einem anderen Nährboden gar nicht entstanden denken.

ERSTE ANSTELLUNG IN WIEN
(1863—1864)

Wie jeder Wandel in Brahms' Leben, so vollzieht sich auch die Verlegung seines Wohnsitzes aus Deutschland nach Österreich nur langsam und schrittweise. Immer wieder treibt es ihn aus der Fremde nach Hamburg und ins Elternhaus zurück. Da sich aber dort für ihn die Verhältnisse stets unerquicklicher gestalten, nimmt er sein Wanderdasein jeweils nach kurzer Zeit wieder auf. Jahre eines unsteten Reiselebens müssen vergehen, bevor ihm Wien zur wahren Heimat wird.

Im Mai 1863 begibt sich Brahms aus Wien zunächst zu Freund Joachim. Diesmal liegen für seinen Besuch besondere Gründe vor. Joachim hat sich kurz zuvor mit der schönen dramatischen Sängerin Amalie Weiß verlobt. Auf Wunsch ihres Bräutigams muß sie der Bühnenlaufbahn entsagen, und Brahms kommt gerade nach Hannover zurecht, um ihrer Abschiedsvorstellung als Orpheus in Glucks gleichnamiger Oper beizuwohnen. Die Leistung der Künstlerin macht tiefen Eindruck auf den Komponisten und manche seiner in der Folge entstandenen Werke — so vor allem die „Altrhapsodie" — sind für Amaliens wunderbar weiche Altstimme geschrieben worden. Auch sonst ist Brahms mit Joachims Wahl durchaus einverstanden; bald bestehen die besten Beziehungen zwischen Johannes und Ursi (wie sich Amalie gerne nennen läßt) und viele Jahre später hat das treue Festhalten an dieser Freundschaft Brahms sogar in einen schweren inneren Konflikt gebracht (vgl. S. 156 f.). Doch auch dem Künstler Joachim gilt diesmal der Besuch. Das f-moll-Streichquintett, das schon in Wien bei einer privaten Aufführung dem Komponisten gar nicht zusagen wollte, da es ihm klanglich nicht geglückt erschien, soll von Joachim nochmals gründlich durchgeprobt werden. Auch unter seiner Leitung kommt es zu keinem besseren Ergebnis und Brahms nimmt daher endgültig von einer

Herausgabe des Werkes in einer Fassung für Streicher Abstand.

Von Hannover geht es nach Hamburg, wo Brahms gerade zu seinem 30. Geburtstag eintrifft. Die rechte Festfreude aber will sich diesmal nicht einstellen. Hieran sind nicht nur die bitteren Gefühle schuld, die der Künstler nunmehr der Heimat entgegenbringt. Schlimmer noch ist es, daß auch aus dem Elternhaus Fröhlichkeit und Gemütlichkeit gewichen sind. Mutter Brahms ist mit einem Schlag zur Greisin geworden. Ein Leben voller Arbeit macht sich nun bei der vierundsiebzigjährigen Frau bemerkbar; sie sehnt sich danach, die Hände in den Schoß legen zu dürfen und andere für sich sorgen zu lassen. Dazu ist aber keine Möglichkeit. Elise hängt wohl mit ganzem Herzen an der Mutter, aber sie ist durch Anfälle von Migräne oft unfähig, auch nur die geringste Hilfe zu leisten. Die ewige Krankheitsatmosphäre aber, die die alte gebrechliche Frau und das unglückselig veranlagte Mädchen um sich verbreiten, muß wieder Vater Jakob höchst unangenehm berühren. Mit seinen 57 Jahren ist der lebenslustige Mann noch sehr unternehmend und will keineswegs auf die Freuden des Daseins verzichten. Es muß zu Mißstimmung und Auftritten zwischen den nunmehr allzu ungleichen Ehepartnern kommen, und Fritz und Elise tun nichts, um die Spannung zu beheben, da sich das Mädchen eindeutig auf die Seite der Mutter schlägt, während der Sohn dem Elternhause möglichst fernbleibt. Johannes' Eingreifen mildert den Druck und durch seine beschwichtigenden Worte kommt es zu einer Versöhnung. Doch ihm ist schwer ums Herz; denn er fühlt nur zu gut, welche Gefahren den mühsam erzielten Frieden bedrohen.

In diese trübe Atmosphäre dringt nun ein Lichtschimmer aus Wien. Schon vor Brahms' Abreise hatten Freunde, vor allem Joseph Gänsbacher (ein Jurist, der später Gesangsprofessor wurde), bei ihm unverbindlich angefragt, ob er bereit wäre, die Leitung der Wiener Singakademie zu übernehmen. Damals war Brahms unentschlossen gewesen; nun aber erscheint ihm das Wiener Angebot recht verlockend. Als er daher die offizielle Mitteilung von der erfolgten Wahl durch den

Vorstand erhält, überlegt er verhältnismäßig nicht lange. Er läßt sich von den neuen Freunden noch etwas zureden und sagt schließlich mit Freuden zu.

Mit Feuereifer entwirft er sein Programm. Schon das erste am 15. November 1863 stattfindende Konzert kündet vernehmlich Brahms' künstlerisches Glaubensbekenntnis. Der glühende Bach-Verehrer beginnt seine Tätigkeit mit der Aufführung der Kantate „Ich hatte viel Bekümmernis". Ihr schließen sich das „Opferlied" von Beethoven und sodann eigene vierstimmige Bearbeitungen von Volksliedern an. Den Abschluß aber bildet — wie fast selbstverständlich — ein Werk des unvergeßlichen Freundes Robert Schumann, das liebliche „Requiem für Mignon". Nicht mehr als sechs Wochen stehen Brahms zum Einstudieren dieses umfangreichen Programms zur Verfügung und es spricht in gleicher Weise für den Dirigenten wie für den Chor, daß das Konzert ausgezeichnet ausfällt. Impulsiv schreibt Cornelius[1] unter dem Eindruck der Aufführung an Brahms: „Das war wieder einmal schön! Sie haben die vollkommensten und unbestreitbarsten Lorbeeren errungen! Ich habe recht geschwelgt — ein Stück war schöner als das andere . . . Ich wollte, dies Konzert wäre für diesmal Ihr letztes, daß Sie Ihre 1. Saison mit diesem entschiedenen Erfolg schlössen." (Mit diesem letzten Satz bewies Cornelius, wie sich gleich zeigen wird, geradezu prophetische Gaben.)

Die Kritik ist ebenfalls äußerst anerkennend und so kann Brahms mit dem Erfolg dieser ersten Dirigentenleistung vor dem anspruchsvollen Wiener Publikum zufrieden sein. Auch künstlerisch muß ihn die Arbeit freuen, gibt sie ihm doch Gelegenheit, sich in Werke, die er besonders schätzt, zu vertiefen. Wie ernst der neue Dirigent seine Aufgabe nimmt, beweist etwa die Tatsache, daß er sich eine eigene Orgelstimme für die Bach-Kantate anfertigt, die sich im Archiv der Wiener Singakademie erhalten hat. Mit Deutlichkeit zeigt sie, wie der Künstler alte Werke aufgeführt wissen will. Die Orgel bildet die Stütze für Chor und Orchester, verstärkt wichtige Steigerungen und liefert die unumgänglich notwendige klangliche und harmonische Füllung. Darüber hinaus aber weist der

Dirigent ihr, sobald die melodieführenden Stimmen schweigen und ein stärkeres Hervortreten des Continuo notwendig ist, auch eine gewisse Selbständigkeit zu. Mit feinstem Geschmack weiß Brahms, hier die so schwer zu beobachtende Mitte zu halten zwischen einer zu ärmlichen und zu überladenen Begleitung.

In jeder Hinsicht läßt sich des Künstlers Tätigkeit also angenehm an. Und doch schreibt er bereits in der ersten Freude über den Erfolg an Clara einen (verlorengegangenen) Brief, dessen Inhalt wir aus ihrer Antwort ersehen können: „Wie gerne, lieber Johannes, hätte ich Dir gleich ... meine innige Freude über Deinen schönen Erfolg ausgesprochen ... Du hast übrigens aber der Freude gleich einen Dämpfer aufgesetzt durch Deine Äußerung, daß Du noch nicht daran denkst, die Stellung zu behalten ... Ich weiß nicht, warum Du Dietrichs (damals Kapellmeister in Oldenburg) und Stockhausens Stellungen beneidenswert findest? ... Stockhausens Stellung ist nicht eben sonst beneidenswert bei solch geringer Anerkennung wie in Hamburg. Für schöne Orchesterleistungen ist das Publikum dort noch lange nicht reif ... Ich konnte es doch jetzt wieder recht sehen, welch schweren Stand Du als Hamburger und so junger Mann dort gehabt hättest. Der Ärger hätte wohl bald Deine Flügel gesenkt. Wie anders mag das in Wien sein ..."

Auffallend ist der innere Widerspruch, der sich in Brahms' Schreiben ausgedrückt haben muß. Der Komponist ist der kaum begonnenen Wiener Tätigkeit schon wieder müde, woran wohl — neben dem erforderlichen großen Zeitaufwand — hauptsächlich die mit jeder Aufführung unlösbar verbundenen administrativen Aufgaben Schuld tragen. Es gilt, auf die Wünsche und Bedenken der einzelnen Vorstandsmitglieder Rücksicht zu nehmen, sich mit den Solisten zu einigen, Termine immer wieder abzuändern usw. Dessenungeachtet aber wünscht sich Brahms mit innigster Sehnsucht eine ähnliche Tätigkeit in Hamburg. Deutlich zeigt sich hier, wie wenig im Grunde Verstandeserwägungen bei entscheidenden Fragen in Brahms' Leben den Ausschlag geben.

Die Vorbereitungen für das zweite Konzert beginnen. Diesmal geht Brahms in der Programmbildung noch einen Schritt weiter, da er neben einer Bach-Kantate eine ganze Anzahl unbekannter a-cappella-Stücke aus dem 17. Jahrhundert zur Aufführung bringt. Ist es an und für sich schon für Ausführende und Publikum schwer, sich in diese fremde Welt einzuleben, so kommt hinzu, daß der in der Konzertpraxis unerfahrene Kapellmeister nicht für die nötige Abwechslung sorgt, sondern lauter Stücke düstersten Charakters aneinanderreiht. Solche Bestrebungen haben das Scherzwort der Wiener verschuldet: „Wenn Brahms recht übermütig ist, läßt er singen: Das Grab ist meine Freude." Das Konzert findet gerade zu Faschingsbeginn statt, und da der Chor noch überdies die schwierigen a-cappella-Stücke nicht völlig beherrscht, ist der Erfolg der Veranstaltung recht zweifelhaft. Das nächste Konzert, in dem Teile des Bachschen „Weihnachtsoratoriums" zur Aufführung gelangen, leidet wieder unter dem Vergleich mit einer knapp vorher stattgefundenen prachtvollen Wiedergabe der „Johannespassion" durch den weit besser geschulten Singverein. Und wenn auch das nur eigenen Kompositionen gewidmete Schlußkonzert am 17. April 1864 eine weit freundlichere Aufnahme findet, so läßt sich doch leicht denken, welche Folgerungen Brahms aus diesem ersten Versuchsjahr ziehen muß. Obwohl der Verein fest an seinen Dirigenten glaubt und ihn einstimmig für weitere drei Jahre wählt, hat der Künstler selbst die Lust an der Sache verloren. Zwar hat er gerade in diesem Jahr zu klagen, daß sein „Geldbeutel seit längerem ein merkwürdig schlaffes, tatenloses Dasein" führe; dennoch denkt er nicht daran, um der bescheidenen Sicherheit willen, seine Tätigkeit an der Singakademie fortzusetzen.

Gesellschaftlich bietet dieser Winter des Jahres 1863/64 ein ziemlich ähnliches Bild wie der erste in Wien verbrachte. Zunächst ist es die Lehrtätigkeit, die Brahms mit neuen Menschen in Verbindung bringt. Eine seiner Schülerinnen ist sogar so schön und begabt, daß sie dem Lehrer geradezu Furcht einjagt. Brahms, der durch seine Erfahrungen mit Agathe und Ottilie gewitzigt ist, zieht es vor, den Unterricht der hochmusikalischen Elisabeth v. Stockhausen an Freund Epstein abzutreten; dieser erklärt allerdings auch seinerseits, daß es unmöglich wäre, sich in die anmutige Blondine nicht zu verlieben. Später ist Elisabeth, die den Dessoff-Schüler Heinrich von Herzogenberg heiratet, eine der verständnisvollsten Brahms-Freundinnen geworden und hat in seinem Leben eine nicht unwichtige Rolle gespielt. Eine andere Schülerin ist Amalie v. Bruch-Vehoffer, die der Komponist auch gerne zu gemütlichen Plauderstunden aufsucht. Als Frau v. Bruch schon wenige Jahre später stirbt, bedeutet dies, wie Vater Brahms schreibt, einen „herben Verlust für Johannes".[2] Wie sehr die Schülerin bemüht war, die Lage ihres jungen Lehrers zu verbessern, geht aus der Tatsache hervor, daß sie ihm einen Kasten voll Noten hinterließ, in dem Brahms zu seiner Überraschung einen ansehnlichen Geldbetrag in Wertpapieren fand. Dabei lag ein Zettel, worin bestätigt wurde, daß das Geld ausdrücklich für ihn bestimmt sei. Brahms war jedoch zu stolz, eine solche Gabe anzunehmen, und fürchtete auch, daß Herr v. Bruch die Handlungsweise seiner Frau falsch deuten könne. Daher sandte er ihm den Betrag und behauptete, daß das Geld nur infolge eines Irrtums im Kasten zurückgeblieben sei.

Unter den Männern ist es vor allem der angesehene Kritiker Eduard Hanslick, der in immer freundschaftlichere Beziehung zu dem Komponisten tritt. Er sucht sogar eine Verbindung mit dessen Familie in Hamburg, indem er der darob überglücklichen Elise[3] seine Photographie schickt. Daneben bleibt der Verkehr mit Cornelius und Tausig aufrecht. Die beiden Wagnerfreunde wünschen sich sehnlichst, Brahms mit dem Erneuerer des Musikdramas, der damals ebenfalls in Wien lebt, zusammenzubringen. Dies geschieht endlich durch Vermittlung eines dritten gemeinsamen Bekannten, des Dr. Standhartner, der Brahms am 6. Februar 1864 zu Wagner führt. Der Abend verläuft sehr angeregt. Brahms spielt außer klassischer Musik seine Händel-Variationen, und Wagner kann sich dem Eindruck dieses großartigen Werkes nicht entziehen. Voll Anerkennung äußert er zu dem Komponisten:

„Man sieht, was sich in den alten Formen noch leisten läßt, wenn einer kommt, der versteht, sie zu behandeln.“

Ein zweitesmal sind die beiden größten damals lebenden deutschen Komponisten persönlich nicht mehr zusammengetroffen. Es erscheint daher angebracht, an dieser Stelle ihre Beziehungen kurz zu schildern. In ihrer Kunst hatten Brahms und Wagner — wie noch an einer anderen Stelle näher ausgeführt werden soll — kaum irgendwelche Berührungspunkte. Gerade aus der völligen Verschiedenheit ihrer Betätigung aber würde man schließen, daß sie in gegenseitiger Achtung der Leistungen des anderen hätten nebeneinander leben können. In Wirklichkeit haben sich die Beziehungen — hauptsächlich durch die Zwischenträgereien Dritter — mehr und mehr zugespitzt. Den kleinen Vorstoß, den Brahms schon im Jahre 1860 gegen die „Zukunftsmusik“ unternommen hatte, kann man hiefür wohl kaum verantwortlich machen. Damals bereitete Brahms zusammen mit Joachim, J. O. Grimm und B. Scholz ein Manifest vor, in dem sie und eine Anzahl Gleichgesinnter gegen die neudeutsche Schule Stellung nahmen. Durch eine Indiskretion wurde diese — im Grunde weit mehr gegen Liszt als gegen Wagner gerichtete — Kundgebung nur mit dem Namen der vier Urheber des Planes veröffentlicht und erregte in dieser Form bei den Gegnern mehr Heiterkeit als Erbitterung. Jedenfalls ist dieser Zwischenfall der Wiener Zusammenkunft des Jahres 1864 nicht im Wege gestanden.

Welchen Eindruck Brahms damals von der Persönlichkeit Richard Wagners empfangen hat, ist unbekannt. Sicher ist nur, daß sich das Verhältnis der beiden Meister bald entscheidend verschiebt. Der reifere Brahms bringt den Werken Wagners ernste Anteilnahme entgegen. Er fährt 1870 zur Aufführung von „Rheingold“ und „Walküre“ nach München und studiert mit aufrichtigem Interesse die Wagner-Schätze im Hause Wesendonck. Dem Dirigenten Arthur Nikisch empfiehlt er sogar ausdrücklich für ein Antrittskonzert in Leipzig die Aufführung einer Wagner-Komposition.[4] Überhaupt hat sich Brahms wiederholt zu verschiedensten Personen anerkennend über die Schöpfungen des Bayreuther Meisters ausgesprochen, während er nur selten — im engsten Freundeskreis — Kritik an den Werken übte.

Wagner unternimmt dagegen schon 1869 in seiner Schrift „Über das Dirigieren" einen versteckten Angriff gegen Brahms und spricht sich auch über den gerade erwähnten Besuch in Wien recht kühl aus. Hiezu trägt vor allem bei, daß Wagner von verschiedenen Kritikern, die zu Brahms' Freundeskreis zählen, auf das schärfste angegriffen wird. Auch bringt ein nicht sehr erfreulicher Briefwechsel, den Brahms und Wagner über den Besitz der Partitur zu den Pariser Tannhäuser-Szenen führen, eine Verschlechterung der Stimmung mit sich. Brahms hatte dieses Manuskript von Tausig geschenkt erhalten und war erstaunt, als 1865 der gemeinsame Freund P. Cornelius an ihn die Bitte richtete[5], die Partitur an Wagner zurückzustellen, da Tausig „sich in entschiedenem Irrtum befunden, wenn er die Partitur für sein Eigentum hielt". Brahms fällt es nicht leicht, sich von einer Kostbarkeit seiner Autographensammlung zu trennen. Erst als Wagner selbst 10 Jahre später an ihn herantritt, sendet er sie ziemlich unwillig zurück und empfindet das ihm als Gegengabe eingesandte gedruckte Prachtexemplar des „Rheingold" gewiß nicht als „wohlconditionierten Ersatz", obwohl Wagner es in seiner Widmung ausdrücklich so bezeichnet. Hat diese Angelegenheit eine weitere Verstimmung herbeigeführt, so verletzt es vollends Wagner aufs tiefste, daß der bei weitem jüngere Brahms 1879 zum Ehrendoktor der Breslauer Fakultät ernannt wird, während er nicht auf eine gleiche Ehrung hinweisen kann. Damals schreibt Wagner in seinen „Bayreuther Blättern" ein hitziges Pamphlet gegen Brahms, in dessen Verlauf er ihn einen „Bänkelsänger" und noch manches andere nennt.

Obwohl die Herabsetzung von Brahms im allgemeinen auch im Kreise der Wagnerianer zum guten Ton zählte, haben doch manche der wertvollsten unter ihnen in diesem Punkte dem Meister die Gefolgschaft versagt. So hat Karl Tausig etwa, trotz des unliebsamen Zwischenfalles mit der „Tannhäuser"-Partitur, seine Gefühle für Brahms nie geändert und es berührt eigenartig, den folgenden Brief [6] zu lesen, den er aus Berlin zu einer Zeit schrieb, als der von ihm vergötterte Wagner wohl schon an seiner Schrift „Über das Dirigieren" arbeitete: „Konzert (d-moll) und Kadenzen habe ich mit bestem Dank empfangen; nun hoffe ich auch baldigst den Vater der interessanten Kinder zu sehen. Kommen Sie, wenn es Ihnen irgendwie möglich ist; Sie sollen es ganz erträglich bei mir finden, denn daß ich Sie beherberge, darauf rechne ich ganz bestimmt. Ihre Stube ist eingerichtet, und die größten Plantagenzigarren erwarten Sie sehnsüchtig und schmachten danach, von Ihnen geraucht zu werden. Auch den Tiergarten finden Sie jetzt reizender, und Sie sollen darin so weit geführt werden, daß kein Leierkastenklang an Ihre Ohren dringt ... Jetzt wissen Sie es doch vielleicht wie sehr ich Ihnen musikalisch befreundet bin, und was ich von Ihnen halte; ich habe es wenigstens hunderte Male laut gesagt und nach Kräften bewiesen." Diese Einladung hat Brahms nicht vergessen, und als er 1871 durch Berlin durchreist, verbringt er eine Nacht in Tausigs Wohnung; damals sieht er zum letzten Mal den Freund, den ein tückisches Schicksal im Alter von kaum 30 Jahren hinwegrafft.

Noch mehr in die Augen fallend ist Brahms' Beziehung zu Mathilde Wesendonk. Es ist bekannt, daß das Ehepaar Wesendonk dem aus Deutschland geflüchteten Wagner in einem Häuschen bei ihrer Villa „am grünen Hügel" ein Asyl bot und sich hiebei jener Liebesroman zwischen dem Meister und Mathilde abspielte, dem Wagner in seiner Oper „Tristan und Isolde" ein unvergängliches Denkmal gesetzt hat. Nach Wagners Abreise blieben sie jahrelang in brieflicher Beziehung und auch später, als das Leben mit seinen Wandlungen diesen engen Bund lockerte, erhielt sich die Freundschaft zwischen ihnen. Wenn man nun bedenkt, was das Wagner-Häuschen für Mathilde bedeuten mußte, ist man erstaunt, folgende Zeilen in einem ihrer Briefe [7] an Brahms zu lesen: „Während des Musikfestes wird Familie Stockhausen in unserem Hause zu Gaste sein, ich leider abwesend. Das grüne Vogelnestchen in der Nähe aber mit dem Einsiedlerpförtchen bleibt davon unberührt, und ich werde dafür Sorge tragen, es so einzurichten vor meiner Abreise nach St. Moritz, daß eine frohe Schwalbe dort jederzeit ein bescheidenes Unterkommen finden kann."

Sie empfindet es also nicht als pietätlos, nach dem glühend verehrten Wagner auch Johannes Brahms in den gleichen Räumen wohnen zu lassen. Und als Brahms der Einladung nicht Folge leistet, schreibt sie im nächsten Jahr noch dringlicher[8]: „Zum neuen Jahr lassen Sie mich jetzt noch aussprechen, was Sie längst wissen sollten und wohl auch wissen, nicht wahr? Ich möchte nicht in diesem Jahrhundert gelebt haben, ohne Sie wenigstens freundlich und dringend gebeten zu haben, an unserem Herde zu rasten." Zahlreiche weitere von Brahms bewahrte Briefe Mathildens, sowie mit freundlichen Widmungen versehene Exemplare ihrer Dichtungen, beweisen, wie herzlich sie um ihn geworben hat und in einem Schreiben[9] erklärt sie auch, was — abgesehen von Brahms' Künstlertum — auf sie so tiefen Eindruck gemacht hat: „Sie wissen . . ., daß ich die Schwäche habe, Sie zu den Besten und Vorurteilslosesten unserer Zeit zu zählen." Gerade im Falle Wagner hat Brahms mehrfach Gelegenheit gehabt, diese bei schaffenden Künstlern so seltene Vorurteilslosigkeit zu beweisen.

Doch kehren wir in das Jahr 1864 zurück. Nun, da Brahms' Tätigkeit an der Singakademie ihr Ende gefunden hat, hält ihn nichts mehr in der Donaustadt und er fährt im Juni 1864 nach Hamburg. Diesmal ist die Lage, die er zu Hause vorfindet, noch unerfreulicher als vor einem Jahr. Die Mutter ist weit schwächlicher und unduldsamer geworden, der Vater wieder, dem in so vorgerücktem Alter die Freude zuteil wurde, von Stockhausen in das philharmonische Orchester aufgenommen zu werden, beklagt sich, daß man ihn nicht ungestört üben lasse. Bald sieht der Sohn, daß es hier kein anderes Hilfsmittel gibt als die Trennung. Er mietet für den Vater ein Zimmer auf der „Großen Bleichen"; die Mutter und Elise bleiben zunächst in der alten Wohnung und übersiedeln im November 1864 in eine „ganz reizende Gartenwohnung"[10], wo auch ein Zimmer für Johannes bereitsteht. Das Zerwürfnis zwischen den Eltern bedeutet für den Sohn in vieler Hinsicht einen schweren Schlag. Er, der an Vater und Mutter so innig hängt, wird nun von jedem zum Richter über den andern angerufen und möchte doch nur versöhnen, statt Partei zu ergreifen. Dennoch muß er, der gerade an Jakobs musikalischem Ehrgeiz höchste Freude hat, im Herzen dem Vater recht geben, wenn er sieht, daß dieser in der Ausübung seines Berufes gehemmt ist, und weiß dabei, wie tief diese Einstellung ihres Lieblings die Mutter verletzen muß. Die ganze Feinfühligkeit und Güte des Sohnes in so schwieriger Lage zeigt sich in den — von Kurt Stephenson veröffentlichten — Briefen an den Vater.* (Nur diese haben sich erhalten, während die an die Mutter gerichteten Schreiben von dem Sohn selbst später vernichtet wurden.) Wie versucht er etwa in folgendem Brief, den er nach seiner Abreise von Hamburg Anfang Oktober aus Baden-Baden an Jakob Brahms richtet, diplomatisch vorzugehen:

„Liebster Vater! Ich entbehre doch sehr Nachrichten von Euch, wenn ich gleichwohl nicht hoffen kann, es möge Erfreuliches sein ... Daß Mutter und Elise ein Zimmer für mich bedacht haben, könnte mir sehr recht sein, wenn ich denken dürfte, Du benutztest es recht viel! Und das wird hoffentlich geschehen. Deinen Mittagsschlaf kannst Du ja recht oft bei meinen Büchern halten ... Spare nur bei Muttern mein Geld nicht, ob es bis Neujahr reicht, ist nicht wichtig und Geld macht manches Gesicht lächeln, das sonst finster aussieht. Tue Dein Möglichstes, läuft auch ein Ärger einstweilen mit unter! Sei ihnen behilflich beim Umziehen und laß Dich keineswegs vertreiben; es kommt eine Zeit, wo sie und wir alle Dir's danken ... Wo ißt Du denn zu Mittag? Du gehst doch noch ja hin? Du könntest vielleicht bei Mutter einige kleine Auslagen für mich berichtigen, z. B. jetzt für den Notentransport nach

* Vgl. hiezu und zu den weiter unten wiedergegebenen Briefen des Meisters an seinen Vater und seine Stiefmutter: Kurt Stephenson, „J. Brahms' Heimatbekenntnis". Hamburg 1933.

Wien. Notiere es dann und ich schicke es gelegentlich mit . . .
Herzlichst Dein Johannes"

Rührend ist es, wie sich der Sohn hier immer wieder bemüht, einen Anlaß zu finden — sei es nun, daß er von dem freien Zimmer in der neuen Wohnung spricht oder von dem Mittagessen, das Jakob bei seiner Frau einnehmen sollte, oder von Zahlungen, die der Vater für ihn bei der Mutter zu leisten hätte —, um die Eltern zusammenzubringen.

Abgesehen von der schweren Kränkung bringt die Trennung der Eltern auch Sorgen materieller Art für den Sohn, der es übernommen hat, Mutter und Schwester zu erhalten. Dies ist keine Kleinigkeit für einen Musiker, der über kein gesichertes Einkommen verfügt, und die Last, die ihm hiermit aufgebürdet wird, ist so drückend, daß Clara Schumann es sogar für nötig hält, sich einzumengen und Jakob Brahms bittet, mehr für den Unterhalt seiner Frau zu tun, da Johannes nicht so gestellt sei, wie der Vater voraussetze.[11] Ihre Fürsprache hat nur geringen Erfolg, da Jakob, der im Gasthaus seine Mahlzeiten einnimmt, nicht mehr mit so wenig Geld auskommen kann, wie zu Hause. So muß Johannes zunächst für Mutter und Elise sorgen. Nach Christianes Tod erhält er allein die kränkliche Schwester und mit den Jahren werden die Unterstützungen für den sich allmählich vom Berufsleben zurückziehenden Vater immer größer.

Die Art, wie Brahms alle diese Sorgen auf sich nimmt, zeigt einen selten vornehmen, gütigen Charakter. Selbst wenn es ihm noch so knapp zusammengeht, verliert er kein Wort über das Opfer, das er bringt; so oft es nur möglich ist, trachtet er, mehr zu schicken, als er versprochen hat, und bittet dann, es ja nur für unnütze Dinge, die dem Empfänger Freude machen, zu verwenden. Zeilen, wie etwa die folgenden an den Vater sind typisch: „Wenn Du irgend Geld gebrauchst, wenig oder viel, so schreibst Du mir es doch? Lebt Ihr gut und bequem? Kauft Euch noch eine und noch eine Gans? Sonst schicke ich wieder ungefragt." Über diese Seite seiner Familienangelegenheiten hat Brahms auch guten Freunden gegenüber nur selten gesprochen. Tat er es jedoch einmal, so konnte die Freudigkeit, die ihn dabei erfüllte, keinem entgehen. Noch als alter Mann erinnert sich der Musiker Vincenz Lachner in einem Brief[12] an Brahms einer solchen Szene: „Es war in meiner Herberge zu Mannheim, als Sie freudestrahlenden Blickes eine gestrickte Börse in der Hand auf und abwiegten und deren goldenen Inhalt wohlgefällig wie Soldaten auf meinem Flügel ausbreiteten. Das ist für meinen lieben Vater in Hamburg, sagten Sie. Oh, ich hätte Ihnen um den Hals fallen mögen." Solche goldene Sendungen sind immer wieder nach Hamburg abgegangen. Das einzige, worauf Brahms hierbei Gewicht legt, ist eine pünktliche Bestätigung jeder Zahlung. Von Elise — bei der er offenbar einen gewissen Hang zur Verschwendung fürchtet — verlangt er außerdem eine genaue Aufstellung ihrer Ausgaben, die denn auch pünktlich alle 14 Tage erteilt wird.

Nachdem Brahms die Zwistigkeiten im Elternhaus nach besten Kräften beigelegt hat, begibt er sich für den Sommer 1864 nach Lichtental bei Baden-Baden, wo Clara Schumann ein kleines Häuschen gekauft hat. Der weltberühmte Kurort ist landschaftlich sehr hübsch und auf den bewaldeten Bergen kann Brahms seiner Leidenschaft für lange, ungestörte Morgenspaziergänge, bei denen der Großteil seiner Werke entsteht, nach Herzenslust frönen. Außerdem aber empfängt er in Baden-Baden eine Fülle von Anregungen. Künstler, Diplomaten, Fürstlichkeiten aus allen Ländern strömen hierher und bedeutende Menschen verschiedener Art — die Landgräfin von Hessen, der russische Dichter Turgenieff, die berühmte Sängerin Pauline Viardot, der Pianist Anton Rubinstein, der Wiener Walzerkönig Johann Strauß, der Maler Anselm Feuerbach und viele andere — treten allmählich zu Brahms in nähere Beziehung. Mit zwei Männern aber verbindet Brahms bald eine richtige Freundschaft: mit Hermann Levi und Julius Allgeyer.

Levi wirkt in dem nahe gelegenen Karlsruhe als Opernkapellmeister. Der geniale junge Dirigent ist schon seit langem ein warmer Verehrer der Brahms'schen Kunst; nun zieht ihn auch der Mensch völlig in seinen Bann. Als Brahms im Herbst 1864 fortreist, schreibt Levi an die gemeinsame Freundin Clara Schumann: „Der nähere Verkehr mit Johannes war, glaube ich, von so tiefem, nachhaltigem Einflusse auf mein ganzes Wesen, wie ich mich keines ähnlichen aus irgend einer Zeit meines musikalischen Lebens erinnere. Er hat mir das Bild eines reinen Künstlers und Menschen gegeben und das will in unserer Zeit viel sagen." Aber auch für Brahms ist die Verbindung mit Levi äußerst wertvoll. „Der junge Mann", schreibt er an Joachim, „ist trotz aller Theater-Kapellmeisterroutine so frisch und sieht mit so hellen Augen in die schönste Höhe, daß alles eine wahre Freude ist." Mit dem ganzen Überschwang seiner feurigen Natur versenkt sich der junge Kapellmeister in die Werke seines Freundes. Er liebt es, sie abzuschreiben, um sie sich ganz zu eigen zu machen, und erhält dann zum Dank häufig das Originalmanuskript. So sieht er manches Brahms'sche Werk heranreifen und nimmt ähnlich wie Joachim zuweilen sogar Einfluß auf die letzte Ausarbeitung. Jahre hindurch betrachtet es Levi als seine Hauptaufgabe, für die Kompositionen seines Freundes zu wirken, und als er 1870 einen Antrag nach München erhält, schreibt Allgeyer darüber an Brahms[13]: „Er (Levi) teilte meine Ansicht natürlich, daß er die Annahme der Stelle auch Dir schuldig ist und sieht es für seine Mission an, Dir auf so erweitertem Terrain neuen Boden zu schaffen."

Freund Allgeyer wieder, ein begabter Kupferstecher und Photograph, ist ein kerniger Charakter, an dem Brahms seine Freude haben muß. Die Charakteristik, die Levi in einem Brief an Clara Schumann von diesem einfachen, bescheidenen Manne liefert, könnte genauso von dessen zweiten Freund Johannes stammen: „Das ist ein alter lieber Kerl, treu wie Gold; wenn ich einen Abend mit ihm zusammen war, ist mir immer, als hätte ich ein erfrischendes Bad genommen. Selbst seine Fehler muß man lieb haben." Allgeyers Herz ist vor allem von dem starken Gefühl der Bewunderung und Liebe für Anselm Feuerbach erfüllt und seine große Biographie des Malers legt hiervon schönstes Zeugnis ab. Daneben aber hegt er auch für Brahms' Kunst und Wesen tiefste Verehrung und sehr hübsch verleiht er seinem Empfinden Ausdruck, wenn er einmal an den Komponisten schreibt[14]: „Der wahren Größe darf man ein solches Geständnis ruhig machen ... und in diesem Sinn konnte ich, ohne mir etwas zu vergeben, jüngst an Feuerbach schreiben: ich wollt', ich könnte manchmal bei Dir sein um den Preis, Dir die Stiefel putzen zu dürfen. Du lieber Johannes legst auf den Glanz Deiner Pedale weniger Wert wie unser kleiner Liebling der Grazien in Rom (Feuerbach), sonst wäre bereit, diesmal zwei Herren zu dienen, Dein getreuer Allgeyer."

In so verständnisvoll-anregendem Freundeskreis, der durch das Zusammensein mit Clara noch größte Bereicherung erhält, sind Brahms' Kunst herrliche Blüten beschieden. Das f-moll-Quintett erlangt nun seine endgültige Gestalt, ein zweites Streichsextett reift heran und eine ganze Reihe von Liedern wird in dieser Zeit vollendet und an den Verleger geschickt. So ist dieser Sommer 1864 eine schöne, reiche Zeit. Eine noch weit bedeutsamere Ernte aber sollte Brahms nächstem Aufenthalte in der gleichen Umgebung beschieden sein.

„EIN DEUTSCHES REQUIEM“

Im Herbst 1864 kehrt Brahms nach Wien zurück, wo er auch den ganzen folgenden Winter verbringt. Weihnachten ist diesmal ein trauriges Fest; denn immer wieder müssen die Gedanken des Sohnes nach Hamburg wandern. Nochmals macht er einen zaghaften Vorstoß, um den Vater zur Mutter zu bringen. Er schreibt ihm: „Zum Fest sollst Du doch einen Gruß von mir haben, wenn wir einsamen Männer auch gerade nicht viel davon merken. Du bist wohl nicht etwa einen Abend bei der Mutter? Tut Fritz nicht alles, um Dich hinzubringen? Ich werde allein sitzen und an Dich, mit welcher Liebe, denken!“ Doch Vater Jakob bringt es nicht über sich, dem Rat des Sohnes zu folgen. Und nicht lange dauert es, so greift das Schicksal ein und macht alle weiteren Versöhnungsversuche überflüssig. Am 2. Februar 1865 erhält Johannes von Fritz ein Telegramm: „Wenn Du unsere Mutter noch sehen willst, komme gleich.“ Er eilt nach Hamburg, doch die Mutter ist schon tot, ein Schlaganfall hat diesem arbeitsreichen Leben ein rasches Ende bereitet.

Äußerlich ist der Sohn überaus gefaßt; denn mit seinem Verstand muß er sich sagen, daß er dem Schicksal Dank schuldet für das lange Leben, das seiner Mutter vergönnt war, und ihren sanften Tod. Dennoch ist er bis in die letzten Tiefen seiner Seele erschüttert, ist er sich doch wohl bewußt, wieviel an Liebe, Aufopferungsfähigkeit und Feinfühligkeit für ihn mit dieser alten Frau zu Grabe getragen wurde. Als echter schöpferischer Künstler vermag Brahms des tiefen Schmerzes, der ihn erfüllt, nur durch Schaffenstätigkeit Herr zu werden, und ein lang gehegter Plan beginnt, nun langsam in ihm greifbare Formen anzunehmen. Das Leid über den Tod Robert Schumanns dürfte Brahms — wie Kalbeck annimmt — zum erstenmal den Gedanken an die Komposition eines „Deutschen

Requiem" eingegeben haben. Die Kränkung über die Hamburger Niederlage befestigte in seinem Herzen die düstere Stimmung. Nun aber gibt das erschütternde Ereignis des Jahres 1865 den letzten Anstoß zur Ausarbeitung des unvergänglichen Werkes.

Langsam, schrittweise reift das „Deutsche Requiem" in den folgenden Jahren heran und in dem Maße, in dem Brahms das Werk, das ihn erfüllt, künstlerisch gestaltet, gelingt es ihm auch, der trüben Stimmungen seines Inneren Herr zu werden. Wie Goethe mit seinem „Leiden des jungen Werther", so hat sich auch Brahms mit seinem „Deutschen Requiem" von einem unerträglichen Druck befreit, der auf seinem ganzen Dasein lastete. Während der Dichter jedoch das eigene Erlebnis mit packender Unmittelbarkeit und Realistik geschildert hat, vollzieht sich bei dem Komponisten unter dem Eindruck der Majestät des Todes ein Prozeß künstlerischer Abklärung und Läuterung. Die Glut der Leidenschaft, das wilde Ankämpfen gegen die Macht des Verhängnisses kommt im „Requiem" nicht zu Wort. In diesem gewaltigen Oratorium ist Brahms erstmalig der restlose Ausgleich zwischen den verschiedenartigen Kräften gelungen, die sich in seinem Schaffen begegnen. Mit der Fertigstellung dieses Werkes hat der Komponist die volle Höhe seines Könnens erreicht; deutlich leitet das „Requiem" einen neuen Abschnitt in seinem Schaffen ein: die Periode reifer, vollendeter Meisterschaft. Auch menschlich wird Brahms in jener Zeit ruhiger, klarer, stiller. Nun bäumt er sich nicht mehr auf; er hat sich mit dem Unabänderlichen abgefunden. Als Motto für seine neu gewonnene Einstellung zum Leben können die Worte gelten, die er bald nach dem Tod der Mutter an Clara richtet: „Zu ändern ist nichts, zu bereuen gibt's nichts für einen vernünftigen Menschen und so heißt's einfach voran und durch, den Kopf oben behalten." So schmieden ihn die Ereignisse der letzten Jahre, die in dem Tod der Mutter gipfeln, menschlich und künstlerisch zum Manne.

In jener Zeit der inneren Wandlung duldet es Brahms niemals lange an einem Ort. Seit dem Jahre 1865 fühlt er sich — obwohl er zwischendurch seinen Wohnsitz immer wieder für einige Zeit in Wien und auch bei den Baden-Badener Freunden aufschlägt — doch zu einem unsteten Konzertleben gedrängt. Dies ist auch notwendig, um die für die Angehörigen in Hamburg erforderlichen Geldmittel aufzubringen. Mit den erzielten Erfolgen kann Brahms in jeder Hinsicht zufrieden sein. Die Reihe der Konzerte beginnt im Herbst 1865 in Mannheim, wo das d-moll-Konzert unter Levis feuriger Leitung zum erstenmal sogar Beifall findet. In der Schweiz gewinnt er bei einer Tournee durch die wichtigsten Städte viele Anhänger, die bald aus dem kleinen Land eine der bedeutendsten und begeistertsten Brahms-Pflegestätten machen sollten. Sodann folgen neuerlich Konzerte in Mannheim und Karlsruhe. Um die Weihnachtszeit fährt Brahms nach Detmold; hier nimmt man den gereiften Künstler mit offenen Armen auf. Das Jahr 1866 wird durch ein wahres Brahms-Fest in Oldenburg eingeleitet, wo Freund Dietrich als Musikdirektor wirkt.

Nach so bewegtem Leben bedarf der Komponist dringend ungestörter Ruhe. Er findet sie in Karlsruhe, wo in der stillen, freundlichen Atmosphäre der Allgeyerschen Wohnung das Requiem heranwächst. Dann aber erwacht in dem Künstler das Sehnen nach starken, ungewohnten Natureindrücken. Nach einem Aufenthalt bei seinem Verleger Rieter-Biedermann in Winterthur, in dessen gemütlichem Haus sich Brahms besonders heimisch fühlt, begibt er sich auf den Zürichberg, wo er den ganzen Sommer 1866 verbringt. Hier mag der Blick auf die herrliche Gletscherkette ihn zu der gewaltigen Vision des 6. Satzes, der liebliche blaue See aber zu dem idyllischen 4. Satz inspiriert haben. Auch für freundschaftlichen Verkehr ist im Zürcher Kreis bestens gesorgt. Außer mit dem Schumann-Schüler Theodor Kirchner trifft der Komponist häufig mit dem Dirigenten Friedrich Hegar zusammen, der sich zeitlebens mit größter Begeisterung für Brahms' Werke eingesetzt hat. Sehr lieb ist ihm auch der Umgang mit dem genialen Chirurgen Theodor Billroth, der in seinen Mußestunden nichts Besseres kennt, als zu musizieren, und es sogar wagen darf, mit Brahms vierhändig zu spielen oder in des Meisters Quartetten als Streicher mitzuwirken. Auch hier wird eine wichtige Freundschaft fürs Leben geknüpft. Die bereits erwähnte Beziehung zu der gastlichen Familie Wesendonk stammt ebenfalls aus dieser Zeit.

Im Herbst 1866 wird wieder eine ausgedehnte Konzertreise unternommen, und zwar diesmal mit Freund Joachim, der nach der Abdankung des Königs von Hannover von seiner Stellung zurückgetreten ist. Unter dem Einfluß des großen Geigers entfaltet sich auch Brahms' pianistische Kunst aufs schönste und das gemeinsame Konzertieren ist so erfreulich für beide, daß sie ein Jahr später neuerlich eine Tournee, diesmal durch österreichische Städte, unternehmen.

Die Schweizer Reise findet im Dezember 1866 ihren Abschluß; nach mehr als eineinhalbjähriger Abwesenheit kehrt Brahms wieder nach Wien zurück. Das Weihnachtsfest verbringt er im Hause Faber und diesmal ist ihm wesentlich froher zu Mut als vor zwei Jahren, weiß er doch sein „Requiem“ vollendet. Auch an den Vater muß er nicht als einsamen Mann denken; denn gerade zu Weihnachten erhält er folgende vergnügte Zeilen von Jakob[1]: „Mit Freuden setze ich mich hin um Dir zu schreiben, aber es fehlt mir natürlich immer an Stoff. Ich habe nichts gelernt und leben wir immer sehr eingezogen. Aber glücklich ist mein Häusliches. Ich möchte, daß Du einmal hineinschauen könntest, es ist, als ob der liebe Gott mir einen Engel zugeführt hat, der mir alles vergessen macht. Ich danke herzlich, lieber Johannes, für die 10 Napoleon, welche Du uns zu Weihnachten geschenkt hast. Nur weh tut es mir, daß ich nicht in der Lage bin, Dir das Zehnfache zu schicken.“

Wer hatte diesen Wandel in Jakobs Leben herbeigeführt? Um dies zu erfahren, müssen wir mehr als ein Jahr zurückgreifen. Schon im Sommer 1865, wenige Monate nach Christianes Tod, begann der Ton in Jakobs Briefen weniger mißmutig zu werden, und einmal teilte er dem Sohn befriedigt mit, daß er endlich einen guten Mittagstisch gefunden habe.[2] Im Oktober aber erhielt Johannes zu seinem Erstaunen einen langen Brief[3] seines sonst so schreibunlustigen Vaters, in dem unter anderem zu lesen stand: „Das Leben, wie ich es bis jetzt geführt, bietet für mich der Annehmlichkeiten so wenig, es ist so öde und leer, daß ich mich entschlossen habe, darin eine Änderung zu treffen, ich hoffe und denke zu meinem Glücke. Es ist leicht zu erklären, daß es mir, der ich seit 34 Jahren, wenn auch nicht immer glücklich, doch mit Familie gelebt habe, schwer fallen muß, mich an ein Leben, wie ich es nun seit fast zwei Jahren geführt, zu gewöhnen. Du wirst mir deshalb, wenn Du weiter darüber nachdenkst, gewiß nicht unrecht geben, wenn ich Dich jetzt damit bekannt mache, daß ich mich wieder zu verheiraten gedenke, namentlich da meine Wahl auf eine Frau gefallen, die, wenn sie Euch auch natürlich die Mutter nicht vergessen läßt, doch Anspruch auf Eure Achtung machen kann. Zu mir passend, habe ich gewiß keine ungehörige Wahl getroffen ... Sie ist Witwe, einfach und im Alter 41 Jahre. Eine besondere Freude würde es für mich sein, wenn dies ein Grund mehr für Dich wäre, zum Winter auf hier zu kommen ... Also, ich hoffe, lieber Johannes, wir werden uns bald sehen und wünsche, Du wirst Dich bis dahin mit meiner Absicht, welche Dich jetzt wohl etwas überrascht, befreundet haben ..." Die Erwählte war Karoline Schnack, deren Mittagstisch Vater Brahms so zugesagt hatte.

Die Nachricht konnte den Sohn zunächst nicht angenehm berühren. Wieder will sich der Vater an eine im Alter so verschiedene Frau binden; diesmal ist es nur umgekehrt und Jakob ist seiner Braut um ebenso viele Jahre voraus, wie seinerzeit Christiane ihm. Wird er nicht mit zunehmendem Alter Gleiches zu leiden haben wie die arme alte Mutter? Doch als Johannes im Oktober 1865 Karoline kennen lernt, schwinden alle seine Bedenken. Sie ist eine tüchtige, lebensfrohe Frau, die Jakob von Herzen zugetan ist und es versteht, ihm das Leben ganz nach seinen Wünschen einzurichten. Tatsächlich hat Karoline ihrem Mann das Alter geradezu vergoldet und Jakob übertreibt nicht, wenn er dem Sohn schreibt,[4] daß er unter ihrem Einfluß ein ganz anderer Mensch geworden sei. Der Sechzigjährige fühlt sich ordentlich verjüngt; mit Begeisterung unternimmt er Ausflüge, fährt in das heimatliche

Heide, nimmt mit vollen Kräften an allen Vergnügungen von Bauernhochzeiten teil und plant sogar größere Reisen.

Entzückt verfolgt der Sohn dieses Aufblühen des Vaters und nun ist sein Plan gefaßt. Jakob soll zu ihm nach Österreich kommen; er, der noch nie das Flachland verlassen hat, muß einmal hohe Berge sehen. Die ersten Monate des Jahres 1867 bringen Brahms durch erfolgreiche Konzerte in Österreich und Ungarn (besonders schön verlaufen zwei Wiener Konzerte!) soviel ein, daß er den Vater einladen kann. So findet Jakob, als er im Juli von einem Aufenthalt im Heimatdorf zurückkehrt, folgenden Brief seines Sohnes vor: „Geliebter Vater! Du kommst nun vielleicht morgen von Heide zurück und ich hoffe, so vergnügt, wie ich es wünsche, so vergnügt — daß Du gleich tust, was ich Dich bitte ... Komme nach Wien! Überlege nicht lange, denke nur daran, daß in Deinem Alter das Reisen mit jedem Jahr schwieriger und weniger genußvoll ist und daß mit jeder Woche in diesem Jahr der Sommer heißer und Wien nicht angenehmer wird ... Es versteht sich von selbst, daß Dich die Reise nichts, auch keine Versäumnisse kosten soll und daß wir alles so machen, daß es Dich nicht anstrengt. Du darfst und darfst nun nicht widersprechen und nicht überlegen, sondern womöglich gleich heute abend Dich auf die Beine machen ... Ich bitte Dich, liebster Vater, gib gleich der Mutter den Abschiedskuß und einen von mir dazu. Mache Dich auf, Du wirst gewiß viel, sehr viel Freude haben und mir machst Du die größte. Ich warte ungeduldig, daß Du mir Deine Abreise einfach meldest. Dein Johannes.“ Im einzelnen enthält der Brief noch eine Fülle praktischer Angaben von den Zugsverbindungen bis zu dem Rat, am Abend auf der Reise ein Glas Grog zu trinken, um gut zu schlafen. Keine noch so geringfügige Nebensächlichkeit hat der Sohn vergessen und es ist begreiflich, daß der Vater einer so dringenden Aufforderung Folge leisten muß.

Von Wien ist Jakob begeistert, Johannes' Freunde gefallen ihm ausgezeichnet und er versteht vollkommen, daß sich sein Sohn hier wohl fühlt. Immer wieder erkundigt er sich in späteren Briefen nach den gemeinsamen Bekannten und einmal bemerkt er sehnsüchtig: „Du schwebst dort wohl zwischen Himmel und Erde.“[5] Auch die Wiener finden Gefallen an dem heiteren Hamburger; Johannes' Schülerin Frau v. Bruch bleibt sogar bis zu ihrem Tod in Briefwechsel mit Jakob und schickt ihm regelmäßig Zeitungsberichte über Werke seines Sohnes.[6] Die Gebirgswanderung selbst, die Jakob und Johannes zusammen mit Freund Gänsbacher nach Steiermark und ins Salzkammergut führt, hat wohl auf den alten Mann nicht den großen Eindruck gemacht, den der Sohn — nach eigenen Erlebnissen urteilend — erwartet hatte.

Zu Hause aber hat Jakob ein kindliches Vergnügen, den erstaunten Freunden von seinen Abenteuern zu erzählen, und er bekennt ganz offen in einem Brief[7]: „Du kannst Dir denken, wie ich von vielen beneidet werde. Ich schneide auch gehörig auf, den Schafberg (ein 1800 m hoher Berg im Salzkammergut) bin ich ganz hinaufgestiegen, ich sage nicht, daß ich den dritten Teil hinaufgeritten bin.“ Jedenfalls hat diese erste Reise Jakob nicht vor weiteren Versuchen abgeschreckt. Im Gegenteil: im nächsten Jahr läßt er sich von Johannes an den Rhein und in die Schweiz mitnehmen, was der Sohn zweifellos unterlassen hätte, wäre der Vater tatsächlich so unempfänglich für alle Schönheiten gewesen, wie vielfach angenommen wird. 1870 aber entschließt sich Jakob sogar, allein mit seiner Frau in den Harz zu reisen. Schon lange vorher freut er sich „kindlich“ und Karoline „närrisch“ darauf[8] und sein ausführlicher tagebuchartiger Bericht[9] an den Sohn beweist, wie lebhaft der Vierundsechzigjährige neue Eindrücke in sich aufnimmt.

Nach Beendigung der Sommerreise mit dem Vater kehrt Brahms 1867 wieder nach Wien zurück und berichtet Joachim: „Ich hatte durch den Besuch meines Vaters und eine kleine Reise, die wir zusammen gemacht, die schönste Herzenserquickung, die ich seit langem empfunden ... Bis dahin hatte er keinen Berg und von keinem Berg herabgesehen, Du magst also denken, daß sein Erstaunen kein geringes war. Ihm war es auch durchaus nicht unwichtig, daß er hier den Kaiser mit dem Pascha und in Salzburg den Kaiser mit Napoleon zusammen gesehen. Nun sitze ich wieder hier und bleibe auch ruhig hier, aber meine Seele ist doch erfrischt wie der Körper nach einem Bade; davon hat der gute Vater keine Ahnung, wie wohl er mir getan; fast wäre ich mit nach Hause gefahren." Die nächsten Monate stehen im Zeichen der Vorbereitungen für die Aufführung des „Deutschen Requiem". Den Anfang macht Wien, wo Herbeck am 1. Dezember die drei ersten Sätze in einem Konzert der Gesellschaft der Musikfreunde dirigiert. Hier erlebt das Werk eine ausgesprochene Niederlage beim Publikum, wozu unter anderem die Tatsache beiträgt, daß der Orgelpunkt in der großartigen Fuge des dritten Satzes von der Pauke allein überlaut gebracht wird und alle anderen Stimmen übertönt. Doch Brahms läßt sich hiervon nicht entmutigen; er weiß, daß die Wiedergabe des Werkes vollkommen ungenügend war, und nachdem er einige Änderungen an der Unglücksstelle im 3. Satz vorgenommen hat, sieht er mit Zuversicht der ersten vollständigen Aufführung des Requiems entgegen, welche am Karfreitag des folgenden Jahres im Dom zu Bremen unter seiner Direktion stattfinden soll. Anfang 1868 verläßt er dann Wien, um sich in Bremen selbst von dem Fortgang der Proben zu überzeugen, die der dortige Musikdirektor Carl Reinthaler leitet. Mit größter Hingabe hat sich Reinthaler in die herrliche Komposition versenkt und seine Begeisterung überträgt sich auf Chor und Orchester. So weiß Brahms sein Werk in besten Händen und verläßt Bremen, um Konzerte in Hamburg, Berlin, Dresden und schließlich gemeinsam mit Stockhausen in Dänemark zu geben. An Reinthaler schreibt er: „Ich wünsche herzlich, die Bremer mögen den Eifer behalten. Gestehen will ich, Sie bewundern zu müssen, wenn wir in der Karwoche recht vergnügt sein können. Mein Werk ist doch recht schwer, und in Bremen geht man doch bedächtiger zum hohen a hinauf als in Wien usw."

Endlich naht der von vielen mit Ungeduld erwartete 10. April 1868 heran, an dem das „Deutsche Requiem" in Bremen erklingt. Daß es sich hier um ein entscheidendes künstlerisches Ereignis handelt, das ahnen alle. Die Mitwirkenden feuert dieses Bewußtsein zu wahren Höchstleistungen an, die Zuhörer aber versetzt es in jene festlich gehobene Stimmung, die sie alle Schönheiten und Feinheiten des Wunderwerkes voll erfassen läßt. Als Brahms zum Dirigentenpult tritt, da steigt ihm gleichsam eine Welle von Wärme entgegen. Die liebsten Menschen haben sich eingefunden: der Vater, Clara Schumann mit ihrer ältesten Tochter Marie, Joachim und Frau, Stockhausen (als unübertrefflicher Solist für den 3. Satz), die Ehepaare Grimm und Dietrich, der Verleger Rieter-Biedermann und viele andere. (Daß Marxsen im letzten Augenblick — eines Kopfleidens wegen [10] — nicht nach Bremen kommen kann, ist für den Lehrer wohl noch schmerzlicher als für den Schüler.) Auch im Chor begrüßen ihn vertraute Gesichter, denn das ehemalige Damenquartett hat es sich nicht nehmen lassen, mitzuwirken. Bald jedoch ist kein Unterschied mehr zwischen den engen Freunden des Komponisten und den unzähligen fremden Menschen, die hier vereint sind; denn sie alle zieht das Werk unwiderstehlich in seinen Bann. An diesem Tag kostet der fünfunddreißigjährige Brahms zum erstenmal die Freude eines restlosen Erfolges aus und, wenn ihm auch noch manche Erlebnisse dieser Art widerfahren sollten, so hat er doch gewiß selten etwas so von Herzen genossen wie diesen ersten Triumph.

Und Vater Brahms? Wie mag er sich an diesem Freudentag benommen haben? Hierüber gibt es den Bericht eines englischen Augenzeugen. Der nachmalige Musikdirektor am Balliol College in Oxford, John Farmer, hatte das Glück, dieser denkwürdigen Aufführung beizuwohnen, und Jahre später schreibt er darüber an Brahms [11]: „... Bei der Erstaufführung des „Deutschen Requiem“ hatte ich das Vergnügen, Ihren Vater kennenzulernen. Ich erinnere mich genau, daß ich neben ihm, Frau Schumann und Joachim saß. Ihr Vater war der einzig Ruhige — alle andern hatten schon beim Anfangschor ‚Selig‘ Tränen in den Augen. Und als wir nach Ihrem großen Triumph die Kirche verließen, da sprach ich Ihren Vater an und fragte ihn, ob er stolz sei auf den außerordentlichen Erfolg seines Sohnes. Da sagte er nur: ‚Es hat sich ganz gut gemacht' und nahm eine Prise Schnupftabak. Er war der einzige, der ruhig schien, war er doch von vornherein überzeugt, daß sein Sohn einen Triumph erleben würde. Er bleibt für mich das Bild eines einfachen, kraftvollen Mannes."

Man ist zunächst erstaunt. Ist der alte Brahms wirklich so unempfänglich für den großen Eindruck gewesen? Gewiß nicht, doch besitzt er die typische Verschlossenheit und äußere Kühle des Norddeutschen und er benimmt sich hierin nicht viel anders als der Vater eines seiner großen Landsmänner. Der holsteinische Dichter Theodor Storm klagt, daß er seinem Vater jedes neue Erzeugnis seiner Muse zu schicken pflegte, ohne jedoch jemals ein Wort der Anerkennung oder des Tadels von dem sonst sehr liebevollen Mann gehört zu haben. Der Norddeutsche schweigt eben gerade dann, wenn ihm etwas besonders nahegeht. Dies darf nicht vergessen werden, will man Wesen und Handlungsweise von Jakob und auch von Johannes Brahms verstehen.

Der Siegeszug des „Requiem" ist unaufhaltsam. Schon im gleichen Monat muß es in Bremen wiederholt werden. Dann schreibt Brahms noch den wunderbaren 5. Satz „Ihr habt nun Traurigkeit"; innerhalb des ganzen der Mutter geweihten Werkes stellt dieser Abschnitt den Kern dar, der am reinsten von ihrem Wesen kündet. In seiner neuen, vollständigen Form gelangt nun das Werk im nächsten Jahr in Deutschland nicht weniger als 20 Mal zur Aufführung. 1871 folgt London, 1872 Petersburg, 1875 Paris. Daß das Requiem nicht nur beim Publikum seines Erfolges sicher ist, sondern auch von den Chören besonders gern gesungen wird, beweist ein hübscher Bericht von Hermann Levi, der das Werk 1869 in Karlsruhe* einstudierte. Er schreibt an Brahms: „Gestern Abend nach der Probe, da die meisten schon weggegangen waren, fing ich, noch in Gedanken am Klavier sitzend unwillkürlich die ersten

* Nach der überaus gelungenen Aufführung in Karlsruhe wurde dem Komponisten eine besondere Aufmerksamkeit zuteil. Da Brahms' Vorliebe für alte Musik allgemein bekannt war, überreichte man ihm eine sauber geschriebene Partitur von Forsters „Ausbund schöner teutscher Liedlein", einer seltenen und sehr umfangreichen Sammlung von Chorliedern des 16. Jahrhunderts.

Takte des Requiem zu spielen an. Flugs kehrten, die schon an der Türe waren, um; die Kapuzen flogen ab, die Mädchen stellten sich um das Klavier herum, fingen strahlenden Gesichtes an zu singen, bis wir endlich im 3. Satz stecken blieben."

Der Erfolg des „Requiem" lenkt den Komponisten auf weitere Chorwerke. In Bonn, wo Brahms den Sommer 1868 verbringt, vollendet er nicht nur die mehrere Jahre vorher begonnene Kantate „Rinaldo", sondern arbeitet auch an seinem gewaltigen „Schicksalslied". Erholung bringt die mit dem Vater gemeinsam unternommene Reise in die Schweiz. Es folgen Konzerte in Oldenburg, Hamburg, Bremen, doch immer häufiger wandern Brahms' Gedanken nun nach Wien. Noch aus Bonn hatte er an Amalie v. Bruch geschrieben[12]: „Sie glauben nicht, wie oft ich an Wien denke! Wäre nur der Weg und jeder Rückweg nicht gar so weit — man muß eben gleich bleiben." Im Dezember ist er endlich wieder in der Donaustadt. Zunächst quartiert er sich im Hotel „Zum Kronprinz" ein; bald aber reift der schon seit langem erwogene Plan zur Entscheidung. Brahms ist des Wanderlebens satt und, wenn er auch weiterhin viele Konzerte wird geben müssen, so möchte er doch einen festen Wohnsitz haben, zu dem er stets zurückkehren kann. Wien ist ihm lieb geworden und und wird es immer mehr, je tiefer er hier Wurzel faßt. Am 30. April 1869 bittet er daher den Vater, nicht mehr in Hamburg ein Zimmer für ihn frei zu halten, und seine Begründung zeigt, daß er sich nunmehr auch auf diesem Gebiet mit dem Unvermeidlichen abgefunden hat: „In Hamburg kann ich denn doch nicht mich niederlassen wollen und wenn ich Euch kürzere oder längere Zeit besuche, so können wir doch nicht dafür das ganze Jahr 2 Zimmer halten ... Und sonst, und länger, was soll ich in Hamburg? Außer Dir, wen verlange ich noch zu sehen? Usw. Du weißt selbst sehr gut, wie nichts ich in jeder Beziehung dort habe. Kurz, ich sehe endlich ein, daß ich irgendwo einigermaßen zu Hause sein muß und da meine ich, will ich mir's zum nächsten Herbst hier in Wien etwas gemütlich machen."

ARTISTISCHER DIREKTOR IN WIEN
(1869—1875)

Kaum hat Brahms den Entschluß gefaßt, sich in Wien niederzulassen, als sich ihm im gleichen Jahr 1869 auf verschiedenen Seiten die Möglichkeit bietet, in Deutschland die von ihm so erstrebte feste Anstellung zu finden. Wieder macht F. Hiller einen Versuch, ihn nach Köln zu bringen, und erinnert man sich seines ersten Antrages (vgl. S. 66 f.), so zeigt die nunmehr weit dringlicher gehaltene Einladung,[1] wie sehr Brahms' Ansehen in dem inzwischen vergangenen Jahrzehnt gestiegen ist: „Sie sehen, ich nehme heute einen offiziellen Briefbogen, obschon der Inhalt meines Schreibens durchaus intimer Natur ist — ich nehme ihn aber als Omen, hoffentlich zum Guten ... Rudorff geht ab, ... seine Stellen werden also frei. Es wird sich darum handeln, 10—12 Klavierstunden und ein paar Stunden Harmonie und Kontrapunkt zu geben. Da aber dies bloße Lehrertum Sie doch nicht ausreichend interessieren wird, habe ich vor, vorzuschlagen, daß man Ihnen die Direktion des Konzertchors, nicht unter — sondern neben mir anbiete. Wir würden uns in die Beschäftigung teilen ... Davon spreche ich natürlich nicht, daß es mir persönlich eine große Freude sein würde, eine längere Zeit mit Ihnen in täglichem Verkehr zu stehen, denn das ist kein Grund einen so bedeutsamen Entschluß zu fassen. Aber darauf können Sie zählen, daß ich alles aufbieten würde, Ihnen den Aufenthalt erträglich zu machen. Nach Wien wird freilich Köln immer ein trübes Nest für Sie sein ... Bitte lassen Sie mich nicht lange warten — geben Sie mir wenigstens Ihren ersten Eindruck und sagen Sie mir, ob ich *hoffen* darf ..." Brahms erkundigt sich zunächst bei Rudorff, welches seine Erfahrungen in Köln gewesen seien, fügt aber hinzu: „Mich könnte der Umgang mit Hiller und die Beschäftigung mit dem Chor nach Köln locken — die Stadt selbst und das Stundengeben schrecken mich ab." Diese Bedenken sind denn auch schließlich ausschlaggebend und er lehnt ab.

Größer muß schon die zweite Versuchung gewesen sein, die auch in diesem Jahr an ihn herantritt. In Berlin wird unter Joachims Leitung die königliche Hochschule für Musik eröffnet und es ist nur selbstverständlich, daß der neue Direktor sich bemüht, die Mitarbeit des von ihm so verehrten Freundes zu gewinnen. Auch diesmal kann Brahms sich zu keiner Zusage entschließen. Seine Gründe hierfür sind nicht genau bekannt. Vielleicht konnte Joachim Brahms keine günstigen Vorschläge machen oder er trat in einem Augenblick an den Freund heran, da das Berliner Projekt noch keine ganz klar umrissenen Formen angenommen hatte. Darauf deutet wenigstens ein Brief von Marxsen hin[2]: „Also ist es doch wahr, daß man Dir von Berlin aus Propositionen gemacht hat! Ich habe bisher daran gezweifelt, war aber gewiß, wenn es der Fall sein sollte, daß Du es refusieren würdest. Die ganze Sache scheint mir überhaupt recht nebelhaft und wird wohl auch für immer nur idealer Anflug bleiben." Mehr Wahrscheinlichkeit hat jedoch die Vermutung für sich, daß Brahms aus persönlichen Gründen abgelehnt hat; denn bei aller Liebe, die er für den alten Freund hegte, hatte er es doch stets vermieden, mit diesem längere Zeit an einem Ort zu leben. So befremdlich diese Behauptung auch klingen mag, so wird sie doch ihre ausdrückliche Bestätigung in einem bedeutsamen Dokument finden, das uns später beschäftigen soll (vgl. S. 157). Nicht zuletzt aber lehnt Brahms beide Anerbieten, das Kölner wie das Berliner, umso leichter ab, als er schon aufs innigste mit Wien verbunden ist. Denn wenn er es auch liebt, immer wieder über die „unnütze Lebensweise" zu klagen, zu der er hier verdammt ist, fühlt er im Herzen recht wohl, wie wichtig diese Stadt für seine künstlerische Entwicklung geworden ist. Vor sich selbst hält er die Täuschung aufrecht, daß er eifrig nach einer Stelle in Deutschland Ausschau hält (1870 interessiert er sich sogar für den von Bruch aufgegebenen Posten in der kleinen Residenz Sondershausen, einem zweiten Detmold!); sobald sich aber eine tatsächliche Möglichkeit ergibt, weiß er immer genug Gründe für eine Ablehnung zu finden.

Die Verwurzelung in Wien kommt in einem reizenden Werk zum Ausdruck, das Brahms sogleich nach der Vollendung des „Deutschen Requiem" in Angriff nimmt. Nachdem er sich mit dem gewaltigen Totengesang alles Schwere und Bedrückende vom Herzen geschrieben hatte, macht sich die neu gewonnene Lebensfreude in den „Liebesliedern" (für Klavier vierhändig und Vokalquartett ad libitum) Luft. In ihrer Anmut und liebenswürdigen Schalkhaftigkeit tragen diese fein stilisierten Wiener Walzer deutlich österreichisches Gepräge. Brahms waren sie besonders ans Herz gewachsen und es ist bezeichnend, daß er, der sonst so Zurückhaltende, seinem Verleger, Simrock, folgendes nach Erhalt der gedruckten Exemplare schrieb: „Ich will gestehen, daß ich bei dieser Gelegenheit zum erstenmal gelächelt habe beim Anblick eines gedruckten Werkes — von mir. Übrigens möchte ich doch riskieren, ein Esel zu heißen, wenn unsere Liebeslieder nicht einigen Leuten Freude machen."

Bei einem Künstler von Brahms' Wesensart aber vermag solch heitere Lebensbejahung nicht lange vorzuhalten. Gerade in jenem Jahre 1869, da der Künstler die „Liebeslieder" vollendet, wird er sich infolge eines Ereignisses im Hause Schumann seiner Einsamkeit besonders stark bewußt. Julie, die drittälteste Tochter Claras, hat sich zu einem auffallend schönen Mädchen entwickelt, für das Johannes während eines Aufenthaltes in Lichtental, im Sommer 1869, eine tiefe Zuneigung faßt. Er ist jedoch alles eher als ein stürmischer Liebhaber und so kann es geschehen, daß Julie und ihre Mutter von den Gefühlen des Freundes keine Ahnung haben. Etwa zur gleichen Zeit, da Elise Brahms ihrem Bruder schreibt,[3] man hätte ihr in einem Hamburger Geschäft erzählt, daß eine Tochter Clara Schumanns sich mit einem gewissen Brahms aus Wien verlobt habe, teilt Clara Johannes in aller Unschuld die Verlobung Julies mit dem Grafen Marmorito mit. Wieder heißt es verzichten und, gerade weil — im Gegensatz zu den früheren Liebeserlebnissen, da Brahms sich selbst zur Entsagung durchzuringen wußte — die Entscheidung diesmal von außen kommt, ist der Schlag umso heftiger. Clara und ihrer

Umgebung fällt es auf, daß Johannes plötzlich „wie umgewandelt“ ist; erst dann erlangt er wieder Gewalt über sich, als er sein Leid in Tönen zu gestalten vermag. Ende September notiert Clara in ihr Tagebuch: „Johannes brachte mir vor einigen Tagen ein wundervolles Stück ... für Alt, Männerchor und Orchester. Er nannte es *seinen* Brautgesang. Es erschütterte mich so durch den tiefsinnigen Schmerz in Wort und Musik, wie ich mich lange nicht eines solchen Eindruckes erinnere.“ Das Werk, das Clara so tief erregt, ist die Alt-Rhapsodie auf einen Text von Goethe, in der ein abseitsstehender, allen Qualen der Einsamkeit ausgelieferter Mensch mit einer nur aus eigenem Erleben entspringenden, erschütternden Kraft geschildert wird.

Bei seiner Rückkehr nach Wien tritt die Frage der Annahme einer Stellung wieder in den Vordergrund. Herbeck wird an die Oper berufen und sein Posten als Musikdirektor der Gesellschaft der Musikfreunde muß daher neu besetzt werden. Von vornherein wird Brahms' Ernennung von seinen Freunden lebhaft betrieben; doch der herbe Norddeutsche hat in den einflußreichen Kreisen noch so manche Gegner, die andere Kandidaten im Auge haben, und es ist zunächst keineswegs sicher, wie der Kampf ausgehen wird. Brahms selbst findet, daß „die Stelle gar viel Bedenkliches hat“ (wie wohl jedes Amt in seinen Augen), anderseits fühlt er sich stark angezogen von den künstlerischen Möglichkeiten, die sie bietet.

Wie ernst er die Frage — im Gegensatz zu den früheren Anträgen — nimmt, beweist die Tatsache, daß er im Juli 1870 Freund Levi bittet, ihm seine jeweilige Adresse anzugeben, da er seinen Rat höchst nötig brauchen werde, um einige „antwort-durstige“ Fragen in Angelegenheit der Nachfolgerschaft von Herbeck an ihn zu richten. Levi ist mit Brahms' Absichten durchaus nicht einverstanden und richtet am 14. Juli 1870 an den Freund ein Schreiben, in dem er seine Bedenken ausdrucksvoll formuliert. „... Daß Du die Fähigkeit zum Dirigieren besitzest, wie kein Zweiter, habe ich in Karlsruhe gesehen — und mit unparteiischen Augen. Aber Du bist nicht der Mann, den Kampf mit den tausend kleinen Widerwärtigkeiten, wie sie jede öffentliche Stellung unausbleiblich mit sich bringt, siegreich durchzuführen; Du würdest ihnen, fürchte ich, in kurzer Zeit unterliegen ... Besinne Dich! Ich empfinde Dir lebhaft nach, daß Du Dich sehnst, eine wirkliche Heimat zu haben, gefesselt zu sein von einer Tätigkeit, die nicht von augenblicklicher Stimmung und Inspiration bedingt ist ... Aber hoch über dem Allen steht die Pflicht, auszuhalten in dem Kampfe und den Schwerpunkt Deines Lebens nicht auf ein Terrain zu verlegen, das einmal nur von den Handlangern der Kunst, nicht den Meistern selbst mit Erfolg bebaut werden kann!" Gewiß hat diese Mahnung ihren Eindruck auf Brahms nicht verfehlt und er wird schließlich froh gewesen sein, als er zunächst keine Entscheidung treffen muß, da die Stelle provisorisch mit Hellmesberger besetzt wird, dem 1871 Rubinstein folgt. Doch Brahms ist sich bewußt, daß die Frage noch nicht endgültig gelöst ist.

Inzwischen setzt er ruhig die bisherige Lebensweise fort; er verlebt die Wintermonate größtenteils in Wien, den Sommer in Deutschland. 1870 besucht er die Münchener Aufführung von „Rheingold" und „Walküre" und verbringt sodann einige Zeit in Salzburg mit Joachim. Sein Plan, Clara Schumann wieder in Lichtental aufzusuchen, wird durch den Ausbruch des Krieges zwischen Deutschland und Frankreich zunichte. Mit tiefer Anteilnahme verfolgt Brahms die Kriegsereignisse und die Freude des treuen Patrioten über den errungenen Sieg spiegelt sein großartiges „Triumphlied" wider. Es wird dem deutschen Kaiser gewidmet, obwohl es Brahms im Grunde jenem Manne zugedacht hat, zu dem er seit den Ereignissen der Jahre 1870/71 mit unbegrenzter Verehrung aufblickt: dem Fürsten Bismarck. Es ist nicht übertrieben, wenn man behauptet, daß Brahms unter seinen Zeitgenossen kaum einen Menschen mehr bewundert hat als den Kanzler des deutschen Reiches. In seiner Wohnung findet sich stets nur ein einziger Lorbeerkranz, der das Bildnis Bismarcks umgibt. Später wird Brahms auch Ehrenpräsident des Wiener Zweiges des Vereines „Z.A.D.P." („Zum Ausspannen der Pferde"[4]). Dies ist ein von Sophie v. Sell 1894 begründeter Bund von

Bismarck-Verehrern, die es sich zum Ziel gesetzt hatten, den von Kaiser Wilhelm II. entlassenen Reichskanzler dadurch zu ehren, daß man ihm bei seiner Rückkehr nach Berlin die Pferde ausspannte, um das Gefährt von Verehrern des Fürsten ziehen zu lassen. Als dies polizeilich verboten wurde, schickte der Verein dem Kanzler einen Lorbeerkranz und ein Gedicht und benützte auch jede spätere Gelegenheit, um ihm zu huldigen. Brahms ließ sich von Sophie v. Sell gerne über die Tätigkeit des Vereins berichten.

Etwa in die gleiche Zeit wie das „Triumphlied" fällt auch die Vollendung des schon drei Jahre zuvor begonnenen „Schicksalsliedes". Das Werk erlebt seine 1. Aufführung in Karlsruhe am 18. Oktober 1871 unter Levis inspirierter Leitung. Damit entledigt sich der Komponist einer Dankesschuld gegenüber dem Freund, dessen Einfluß sich gerade bei diesem Werk besonders segensreich ausgewirkt hat.

In die Weihnachtszeit 1871 fällt ein für Brahms' äußeres Leben wichtiges Ereignis. Er bezieht jene Wohnung in der Karlsgasse 4, die so völlig seinem Geschmack entspricht, daß er sie bis an sein Lebensende beibehält. Eine der wenigen Verbesserungen, die Brahms später auf der Höhe seiner Erfolge an dem bescheidenen Heim, das er aus Bequemlichkeitsgründen stets nur in Untermiete bewohnt, vornimmt, besteht darin, daß er zu den ursprünglichen zwei Zimmern noch ein drittes hinzunimmt, um seine bis dahin in Hamburg verbliebene umfangreiche Bibliothek unterzubringen. Zunächst aber begnügt er sich mit zwei höchst einfach eingerichteten Räumen und es stört ihn keineswegs, daß jeder Besucher zunächst einen häßlichen Gang — vorbei an der stets offenen Küchentüre — sowie das Schlafzimmer durchschreiten muß, um in das Wohnzimmer zu gelangen. Was er von einer Wohnung verlangt, wird hier geboten. Die im dritten Stock gelegenen Räume sind sehr ruhig und haben einen außerordentlich schönen Blick auf eine Säule der gewaltigen — von Brahms besonders geliebten — Karlskirche und den davor liegenden großen Platz mit dem damals noch nicht gedeckten Wienflüßchen und der Elisabethbrücke. Außerdem befindet sich die Wohnung im Herzen der

Stadt und Brahms ist auch ganz nahe von einem Haus, in dem er stets viel zu tun hat: dem 1870 erbauten Gebäude der „Gesellschaft der Musikfreunde“, das auch den Konzertsaal und die Sammlungen beherbergt. Diese günstige Lage der Wohnung hat C. F. Pohl, den Archivar der Gesellschaft der Musikfreunde, der Freund Brahms nicht oft genug in seinem Museum begrüßen konnte, zu dem Witz veranlaßt[5]: „Von Rechts wegen ... sollte nun von der Karlskirche aus ein Steg (über den Wienfluß) direkt zum Musikverein führen und derselbe müßte Brahms-Steg heißen und der Namensträger allein hätte den Schlüssel dazu.“

Bald nach dem Einzug in die neue Wohnung tritt ein Ereignis ein, das Brahms noch fester an Wien kettet. Im Januar 1872 erhält er von der Stiefmutter die Nachricht, daß sein Vater plötzlich schwer erkrankt sei. Der Sohn ist aufs äußerste beunruhigt und eilt nach Hamburg. Bei Jakob ist ein vorgeschrittener Leberkrebs festgestellt worden, dem er elf Tage nach Johannes' Ankunft erliegt. Tief ist der Schmerz des Sohnes. Er weiß, wie glücklich sich Jakob gerade in den letzten Jahren gefühlt hat und hadert mit dem Schicksal, das ihm die Freude raubt, dem Vater das Leben auch weiterhin schön und sorglos zu gestalten. Und schwerer denn je empfindet er seine wachsende Vereinsamung.

Auch das Band mit seiner Vaterstadt ist nun völlig gelokkert. Wohl leben noch seine beiden Geschwister in Hamburg, aber sie stehen ihm innerlich nicht nahe. Dem Bruder kann er es nicht verzeihen, daß Fritz sich von der Familie losgesagt und Vater wie Schwester trotz seiner günstigen materiellen Lage (als angesehener Klavierlehrer hat er beträchtliche Einkünfte) nicht die geringste Unterstützung angedeihen ließ. Und wenn auch am Totenbett des Vaters eine Versöhnung zustande kommt, bleibt es doch zwischen Fritz und Johannes bei einem völlig äußerlichen Verhältnis. Elise wieder hat sich kurz vorher vermählt und Johannes ist mit ihrer Wahl durchaus nicht einverstanden, da sich die Schwester mit einem sechzigjährigen Witwer mit sechs Kindern verheiratet hat und er einen zu großen Pflichtenkreis für sie fürchtet. Allerdings hat sich Brahms hierin getäuscht. Für das einsame Mädchen ist es nur gut gewesen, ein eigenes Heim zu haben, und in ihren zahlreichen Briefen an den Bruder kann sie nicht genug Schönes von dem liebevollen Charakter ihres Mannes erzählen, der sie z. B. Jahr für Jahr an ihrem Hochzeitstag mit einem eigenen Gedicht überrascht. Soweit es für die von der Natur nicht gut bedachte Elise — auch ihr einziges Kind starb wenige Tage nach der Geburt — möglich war, hat sich die Ehe mit dem Uhrmacher Grund für sie nur günstig ausgewirkt. Brahms selbst hat dies gewiß bald eingesehen; denn er unterstützt das Ehepaar fortlaufend in großmütigster Weise und läßt sogar das jüngste der Stiefkinder Elises, den kleinen Alfred, auf seine Kosten erziehen. Weit näher als Bruder oder Schwester aber steht seinem Herzen jene Frau, der er zeitlebens dankbar dafür ist, daß sie dem Vater die letzten Lebensjahre so verschönt hat. Schon der erste Brief, den er nach seiner Rückkehr von Hamburg an sie richtet, gibt beredtes Zeugnis für seine warmen Gefühle:

„Meine liebe Mutter, (4. März 1872)

Schon manchmal habe ich das Papier vor mir liegen gehabt, um Dir zu schreiben. Dann habe ich wohl sehr herzlich an Dich gedacht und immer weiter zurückgedacht — es wollte nicht auf das Papier und Tröstendes gar nichts. Ich kann auch jetzt nicht versuchen, Dich trösten zu wollen, ich weiß zu sehr, was wir verloren haben und wie einsam Dein Leben geworden ist. Doch hoffe ich, Du empfindest recht innig und doppelt die Liebe Andrer ... und schließlich meine Liebe, die Dir ganz und voll gehört. Hier habe ich so viele Zeichen der Teilnahme gefunden, daß Du Dich gefreut hättest zu sehen, wie wert Vater jedem war, der ihn gekannt ... Ich will Dir heute noch 100 Thaler ... schicken. Davon kannst Du einstweilen Elise ihren Anteil geben. Darf ich Dich dann bitten, mir zu rechter Zeit zu schreiben, wann und wieviel Geld ich Dir schicken soll? Nur einfach die Summe, die Du nötig hast ...

Nun sei denn recht von Herzen gegrüßt und wie Du gewiß glaubst, daß ich meinen Vater geliebt habe, so glaube nun, daß ich immer und allezeit Dir in treuer und dankbarer Liebe angehören werde. Dein Johannes"

Es zeugt für die tiefe Treue, die Brahms' Charakter auszeichnet, daß er der einfachen Frau zeitlebens so herzliche Gefühle bewahrt hat. Immer wieder bedenkt er sie mit größeren Geldbeträgen, erfreut sie durch Einsendung von Kritiken und trotz seiner Abneigung gegen das Briefschreiben bleibt er in ständiger Verbindung mit ihr und ihrem Sohn aus erster Ehe, dem Uhrmacher Fritz Schnack. Es berührt fast wie ein Symbol, daß eine der letzten Zeilen, die der mit dem Tode Ringende schreibt, eine Karte an Karoline Brahms ist, worin er sie über seinen Zustand beruhigt.

Als Brahms nach dem Tode des Vaters nach Wien zurückkehrt, empfindet er besonders stark, daß diese Stadt ihm die Heimat ist. Und da sich ihm nun tatsächlich die Möglichkeit bietet, in Wien eine feste Stellung zu erhalten — Rubinstein hat bereits nach einem Jahr die Leitung der „Gesellschaftskonzerte" niedergelegt —, erscheint ihm die Frage in anderem Lichte als bisher. Es reizt ihn, seine Kräfte an so ausgezeichnetem Material zu erproben, und er verschließt sich auch nicht der Freude, daß dem in Hamburg Übergangenen nun ein viel ehrenvolleres Amt übertragen wird. Zudem ist die „Gesellschaft der Musikfreunde" bereit, alle von Brahms gestellten Bedingungen zu erfüllen; sie bietet ein Jahresgehalt von 3000 Gulden und Brahms erhält die ausschlaggebende Entscheidung in allen Fragen der Programmbildung und der Mitwirkung von Solisten. Trotzdem schwankt er noch. Der schaffende Künstler in ihm schreckt vor der ungewohnten Bindung zurück und sein allen komplizierteren Mitteln der Diplomatie so durchaus abgeneigtes Wesen fürchtet die Intrigen und Winkelzüge, denen ein Künstler in solcher Stellung stets ausgesetzt ist. Schließlich aber entscheidet er sich doch für die Stellung und mag hiezu vor allem durch Argumente veranlaßt worden sein, die sein Freund Pohl in die humorvollen Worte faßte[6]: „Obwohl ich wahrhaftig Ihre Empfindungen in dieser Angelegenheit zu kennen glaube und begreife, möchte ich Ihnen doch recht ans Herz legen, daß am Ende, wie bei einem garnierten Rindfleisch, das Fleisch die Hauptsache ist; mit dem übrigen kann man souverän verfahren und so auch hier. Haben Sie doch nur fest im Auge, daß Sie unendlich Gutes wirken können; bittere Pillen gibt's überall zu schlucken."

So läßt sich Brahms zum artistischen Direktor der „Gesellschaft der Musikfreunde" ernennen und tritt im Herbst 1872 sein Amt an. Sogleich führt er einige wichtige Reformen durch. Vor allem regeneriert er das bisher großenteils aus Amateuren zusammengesetzte Orchester, indem er die schwächeren Kräfte entfernt und durch Mitglieder des ausgezeichneten Hofopernorchesters ersetzt. Im Chor aber schiebt er eine zweite Wochenprobe ein und läßt schwierige Stellen stets nur von kleinen Gruppen studieren. Auch die Programme stellen hohe Anforderungen an das Verständnis der Mitwirkenden wie der Zuhörer. Zwar wagt Brahms nicht mehr, so radikal vorzugehen wie zehn Jahre zuvor in der Singakademie; dennoch kündet die Zusammenstellung der Konzerte deutlich sein künstlerisches Glaubensbekenntnis. Von den 18 innerhalb der Jahre 1872—1875 veranstalteten Konzerten sind zwei Drittel älterer Musik gewidmet; hiebei gelangen 9 Werke von Bach, 5 Kompositionen von Händel und 4 a-cappella-Stücke aus dem 17. Jahrhundert zur Aufführung. Selbst von den Wiener Klassikern weiß der neue Dirigent völlig unbekannte Werke vorzuführen, so etwa „Davidde penitente" und „Venite populi" von Mozart. Brahms selbst ist charakteristischerweise in diesen Konzerten nicht allzu häufig vertreten; er veranstaltet die erste Wiener Aufführung des „Triumphliedes", führt die „Rhapsodie" und das „Schicksalslied" auf und läßt sich auf allgemeinen dringenden Wunsch im letzten Jahr seiner Amtstätigkeit zu einer — in den Annalen der „Gesellschaft der Musikfreunde" unvergeßlichen — Glanzaufführung des „Requiem" bewegen.

Über Brahms' Art des Dirigierens besitzen wir nur wenige Berichte. Es wird ihm nachgerühmt, daß er äußerst energische Bewegungen hatte und sich die Leidenschaft, mit der er jeden Ton mitlebte, zwangsläufig auf die Ausführenden übertrug.

Strenge Kritiker, wie Clara Schumann und Levi, haben sich denn auch über seine Dirigentenleistungen sehr anerkennend ausgesprochen. Wichtiger noch als diese zweifellos vorhandene Dirigierbegabung ist bei seiner Tätigkeit als artistischer Direktor sein außerordentliches Verständnis für alte Musik. Auf diesem Gebiet liegt Brahms' große erzieherische Leistung während seiner dreijährigen Amtszeit, für die ihm Wien noch heute Dank schuldet. Lebendigstes künstlerisches Verständnis paart sich bei dem Meister mit einem selten feinen historischen Stilgefühl und aus dieser ungewöhnlichen Mischung von Kräften ergeben sich Aufführungen von ganz einzigartiger Qualität. Wenn auch Bach und Händel schon vor seinem Wirken in Wien gespielt wurden, so kann doch gesagt werden, daß erst Brahms' Wiedergaben den Wienern zu einem tieferen Verständnis der gewaltigen Werke des Barock verholfen haben. So hat der Hamburger Meister, der von der Atmosphäre der Donaustadt immer wieder reiche künstlerische Anregung empfing, seine Dankesschuld damit abgetragen, daß er den Wienern seinerseits die alte norddeutsche Musik vermittelte.

Als wichtige Dokumente dieser so bedeutsamen Dirigententätigkeit haben sich in der „Gesellschaft der Musikfreunde" eine Anzahl Partituren erhalten, die Brahms für seine Aufführungen sorgfältig eingerichtet hat. In ihrer Gesamtheit liefern diese bisher noch unbeachtet gebliebenen Noten (es handelt sich um Partituren von J. S. Bach: Christ lag in Todesbanden, Nun ist das Heil, O ewiges Feuer, Liebster Gott; G. F. Händel: Saul, Salomo, Alexanderfest, Dettinger Te Deum, Orgelkonzert d-moll u. a. m.) ein plastisches Bild von seiner Art, Werke des 17. und 18. Jahrhunderts aufzuführen. Modernisierungen der Instrumentation, wie sie im 19. Jahrhundert nicht selten waren, geht er grundsätzlich aus dem Weg. Sein historisches Empfinden läßt ihn sogar an altertümlichen Einzelheiten festhalten, wie etwa dem Gebrauch, die Solostimmen stets nur durch einen Teil des Orchesters begleiten zu lassen; und es ist für ihn nur selbstverständlich, daß er auch alle Werke der Barockzeit mit Generalbaßinstrumenten ausführt und Abänderungen in der Art etwa von Robert

Franz, der die Continuostimme durch hinzu komponierte Blasinstrumente ersetzt, aus dem Wege geht. Anderseits aber ist Brahms auch von einem orthodox archaisierenden Standpunkt weit entfernt. Wo kleine Retuschen in der Farbgebung die Wirkung zu heben vermögen, wendet er sie unbedenklich an. Starre des Vortrages vermeidet er sorgfältig. Seine Dynamik ist reichlich abschattiert und schmiegsam. Sie bringt nicht nur schroffe Antithesen, sondern auch fein getönte Übergänge; namentlich in kleinen Crescendi und Decrescendi vermag er sich nicht genug zu tun.

So muß die Tätigkeit als artistischer Direktor Brahms eine gewisse Befriedigung bereitet haben. Auch der Erfolg stellt sich nach Wunsch ein; die anfängliche Opposition der Chormitglieder weicht rasch aufrichtiger Bewunderung. Kritik, Freunde und Publikum spenden begeisterten Beifall; die Zahl der beharrlichen Brahms-Gegner ist daneben von ganz untergeordneter Bedeutung. All dies hindert jedoch nicht, daß Brahms bereits nach drei Jahren sein Amt niederlegt. Den letzten Anlaß hierzu gibt der Rücktritt Herbecks von der Leitung der Hofoper. Brahms ist nun genug gut mit dem ehrgeizigen Charakter dieses Mannes vertraut, um zu wissen, daß der ehemalige Direktor der „Gesellschaft der Musikfreunde" zu allen Mitteln der Intrige greifen wird, um die alte Stellung wieder zu erlangen. Einem solchen Kampf will sich der Komponist keineswegs aussetzen und daher gibt er den Posten lieber gleich auf.

Doch Herbecks Gegnerschaft ist gewiß nicht mehr als der äußere Anstoß für Brahms' Vorgehen und man geht wohl nicht fehl mit der Annahme, daß der Meister über die Wendung der Ereignisse nicht gerade unzufrieden gewesen ist. Immer wieder haben sich Gegensätze zwischen den Interessen des Komponisten und des Musikdirektors Brahms ergeben, so etwa in dem sich jedes Jahr wiederholenden Kampf um die Programme. Aus praktischen Gründen wünscht die „Gesellschaft der Musikfreunde" eine rechtzeitige Festlegung der Programme im Frühjahr. Brahms aber, der diese Zeit einzig dem Schaffen widmet, verschwindet alljährlich plötzlich von der Bildfläche, ohne eine Adresse anzugeben, und ist erst nach langem Suchen zu erreichen. Ähnliches ereignet sich auch auf anderen Gebieten, und es erfüllt sich jetzt Levis Prophezeiung. Brahms, der alle übernommenen Arbeiten mit größter Gewissenhaftigkeit durchführt (so soll er — abgesehen von der Probenarbeit — für die eigene Vorbereitung der von ihm dirigierten „Mathäuspassion" nicht weniger als 3 Monate verwendet haben!), muß sich oft durch die vielen ihm auferlegten Pflichten im Schaffen gehemmt fühlen. Auf die Dauer kann sich ein solcher Zustand nicht halten, und wäre Herbecks Gegnerschaft auch nicht gewesen, so hätte Brahms doch über kurz oder lang einen anderen Anlaß gefunden, um seine Stelle aufzugeben. Ohne jede Verstimmung legt er daher die Leitung der Konzerte nieder und seine Beziehungen zu der „Gesellschaft der Musikfreunde" bleiben auch weiterhin die herzlichsten. Er wird von ihr zum Ehrenmitglied ernannt und hat seinerseits seine freundschaftlichen Gefühle durch ungezählte Schenkungen bewiesen und vor allem dadurch, daß er sie zur Haupterbin einsetzen wollte.

Anderseits wäre auch noch die Frage zu stellen, warum die „Gesellschaft der Musikfreunde" den bedeutenden Dirigenten ziehen ließ. Hierbei ist vor allem zu bedenken, daß Wien gerade damals eine schwere finanzielle Krise durchmachte, von der auch der Konzertbetrieb stark in Mitleidenschaft gezogen wurde. Es mußte daher der „Gesellschaft der Musikfreunde" sicherer erscheinen, ihre Konzerte einem Mann wie Herbeck anzuvertrauen, der schon seit Jahren beim Wiener Konzertpublikum in großer Gunst stand und der es sich überdies weit mehr als Brahms angelegen sein ließ, zugkräftige Programme zusammenzustellen. Auch darf nicht vergessen werden, daß die Zusammenarbeit mit dem Komponisten gewiß alles eher denn einfach war und es die Direktion der Musikfreunde daher als nicht unangenehm empfunden haben mochte, den eigensinnigen Brahms gegen den geschmeidigen Herbeck auszutauschen.

Die durch die Amtspflichten oft gehemmte Schaffenstätigkeit des Meisters kommt in den dazwischen liegenden Sommermonaten umso stärker zum Ausbruch. Besonders reich ist die Ernte des Sommers 1873, den Brahms in Tutzing nahe bei München verbringt. Hier erobert sich der Künstler zwei neue Gattungen der Musik. Er vollendet die beiden — seinem Freund Billroth gewidmeten — Streichquartette op. 51, welche wohl keineswegs die ersten Werke dieser Art sind, die Brahms geschrieben hat, aber immerhin die ersten, welche er der Veröffentlichung würdig findet. Im gleichen Sommer entstehen die blendenden „Haydn-Variationen“, die Brahms gleichzeitig in einer Fassung für zwei Klaviere und einer Fassung für Orchester niederlegt. Ebenso fällt die Komposition der Liederhefte op. 59 größtenteils in diese Zeit. Auch menschlich muß Brahms sich wohl fühlen in dem reizenden Ort am Starnberger See, an dessen Anblick er sich „nicht sattsehen kann“. Er wohnt einfach ländlich, wie er es liebt, und auch an liebenswürdigen Vertreterinnen des weiblichen Geschlechtes fehlt es nicht. Frau Dustmann hat sich ein Vergnügen daraus gemacht, mit „Freund Hansi“ gemeinsam den Sommer zu verbringen. Außerdem ist Brahms nicht ungern mit einem jungen Mädchen aus Holländisch-Indien, Lucie Coster, zusammen, die — wie sie in einem Brief[7] an ihn klagt — ein treffliches Objekt für die bei ihm so beliebten Neckereien und kleinen Bosheiten abgibt. Vor allem aber hat Brahms es von Tutzing nicht weit zu den lieben Freunden Levi, Allgeyer und Franz Wüllner in München. Durch sie tritt er auch in Beziehung zu dem ganzen Münchner Musikerkreis; ein äußeres Zeichen für die Anerkennung, die er nun in der bayrischen Hauptstadt genießt, ist die wenige Monate später erfolgte Verleihung des Maximilianordens.

Eine Dissonanz in die Harmonie dieses Sommers bringt nur ein Mißverständnis, das sich zwischen ihm und Joachim ereignet. Für den 17.—19. August 1873 ist in Bonn ein großes Schumann-Fest angesetzt worden, dessen Erträgnis zur Errichtung eines Grabmals für den dahingegangenen Meister dienen soll. Mit der Leitung des Festes wird Joachim betraut. Das Komitee bemüht sich zunächst, Brahms zur Komposition eines eigenen Stückes für die Feier zu veranlassen. Er lehnt ab, da er keinen passenden Text finden kann, und begründet dies außerdem mit den schönen Worten: „Es will mir nicht in den Kopf, wozu ich da das Wort nehme, wo er es führen soll, der meine Sprache besser spricht." Nun schlägt Joachim die Aufführung des „Deutschen Requiem" vor, da der Name Brahms bei einem Schumann-Fest nicht fehlen dürfe. Brahms hat dagegen nichts einzuwenden, doch erfolgen seine Antworten — aus einer gewissen Bescheidenheit — in so gewollt kühlem und gezwungenem Ton, daß selbst sein alter Freund ihn diesmal nicht durchschaut. Als daher das Komitee aus praktischen Gründen gegen eine Aufführung des „Requiem" ist, läßt auch Joachim den Plan fallen, in der Meinung, damit eher in Johannes' Sinn zu handeln. Dies ist aber keineswegs der Fall. Brahms hat die Aufführung seines Werkes bei solchem Anlaß als etwas Selbstverständliches empfunden und, als er nun die Nachricht von der Absetzung des „Requiem" aus den Zeitungen erfährt, ist er außerordentlich verletzt und grollt nicht nur Joachim, sondern auch seiner Freundin Clara, die ja ebenfalls auf die Programmbildung Einfluß genommen hat.

Erst durch Levis Vermittlung wird der Friede wieder hergestellt. Brahms sieht ein, daß er sich zu wenig offen ausgedrückt habe; er besucht das Fest und gibt sich alle Mühe, zu den Freunden wieder das alte innige Verhältnis zu finden. Clara notiert denn auch in ihr Tagebuch: „Am Morgen probierte ich mit Johannes neue Variationen für 2 Klaviere . . ., die ganz wundervoll sind . . . Johannes versprach noch nach Baden zu kommen — wir hatten uns mal wieder ausgesprochen, soweit dies mit ihm möglich ist." Dieser Nachsatz ist bezeichnend und gibt auch den Schlüssel zum Verständnis der ganzen Episode. Der Prozeß zunehmender Verschlossenheit und Vereinsamung ist nun bei Brahms schon so weit fortgeschritten, daß er sich nur zu häufig selbst jenen nicht verständlich machen kann, die er — wie Jussuf und Clara — als seine liebsten Freunde betrachtet. (Daß Clara jedenfalls allen Wandlungen zum Trotz hierzu gehört, beweisen unzählige Briefstellen, wie etwa die folgende aus dem Jahre 1874: „Ich liebe Dich mehr als mich und irgend wen und was auf der

Welt.") Einer wirklich persönlichen Freundschaft im wahren Sinne des Wortes geht Brahms um diese Zeit bereits aus dem Wege. Umso mehr behagt ihm eine herzliche ungezwungene Verbindung mit Menschen, die ihn künstlerisch verstehen, seinen ausgesprochenen Geschmack in allen Fragen äußerer Lebensführung liebevoll berücksichtigen und nicht danach begehren, in sein Innerstes zu schauen. All dies trifft zu bei einem neuen Freundespaar, das Brahms in jener Zeit gewinnt.

In den Januartagen des Jahres 1874 gibt der Meister einige Konzerte in Leipzig und bei dieser Gelegenheit kommt er mit seiner ehemaligen schönen Schülerin Elisabeth v. Stockhausen zusammen. Sie heißt nunmehr Frau v. Herzogenberg und spielt zusammen mit ihrem Mann (dem geschätzten Komponisten und Leiter des Bachvereins) eine wichtige Rolle im Leipziger Musikleben, wo sie für die von ihnen beiden schwärmerisch verehrten Brahms'schen Werke eine glühende Werbetätigkeit entfalten. Elisabeth ist schöner, anziehender und geistvoller denn je. Auch ihre außerordentlichen musikalischen Anlagen haben sich glänzend entwickelt; sie ist eine vortreffliche Pianistin und hat eine so wunderbare Auffassungsgabe, daß sie imstande ist, ein neues Orchesterwerk von Brahms nach einmaligem Hören aus dem Gedächtnis niederzuschreiben. Kein Wunder also, daß Brahms sich in ihrer Gesellschaft außerordentlich wohl fühlt. Die einstige Befangenheit ihr gegenüber ist nun, da Elisabeth einem anderen Mann angehört, von ihm gewichen und er gibt sich „so wohlwollend, mild und liebenswürdig, daß man den alten Brahms kaum in ihm wiederkennt" (Brief Elisabeths an Bertha Faber).

Nach seiner Abreise aus Leipzig entwickelt sich allmählich ein Briefwechsel zwischen den neuen Freunden und als der Künstler drei Jahre später nach Leipzig kommt, ist es schon fast selbstverständlich, daß er bei Herzogenbergs wohnt. Nun lernt er in dem „schlanken Frauenbild in blauem Sammt und goldenem Haar" eine vortreffliche, auf alle Einzelheiten bedachte Wirtin kennen und bei seiner Heimkehr in die öde Junggesellenwohnung entringt sich ihm der Seufzer: „Es war so schön bei Ihnen; ich empfinde es heute noch wie eine angenehme Wärme, und möchte zuschließen und zuknöpfen, daß sie lange bleibt." Viele so wohltuende und vergnügte Stunden hat Brahms mit den Freunden Herzogenberg verbracht und wenige Menschen haben wohl mehr zur Steigerung der Lebensfreude des einsamen, verschlossenen Meisters beigetragen als die heitere, schöne „Liesl".

Im Sommer des gleichen Jahres 1874, das die Freundschaft mit Herzogenbergs entstehen sieht, wird auch der Grund zu einer anderen herzlichen Beziehung gelegt. Brahms verbringt diesmal seine Ferien, im Anschluß an ein schönes Schweizer Musikfest (bei dem auch das „Triumphlied" zur Aufführung gelangt), in Rüschlikon bei Zürich und lernt hier den Dichter J. V. Widmann aus Bern kennen, zu dem er schnell lebhafte Zuneigung faßt. Er liebt es, sich mit ihm in hitzigen Disputen über allgemeine Fragen zu ergehen, und verbringt die Tage des Musikfestes fast durchwegs in seiner Gesellschaft. In späteren Jahren ist der Bund zwischen beiden Künstlern sehr innig geworden; wie tief Widmann in die Persönlichkeit seines großen Freundes eingedrungen ist, zeigen seine reizvollen Erinnerungen, die zu den aufschlußreichsten Berichten über Brahms' Charakter zählen. — Mit einem anderen, weit größeren Schweizer Dichter, den Brahms bereits seit 1866 kennt, tritt er im gleichen Sommer 1874 brieflich in nähere Verbindung. Gottfried Keller wendet sich an den Meister mit der Bitte, den humoristischen Text zu einer kleinen Hochzeitskantate, den er für die Vermählung seines Wiener Freundes Siegmund Exner verfaßt hat, in Musik zu setzen. Obwohl Brahms die Worte — wie er aufrichtig gesteht — „nicht gerade sehr geeignet für Musik" — hält, erfüllt er doch die Bitte des von ihm besonders hoch geschätzten Dichters und erhält hierauf folgenden heiteren Dankbrief[8]:

„Verehrter Herr!

Empfangen Sie meinen herzlichsten Dank für die generose Art, mit welcher Sie meinem Anliegen entgegengekommen sind und für die schöne Musik (die sich zwar noch nicht hörbar gemacht hat), mit welcher Sie meinen unwürdigen Bummeltext beehrt haben. Sollten Sie jemals in einer solchen Gefahr schweben, wie ich, als ich mich zu dem Begehren aufraffte, um mich zu retten, so werde ich mit Vergnügen beispringen und musikalischere Verse zu machen suchen. Da ich bald nach Zürich zurückkommen werde, so hoffe ich Sie noch zu treffen. Inzwischen will das Fräulein Nachbarin des ganzen Handels sich auch noch vernehmen lassen; ich rathe Ihnen jedoch ab, sich mit derselben zu tief einzulassen, wenn Sie nicht lebendig geschunden werden wollen. Ihr ergebener G. Keller"

(Das Fräulein Nachbarin, vor der Keller so schreckliche Angst hat, ist Siegmund Exners Schwester Marie, die auch noch einige lustige Dankesworte hinzufügt. Brahms ist übrigens später zu der ganzen Familie Exner in freundschaftliche Beziehung getreten.) Daß Keller tatsächlich auch „musikalischere Verse" schreiben konnte, hat Brahms selbst erprobt, als er ein Jahr später das wunderbare Gedicht „Abendregen" zu einer seiner herrlichsten Liedschöpfungen vertonte.

Auch Rüschlikon sieht eine Anzahl Werke heranreifen. Diesmal steht das Gesangsschaffen im Vordergrund und es entstehen die Lieder op. 63, die Vokalquartette op. 64 und die neuen „Liebeslieder". Die heitere Stimmung, die sie atmen, spiegelt diesen behaglichen Sommer am Zürichsee. Wie wohl sich Brahms hier befunden haben muß, geht aus einer Antwort seines Freundes C. F. Pohl hervor. Dieser schildert, wie er, einsam in dem geliebten Stammgasthaus beim Gause sitzend, die Stimme seines treuen Tischgenossen zu hören vermeint, und fährt dann sehnsüchtig fort [9]: „Der Rufende sitzt weit ab am Zürichsee, bewundert beim Nydelbad die Aussicht, fährt nach Küsnacht und ißt im Gasthaus zur Sonne frische Fische und Krebse, trinkt in Erlenbach vortrefflichen Rotwein und auf dem Landgut Mariahalden noch besseren Seewein, ... schlendert nach Horgen, welcher Ort ja im Juni einem einzigen duftenden Rosengarten gleicht."

Im Sommer des Jahres 1875 schlägt Brahms sein Quartier in Ziegelhausen nahe bei Heidelberg auf, wo ihn Freunde aus den benachbarten Städten — vor allem der Maler Anselm

Feuerbach — oft aufsuchen. In diese Zeit fällt auch die erste Begegnung mit einem später für die Brahms-Bewegung sehr bedeutsamen Dirigenten. Schon im April hatte der mit Brahms gut bekannte Musikgelehrte H. Kretzschmar[10] sich an den Künstler mit der Bitte gewandt, den hochbegabten jungen Fritz Steinbach als Schüler anzunehmen. In Ziegelhausen versucht der Jüngling nun selber, Brahms zu einer Zusage zu bewegen. Es gelingt ihm wohl nicht, des Meisters eingewurzelte Abneigung gegen den Lehrerberuf zu überwinden, aber Brahms weiß die Absage in eine so nette Form zu bringen, daß er das Herz des jungen Steinbach vollkommen für sich gewinnt. — Nur selbstverständlich ist es, daß auch die Schaffenstätigkeit in Ziegelhausen nicht zu kurz kommt. An Wüllner berichtet er: „Ich schreibe ... bisweilen höchst unnütze Sachen — um einer Symphonie nicht in das ernsthafte Gesicht zu sehen." Tatsächlich aber vollendet er die Duette op. 66, das umgearbeitete Klavierquartett op. 60, dessen Anfänge in die „Sturm- und Drangzeit" fallen (s. S. 60), und vor allem das heiter wohlgemute Streichquartett op. 67. Recht vergnügt ist überhaupt die gesamte Stimmung, welche den Meister in diesen Monaten beherrscht. An Reinthaler schreibt er: „Ich wohne und lebe allerliebst ... Heute waren Levi und Desoff da, den Abend kommt Frank (Wiener Dirigent, der damals in Mannheim wirkte), morgen allerliebste Sängerinnen aus Mannheim — kurz, es wird nur zu lustig gelebt."

Man geht wohl nicht fehl, wenn man Brahms' Heiterkeit nicht nur dem gelungenen Sommer, sondern mehr noch dem Gefühle der Erleichterung zuschreibt, das ihn nach der Niederlegung seiner Wiener Stellung erfüllt. Zugleich mit seiner Wiener Dirigententätigkeit hat auch eine Periode der Unbefriedigtheit und des schmerzlichen Sehnens ihren Abschluß gefunden. Es hatte sich nun einer seiner größten Wünsche — wenn auch nicht ganz in der ersehnten Form einer Betätigung in der Heimat — erfüllt, und er wußte, daß er auch als Dirigent Hervorragendes zu leisten fähig war. Die Erfahrung dreier Jahre hatte ihn aber auch gelehrt, daß eine solche Stellung für ihn letzten Endes mehr Nachteile als Vorteile mit sich bringe und so verzichtet er endgültig auf den alten Traum. Das krampfhafte Streben nach einem scheinbar unerreichbaren Ziel verstummt, der Meister wird ruhiger, friedlicher. Neue Kräfte werden in seiner Seele frei und er wendet sich in seinem Schaffen den größten Aufgaben zu.

Auch in seinem Äußeren tritt bald ein Wandel ein. Brahms, der noch als Vierzigjähriger wie ein schwächlicher Jüngling gewirkt hatte, läßt sich nun mit einemmal einen stattlichen Bart wachsen. Selbst in seiner Erscheinung bekundet der Komponist nun gewissermaßen die Ausgeglichenheit des reifen Mannes.

AUF DEM GIPFEL
(1876—1879)

In der zweiten Hälfte der Siebzigerjahre bricht für Brahms die Zeit der großen Konzertreisen an. Sie unterscheiden sich von den früheren, etwa gemeinsam mit Joachim oder Stockhausen unternommenen Tourneen hauptsächlich dadurch, daß Brahms nunmehr höchst selten an die Wiedergabe fremder Werke herantritt. Sein ständig wachsender Ruhm bringt es mit sich, daß er von allen Seiten eingeladen wird, eigene Werke zu dirigieren, oder bei Wiedergaben seines Klavierkonzerts und seiner Kammermusikschöpfungen den Klavierpart zu übernehmen. So groß ist die Zahl der Städte, die sich um den Künstler bemühen, daß Brahms ohne weiteres auf diese Weise das ganze Jahr hindurch beschäftigt sein könnte. Dies entspricht jedoch keineswegs seinen Absichten und er macht es sich im allgemeinen zum Grundsatz, während des Winters etwa drei Monate für Konzerte zu verwenden. Den Herbst und vor allem das Frühjahr verbringt er gerne in Wien, denn — wie er einmal an Billroth schreibt[1] — „ein paar Abende im Prater (Brahms' Lieblingspark) gehören zum Frühling". Am Beginne des Sommers aber begibt sich der Meister aufs Land, um die während des Jahres in Angriff genommenen Werke auf ungestörten langen Wanderungen ausreifen zu lassen und in ihre endgültige Form zu gießen.

Den mannigfachen Reisen des Künstlers im einzelnen mit der Sorgfalt des Chronisten nachzugehen, wäre zu umständlich und im Grunde heute nur von geringer Bedeutung. Im Rahmen dieses Buches sollen daher nur jene Konzerte Erwähnung finden, welche Brahms die Bekanntschaft mit bedeutsamen neuen Städten oder Menschen erschlossen haben. Hiebei muß zunächst die Reise nach Holland im Januar 1876 Erwähnung finden. Neben der Schweiz ist es vor allem dieses Land, das seit den Anfängen von Brahms' künstlerischer Entwicklung eine ausgesprochene Vorliebe für seine Werke an den Tag gelegt hat. Bereits einige Jahre vorher hatte der Künstler daher einen Besuch in Holland zugesagt. Er wohnt bei dem ihm schon von Rüschlikon her gut bekannten Professor Engelmann in Utrecht und verbringt mit ihm und dessen reizender Frau — der früheren Pianistin Emma Brandes, deren beseelte Wiedergabe Brahms'scher Werke dem Komponisten stets große Freude bereitet — sehr angenehme Tage. Die Widmung des Streichquartetts op. 67 an Professor Engelmann bringt Brahms' freundschaftliche Gefühle für den geistvollen Gelehrten zum Ausdruck und der gemütlich-heitere Ton seiner Briefe nach Utrecht zeigt deutlich, wie wohl er sich in dem gastlichen Professorshaus gefühlt hat.

Die Reisen nach Holland werden im Laufe der nächsten Jahre zu einer festen Einrichtung, und auch außerhalb von Utrecht gewinnt Brahms treueste, begeisterte Freunde. In Amsterdam etwa wohnt er bei J. A. Sillem, der in zahlreichen Briefen humoristische Schilderungen von dem Enthusiasmus seiner Mitbürger entwirft. Einmal schreibt er[2]: „Die Freude, welche uns Ihre Zusage machte, ist unbeschreiblich. Bei uns an Selbstbeherrschung gewöhnten Männern äußerte sie sich nicht so stürmisch, desto mehr bei einigen unserer Damen; weshalb ich Herrn Schiff raten mußte, seine Frau um die Zeit Ihrer Ankunft in eine Zwangsjacke zu kleiden ... Mit Frau Koopman habe ich eine leidenschaftliche Diskussion gehabt über die Frage, wo Sie einziehen würden. Der Streit aber war glücklicherweise unblutig und löste sich in eine gerührte und rührende Verabredung, daß derjenige von uns, dem Sie den Vorzug geben, den andern während Ihres Aufenthaltes jeden Tag zu Gast bekommen wird. So werden Sie doch keinen von uns los." Abgesehen von dem tiefen Eindruck, den der Künstler Brahms naturgemäß ausübt, mag es die besonders ehrgeizigen holländischen Hausfrauen gefreut haben, in ihm einen Gast zu erhalten, der für jede erwiesene Aufmerksamkeit, für eine gute Zusammenstellung des Menus, eine originelle Speise usw., höchst empfänglich war. Tatsächlich denkt Brahms in seinen Briefen an Engelmann mit Behagen an den alle Stunden von dem Dienstmädchen Antje frisch gedeckten

Tisch und läßt sich aus Amsterdam Schnaps nachschicken, der ihm „ungemein imponiert".

Ein anderes Land hätte ihn gewiß mit der gleichen Herzlichkeit aufgenommen und es muß bedauert werden, daß Brahms den dringlichen, immer wieder an ihn gerichteten Einladungen nach England kein Gehör schenkte. Auch hier war seit Jahren das Interesse für ihn äußerst rege und im Frühjahr 1876 beschließt die Universität Cambridge, Brahms durch die Ernennung zum Ehrendoktor der Musik auszuzeichnen. Professor G. A. Macfarren verständigt den Meister hievon in einem Brief[3], aus dem jedoch nicht deutlich hervorgeht, daß Brahms bei der Verleihung der Würde unbedingt persönlich anwesend sein müsse. Der Künstler ist daher zunächst — wie er Joachim schreibt — von „dem schönen Abenteuer außerordentlich erfreut"; als er jedoch von dem Freund, dem die gleiche Ehrung widerfahren ist, nähere Aufklärungen erhält, wird er bedenklich. Ein weiterer Brief[4] Macfarrens bestätigt, daß Brahms wohl „Doktor in posse jedoch nicht in esse" sei und die tatsächliche Ernennung nur erfolge, wenn der Meister sich den hierzu unerläßlichen Zeremonien unterziehe. Man wäre bereit, hierfür jeden von Brahms gewünschten Termin anzusetzen; dessenungeachtet kann sich aber der Künstler zu der Reise nicht entschließen. Er appelliert noch an Gerard F. Cobb vom Trinity College, dessen Mitglied Brahms durch die Verleihung des Doktorhutes werden soll. Aber auch dieser muß ihm mitteilen,[5] daß die Universität beim besten Willen das Dekret in Brahms' Abwesenheit nicht erteilen könne, weil dies ihren Statuten zuwiderlaufe. Da sich der Komponist andererseits auch weiterhin nicht zu einer Reise nach England bequemen will, ist die schöne Absicht der Universität endgültig zunichte geworden.

Der Grund für Brahms' beharrliche Weigerung ist wohl vor allem höchst prosaischer Natur: er hatte Angst vor der Seekrankheit. Bekannt ist, daß der Künstler in Genua ein Schiff, für das er und seine Begleiter bereits Karten genommen hatten, im letzten Augenblick fluchtartig verließ und die heiße Eisenbahnfahrt durch ganz Italien bis nach Neapel in Kauf nahm, um der Seereise zu entgehen. Von Clara Schumann mochte er manchen schaurigen Bericht von Unwettern bei der Fahrt über den Kanal erhalten haben und er, dem an äußeren Ehrungen und materiellem Gewinn so wenig gelegen war, sah nicht ein, warum er sich solchen Unannehmlichkeiten aussetzen sollte. Dazu kam noch sein äußerst geringes Sprachentalent, das ihn vor Reisen in anderssprachige Länder ängstlich zurückschrecken ließ. Eine Ausnahme bildete hier nur Italien, das den Meister durch seine herrlichen Kunstschätze und seine ganze Atmosphäre unwiderstehlich anzog (s. S. 149). Holland, wo er gleichfalls mehrmals weilte, empfand er gar nicht als Ausland; denn erstens konnte er sich hier überall deutsch verständlich machen, überdies aber weist das Holländische große Ähnlichkeit mit dem Plattdeutschen, Brahms' heimatlichem Dialekt, auf.

Die Engländer haben sich jedenfalls von Brahms' ablehnender Haltung nicht abschrecken lassen und ihre Bemühungen, den Meister für sich zu gewinnen, unentwegt fortgesetzt. Im gleichen Jahre, da der Komponist durch das Doktorat der Universität Cambridge ausgezeichnet wird, bietet ihm die angesehene Firma Novello[6] für ein Oratorium im Ausmaß des Mendelssohn'schen „Elias“ die stattliche Summe von 15 000 Mark und nur ein Jahr später wird ihm von der Londoner „Philharmonic Society“ die goldene Medaille verliehen, die ihm der österreichische Konsul Stockinger[7] überreicht. Auch deutsche Freunde lassen nicht ab, Brahms' Scheu vor dem fremden Land zu bekämpfen. Am eifrigsten ist hierin der bedeutende Händel-Forscher F. Chrysander, der bei seinen wissenschaftlichen Arbeiten in London das Land liebgewonnen hat und nicht müde wird, Brahms davon zu erzählen. Einmal[8] spricht er von „Brahms' englischen Freunden“ und fährt fort: „Denn so kann man sie wohl nennen, da sie Ihr neues Violinkonzert sofort zweimal im besten Geiste ... angehört haben, während die braven Hamburger neulich ... wieder nicht wußten, wie sie sich dabei benehmen sollten.“ Auch der von Brahms hochgeschätzte deutsche Sänger Georg Henschel bemüht sich unentwegt in dieser Richtung und erklärt[9]: „London steht in seiner Verehrung für Sie keiner anderen Stadt der Welt nach." Henschel bringt Brahms übrigens auch mit einer — später berühmten — jungen englischen Musikerin in Verbindung, die er mit folgenden Zeilen bei ihm einführt[10]:

„Überbringerin dieses ist eine ebenso talentvolle wie amüsante lustige Engländerin Miß Smyth. Sie hat, bevor sie noch irgend Unterricht gehabt, ganz allerliebste Liedchen gemacht und brennt vor Sehnsucht, ein einziges Wort mit Ihnen zu reden, oder vielmehr von Ihnen zu hören. Gönnen Sie ihr dies Wort und wäre es auch nur: ‚Machen Sie, daß Sie wieder hinauskommen.' Außerdem springt sie über Stühle samt Lehne, reitet, jagt, fischt, schwimmt etc. etc."

Ethel Smyth, die Brahms damals altfranzösische Lieder überbrachte, hat noch oft Gelegenheit gehabt, mit ihm mehr als ein Wort zu wechseln, da sie als Privatschülerin Heinrich von Herzogenbergs in Beziehung zu dem ganzen Bekanntenkreis des Meisters trat. In seinen Briefen an die Leipziger Freundin läßt er die „Kleine allerschönstens grüßen" und gewiß hat die schon bei der Zwanzigjährigen ausgeprägte menschliche und künstlerische Eigenart ihren Eindruck auf Brahms ebensowenig verfehlt, wie auf seinen Freund Henschel. So freundliche Gefühle der Meister im Einzelfall dem englischen Menschen entgegenbrachte, so konnte dies doch niemals seine Bedenken gegen eine Reise nach England zerstreuen, die gerade, weil sie in einer mehr instinktiven Scheu vor dem Meer und der fremden Sprache wurzelten, sich mit Verstandesgründen nicht beseitigen ließen.

Übrigens hat Brahms um die gleiche Zeit, da er sich das Cambridger Doktorat entgehen ließ, auch ein Anerbieten ausgeschlagen, das aus Deutschland an ihn erging. Im August 1876 schreibt[11] Wilhelm Rust, der spätere Thomaskantor in Leipzig, an Brahms, er habe zufällig den Regierungspräsidenten Bitter gesprochen, der ihm von dem Plan erzählte, die seit Schumanns Erkrankung dem — nur mittelmäßig begabten — Julius Tausch übertragene Musikdirektorstelle in Düsseldorf neu zu besetzen. Zuerst hätte man an Max Bruch gedacht, davon jedoch wieder Abstand genommen, aus „Furcht von seinen Kompositionen überschwemmt zu werden". Rust fragt nun, ob Brahms grundsätzlich Interesse für die Stelle habe und aus einer gewissen Pietät für Schumann bejaht der Künstler dies zunächst. Nun beginnen endlose Korrespondenzen mit den verschiedensten Stellen und fast sieht es aus, als ob Brahms seine Freiheit wieder verlieren würde. Die Bedingungen sind günstig. Stadt, Staat und allgemeiner Musikverein wirken zusammen, um dem Musikdirektor ein Jahresgehalt von 6000 Mark zu zahlen; hierfür hat er während der sechs Wintermonate die Konzerte zu dirigieren und außerdem das alljährliche rheinische Musikfest zu leiten. Das musikalische Deutschland nimmt regsten Anteil an der Frage von Brahms' Berufung. Clara Schumann ändert ihren Standpunkt mehrfach und kommt immer mit neuen Bedenken. Hiller redet lebhaft zu und erklärt sich bereit, eigens nach Düsseldorf zu fahren, um sich ein genaues Bild der Lage zu machen;[12] Chrysander bittet um nähere Angaben für einen Zeitungsartikel über Brahms' neue Tätigkeit;[13] Henschel[14] ist so aufgeregt, daß er Brahms eine Rückantwortkarte schickt, auf der dieser nur das Wort „Ja" oder „Nein" zu streichen hat; Marxsen[15] sieht die Sache als vollkommen definitiv an, Pohl aus Wien aber schreibt[16]: „Das war eine häßliche Zeile in Ihrer Karte: fortgehen von hier! Das gibt's nicht! Nein und dreimal nein!"

Im Grunde ist Brahms ganz der gleichen Ansicht; er will nicht aus Wien weg und hat es nur vor sich selbst nicht verantworten können, die durch das Andenken an Schumann für ihn besonders bedeutsame Stelle einfach abzulehnen. Endlich bietet sich ihm die Möglichkeit zum Rückzug. Er hört, daß in Düsseldorf eine große Partei für Tausch bestünde, die lebhaft gegen die Ernennung eines neuen Direktors agitiert. Nun hat er einen Anlaß, abzulehnen. Vergebens schickt man ihm flehende Briefe und Adressen mit Unterschriften wichtiger Persönlichkeiten;[17] vergebens teilt man ihm mit, daß bei der Wahl unter 39 Stimmen nur 10 auf Tausch gefallen seien. Brahms erklärt, niemanden verdrängen zu wollen, und fühlt sich sehr erleichtert. Dies ist das letzte Angebot dieser Art, das

Brahms überhaupt in Erwägung zieht. Als ihm im Herbst 1878 die Stelle des Thomaskantors in Leipzig angetragen wird, lehnt er — trotz der von Elisabeth von Herzogenberg ausgehenden starken Anziehungskraft — ohne Zögern ab.

Hat Brahms damit seinem Entschluß, den Wohnsitz dauernd in Wien aufzuschlagen, neuerdings sichtbaren Ausdruck verliehen, so liebt er doch andererseits in der Wahl seiner Sommerfrischen eine gewisse Abwechslung. Ganz aus dem Rahmen seiner sonstigen Gewohnheiten fällt hier der Ferienaufenthalt des Jahres 1876. Diesmal steht Brahms' Sinn nicht nach lieblichem Mittelgebirge oder einem freundlichen See. Sichtlich sehnt er sich nach starken, ungewohnten Natureindrücken und so geht er ans Meer, nach Saßnitz auf Rügen. Rückblickend schreibt er 1886 darüber an Joachim: „Über Rügen wirst Du Dich sehr freuen. Es ist ganz herrlich schön und ich habe einen Sommer dort sehr lange — ausgehalten. Leider mußte ich mir nämlich sagen, daß ich trotz aller Schönheit nicht wieder kommen würde. Es ist gar sehr viel unbehagliches und ungemütliches mitzunehmen, an das ich, im Süden heimisch, nicht mehr gewohnt bin." Schließlich scheint sich aber Saßnitz doch richtig bewährt zu haben, wenn man nach dem künstlerischen Ergebnis der Sommermonate 1876 schließen darf; denn in diese Zeit fällt die Vollendung der von den Freunden des Künstlers bereits sehnsüchtig erwarteten I. Symphonie. Die Anfänge dieses Werkes reichen in die „Sturm- und Drangperiode" zurück (s. S. 60), und schon 1862 lernte Clara Schumann den 1. Satz kennen. Damals hatte sich Brahms jedoch innerlich nicht reif genug gefühlt, um die in diesem stürmischen Stück aufgerollten Konflikte zur Lösung zu führen. Vierzehn Jahre mußten vergehen, bis er sich endlich dieser großen Aufgabe gewachsen erachtete. Das Ergebnis bewies, daß er recht daran getan hatte. Denn abgesehen von der technischen Meisterschaft, durch die sich die endgültige Fassung auszeichnet, hätte der Komponist wohl schwerlich vor der durch die Erlebnisse der letzten Jahre bedingten inneren Wandlung den hymnischen Jubel des Schlußsatzes zu gestalten vermocht.

Sobald die Symphonie fertig vorliegt, ist Brahms vor allem darauf bedacht, sie möglichst bald erklingen zu hören. Für dieses erste Probespiel erscheint ihm gerade eine kleinere Stadt besonders geeignet und er macht seinem alten Freund Otto Dessoff, der seit einem Jahr in Karlsruhe wirkt, die Freude, ihm die Erstaufführung der Symphonie zu übertragen. Sie findet am 4. November 1876 statt und der Erfolg ist groß, wenn auch keineswegs überwältigend. Nach der Aufführung dankt im Namen des Orchesters Carl Will, der Brahms' Abneigung gegen Festreden kennt, dem Meister in einem herzlichen Brief[18] für den durch ihn erbrachten Beweis, daß das letzte Wort in der Symphonie noch nicht gesprochen sei. Es folgen Aufführungen in Mannheim, München, Wien, Leipzig, Breslau, Cambridge, London mit wechselndem Erfolg; am geringsten ist er bezeichnenderweise in der Wagnerstadt München. Einen wirklichen Triumph aber sollte der Symphoniker Brahms erst mit dem nächsten Werk erringen.

Die II. Symphonie entsteht im folgenden Sommer in Österreich, in Pörtschach am Wörthersee. Brahms findet das malerische Dörfchen ganz „reizend, allerliebst" und die heitere Atmosphäre, die ihn umgibt, lächelt uns aus der D-dur-Symphonie entgegen. Als Billroth das Werk zum erstenmal durchspielt, ruft er aus[19]: „Das ist ja lauter blauer Himmel, Quellenrieseln, Sonnenschein und kühler grüner Schatten. Am Wörthersee muß es doch schön sein!" Es ist begreiflich, daß das Werk sofort den Weg zu den Hörern gefunden hat. Schon die erste Aufführung in Wien am 30. Dezember 1877 unter Hans Richters zündender Leitung wird mit solcher Begeisterung aufgenommen, daß der reizende 3. Satz wiederholt werden muß. Besonders bedeutsam ist der Triumph, den Brahms mit dieser Symphonie in Hamburg erringt. Hier findet im September 1878 das fünfzigjährige Stiftungsfest der Philharmonie statt, zu dem der nunmehr so berühmte Hamburger Komponist dringend eingeladen wird. Der alte Freund Avé wendet alle Mittel seiner Beredsamkeit auf, und der Dirigent der Konzerte, J. v. Bernuth, schreibt[20] an Brahms: „Sie wissen, daß auch nicht einer in Hamburg zu finden wäre, der nicht mit Jubel Sie am Dirigentenpulte begrüßen würde." Brahms aber lehnt ab; denn noch ist die Wunde, die ihm eben dieser Verein vor 16 Jahren geschlagen hat, nicht vernarbt. Im letzten Augenblick hält es ihn aber doch nicht in Österreich, er kommt noch zum Fest zurecht und hat seinen Entschluß wirklich nicht zu bereuen, da er mit einer in seiner Vaterstadt ganz ungewöhnlichen Herzlichkeit gefeiert wird. Die besten Freunde machen sich eine Ehre daraus, unter seiner Leitung im Orchester zu spielen. Als Konzertmeister wirkt kein geringerer als Joachim; unter den Geigern sind erste Künstler, wie Brahms' Detmolder Freund Bargheer, der angesehene Linksgeiger Richard Barth (ein Schüler Joachims, der übrigens später Bernuths Nachfolger in Hamburg wird) und J. Boie, der Gatte der Brahms aus der schönen Frauenchorzeit wohlbekannten Marie Völckers. So gestaltet sich die Aufführung der II. Symphonie zu einem herrlichen künstlerischen Ereignis, das Brahms Freude bereiten muß, wenn er auch darüber keinen Augenblick den Groll gegen seine Vaterstadt vergißt (s. S. 87).

Dem Dörfchen, das Brahms zu solch herrlicher Schöpfung inspiriert hat, bleibt der Künstler auch im nächsten Sommer treu. Als er auf der Rückreise von Italien am schönen Wörthersee vorbeikommt, kann er es nicht unterlassen, sich in Pörtschach aufzuhalten. „Hier wollte ich", schreibt er[21] an Billroth, „einen Tag bleiben, als dieser gar zu schön war, noch einen, aber die Schönheit hielt an und fürs erste bleibe ich weitere Tage. Wenn Du unterwegs von der Lectüre aufgeblickt hast, so weißt Du, wie rund um den blauen See alle Berge schneeweiß sind und die Bäume zart grün."

Auch im Sommer 1879 sucht Brahms Pörtschach wieder auf und entschließt sich erst dann zur Wahl eines anderen Ortes, als der ständig wachsende Zuzug von Fremden seine Ungestörtheit zu gefährden droht. Das Ergebnis dieser Sommer 1877-1879 in Kärnten ist besonders reich; kaum jemals nachher hat Brahms eine solche Schaffenskraft entfaltet. In das Entstehungsjahr der II. Symphonie fallen auch die erste Motette aus op. 74 und die Balladen op. 75, sowie eine Fülle schönster Lieder (op. 69—72, für die allerdings mehr die Frühlingsspaziergänge im Wiener Prater als Pörtschach verantwortlich zu machen sind).

In den zwei folgenden Sommern werden einige bedeutsame Klavierwerke (Capricci und Intermezzi op. 76, Rhapsodien op. 79) und die 1. Violinsonate komponiert. Die Krone der Schöpfungen aus dieser Zeit ist jedoch das Violinkonzert, das Brahms wohl vor allem im Hinblick auf Joachim geschrieben hat. Es wird von dem Freunde am Neujahrstag 1879 in Leipzig aus der Taufe gehoben und auch späterhin spielt Joachim das Werk so oft als möglich. Trotz der ungeheuren technischen Schwierigkeiten, die es bietet, wagen sich allmählich auch andere namhafte Geiger, wie Richard Barth, Hugo Heermann und Adolf Brodsky, an das Konzert. Ihnen folgt sogar ein neunzehnjähriges Mädchen, die Geigerin Marie Soldat, die Brahms 1879 in Pörtschach kennen lernt. Die hohe Begabung der damals noch unbekannten Künstlerin macht auf ihn einen so großen Eindruck, daß er sich entschließt, ganz gegen seine Gewohnheit gemeinsam mit ihr in Pörtschach ein Konzert zu geben, bei dem auf sein Zureden auch die alte Freundin Luise Dustmann — die wieder einmal den gleichen Sommeraufenthalt wie Brahms gewählt hat — mitwirkt. Auch interessiert der Komponist seinen Freund Joachim für das junge Talent; dieser nimmt die Geigerin in seine Meisterklasse auf und nun entwickelt sich die Kunst des „Soldätle“ [22] — wie Brahms seinen Schützling gern nennt — zu solcher Höhe, daß sie sich an das Konzert des Meisters heranwagen darf. Als sie es einmal in einem Sonntag-Mittagkonzert „unvergleichlich schön“ gespielt hatte, führte Brahms sie zur Belohnung in seinen geliebten Prater, wo sie nach Herzenslust die verschiedenen Ringelspiele des Vergnügungsparks ausprobieren konnten. Den Abschluß bildete ein gemeinsamer Theaterbesuch von „Macbeth“.

Doch Pörtschach ist nicht nur für den Künstler Brahms angenehm; auch die Gesellschaft findet er hier ganz nach Wunsch. Er verkehrt mit verschiedenen Wienern — vor allem der Familie Dr. Kupelwieser —, empfängt manchen Besuch von auswärts und unterhält sich auch sehr gerne mit den Kärntner Beamten, Ärzten usw., die sich an der einfachen Tafelrunde von Werzers Gasthof zusammenfinden. Manchmal erscheint hier das — von Brahms häufig erwähnte — „hübsche Fräulein Postdirektor", Christine Werzer, die ihm auch öfters beim Verpacken von Manuskripten behilflich ist. Als er eine von ihr angefertigte Notenrolle seinem Verleger Simrock gegenüber lobt, schreibt sie auf der Karte dazu: „Einem so liebenswürdigen Herrn wird auch mit größtem Vergnügen alles gemacht." Obwohl so manches weibliche Wesen von Brahms einen starken Eindruck empfing, wird doch kaum eine unter ihnen den schroffen, oft spöttischen Künstler gerade durch das Wort „liebenswürdig" gekennzeichnet haben. Brahms muß eben in dem freundlichen Pörtschach wirklich besonders gut gelaunt gewesen sein.

Doch der Meister ist keineswegs immer so freundlich und leicht zu nehmen. Gerade in dieser Zeit muß einer seiner besten Freunde dies schmerzlichst erfahren. Hermann Levi ist seit 1872 an der Münchner Oper tätig und seine Einstellung zu Wagner, den er früher leidenschaftlich bekämpfte, hat sich von Grund auf geändert. Bei einem Künstler von Levis glühender Energie ist dies wohl begreiflich. Er hat erkannt, daß seine Begabung in erster Linie auf dem Gebiet der dramatischen Kunst liegt; der Opernkapellmeister aber empfindet es als seine Pflicht, sich den Werken Richard Wagners zu widmen, die eine so gewaltige Umwälzung hervorgerufen haben. Levi kann jedoch nie bloß kühler Beobachter sein, er muß stets Partei nehmen, lieben oder hassen. Als er in Wagners Werke näher eindringt, fesseln ihn zunächst die zu bewältigenden technischen Schwierigkeiten; bald aber bleibt ihm nichts anderes übrig, als diese Schöpfungen von ganzem Herzen zu bejahen. Brahms vermag diese Wandlung in dem Freund nicht zu verstehen. Ihm erscheint Levis Haltung einfach als Gesinnungslosigkeit und, mißtrauisch gemacht durch die seit Jahren gegen ihn gerichteten gehässigen Angriffe der Wagnerianer, kann er nicht glauben, daß ein Wagner-Anhänger zugleich auch an seinem Schaffen mit der alten Begeisterung teilnehmen könne. Vergebens widerspricht Levi. Es kommt schon 1875 zu einer heftigen Auseinandersetzung, bei der Brahms „recht harte“ Worte spricht, die von beiden Seiten nicht mehr vergessen werden. Levi macht zwar noch den Versuch, dem Freund seine Stellungnahme brieflich zu erklären; doch scheint Brahms hierauf nicht geantwortet zu haben. Auch der gemeinsame Freund Allgeyer greift ein und schreibt[23] an Brahms: „Laß mir den Glauben, daß Du zu groß und edel denkst, als daß Du Dich ohne jede Schonung von einem Manne abwenden könntest, dem durch alle Wandlungen seines erregbaren Wesens und aufregenden Berufes hindurch im Grunde doch immer Du und Deine Kunst höchster Inhalt war, ist und bleiben wird.“ Brahms antwortet mit einem besonders ausführlichen, persönlich gehaltenen Brief, in dem jedoch der Name des gemeinsamen Freundes überhaupt nicht genannt wird.

Einige Jahre ziehen sich die Beziehungen zwischen Brahms und Levi noch hin, um 1878 vollständig aufzuhören. Brahms hat unter dem Verlust des verständnisvollen Freundes gewiß gelitten; dennoch hat er sich nicht wirklich bemüht, Levis Standpunkt zu verstehen und so die Kluft zwischen ihnen zu überbrücken. Dies ist ein wichtiger Zug im Wesen des Künstlers: ein gewisser Fatalismus in seinen Beziehungen zu Menschen, mögen sie ihm noch so lieb sein. Brahms selbst gesteht dies Clara Schumann ein, als einmal die Rede von den Freunden Herzogenberg ist, die er gekränkt zu haben glaubt. Hiezu schreibt er: „Dabei fallen mir . . meine Leipziger lieben Wirte ein, denen ich wohl was Besonderes angetan haben muß. Mir ist das gerade bei ihnen ungemein leid — aber ich lasse die Welt laufen, wie sie läuft; ich weiß und erfahre zu oft, daß mit mir schwer umzugehen ist — ich gewöhne mich, den Schaden zu tragen.“ Diese Einstellung des Künstlers, der sich nie zur Aufklärung eines Mißverständnisses versteht und auch nicht den Versuch macht, sich in einen anderen Menschen hineinzudenken, muß mit dafür verantwortlich gemacht werden, daß Brahms allmählich seine besten Freunde verloren hat.

Allerdings fällt etwa in die gleiche Zeit der Höhepunkt einer anderen bedeutsamen Freundschaft. Theodor Billroth ist 1867 nach Wien berufen worden und diese Tatsache hat seinerzeit mitbestimmend auf Brahms' Entschluß gewirkt, sich hier dauernd niederzulassen. In Billroth findet der Komponist ein ganz selten tiefes, liebevolles und dabei doch sachliches Verständnis für seine Kunst. Die Briefe, die der geniale Chirurg seinem Freund über jedes neue Werk schreibt, sind so schön und geistvoll, daß Brahms sie zuweilen sogar Clara Schumann zur Erbauung einschickt. So manche neue Komposition wird Billroth als erstem gezeigt und mit sichtlicher Ungeduld erwartet Brahms dann stets „ein unfreundliches Wort über die sehr unnützen Wische". [24] Billroth verdankt der Künstler viele angenehme und anregende Stunden in dessen prachtvollem Wiener Heim, wo Brahms zu Ehren großzügige Feste veranstaltet werden und die Mehrzahl der Kammermusikwerke des Meisters zur Erstaufführung gelangt. Der große Arzt hat es anderseits gewiß ganz aufrichtig gemeint, wenn er Brahms einmal schreibt: „Und fange ich an, darüber nachzudenken, in welchen Stunden meines Lebens, mit dessen Reichtum sich wohl wenig Sterbliche messen können, mir am wohlsten war, so nimmst Du doch immer den breitesten Platz ein." Bezeichnenderweise sollte aber selbst dieses schöne Verhältnis in späteren Jahren nicht ungetrübt bleiben.

Dabei paart sich dieser gesunde — weil für sein ganzes Schaffen nur förderliche — Egoismus des Künstlers bei Brahms mit einer ganz seltenen Güte und Hilfsbereitschaft. Es läßt sich heute gar nicht mehr feststellen, wie vielen Menschen der Meister geholfen hat. Unter den von ihm bewahrten Briefen finden sich eine ganze Menge von Dankschreiben unbekannter Personen für Geldspenden, Darlehen, Empfehlungen. Sogar in Orten, die Brahms ganz selten besucht, hat er seine Schützlinge. So gibt es einen Brief [25] aus Prag, in dem ein Herr J. C. Hock ihm ausführlich über die Fähigkeiten eines jungen Musikers schreibt, für den Brahms sich „so edelmütig interessiere". Mit mehr Anteilnahme wird er wohl einen anderen Bericht aus Prag gelesen haben, worin ihm der Wiener Operndirektor Jauner [26] begeistert über einen böhmischen Musiker schreibt, den Brahms kürzlich entdeckt hatte. In diesem Falle hat der

Meisters Hilfe schönste Früchte getragen, handelt es sich doch um keinen geringeren als Anton Dvorák. Als Mitglied einer Kommission zur Verleihung von Stipendien erhält Brahms um diese Zeit ein Werk des völlig unbekannten Komponisten in die Hand. Er verschafft ihm das Stipendium, veranlaßt seinen Verleger Simrock, Dvoráks Werke zu veröffentlichen, und wirbt bei Dirigenten und Solisten für Aufführungen dieser Kompositionen. Damit nicht genug, nimmt Brahms sich sogar die Zeit, an Stelle des hierzu unfähigen Komponisten eine sorgfältige Korrektur vor Drucklegung zu lesen, und bietet dem in sehr dürftigen Verhältnissen Lebenden wiederholt materielle Hilfe an. Zu Beginn der Bekanntschaft hat Dvorák an Brahms folgenden Dankbrief[27] geschrieben:

„Hochverehrter Meister!

Mit dem Gefühle der freudigsten Erregung las ich den letzten für mich sehr werten Brief von E. Wohlgeboren und so warm empfundene Worte, die Sie zu mir sprachen und die Freude, die Sie an meinen Arbeiten finden, haben mich auf das Tiefste gerührt und machen mich außerordentlich glücklich. Ich finde nicht genug Worte, um Ihnen, hochverehrter Meister, das alles zu sagen, was in meinem Innern jetzt vorgeht. Ich kann Ihnen nur soviel sagen, daß Sie mich schon jetzt für mein ganzes Leben zum größten Dank verpflichtet haben, indem Sie die besten und edelsten Absichten, die eines wahrhaft großen Künstlers und Menschen würdig sind, mit mir hegen ...

Euer Wohlgeboren in tiefster Hochachtung
ergebenster und dankbarster
Anton Dvorák“

Dieses Schreiben erreicht Brahms erst nach einigen Irrfahrten. Denn gerade 10 Tage vorher, am 8. April 1878, hat der Künstler einen lang gehegten Wunsch zur Ausführung gebracht und seine erste Reise nach Italien angetreten. Sie erfolgt in Gesellschaft Billroths, der auch auf dem Gebiete der bildenden Kunst bestens bewandert ist und einen ausgezeichneten Führer abgibt, seinerseits jedoch auch wieder über Brahms' gediegene Kenntnisse in Kunst- und Kulturgeschichte staunt. Brahms fährt über Rom nach Neapel, besucht auf der Rückreise Florenz und Venedig und verlebt, wie er an Simrock schreibt, „zauberhafte Tage". Die Herrlichkeiten der Kunst und Natur bereiten ihm einen so tiefen Genuß, daß er noch acht weitere Male seine Schritte nach dem Süden lenkt, wobei er es gewöhnlich so einrichtet, daß er gerade seinen Geburtstag dort verbringt.

Den ganzen Winter freut er sich nun auf seine Italienfahrten. Mit echt norddeutscher Gründlichkeit bereitet er sich vor, studiert Reisebücher und Fachliteratur und fühlt sich in Italien dann so wohl, daß ihm das Nach-Hause-Reisen geradezu „unrecht" erscheint. Mit Leidenschaft besucht er Antiquariate, und findet dies eine „höchst dankbare und nebenbei amüsante und unterrichtende Beschäftigung".[28] Der Schreibunlustige entschließt sich zu langen Episteln, um Clara Schumann zu einer Reise nach Italien zu bewegen, und die alte Freundin mag ganz erstaunt gewesen sein, so begeisterte Zeilen wie etwa die folgenden von ihrem sonst höchst zurückhaltenden Johannes zu empfangen: „Wie oft denke ich an Dich und wünsche Deinem Auge und Deinem Herzen die Wollust, die hier Auge und Herz empfinden. Wenn Du nur eine Stunde vor der Fassade des Siener Doms ständest, Du wärest selig und meintest, das wäre für die ganze Reise genug. Und nun trittst Du ein, aber da ist auf dem Fußboden und in der ganzen Kirche kein Fleckchen, das Dich nicht in gleichem Maß entzückte. Und morgen in Orvieto mußt Du gestehen, *der* Dom sei eigentlich noch schöner. Und nun hier in Rom untertauchen, das ist eine Lust, gar nicht zu sagen ... Uns steht die schönste Zeit noch bevor, es ist sehr früh im Jahr und kommt erst jetzt allmählich alles heraus. Du hast gar keine Ahnung von solcher Schönheit, und Du hast Dir nur Mühe zu geben, sie auch mit Behagen zu genießen. Nächstes Jahr mußt Du Dich Ende März freimachen, dann fahre ich immer neben Euch her — bis dahin bin ich aber ein fester Italiener und kann Euch doch nützen."

Die Musik des Landes erscheint Brahms allerdings „schauderhaft“, worin er jedoch keinen Nachteil erblickt, da dem Auge soviel geboten werde, daß es nur gut sei, das Ohr ausruhen zu lassen. Einflüssen der Tonkunst Italiens begegnet man daher niemals in Brahms' Werken; trotzdem aber sind die italienischen Reisen in jeder Beziehung bedeutungsvoll für ihn gewesen. Im Komponisten Brahms bewirkt die Klarheit, Schönheit und Freudigkeit der Landschaft im Verein mit der bildenden Kunst Italiens eine Stärkung jener klassischen Tendenzen, die seit Beginn der Reifezeit immer stärker in seinem Schaffen zur Geltung kommen. Für den Menschen Brahms aber zählen die Wochen, die er in Italien verbringt, zu jenen seltenen Zeiten, da es ihm vergönnt ist, sich rückhaltlos und frei von allen Hemmungen am Augenblick zu freuen.

ALTE UND NEUE FREUNDE
(1880—1885)

Brahms' Konzerttätigkeit umfaßt immer größere Kreise. Im Herbst 1879 hatte er mit Joachim zusammen eine Reise nach Ungarn und Siebenbürgen unternommen, die ihm soviel interessante neue Eindrücke brachte, daß er sich gerne im Februar 1880 von dem Freund zu einer Tournee nach Polen überreden läßt. Zu Beginn des gleichen Jahres 1880 hatte er auch wieder am Rhein eine ganze Anzahl von Konzerten gegeben und war bei dieser Gelegenheit zum erstenmal nach Krefeld gekommen. Hier wird er mit einer selbst bei der damaligen Hochblüte seines Ansehens ungewöhnlichen Herzlichkeit aufgenommen und ist so entzückt von den hervorragenden künstlerischen Leistungen, die die kleine Stadt zustande bringt, daß er sich auch späterhin gerne dorthin einladen läßt. Hierzu trägt auch die Bekanntschaft mit dem feinsinnigen Rudolf von der Leyen bei, in dessen Haus Brahms bei seinen Krefelder Besuchen wohnt. Brahms empfindet für den Hausherrn sowie dessen Verwandte, die Familie von Beckerath, deren einzelne Mitglieder in verschiedenen Orten am Rhein wohnen, herzliche Freundschaft und liebt es, sich mit von der Leyen auch in Italien zu treffen, worüber ein Erinnerungsbuch des Freundes hübsch zu erzählen weiß.

Wie Krefeld wird auch die Stadt Schwerin nunmehr zu einem Mittelpunkt der Brahms-Pflege. Hier wirkt der Musikdirektor Alois Schmitt, den der Komponist nach der ersten Probe mit dem hingebungsvoll einstudierten Orchester mit dem freundschaftlichen „Du" anspricht. Von Schwerin reist er nach Königsberg, da ihn die Einladung des dortigen Kapellmeisters Stägemann belustigt[1]: „Es bleibt eine Frechheit, aber die Begierde ist stärker als die Bedenken. Würden Sie sich entschließen können, hier zu dirigieren? . . Ich druckse 2 Jahre an dieser Bitte und spreche sie mit der Empfindung aus, daß Sie mich möglicherweise für verrückt halten. Wir möchten Sie aber gar zu gerne einmal hier haben! ... Vielleicht überkommt Sie eine milde Regung und das nordische Königsberg, welches die ‚häßlichste‘ Stadt der Welt ist, reizt Ihre Neugierde.“

So vergehen die Monate in eifriger Konzerttätigkeit, und nachdem Brahms noch im Mai 1880 bei der feierlichen Enthüllung von Schumanns Grabmal als Dirigent mitgewirkt hat, ist es an der Zeit, sich nach einem geeigneten Landaufenthalt umzusehen. Pörtschach hat Brahms nun genügend ausgekostet; doch möchte er Österreich treu bleiben und so fällt seine Wahl auf einen Kurort im Salzkammergut, der als Sommerresidenz des Kaisers besondere Bedeutung besitzt. Es ist dies Bad Ischl, das in gewisser Hinsicht das österreichische Baden-Baden genannt werden kann, da sich auch hier die glänzendste Gesellschaft versammelt. Dies empfindet Brahms nicht als Nachteil und als Elisabeth von Herzogenberg ihn fragt: „Was aber bringt Sie nur nach Ischl, ist es denn da recht heimlich und hockt nicht halb Wien dort?“ antwortet er in etwas kriegerischem Ton: „Daß halb Wien hierher kommt, verdirbt mir's einstweilen nicht — mir ist ja das ganze Wien durchaus nicht zuwider! Ja, vor dem halben Berlin oder Leipzig würde ich wohl laufen. Das halbe Wien aber ist ganz hübsch und kann sich sehen lassen.“ Von einem Zusammentreffen des Meisters mit einem der vielen hier zur Kur weilenden gekrönten Häuptern erfahren wir nichts, wenngleich Brahms von ihrem Erscheinen Notiz nimmt. Einmal schreibt er vergnügt an Billroth[2]: „Gestern genau zur 12. Stunde kam mit unserem Kaiser Wilhelm das schönste Wetter.“

Umso lebhafter entwickelt sich der Verkehr mit den zahlreichen Wiener Künstlern und Gelehrten. Unter den Musikern bevorzugt Brahms den ausgezeichneten Pianisten Ignaz Brüll, der auch als Komponist mit seiner Oper „Das goldene Kreuz“ Lorbeeren errungen hat. Brüll widerfährt häufig die Ehre, Brahms' Orchesterwerke vor der Uraufführung mit dem Meister zusammen auf zwei Klavieren auszuprobieren. Auch besitzt er gute Französischkenntnisse, die Brahms so bestechen, daß dieser den Wunsch ausspricht, sich mit Brüll auf Spaziergängen in der französischen Konversation zu üben. Eingeweihte behaupten allerdings, daß hierbei zum Großteil französisch — geschwiegen wurde. Ein anderer ständiger Gast in Ischl ist Johann Strauß. Brahms hegt für die anmutige Muse des Wiener Walzerkönigs die größte Verehrung und bemüht sich schon seit Jahren um dessen Freundschaft. Strauß seinerseits hat wohl nicht volles Verständnis für die ihm so wesensfremde Kunst des Hamburgers, aber er fühlt, daß hier ein großer Künstler am Werke ist. So manche von Brahms bewahrten Einladungsbriefe, die Strauß mit den Worten „ihr aufrichtigster Verehrer und Bewunderer" unterzeichnet, zeigen denn auch eine sogar bei dem liebenswürdigen Wiener mehr als durchschnittliche Herzlichkeit. Und auch künstlerisch huldigt Strauß dem norddeutschen Meister, indem er ihm seinen Walzer „Seid umschlungen Millionen" widmet.

In Ischl ist Brahms ein regelmäßiger Gast in der prächtigen Villa des Walzerkönigs, und Strauß läßt sich nicht davon abhalten, ihn zu seinen großen Gesellschaften einzuladen, obwohl der ironische Freund den Hausherrn zuweilen in peinlichste Verlegenheit bringt, wenn er einen ihm nicht sympathischen Gast seine Abneigung schonungslos fühlen läßt. Die Stieftochter Johann Strauß', Frau Alice v. Meyszner-Strauß, erinnert sich noch heute mit Schrecken an einen solchen Vorfall, da der arme Komponist Moszkowski Brahms' Sarkasmen auskosten mußte. Gegen den Hausherrn selbst und dessen Familie aber ist Brahms stets von ausgesuchtester Liebenswürdigkeit. Als ihn Fräulein Alice Strauß um eine Eintragung auf ihren Autographenfächer bittet, schreibt er die ersten Takte des berühmten Strauß-Walzers „An der schönen blauen Donau" auf und dazu die Worte „leider nicht von Johannes Brahms". Und ein anderes Mal versucht er sogar eine Verbindung Strauß'scher und Brahms'scher Kunst, indem er auf die Rückseite einer Frau Adele Strauß gewidmeten Photographie den Beginn seiner IV. Symphonie und als Kontrapunkt dazu den Anfang des Donauwalzers notiert. Hätte er das Gefühl der Zusammengehörigkeit mit dem Wiener Walzerkönig in liebenswürdigerer Weise zum Ausdruck bringen können?

Auch mit den Einheimischen verschiedenster Berufe ist Brahms bald gut bekannt und, obwohl das in Ischl stets besonders launische Wetter sich gerade im Sommer 1880 von seiner schlechtesten Seite zeigt, ist er recht zufrieden. An Professor Engelmann schreibt er: „Dann sage nur noch, wie unrecht ich es finde, daß Sie unser schönes und liebes Österreich meiden . . Warum kommen Sie nicht alle hierher? 's ist doch eine andere Luft, ein andres Leben hier — was ist Alles noch anders!" Der Freund kommt der Aufforderung nicht nach, doch Brahms hat Gelegenheit, ihn sowie das Ehepaar Herzogenberg im September in Berchtesgaden zu treffen, wohin er sich zusammen mit Clara Schumann begibt, um ihren Geburtstag zu feiern. Ihnen spielt er die Frucht des Ischler Sommers vor, die vor allem in zwei kleineren Orchesterwerken besteht. Die „Akademische Festouvertüre" verdankt ihre Entstehung einem äußeren Anlaß. Im März 1879 hatte die Universität Breslau, dem Vorbild Cambridges folgend, Brahms das Ehrendoktorat der Philosophie verliehen. Der Komponist begnügte sich zunächst damit, hierfür — auf einer Postkarte zu danken. Als er jedoch von seinem Freund Bernhard Scholz, dem dortigen Musikdirektor, aufmerksam gemacht wird, daß man eher einen musikalischen Dank von ihm erwarte, schrieb er die „Akademische Festouvertüre", die auf einigen beliebten Studentenliedern aufgebaut ist. Als Gegenstück hierzu entstand ebenfalls in Ischl — unter Benützung älterer Skizzen — die „Tragische Ouvertüre". Clara findet beide Werke „prachtvoll" und freut sich an ihnen, sowie in gleichem Maße an Johannes' besonders guter freundlicher Stimmung.

In Berchtesgaden trifft Brahms auch Joachim, mit dem er schon während des Sommers eine Zusammenkunft vereinbart hatte. Äußerlich verfolgt er hierbei den Zweck, mit dem Künstler eine Bearbeitung seiner neuen ungarischen Tänze für Violine zu besprechen. Im Grunde aber will er dem Freunde nahe sein, weiß er doch, daß dieser Schweres durchzumachen hat. Die Ehe des großen Geigers hatte allmählich eine unglückliche Wendung genommen, da der Gatte unter einer fast krankhaften Eifersucht litt, die durch eine Lebensweise, wie sie Frau Joachim als Konzertsängerin naturgemäß führen mußte, immer neue Nahrung erhielt. Nun hatte sich der Konflikt zugespitzt, da Joachim einen gemeinsamen Freund, den als Verleger von Brahms' Werken verdienten Fritz Simrock, verdächtigte, und gerade in Ischl empfängt Brahms einen Brief Jussufs, der ihn „ernstlich traurig" stimmt. Er, der beide Gatten genau kennt, ist von der Unschuld der Frau völlig durchdrungen und bietet alles auf, um den alten Freund aus seinem unseligen Wahn zu reißen. Zunächst scheint es, als ob dies glücken würde. Doch als Brahms im Dezember des gleichen Jahres zu einer von Joachim geleiteten Aufführung des „Deutschen Requiem" nach Berlin reist, muß er sehen, daß sich alles wieder zum Schlechten gewendet hat, und nun fruchten alle seine Vermittlungsversuche nichts. Er empfindet tiefes Mitleid mit der schuldlos verdächtigten Frau und, nach Wien zurückgekehrt, richtet er im Dezember 1880 ein Schreiben an sie, das sowohl in der Wärme des Tones wie in der Ausdehnung eine Sonderstellung unter den Briefen des Meisters einnimmt. Dieses Schreiben sollte verhängnisvolle Folgen haben. Als es nämlich später zu einem Scheidungsprozeß zwischen dem Ehepaar kam, legte Frau Joachim als Beweis dafür, daß gemeinsame Freunde an ihre Unschuld glaubten, den Brief vor. Die Wirkung war außerordentlich. Der Richter schloß sich Brahms' Standpunkt an und sprach die Frau von jedem Verschulden frei. Joachim aber fühlte sich bis ins Innerste verwundet durch die Handlungsweise des Freundes, die er als Treulosigkeit ansehen mußte. Er konnte es nicht verwinden, daß Johannes ihm nach fast dreißigjähriger Freundschaft in einer so entscheidenden Sache in den Rücken fiel, und brach alle Beziehungen zu Brahms ab.

Ein Zufall hat mir das Schreiben zugänglich gemacht. Als nämlich Brahms erfuhr, welche Wirkung sein Brief, an dessen Inhalt er sich nicht mehr genau erinnerte, verursacht hatte, ersuchte er Frau Joachim um eine Abschrift. Sie wurde ihm von dem Bruder der Sängerin, Franz Schneeweiß, zugeschickt und befindet sich in den von Brahms hinterlassenen Briefen. Ein Auszug daraus soll im folgenden gegeben werden[3]:

„Liebe Frau Joachim!

Wenn Sie eine Ahnung hätten, wie sehr ich neulich in Berlin wünschte, mich Ihnen vertraulich und herzlichst auszusprechen und wie sehr es mich seitdem drängte, Ihnen so zu schreiben, dann würden Sie auch empfinden, wie mir Ihr Brief eine wahre Wohltat ist und dies Schreiben eine Art Befreiung. Mir ist Ihre Angelegenheit so lange bekannt, als sie existiert, und lassen Sie mich vor allem sagen: mit keinem Wort, mit keinem Gedanken habe ich je Ihrem Manne recht gegeben, d. h. selbstverständlich recht geben können. Wohl habe ich all die Zeit oft mit Teilnahme Ihrer gedacht, aber wie ganz erfüllt bin ich jetzt davon, wie möchte ich so gerne etwas tun, seit ich bei Ihnen war.

Doch leider — ich habe keinen Mut und kein Vertrauen mehr und einstweilen empfinde ich nur die Wohltat, Ihnen ein herzliches Wort sagen zu dürfen. Ich glaube nicht, daß irgend jemand Ihre Sache so klar und richtig einsehen kann wie ich. Das mag Ihnen fraglich erscheinen, trotzdem Sie wissen, daß meine Freundschaft älter ist als Ihre Ehe.

Immerhin aber mag Ihnen aufgefallen sein, daß ich trotz dreißigjähriger Freundschaft, trotz aller Liebe und Verehrung für Joachim, trotz aller künstlerischer Interessen, die mich fesseln sollten, doch so vorsichtig im Umgang mit ihm bin, so selten länger und vertraulich verkehre und gar nicht daran denke, in einer Stadt zu gemeinschaftlicher Tätigkeit mit ihm verbunden leben zu wollen. Jetzt brauche ich wohl kaum noch zu sagen, daß ich die unglückliche Charaktereigenschaft, mit der Joachim sich und andere so unverantwortlich quält, früher als Sie kannte. Freundschaft und Liebe will ich einfach und frei atmen wie die Luft. Ich gehe scheu aus dem Wege, kommt mir die schöne Empfindung compliziert und verkünstelt entgegen, soll sie gar unterhalten und gesteigert werden durch krankhafte peinliche Aufregung.

Unnütze durch Einbildung hervorgerufene Szenen sind mir ein Greuel. Auch in der Freundschaft ist eine halbe Scheidung traurig, sie ist aber doch möglich. Und habe ich bei Joachim durch meine Vorsicht auch nur einen kleinen Teil gerettet; ohne sie hätte ich längst nichts mehr.

Liebe Freundin, nach diesem brauche ich Ihnen nicht noch im Einzelnen von dem Sie schreiben, ... recht zu geben. Durch das trostlose Hin- und Hergrübeln Joachims wird das Einfachste so aufgebauscht, so weitläufig, daß man nicht weiß anzufangen und fertigzuwerden ...

Ich will Ihnen also nur ausdrücklich und deutlich sagen, wie ich es Joachim schon unzählig oft tat, daß er, meiner Einsicht und Meinung nach, Ihnen und Simrock schwerstes Unrecht getan und daß ich auch nur wünschen kann, er möge von seinen falschen und entsetzlichen Einbildungen lassen.

Ihre Liebe dagegen möge so groß sein, daß sie alles Vorgefallene vergessen kann, seine Nachgiebigkeit und Simrocks guter Wille aber so groß sein, daß ein erträgliches Verhältnis zwischen den beiden Männern statthaben kann. Denn in diesem innigst zu wünschenden Falle müßte doch Joachim einen Irrtum seinerseits zugeben und könnte alsdann nicht verlangen, daß Sie und Simrock dafür büßen ...

Sie sehen aus dem langen Schreiben, wie vergebens ich versuche, mir genug zu tun.

Empfänden Sie nur einen kleinen Teil der Herzlichkeit (ich schäme mich nicht der Rührung) mit der ich an Sie denke und schreibe, und könnte ich doch von ihm so wünschen und an ihn so schreiben! Aber es ist schwer, ihm gegenüber nicht bitter zu sein und leider auch nicht zu hoffen, daß er Gutgemeintes nicht bitter und gar falsch empfinde.

Glauben Sie denn, daß Sie an mir einen ernsten, treuen Freund haben. Verfügen Sie über mich, wie und wann Sie glauben, daß ich Ihnen nützen kann. Leider, Sie sehen, ich habe wenig Hoffnung, es zu können. Von ganzem Herzen Ihnen ergeben

J. Br."

Auf Frau Joachims Anfrage, ob er ihr gestatten wolle, diesen Brief gegebenen Falles zu verwerten, antwortet Brahms[4]: „Ich habe Ihnen keine eigenen Geheimnisse anvertraut. Was ich Ihnen sage, kann mein Brief und ich selbst jedem wiederholen, dem Sie es gesagt wünschen." Hiebei ist es dem jeder Öffentlichkeit so abholden Meister gewiß nicht in den Sinn gekommen, daß die Freundin eine öffentliche Gerichtsverhandlung im Auge habe.

In vielfacher Hinsicht vermittelt Brahms' langer Brief auch tiefe Einblicke in des Meisters Beziehung zu seinen Freunden. Er zeigt klar, daß es Joachims „unglückliche Charaktereigenschaft“, das heißt seine Eifersucht in menschlichen wie auch künstlerischen Dingen war, die es Brahms unmöglich machte, mit dem Freund an einem Ort zu leben und etwa die Stelle in Berlin anzunehmen. Darüber hinaus werfen Brahms' Äußerungen auch ein Licht auf seine Beziehungen zu anderen Personen. Oft mögen sich Szenen ereignet haben, die Brahms als „unnütz und durch Einbildung hervorgerufen“ erschienen, während der betreffende Freund — sei es nun Levi, Joachim, Clara Schumann oder andere — sie zur Klärung der ihm so sehr am Herzen liegenden Beziehung zu dem oft schwer zu behandelnden Meister als unerläßlich empfand. Brahms waren sie stets ein „Greuel“, dem er auswich, so weit es anging, und wenn sich solch „krankhafte peinliche Aufregung“ nicht vermeiden ließ, gab er lieber den Verkehr mit einem Freund auf, als derart unerquickliche Auseinandersetzungen hinzunehmen.

Levi und Joachim, die beiden verständnisvollsten Künstlerfreunde, sind Brahms nun verloren gegangen. Bald darauf entreißt ihm das Schicksal noch einen andern alten Weggenossen, dem Brahms trotz seiner äußerlich kühlen Art stets in unverminderter Treue zugetan war. Im Sommer des Jahres 1882 erkrankt der Beethoven-Forscher Gustav Nottebohm an einem Lungenleiden und nach einer mißglückten Kur in Gleichenberg vermag er die Heimreise nach Wien nicht mehr zu Ende zu führen, sondern bleibt schwer krank in Graz liegen. In seiner furchtbaren Lage weiß der einsame Junggeselle nur zwei Menschen, die ihm wirklich zugetan sind: C. F. Pohl und Brahms. Täglich gehen nun Berichte zwischen ihm und den beiden Freunden hin und her und es scheint, daß Brahms für diesmal seine Schreibfaulheit gründlich überwunden und Nottebohm durch beruhigende Briefe, in denen er ihm eine Reise nach Italien in Aussicht stellt, aufgemuntert hat. Doch die Nachrichten aus Graz werden immer düsterer und schließlich diktiert Nottebohm seiner Pflegerin die folgenden Zeilen an Brahms[5]: „Mir geht es schlechter und schlechter. Ich weiß nicht, was aus mir werden soll. Immer matt und immer matt. Einen Entschluß kann ich nicht fassen. Ich werde wohl in Graz liegen bleiben und dann? Kann ich es wissen? Ich brauche Hilfe und Kraft. Ich bin zu müde, um auch an Pohl zu schreiben.“ Da reist Brahms an das Sterbelager des alten Freundes; er verbringt die letzten Tage mit ihm und übernimmt nach Nottebohms Tod die Besorgung sowie auch die Kosten der Beerdigung des mittellos verstorbenen Gelehrten.

Muß Brahms damals auch manch schweren menschlichen Verlust beklagen, so erlebt er doch auch wieder um die gleiche Zeit das Aufblühen einer neuen, höchst bedeutsamen Beziehung. Hans v. Bülow, früher ein glühender Wagner-Apostel, hat sich von dem Kreis um den Bayreuther Meister abgewandt; denn er vermag die schwere Enttäuschung nicht zu verwinden, die er erlitt, als seine Gattin Cosima ihn verließ, um seinen besten Freund Wagner zu heiraten. Nun befaßt sich der geniale Pianist und Dirigent mehr und mehr mit Brahms' Werken, die ihm früher kalt und trocken erschienen waren, und mit wachsender Anteilnahme und Bewunderung verfolgt er die Entwicklung des Künstlers. Bereits 1877 waren die beiden Musiker in Verbindung getreten, als Bülow Brahms' I. Symphonie in Hannover und sodann in Glasgow zur ersten Aufführung brachte.

Wie wichtig dem Meister damals das Eintreten des Dirigenten für sein Werk war, geht aus seinem an Bülow gerichteten Brief[6] hervor, in dem sich die für Brahms außergewöhnlich liebenswürdigen Worte finden: „Ich wünsche nur, Sie verlören dann bei näherer Bekanntschaft (mit der Symphonie) nicht zu viel von der herzlichen Teilnahme, die mich so sehr erfreute.“ — Seit 1880 ist Bülow Musikdirektor des kleinen, aber kulturell hochbedeutsamen Fürstenhofs in Meiningen. Er huldigt dem Grundsatz, daß es in der Kunst nichts Belangloses gäbe und die kleinste Kleinigkeit von Wichtigkeit sei. Demzufolge führt er ein früher nicht dagewesenes Detailstudium mit Einzelgruppen des Orchesters durch und erzielt damit Musteraufführungen von richtunggebender Bedeutung. Eine Berliner Zeitung beschreibt etwa den Eindruck eines Konzertes des Meininger Orchesters mit den Worten: „Es ist als sei das geistige Auge plötzlich mit einem Fernglas versehen, durch das eine im Nebel liegende großartige Landschaft bis in die kleinsten Teile vollkommen erkennbar würde."

Als Bülow im Frühjahr 1881 gelegentlich seiner Wiener Klavierabende Brahms von seinen Reformen erzählt, ist dieser im höchsten Grade gefesselt und der impulsive Dirigent fühlt sich dadurch veranlaßt, ihm sein Orchester für Probevorführungen neuer Werke zur Verfügung zu stellen. Es dauert nicht lange, bis Brahms von diesem Anerbieten tatsächlich Gebrauch macht. Er hat im Sommer 1881 in dem nahe von Wien gelegenen freundlichen Preßbaum ein neues großes Werk, das Klavierkonzert in B-dur, vollendet und meldet sich damit bei Bülow für den Oktober an.* Dieser ist zunächst nicht ganz angenehm berührt, da es gerade damals mit dem Orchester nicht zum besten steht, doch läßt er Brahms hiervon nichts merken und bittet ihn nur, in „seinen Reisekoffer seinen ganzen Vorrat an Wohlwollen und Nachsicht einzupacken." Dann aber geht alles prächtig und das eigentliche Konzert am 27. Oktober 1881 hat einen außerordentlichen Erfolg. Bülow ist ebenso begeistert von der neuen Komposition wie von Brahms' pianistischer Leistung; er stellt sich nun mit leidenschaftlichem Ungestüm in den Dienst der Werke des Freundes und all die Hingabe, die er früher Wagner bewiesen hat, gehört fortan Brahms. Mit seinem herrlichen Orchester veranstaltet er große Konzertreisen, die in erster Linie die Verbreitung von Brahms' Werken zum Ziel haben und auch als Pianist setzt sich Bülow unermüdlich für die Kompositionen ein. Er, der ja schon vor 30 Jahren als erster ein Klavierstück des Hamburger Meisters öffentlich gespielt hatte, veranstaltet

* Vorher fand das übliche Probespiel mit Brüll statt, wie aus einer Karte des Meisters an den Freund hervorgeht[7]: „Würde es Ihnen wohl passen Donnerstag 7½ Uhr Abends bei Ehrbar (Wiener Klavierbauer) das lange Schrecknis zu wiederholen? Unsere Opfer sind Billroth und Hanslick."

nun ganze Brahms-Abende. In Wien findet ein solcher am 2. Februar 1882 statt, und unter den Zuhörern sitzt ein seltener Gast bei Brahms-Konzerten: Franz Liszt. Durch Bülow (Liszts ehemaligen Schwiegersohn) hatte sich wieder eine Beziehung zwischen den beiden so andersgearteten Künstlern ergeben und Liszt hatte sogar in höflicher Weise um Zusendung des neuen Klavierkonzertes ersucht. Natürlich erfüllt Brahms diesen Wunsch und das Dankschreiben des greisen Pianisten ist so bezeichnend, daß es hier wiedergegeben werden möge.[8]

„Hochgeehrter Meister. Die Verspätung meines Dankes für die freundliche Zusendung Ihres Konzertes bitte ich zu entschuldigen. Offen gesagt, beim ersten Lesen dieses Werkes schien es mir etwas graufarbig; doch bin ich allmälig ins Klare und Helle gekommen. Es besitzt den prägnanten Charakter eines ausgezeichneten Kunstwerkes, wo Gedanken und Empfindungen sich im edlen Gleichmaß bewegen. Mit aufrichtiger Hochschätzung ergebenst F. Liszt"

Brahms wird dieses im Grunde eher ablehnende Urteil gewiß nicht weiter berührt haben, feiert er doch gerade damals ungeahnte Triumphe. Er weiß, daß er dies zum großen Teil Bülows feurigem Eintreten für sein Werk verdankt und, obwohl ihn die Neigung des neuen Freundes zu jähem Stimmungswechsel zuweilen fremd berührt, muß er doch dessen geniales Künstlertum und vornehmen, gütigen Charakter aufrichtig bewundern. Wenn Bülow eine seiner berüchtigten Kampfreden vor dem Konzert hält, ist dies Brahms gewiß nicht angenehm; er kann aber nur Freude empfinden, wenn darauf eine restlos geglückte Aufführung der „X." oder „XI." folgt (so liebt es Bülow, die I. und II. Symphonie des Meisters zu bezeichnen, um ihre Zusammengehörigkeit mit den neun Beethoven-Symphonien zum Ausdruck zu bringen).

Die Frage, ob die Tätigkeit, die Bülow für Brahms entfaltet, sich für den Meister immer nur vorteilhaft ausgewirkt hat, kann allerdings nicht unbedingt bejaht werden. Der streitbare Dirigent hat auch unter seinen Fachgenossen viele Widersacher und manche der älteren Brahms-Anhänger sind mit dem neuen Freundschaftsbund gar nicht zufrieden; bezeichnend ist etwa die gehässige Art, wie Hiller sich darüber ausspricht[9]: „Es hat niemanden gewundert, daß Du Dein Konzert in M(einingen) probierst — nur die Nachricht, daß Du in den *herumziehenden* Bülow-Konzerten spielen würdest, hat manchen in Verwunderung gesetzt. Diese selbst sind ja auch nichts als ein Ausfluß der Streitlust des Herrn Baron, der uns allen zeigen möchte wie man Beethoven *dirigieren* muß. Schade nur, daß er ihn so trocken, langweilig, gemüt- und phantasielos *spielt* ..." Auch Clara findet zunächst Brahms' Beteiligung an den Meininger Konzertreisen seiner hohen Stellung in der Kunst nicht würdig. Als sie jedoch Zeuge der Triumphe ist, die ihr Johannes nun erringt, ist sie doch „erfreut und beglückt". Bülows Leben aber hat durch seine Tätigkeit für Brahms, den er nach Bach und Beethoven für den größten, erhabensten unter allen Tondichtern hält, neuen Inhalt bekommen. Für ihn hat das Dasein nur Sinn, wenn er sich für eine große Sache opfern darf, und daher ist es keineswegs übertrieben, wenn er behauptet, Brahms' Musik mache „ihn wieder an Leib und Seele gesund".

Als ihm Brahms einmal einige ihnen beiden zugedachte böswillige Kritiken lediglich zur Ergötzung einschickt, gesteht er seine Schwäche, sich über derartiges zu grämen, und fährt fort: „Jeder auch noch so abprallende Hieb gegen Dich ist ein Stich in mein Herz. Ja! Sieh — wenn Dich Frau und Herr von Herzogenberg ... mit vielleicht noch größerer Intelligenz bewundern, mit innigerer Liebe zu Dir können sie nicht aufwarten ... Weißt Du — schilt nicht auf Überhebung: das latente Feuer in Deinen Werken zu einem patenten (offenkundigen) zu machen, ist die Lieblingsaufgabe ... Deines allergetreuesten Taktsteckens." Brahms antwortet darauf[10]: „Damit meine heutige Sendung nicht wieder ganz ohne ein Wort kommt (wie es der Schreibfaule nur zu häufig tat), sage ich nachträglich, daß sie nur ein Zeichen sein soll, wie sehr mich Deine letzten lieben guten und schönen Worte erfreut haben. Sie sind mir so ernsthaft und freundlich ins Herz gegangen, daß ich mich auch nicht entschließe, Dir weiteren Speidel (ein Wiener Kritiker, der Brahms und Bülow heftig angriff) zu schicken . . In aller Liebe Dein J. Br." Bezeichnend für Bülows Verhältnis zu Brahms ist auch ein kleines Briefchen von Daniela von Bülow, das sich in Brahms' Nachlaß findet. Daniela, eine Tochter aus Cosima Wagners erster Ehe, lebt mit der Mutter im Hause Wagner und gehört zu den begeistertsten Verehrerinnen ihres Stiefvaters. Als jedoch Bülow 1882 an einem Nervenleiden erkrankt, bringt sie es über sich, an den im Hause Wahnfrid alles eher denn gut angeschriebenen Brahms einen Brief[11] zu schreiben, mit der Bitte, ihren Vater zu besuchen. Zur Begründung führt sie an: „Ich kenne die Verehrung und Zuneigung, die er für Sie hat und weiß, daß ihm jetzt ganz besonders Ihre Gegenwart von wohltuender Bedeutsamkeit sein würde."

Die Freundschaft zwischen den beiden Künstlern hat zur Folge, daß Brahms auch in herzliche Beziehungen zu dem Herzogshaus in Meiningen tritt. Sowohl Herzog Georg II. wie seine Gattin, die feinsinnige Helene von Heldburg, sind ausgezeichnete Musikkenner, die die Ehre, einen Brahms als Gast begrüßen zu dürfen, voll würdigen. Sie tun, was in ihren Kräften steht, um dem Künstler den Aufenthalt in der Residenz angenehm zu gestalten. Schon bei seinem ersten Besuch erhält Brahms das Komturkreuz, dem später, nach einem besonders glanzvollen Konzert, noch der Stern des Meiningenschen Hausordens folgt. Vor allem aber muß sich Brahms an diesem Hofe nicht wie seinerzeit in Detmold von Forderungen der Etikette beengt fühlen. Er verkehrt mit dem Herzogspaar in durchaus ungezwungener Weise und der Aufenthalt im Schloß unterscheidet sich von Besuchen bei anderen Freunden nur dadurch, daß noch mehr als anderswo auf seine Bequemlichkeit Rücksicht genommen wird. Auch geistig bieten die Meininger Tage eine Fülle von Anregung. Brahms genießt Prachtaufführungen des berühmten Theaters und dankt seinen Gastgebern durch wunderbares Musizieren in kleinstem Kreise. Die Besuche in der kleinen Residenz werden allmählich zu einer festen Einrichtung, an der Brahms selbst noch zu einer Zeit festhält, da Bülow nicht mehr in Meiningen wirkt.

Auch nach außen hin ist Brahms bestrebt, seine freundschaftliche Gesinnung für Herzog Georg II. zu bekunden, und er widmet ihm sein neuestes Werk, das „Parzenlied". Dieses entsteht 1882 in Ischl, wo Brahms wieder den Sommer verbringt. Die Komposition ist in ihrer ganzen geistigen Haltung wohl ebenso von italienischen Eindrücken befruchtet — Brahms hat im Frühjahr 1881 seine, besonders geglückte, zweite Italienreise unternommen — wie die 1881 in Preßbaum vollendete und in Erinnerung an den verstorbenen Maler A. Feuerbach (s. S. 102) komponierte „Nänie". Beide Chorwerke erleben ihre erste Aufführung in der Schweiz, für deren Chorvereinigungen Brahms besondere Achtung hegt. Die „Nänie" erklingt in Zürich am 6. Dezember 1881 und gerade ein Jahr später, am 10. Dezember 1882, das „Parzenlied" in Basel.

Dem Ischler Aufenthalt 1882 verdankt Brahms auch die Vollendung zweier bedeutsamer Kammermusikwerke; des zweiten Klaviertrios op. 87 in C-dur, sowie des strahlend heiteren ersten Streichquintettes op. 88 in F-dur. Kalbecks Vermutung, daß das Werk unter dem Eindruck der Verlobung des Freundes Ignaz Brüll entstanden sei, beruht nicht auf Richtigkeit, da sich Brüll — laut Brahms' Mitteilung an Billroth [12] — erst am 29. August verlobte, während das Quintett schon Ende Juni fertig vorlag. Wohl aber mag Brülls freundliche Muse einen gewissen Einfluß auf das Werk ausgeübt haben, da Brahms sein „Frühlingsprodukt" Billroth mit den humoristischen Worten [13] ankündigt: „Von Brüll oder mir — wir arbeiten gemeinschaftlich und zum Verwechseln."

Obwohl Brahms mit dem Ergebnis des Ischler Aufenthaltes zufrieden sein kann, richtet er im Sommer 1883 seine Schritte doch wieder nach Deutschland. In Ischl herrscht darob große Trauer, wie ein Brief [14] der Besitzerin des Café Walter, in dem Brahms Stammgast ist, beweist: „Im Namen der trauernden Esplanade (Hauptpromenade in Ischl), sowie unserer Wenigkeit erlaube ich mir anzufragen, ob Sie uns denn heuer nicht mit Ihrem Besuch beehren. Obwohl Ihr treuer Begleiter (Ignaz Brüll) sich ins Ehejoch begeben, so würde ich doch Sorge tragen, daß Sie guten Kapuziner und viele Zeitungen bekommen würden. Die Blumenmädchen würden sich auch sehr freuen, wenn sie den übrigen Zucker bekommen, kurz es würde alles aufgeboten, um Sie zufrieden zu stellen. Herr Ignaz Brüll hat mir sogar versprochen, wenn Sie kommen, würde er, auch sein Schwager, bei mir wohnen wollen, um jeden Tag eine Stunde wieder Garçon zu werden."

Auch die Wiener Freunde haben sich gewiß den Bitten Frau Walters lebthaft angeschlossen. Brahms aber läßt sich nicht erweichen, wird seinem 6 Jahre hindurch geübten Grundsatz, den Sommer in Österreich zu verbringen, untreu und begibt sich nach Wiesbaden. Verschiedene Gründe mögen ihn hierzu bewogen haben. In Wiesbaden leben die guten Freunde, Alwin und Laura von Beckerath, in deren Gesellschaft er sich sehr wohl fühlt. Auch die Gegend hat ihm stets gut gefallen.

Im Sommer 1883 zieht ihn jedoch noch ein ganz besonderer Magnet nach Wiesbaden; denn hier wohnt die junge Sängerin Hermine Spies. Brahms hat sie im Januar 1883 in Krefeld nach einer besonders schönen Aufführung des „Parzenliedes" bei von der Leyen kennen gelernt. Hermine ist damals noch kaum der Lehrzeit bei Stockhausen entwachsen; dennoch ist es für den Kenner unzweifelhaft, daß hier ein ganz großes Talent heranreift. An rein stimmlichen Fähigkeiten nimmt es die junge Altistin mit den berühmtesten Vertreterinnen ihres Faches auf, an lebendigem, temperamentvollem Vortrag übertrifft sie sogar die meisten; so vielfältig ist das Register der Stimmungen, die sie meistert, daß erfahrene Theaterleute ihr nahelegen, sich der Bühnenlaufbahn zu widmen. Hermine denkt jedoch nicht daran; ihr genügt es, die Sängerin des deutschen Liedes zu sein. Diesem Ziel widmet sie ihre ganze jugendliche Begeisterungsfähigkeit und, lange bevor sie Brahms persönlich kennt, stehen seine Lieder ihrem Herzen besonders nahe. Kein Wunder, daß der fünfzigjährige Meister von dem auch äußerlich besonders anziehenden jungen Mädchen einen starken Eindruck empfängt, der sich im Verlaufe des Wiesbadner Sommers bei gemeinsamem Musizieren noch vertieft. Ein Kritiker hat Herminens Zauber in die kurzen Worte gefaßt: „Eine ernste Stimme und ein lustiges Mädchen." Hermine ist ein rechtes Naturkind, voll frischen Humors. Die Ehrfurcht und Scheu, die sie wohl genau so wie die meisten jungen Mädchen dem großen Meister entgegenbringt, versteht sie geschickt hinter unbefangener Freundlichkeit zu verbergen. Brahms kann bei ihr — vielleicht mehr als je zuvor bei einer Frau — Verständnis für seine Neckereien und Bosheiten finden, auf die sie auch treffend zu antworten versteht. Er ist denn auch vollkommen hingerissen von der „hübschen, lustigen Rheinländerin". Mit tiefster Anteilnahme verfolgt er in den nächsten Jahren den glänzenden Aufstieg der Künstlerin und trachtet auch seinerseits, sie soweit als möglich zu fördern. Sie wird seine Lieblingsinterpretin für die Altrhapsodie, er führt sie im Wiener Konzertleben auf die glänzendste Weise ein und schickt ihr manches Lied im Manuskript.

Viele Gesänge dieser Zeit, vor allem die in op. 96 und 97 vereinigten Stücke, zeigen eine solche Innigkeit des Fühlens, daß Billroth, der gute Menschen- und Musikkenner, Brahms darüber schreibt: „Sind (die Lieder) wirklich neu, so hast Du einen so kräftigen, gesunden Johannistrieb, wie es Deiner unverwüstlichen, gesunden Natur entspricht. Mir scheint, es steckt etwas dahinter. Um so besser; man wählt solche Texte und macht solche Lieder nicht, um eben wieder einmal aus Gewohnheit zu komponieren."

Ob Brahms wirklich an eine Verbindung mit Hermine — was man nach der Mitteilung von Elise Brahms [15] in Hamburg schon als feststehende Tatsache ansah — gedacht hat, muß jedem, der die Wesensart des Meisters genauer kennt, recht zweifelhaft erscheinen. Sicher ist nur, daß er vom Sommer 1883 an durch die folgenden Jahre stets Gelegenheit sucht, mit „seinem Herminchen" zusammen zu sein, daß er in ihrer Gegenwart besonders vergnügt und aufgeschlossen ist und in ihr mehr als nur die Künstlerin liebt. Im Grunde aber hat er längst erkannt, daß die von ihm gewählte Lebensform die ihm einzig gemäße ist, und ist wohl ohne sonderliche innere Konflikte zum Verzicht gelangt. Hermine ihrerseits, die wohl merkt, was Brahms für sie empfindet, betont wiederholt in Briefen, daß sie nie an eine festere Bindung gedacht habe. Doch gibt sie unumwunden ihre „Johannespassion" zu und noch im Juli 1887, als der Höhepunkt der Freundschaft bereits überschritten ist, schreibt sie über den Vierundfünfzigjährigen begeistert an den gemeinsamen Freund Klaus Groth (in dessen neu herausgegebenen Erinnerungen mehrere Briefe Herminens über Brahms abgedruckt sind): „*Das* ist ein Kerl, der Brahms. Ich war wieder ganz überwältigt, begeistert, hingerissen, kopflos. Und lieb war er! In recht sommerlicher, heiterer, junger Stimmung! Der ist ewig jung."

Brahms' Liebe zu Hermine kommt nicht nur in schönen Liedern zum Ausdruck. Sie wirkt belebend auf seine ganze Schaffenstätigkeit, und es mag mehr sein als ein bloßer Zufall, daß gerade in den nächsten Jahren eine Fülle herrlichster Werke entsteht. Schon der in Wiesbaden verbrachte Sommer 1883 ist von größter Bedeutsamkeit; denn in dem wunderbar gelegenen Atelier, das Brahms hier hoch über der Stadt bewohnt, entsteht die III. Symphonie.

Dieses Werk bietet dem Komponisten den schon lang herbeigewünschten Anlaß, wieder mit Joachim in Verbindung zu treten. Nachdem beim Koblenzer Musikfest des gleichen Jahres eine Aussprache mit dem alten Freund vorangegangen war, wendet sich Brahms nun an ihn mit der Frage, ob er sich für die Berliner Erstaufführung der neuen Symphonie interessiere. Natürlich nimmt Joachim, dessen Verehrung für den Komponisten Brahms durch das Zerwürfnis gar nicht berührt wurde, die „gebotene Hand" an und Brahms hat darüber die „größte, ernsteste Freude". Vor Berlin wird die Symphonie jedoch am 2. Dezember 1883 unter Hans Richters Leitung durch das Philharmonische Orchester in Wien zur Uraufführung gebracht und erringt hier einen durchaus nicht eindeutigen Erfolg. In Österreichs Hauptstadt hat sich nämlich die Partei der Anhänger Wagners und Bruckners zu einem energischen Vorstoß gegen Brahms gerüstet, dem sie sein stets steigendes Ansehen nicht verzeihen können; dies umso mehr, als sie ihn — ganz unberechtigterweise — verantwortlich machen für die scharfen Angriffe, die ihre Partei durch Brahms' Freund, den gefürchteten Kritiker Hanslick, erfährt. Als hitzigster Widersacher tritt ein junger steiermärkischer Kritiker auf, dessen maßlose Angriffe im „Salonblatt" nur Brahms' Sinn für Humor befriedigen. Es ist dies Hugo Wolf, dessen Kompositionen damals noch völlig unbeachtet sind. Er nennt etwa Brahms' Symphonien „ekelhaft schale, im Grunde der Seele verlogene und verdrehte Leimsiedereien" und fügt hinzu: „In einem einzigen Beckenschlage aus einem Liszt'schen Werke drückt sich mehr Geist und Empfindung aus, als in allen Brahms'schen drei Symphonien (die vierte war noch nicht komponiert) und seinen Serenaden obendrein."

Trotz aller Bemühungen aber gelingt es den Wagnerianern doch nicht, die III. Symphonie zu Fall zu bringen. War schon in Wien die Mehrzahl des Publikums durchaus auf Brahms' Seite, so beweisen die nachfolgenden Aufführungen in anderen Städten — in Berlin allein finden knapp hintereinander drei Wiedergaben des Werkes statt —, welch tiefen Widerhall die herrliche Komposition allenthalben findet. Besonders schön ist die Aufführung in Meiningen, wo Bülow das Werk in einem Konzert zweimal hintereinander spielen läßt. Der Ruhm der III. Symphonie dringt sogar in das Brahms noch recht kühl gegenüberstehende Frankreich und Benjamin Godard[16] lädt — allerdings vergeblich — den Komponisten ein, das Werk in der Société des Concerts Modernes zu dirigieren.

Bald nach den ersten Aufführungen der III. Symphonie erreicht Brahms eine neuerliche Berufung nach Köln. Der greise Ferdinand Hiller schreibt ihm im Frühjahr 1884[17]: „Lieber Freund, Du errätst den Inhalt dieser Zeilen. Als ich Düsseldorf verließ, vor 34 Jahren, schrieb ich an Schumann — heute bitte ich Dich, hier mein Nachfolger sein zu wollen. Egoistisch ist mein Wunsch wirklich nicht, denn glänzen werde ich nicht dadurch. Aber ich liebe meine kölnischen Institute und ich möchte sie zunehmen sehen an Tüchtigkeit und sagen wir an Glanz. Manche Deiner Einwendungen glaube ich im voraus vernichten zu können. Köln ist kein schöner Aufenthalt — aber doch nicht zu groß, nicht zu klein ... Im Allgemeinen sind die Kölner nette Kerle und Dir gegenüber werden sie es erst recht sein, werden sich stolz fühlen, einen solchen Direktor zu haben. Urlaub wird man Dir geben, so viel Du willst ... Lehne also wenigstens nicht von vornherein ab — ich bin sicher, man wird Deinen Forderungen nachkommen, so weit als irgend möglich ... Und so gebe ich mich der Hoffnung hin, nachdem ich so manches für die hiesigen Verhältnisse getan, das Beste dafür zu tun, indem ich Dich, soweit es in meinen Kräften steht, ermuntere, ‚städtischer Kapellmeister' hier zu werden."

Brahms erhält auch einen offiziellen Antrag, worin ihm ein Jahresgehalt von 12 000 Mark, also doppelt soviel, wie acht Jahre zuvor in Düsseldorf, geboten wird. Wie nicht anders zu erwarten, lehnt er jedoch glattwegs ab und in seiner offiziellen Antwort kann er sich die Worte nicht versagen: „Wie sehr habe ich mir früher solche Tätigkeit gewünscht, die nicht nur dem schaffenden Künstler wünschenswert, ja nötig ist, sondern die ihm auch als Menschen erst die rechte, richtige Existenz ermöglicht. So denke ich etwa an meine Vaterstadt Hamburg, wo seit der Zeit, daß ich meine, mitzählen zu dürfen, mehrere Male — mein Name gar nicht in Betracht kam." In Köln versteht man seine Beweggründe, und als er für das Amt den in Dresden wirkenden, von ihm stets hochgeschätzten Franz Wüllner vorschlägt, wird dieser Anregung entsprochen.

Nach einer Reihe erfolgreicher Konzerte kann Brahms an seine Ferien denken. Er verbringt zunächst genußreiche Tage in der zauberhaft schönen Villa Carlotta des Herzogs von Meiningen am Comosee und wählt sodann für seinen Sommeraufenthalt das steirische Städtchen Mürzzuschlag, das er vor 17 Jahren auf der denkwürdigen Gebirgswanderung mit dem geliebten Vater kennen gelernt hatte. Wieder sind die Ischler Sommergäste darob äußerst gekränkt und Ignaz Brüll schreibt[18] ihm vorwurfsvoll: „Ja, was ist der Mensch! Er gedenkt sich eine Sommerwohnung in Ischl zu nehmen und wacht eines Morgens in Mürzzuschlag auf! Ich hatte mich schon sehr gefreut auf gemeinsame Spaziergänge, in denen ich die himmlische Ruhe ... durch keinen Laut gestört hätte, weder durch einen deutschen noch französischen, auf gemütliche Kaffeestündchen und manches andere — am meisten auf neues Vierhändiges und nun wird alles zu Wasser (daher der viele Regen!)."

Brahms aber, der den anderen Ort wohl aus dem Bedürfnis nach neuen Eindrücken und vielleicht auch aus Angst vor dem in Ischl häufigen Regenwetter gewählt hat, wird seinerseits die Ischler Gefährten weniger vermißt haben, da er auch in Mürzzuschlag sehr angenehmen Verkehr hat und außerdem zahlreiche Besuche von auswärts empfängt. Unter den Wiener Sommergästen ist vor allem die Familie Fellinger hervorzuheben. Seit einiger Zeit gehören Richard Fellinger, Direktor des bedeutenden Industrieunternehmens Siemens & Halske, und seine hochbegabte Frau Maria (der wir ausgezeichnete Brahms-Photographien sowie Porträts und Büsten des Meisters verdanken) zu Brahms' vertrautesten Wiener Freunden. Die feinfühlige, taktvolle Art des Ehepaares Fellinger, das sich bemüht, dem Künstler jeden Wunsch von den Augen abzulesen, und sich dabei nie vordrängt, tut dem alternden einsamen Junggesellen besonders wohl. Mit Vorliebe lädt sich der Komponist bei Fellingers für den Sonntag zu Gast, da er hier stets auf seine Lieblingsgerichte rechnen darf; auch sonst läßt sich Brahms nicht ungern durch die liebevolle Fürsorge der Freunde verwöhnen. Frau Fellinger strickt ihm Strümpfe, wie seinerzeit seine Mutter, näht ihm Kravatten, wie er sie gerne trägt, und Herr Fellinger erfreut den hochbegeisterten Brahms eines Tages mit der Einführung von elektrischem Licht in seiner Wohnung.

Nach Mürzzuschlag kommt auch Clara Schumann zu Besuch und manch guter Wiener Freund entschließt sich zu einem Ausflug in den von der Hauptstadt nicht allzuweit entfernten hübschen Ort. Billroth spricht vor, Hanslick, Epstein, der spätere Brahms-Biograph Kalbeck. Auf Simrocks Wunsch erscheint sogar ein Maler aus Berlin, um den Meister zu porträtieren; Brahms lehnt dies jedoch nach seiner Art mit Entschiedenheit ab, und der Künstler muß unverrichteter Dinge abziehen. Trotz so vieler gesellschaftlicher Abhaltungen macht das neue große Werk, welches Brahms nun beschäftigt, die gewaltige IV. Symphonie, im Sommer 1884 so gute Fortschritte, daß Brahms mit Mürzzuschlag sehr zufrieden ist und auch 1885 daselbst seinen Sommersitz aufschlägt, um die Komposition zu vollenden. Als die Symphonie fertig vorliegt, muß der Komponist sich sagen, daß er hier etwas äußerst Ungewöhnliches geschaffen hat, und die ersten Eindrücke seiner Freunde — sogar der so verständnisvollen Elisabeth von Herzogenberg — beweisen ihm, daß er nicht ganz verstanden wird.

Umso wichtiger erscheint es ihm daher, die Symphonie „hübsch und behaglich" in Meiningen zu probieren. Er richtet eine diesbezügliche Anfrage an Bülow und eine Bemerkung in diesem Schreiben [19] zeigt, daß Brahms selbst zu der Symphonie Vertrauen hat: „für rheinische oder holländische Städte, wo meine anderen Sachen genug und gerne gehört sind, wäre die neue Symphonie möglicherweise eine ganz gute Nummer und wie lustig, führe ich was mit herum als überschüssiger Kapellmeister oder Publikum!" Bülow sagt natürlich zu und Brahms trifft in Meiningen rechtzeitig ein, um auch die erste Aufführung der f-moll-Symphonie des jungen Richard Strauß zu hören, für dessen Schaffen er sich interessiert, seit Strauß [20] ihm auf Bülows Veranlassung seine Suite op. 4 geschickt hatte. Brahms spricht sich, wie es jungen Komponisten gegenüber immer seine Art ist, nur sehr knapp — wenn auch keineswegs ablehnend — über die Symphonie aus; andererseits empfängt Richard Strauß einen unauslöschlichen Eindruck von dem neuen Brahms-Werk, dessen Andante ihn an einen „Trauerzug erinnert, der sich still über mondbeglänzte Höhen bewegt". Auch Bülow ist von der „beispiellosen Energie" der Symphonie hingerissen und probiert mit solcher Hingabe, daß Brahms bei der Uraufführung in Meiningen am 17. Oktober 1885 das ideal vorbereitete Orchester zu einer Höchstleistung mitreißen kann.

Der Erfolg ist denn auch so groß, daß das Werk bei der unmittelbar sich anschließenden Konzertreise des Orchesters einen Hauptprogrammpunkt bildet. Brahms fährt mit und ist weit mehr als nur „überschüssiger Kapellmeister“. In neun Städten dirigiert er die neue Symphonie, so daß Bülows Tatenlust sich nicht recht ausleben kann; dies umso weniger, als Brahms auch vor der IV. Symphonie kein brillantes Stück im Programm wünscht. Allmählich erweckt dies bei Bülow eine gewisse Mißstimmung, die bloß eines Anlasses bedarf, um zum Ausbruch zu gelangen. Dieser Anlaß findet sich nur zu bald. Brahms, der sich für einige Tage von dem Orchester getrennt hat, läßt sich überreden, im November 1885 die IV. Symphonie knapp vor der geplanten Wiedergabe durch das Meininger Orchester in Frankfurt mit dem dortigen Orchester aufzuführen. Bülow, der den Wunsch gehegt hat, gerade hier, wo eine Anzahl alter Brahms-Freunde, vor allem Clara Schumann, wohnen, die neue Symphonie selbst zu dirigieren, empfindet Brahms' Vorgehen als einen Beweis schweren Mißtrauens. Er ist nicht nur persönlich verletzt, sondern fühlt sich auch in seiner Ehre als Leiter des Meininger Orchesters so tief gekränkt, daß er seine Stellung kündigt.

Brahms ist über diese unerwartete Wirkung seines gedankenlosen, aber keineswegs als Beleidigung gemeinten Vorgehens höchst betroffen und erklärt, dieses Mißverständnis liege ihm schwerer am Herzen, als Bülow vermuten könne. Er kann aber Konzerte nicht als „ernsthafte Sachen“ ansehen und muß warten, bis Bülow zu der gleichen Einstellung gelangt. Im Herzen weiß er, daß Bülow zu innig mit ihm verbunden ist, um die Beziehungen wirklich abbrechen zu wollen. Als Bülow nach mehr als einjähriger Trennung nach Wien kommt, genügt daher auch eine Visitkarte Brahms', auf der nichts als einige Noten stehen, um den Frieden wieder herzustellen. Sie sind der „Zauberflöte“ entnommen und tragen in der Oper den Text: „Soll ich Dich Teurer nicht mehr sehn?“ Bülow ist sehr gerührt, er eilt am gleichen Tag zu Brahms, mit dem er ein „bezauberndes Stündchen verplaudert“, und bald kann er triumphierend melden, daß er und Brahms „denkbar d'accordissimo“ seien und ihm „die Herzens- und Geistesbefriedigung hierüber Riesenkräfte“ verleihe.

Auch bei einem anderen Freundschaftsverhältnis spielt die IV. Symphonie eine große Rolle. Joachim ist von dem Werk, das ihm am liebsten unter den vier Symphonien ist, so begeistert und dirigiert es mit soviel Verständnis, daß der zurückhaltende Brahms sich zu den Worten hinreißen läßt: „ein Lob, eine Teilnahme wie die Deine sind nicht etwa bloß herzlich erfreuend, sondern nötig. Ist es doch, als ob einem erst dadurch die Erlaubnis würde, sich seiner Arbeit zu freuen!“ Seit langer Zeit geschieht es nun wieder, daß er Joachim um Rat wegen technischer Einzelheiten fragt. Und nicht lange nachher sollte Brahms durch eine neue Komposition Gelegenheit finden, die Beziehung zu dem Jugendfreund wieder so warm zu gestalten, als dies nach den vorausgegangenen Stürmen noch möglich war.

REICHER HERBST
(1886—1890)

Den Sommer 1886 verbringt Brahms Widmann zuliebe in der Schweiz. Seine Wahl fällt auf Hofstetten bei Thun am Thunersee, von wo er es nicht weit zu dem lieben Freund in Bern hat. Vieles ruft hier die gesegneten Pörtschacher Sommer in Erinnerung. Wieder gefällt es Brahms an einem See so gut, daß er drei Jahre hindurch den gleichen Ort aufsucht und wieder entfaltet er in der ihm zusagenden Landschaft eine ganz erstaunliche Fruchtbarkeit des Schaffens, wobei er zum Teil Wege einschlägt, die er gerade in Pörtschach betreten hatte. Die erste Violinsonate erhält nun zwei Schwestern, das Violinkonzert aber wird durch ein — abermals in Gedanken an Freund Joachim geschriebenes — Doppelkonzert für Violine und Cello fortgesetzt. Außerdem entstehen noch in den Thuner Sommern die stürmische zweite Cellosonate op. 99, das gewaltige c-moll-Trio op. 101, die temperamentvollen Zigeunerlieder, sowie eine Anzahl der berühmtesten Gesänge des Meisters (op. 105—107). Im Charakter aber sind manche dieser Schweizer Werke kraftvoller und mächtiger als die älteren Kompositionen, wie ja auch die Landschaft weit großartiger ist als in dem lieblichen Pörtschach. Von seiner prachtvoll am Aarefluß gelegenen Wohnung genießt Brahms einen unsagbar schönen Blick auf die Gletscherkette des Berner Oberlandes und es ist begreiflich, daß uns aus manchen der hier entstandenen Werke ein Hauch der Majestät des Hochgebirges anweht.

Seinen Freunden redet Brahms lebhaft zu, ihn in Thun zu besuchen. Viele kommen der Aufforderung nach und der Meister verbringt vergnügte Stunden mit Stockhausen, Kalbeck, dem holländischen Komponisten Röntgen und dem von ihm hochgeschätzten Philologen Gustav Wendt. Auch der holländische Organist S. de Lange ist ein willkommener Gast und schreibt[1] Brahms nach seiner Abreise: „Nun muß ich Ihnen auch sagen, wie groß unsere Freude gewesen ist, Sie zu treffen und wie unsere Regentage in Thun durch Ihre Liebenswürdigkeit zu den sonnigsten unserer Schweizerreise geworden. Wir werden uns sehr freuen, wenn Sie uns eine Zeile zusenden. Wenn Sie aber Notenköpfe zu schreiben haben, tun Sie es lieber, dabei habe ich noch größere Freude und Tausende mit mir." Am meisten genießt Brahms wohl den Besuch des Dichters Klaus Groth, mit dem ihn nun noch ein neues Band verbindet. Beide, der dreiundfünfzigjährige Komponist und der noch um 14 Jahre ältere Dichter, lieben Hermine Spies, und wenn sie zusammen sind, nehmen die gegenseitigen Neckereien hierüber kein Ende. Zweimal während der drei Sommer kommt auch Hermine persönlich und dann gibt es ein herrliches Musizieren bei Widmann, wo Brahms, durch „seine Sängerin" angefeuert, den begeisterten Freunden stundenlang Klavier vorspielt. Doch auch ohne solche besondere Anlässe trifft er regelmäßig am Samstag für ein oder mehrere Tage bei Widmanns ein, trägt die neuesten Bücher, die der Redakteur zur Besprechung erhalten hat, zu eigenem Gebrauch fort, führt endlose Debatten mit dem Hausherrn und nimmt an allem, was sämtliche Hausbewohner, bis zum Hund herab, anlangt, freundlichen Anteil. Nach seiner Rückkehr schreibt er an Widmann: „Nun danke ich aber herzlich für ... die liebliche Erinnerung an die schönen Sommertage. Die Menschen sind doch schließlich immer die Hauptsache; wenn ich an das herrliche Thun zurückdenke — die Erinnerung an Sie ist doch das Liebste, das Wertvollste und das Erwärmendste."

Die enge Beziehung zu dem Dichter, der sich auch als Librettist mit Erfolg versucht hat, bringt Gerüchte mit sich, daß Brahms eine Oper auf einen Widmannschen Text komponiere. Dies trifft nicht zu, ist jedoch auch nicht gänzlich aus der Luft gegriffen, da Brahms in früheren Jahren gerade mit Widmann ernstlich über die Frage eines Operntextes verhandelt hatte. Doch alle Versuche des Dichters waren ebensowenig von Erfolg begünstigt gewesen, wie die früheren unermüdlichen Vorschläge der Freunde Allgeyer und Levi. An jedem ihm vorgelegten Textbuch findet Brahms unüberwindliche Mängel und zur Zeit seines Thuner Aufenthaltes hat er sich schon endgültig damit abgefunden, keine Oper zu komponieren. Dies ist im innersten Wesen von Brahms' künstlerischer Persönlichkeit begründet. Für den Komponisten bedeutet die fest geschlossene musikalische Form ein unumstößliches Gesetz; demzufolge kommt für ihn auch nur die aus einzelnen abgeschlossenen Nummern bestehende und durch gesprochenen Text verbundene Oper in Frage. Brahms selbst hat dies mit Deutlichkeit zum Ausdruck gebracht. Andererseits empfängt er durch das Musikdrama Richard Wagners zu nachhaltige Eindrücke, um sich der hohen Bedeutung der durchkomponierten Oper verschließen zu können. Den Bayreuther Meister nachzuahmen, lehnt er mit Selbstverständlichkeit ab; doch ebensowenig fühlt er sich berufen, die ihm vorschwebende originelle Erneuerung der klassischen Oper (seine Vorbilder waren im Grunde „Don Juan" und „Fidelio") auch wirklich durchzuführen. Aus diesem Zwiespalt findet er keinen rechten Ausweg, und da er im Grunde alles eher denn richtiges Theaterblut besitzt, gedeihen seine Opernpläne, so gerne er sich auch mit ihnen beschäftigt, über das Stadium theoretischer Spekulation niemals hinaus.

Obwohl Widmann es natürlich schmerzlich empfindet, nicht mit dem von ihm so hochverehrten Komponisten künstlerisch zusammenarbeiten zu dürfen, verursacht diese Enttäuschung doch keine Mißstimmung zwischen den Freunden. Brahms lernt die Denkweise Widmanns immer mehr schätzen und wünscht ihn sich als Gefährten für seine ihm ständig lieber werdenden Italienreisen. Im Frühling 1888 kommt es endlich dazu — nachdem im Vorjahr eine Reise mit Simrock und dem Komponisten Th. Kirchner stattgefunden hatte — und Brahms behagt die Gesellschaft des Dichters so sehr, daß er Widmann jedes Jahr bestürmt, wieder mit ihm nach Italien zu fahren. Zweimal kommt es auch noch dazu, und der Dichter hat in seinen Erinnerungen ein reizvolles Bild dieser Reisen entworfen.

In den zweiten Thuner Sommer fallen ausgebreitete Korrespondenzen mit Frau Fellinger über eine für Brahms' Behaglichkeit äußerst wichtige Frage. Ludovika Vogl, bei der Brahms in Wien als Untermieter gewohnt hatte, war gestorben. Brahms könnte die nunmehr freigewordene Wohnung in der Karlsgasse mieten; aber wie soll er, der keine eigenen Möbel besitzt, sie einrichten und wer soll für die Führung des Haushaltes sorgen? Der Künstler steht dem Problem recht ratlos gegenüber und die Sache wird für ihn nicht leichter, als sich eine Unzahl Damen melden, die glücklich wären, als Wirtschafterin bei ihm einzutreten. Er klagt Frau Fellinger sein Leid, daß sich Witwen und Mädchen bis aus Konstantinopel bei ihm bewerben; ihre Adressen verliere er jedoch immer wieder; denn leider behandle er „die ganze Angelegenheit so liederlich wie das Komponieren und es handelte sich doch um Wichtigeres". Er ist also recht erleichtert, als Frau Fellinger die Sache in die Hand nimmt und zunächst für eine provisorische Einrichtung seiner Zimmer sorgt. Hierbei ist sein einziger Wunsch, daß alles höchst einfach sei; eigentlich brauche er ja nur einen Waschtisch und ein Bett. Erst nach langen Verhandlungen läßt er sich zu einem kleinen Zugeständnis herbei und schreibt der Freundin: „Ich bin gut wie ein Engel und gestatte Gardinen, aber nur im Klavierzimmer." Endlich findet Frau Fellinger eine für Brahms außerordentlich günstige Lösung. Sie bringt ihn mit der Schriftstellerswitwe Frau Dr. Celestine Truxa zusammen, die sich bereit erklärt, die leerstehenden Zimmer der Wohnung selbst zu beziehen und auch für Brahms zu sorgen. Die neue Wirtin versieht die drei Zimmer des Künstlers mit ihren eigenen Möbeln und versteht es, alles in Brahms' Sinne einzurichten; ihr zurückhaltendes Wesen, ihre Art, kleine Dienstleistungen unauffällig zu erweisen, sind gerade das, was der Meister braucht, und er ist mit dem Walten der neuen Hausgenossin sehr zufrieden. Besonders schätzt der große Kinderfreund auch die beiden „allerliebsten Buben" von Frau Truxa und zu seinem Hauptvergnügen zählt die Weihnachtsbescherung der Kinder, für die der Baum in seiner Bibliothek vorbereitet wird.

Zur Zeit da Brahms' Wohnungsfrage eine Regelung erfährt, bildet sich auch mehr und mehr bei dem Künstler eine bestimmte Tageseinteilung aus, die von ihm bis an sein Lebensende beibehalten wird und dem alternden Junggesellen durch ihre Regelmäßigkeit eine behagliche Häuslichkeit einigermaßen zu ersetzen vermag. Brahms steht sehr zeitlich auf und bereitet sich selbst sein Frühstück, den heißgeliebten Kaffee, den ihm eine Verehrerin aus Marseille, Frau Fritsch-Estrangin in großen Mengen zur Verfügung stellt. Der Vormittag ist dem Arbeiten gewidmet. Die Mittags- und meistens auch die Abendmahlzeiten nimmt Brahms in seinem Stammlokal ein, dem altberühmten Gasthaus „Zum roten Igel", das durch den Meister zu einem Treffpunkt der musikalischen Kreise Wiens erhoben wird. Bezeichnenderweise vermeidet Brahms den eleganten, von Offizieren und höheren Beamten besuchten Speisesaal; er fühlt sich nur wohl in dem bescheidenen Gastzimmer, wo er immer einfach-derbe Speisen verzehrt. Das Gebotene ist hier stets so befriedigend, die Bedienung so zuvorkommend, daß Brahms an seinem „stachlichten Liebling"[2] treu festhält und selbst aus der Sommerfrische dem „Igel einen Seufzer zärtlicher Sehnsucht zuhaucht". Brahms' Vorliebe für das Gasthaus — die auch Anlaß zu zwei reizenden Schattenrissen von Böhler gegeben hat, auf denen man Brahms sieht, wie er mächtigen Schrittes einem feuerroten Igel nacheilt, oder von ihm auf seinem Heimweg gefolgt wird* — ist bald so bekannt, daß auch mancher zu Besuch weilende Freund den Künstler hier aufsucht und selbst Fürstlichkeiten, wie der Landgraf von Hessen, mit dem einfachen Lokal vorlieb nehmen, um mit dem Künstler zusammen zu speisen. Nach dem Mittagessen geht Brahms gerne in den schönen Stadtpark, wo er einen schwarzen Kaffee trinkt. Der Nachmittag gehört der Arbeit oder Geselligkeit, am Abend kehrt er wieder häufig beim „Igel" ein und trinkt sehr spät den Abschlußmokka in einem in der Nähe seiner Wohnung gelegenen Kaffeehaus.

* Die hier von Böhler angedeutete Parallele zwischen Brahms und dem „Igel" hat der Meister auch selbst im Scherz betont. So schreibt er 1896 an Frau Marie Brüll, die Gattin des Komponisten[3]: „Samstag kommt Herr Röntgen mit Schwester und Beide freuen sich jedenfalls auf den Mittag, den Igel und mich! Kämen Sie nicht etwa den (Samstag) Abend auch zu den — beiden Stachlichten!?"

Das Bild des Wiener Freundeskreises erfährt um diese Zeit einige Veränderungen. Schwer trifft Brahms der Tod des „guten, rührend guten“ [4] C. F. Pohl, dem er so manche vergnügte und anregende Stunde seines Lebens verdankt. Liest man die zahlreichen, von Brahms bewahrten Briefe des berühmten Haydn-Biographen (der Brahms übrigens die „historisch merkwürdige Feder“ schenken mußte, mit der er das Endkapitel des zweiten Bandes schrieb), so ist man entzückt von der heiter-unbefangenen Art, mit der Pohl dem großen Freund gegenübertritt. Von Brahms' Werken ist hierbei nie die Rede, dazu ist Pohl zu bescheiden und auch zu feinfühlig; denn er weiß recht wohl, daß Brahms es nur den wenigen, ganz nahen Freunden nicht verübelt, wenn sie sich mit ihm über sein Schaffen unterhalten wollen. Umso mehr aber nimmt er Anteil an allem, was das äußere Leben des Meisters anlangt. Ist Brahms von Wien abwesend, so hat Pohl die Freude, ihm kleine Dienste erweisen zu dürfen; er entledigt sich aller Aufträge mit größter Gewissenhaftigkeit und schildert die sich dabei ergebenden Vorfälle mit liebenswürdigem Humor.

Zugleich mit der Kunde von Pohls Tod, die Brahms erst nach seiner Rückkehr aus Italien im Mai 1887 in Thun empfängt, findet er eine zweite, fast noch erschütterndere Nachricht vor: Theodor Billroth ist an Lungenentzündung lebensgefährlich erkrankt. Sofort richtet Brahms dringlichste Anfragen nach Wien, und endlich überzeugt ihn ein eigenhändiger, rührender Brief des Freundes davon, daß die Gefahr gebannt ist. Billroth erholt sich wieder, doch Brahms findet, daß seine Frische etwas Gezwungenes an sich habe. Wie viele kerngesunde Menschen, steht der Meister Krankheiten und physischem Leiden mit Unverständnis, ja selbst mit einer gewissen Scheu gegenüber und es mag sein, daß er diese Einstellung dem Freund allzu deutlich gezeigt hat. Jedenfalls ist das Verhältnis bei aller gegenseitigen Hochachtung nicht mehr so vertraut wie früher, und allmählich lockert sich dieser herrliche Bund.

Hierbei mögen auch noch andere Umstände mitgewirkt haben. Billroth ist bei der zunehmenden Erschütterung seiner

Gesundheit für gewisse ihm fremde Seiten in Brahms' Wesen — vor allem dessen Neigung zu Sarkasmen und die schroffen Umgangsformen — weit empfindlicher geworden. Brahms hingegen wird der Freund durch eine Reihe von Mißverständnissen, die keine Aufklärung finden, entfremdet. Dr. Gottlieb-Billroth weist in seiner bemerkenswerten Einleitung zum Briefwechsel zwischen Brahms und Billroth vor allem auf zwei Vorkommnisse dieser Art hin. In dem neuen Arbeitszimmer des Chirurgen hängt ein Brahms-Bild; darunter befestigt Billroth eine Notenzeile von Brahms' Hand, die er kurzerhand aus der ihm von dem Komponisten geschenkten Originalpartitur des a-moll-Streichquartetts herausgeschnitten hat. Brahms, der zeitlebens mit größter Hingabe Autographe gesammelt hat, kann das Zerschneiden seines Manuskriptes nur als höchst pietätlos empfinden und der Freund, der eine Gabe von ihm so behandelt, sinkt in seinen Augen. Billroth wieder hat für Autographe nichts übrig und er hat die Zeile unter dem Bild nur deshalb angebracht, um etwas von dem geliebten Meister Stammendes immer um sich zu haben. Weit ärger ist noch ein durch Hanslick verursachter Zwischenfall. Dieser zeigt dem Komponisten Briefe, die Billroth über einzelne Brahms'sche Werke an ihn geschrieben hat, und vergißt, daß sich in einem Schreiben die Bemerkung findet, Brahms als Mensch könnte sich von den Nachwirkungen einer verwahrlosten Erziehung nicht völlig frei machen. Dies muß den Meister, der mit so großer Liebe an seinen Eltern hängt, aufs allertiefste verletzen und, da er auf Hanslicks Wunsch die Sache nie zur Sprache bringt, entlädt sich seine Erbitterung bei einem hierzu völlig ungeeigneten Anlaß. Billroth veranstaltet einen Herrenabend im engsten Freundeskreis; als Brahms zum Spielen neuer Werke aufgefordert wird, ist er so unfreundlich-sarkastisch, ja geradezu feindselig, daß dem Chirurgen der Mut genommen wird, ihn jemals wieder in sein Haus zu bitten. Doch zu stark ist das seelische Band, das die beiden Männer eint, um eine dauernde Verstimmung aufkommen zu lassen. Wenn sich auch die alte Herzlichkeit nicht wieder einstellt, so bleibt doch der Austausch geistiger Güter auch weiterhin zwischen ihnen rege.

Obwohl das Erkalten dieser Beziehung gewiß nicht ohne Brahms' Schuld geschehen ist, so kann doch andererseits auch wieder ein Bestreben des alternden Meisters festgestellt werden, die Verbindung mit den ihm nahestehenden Menschen unverändert aufrecht zu erhalten. Brahms deutet dies selbst an, wenn er 1887 an Billroth schreibt[5]: „Es lautet immer etwas melancholisch, was Du von größerer Vereinsamung schreibst. Ich habe teilnehmendes Verständnis dafür und wünsche wohl, Du wärest zeitig vorsichtig. Das bin ich nämlich doch auch — der ich längst oder allzeit ein arger ‚Abseiter' war und bin." Die Neuaufnahme der Freundschaft mit Bülow im Jahre 1887 ist — wie bereits erwähnt — auf Brahms' Initiative zurückzuführen. Das Doppelkonzert aber wird hauptsächlich in Gedanken an Joachim geschrieben. 1887 probiert es der Komponist mit dem Geiger und dem ausgezeichneten Cellisten Hausmann im Beisein von Clara Schumann in Baden-Baden und nach langer Zeit kommt es so wieder zu jenem schönen gemeinsamen Arbeiten, das für die beiden Künstler höchste Freude bedeutet.

Überdies erschließt sich Brahms eine neue Form der Geselligkeit durch den 1885 begründeten Wiener Tonkünstlerverein, zu dessen Ehrenpräsidenten er im Dezember 1886 ernannt wird. Der Meister nimmt an der Entwicklung dieser Körperschaft regen Anteil, da ihm die Aufführungen des Vereines für die Förderung der jungen Musikergeneration wichtig erscheinen. Noch mehr als die künstlerische befriedigt ihn aber die gesellschaftliche Seite. Er versäumt keine der gemütlichen geselligen Zusammenkünfte und trifft mit manchen Mitgliedern des Vereines auch gerne am Sonntag zu Ausflügen in den Wienerwald zusammen. Den Kern der Wandergesellschaft bilden die alten Freunde Epstein, Brüll und Goldmark, der feinsinnige Komponist Robert Fuchs, sowie der ausgezeichnete Klavierpädagoge Anton Door; hinzu kommen von der jüngeren Generation die Komponisten Heuberger und Rottenberg, R. v. Perger, der spätere Leiter der Gesellschaftskonzerte, sowie vor allem Brahms' eigentlicher Famulus, Eusebius Mandyczewski. Dieser ist — nicht zuletzt durch Brahms' Dazutun, der schon 1879 für den jungen Musiker warm eingetreten war — Pohls Nachfolger im Museum der Gesellschaft der Musikfreunde geworden. Und es hat den Anschein, als ob der Meister nun auf Mandyczewski die warmen Empfindungen übertragen wollte, die er durch so viele Jahre für dessen Vorgänger gehegt hatte.

Brahms schätzt den feinfühligen, literarisch wie musikalisch vielseitig gebildeten Künstler überaus hoch. Ihm gefällt es, daß der junge Gelehrte auch vor einfachen Dienstleistungen — wie etwa der Verpackung von Postpaketen — nicht zurückschreckt, gleichzeitig aber kein Bedenken trägt, wenn es darauf ankommt, selbst an den Kompositionen des verehrten Meisters Kritik zu üben. Auch macht sich der Archivar dem Komponisten unentbehrlich, indem er dessen nie versiegender Freude an der Beschäftigung mit Kostbarkeiten aus älterer Zeit Rechnung trägt und so die durch Nottebohms und Pohls Tod entstandene Lücke ausfüllt. Nicht zuletzt aber ist Freund „Mandy" Brahms sympathisch, da er dessen Sinn für fröhlichen Humor vollauf teilt. Brahms liebt es, den jungen Künstler mit seinen Eroberungen bei dem von ihm geleiteten vorzüglichen Frauenchor zu necken. Als der Komponist ihm einmal in einer Karte die Überlassung von drei Ouvertüren von Dvorák für das Archiv der Gesellschaft der Musikfreunde anbietet, fügt er die Frage hinzu: „Wollen Sie auch etwa den Smetanaschen ‚Kuß'? Oder liefert der Frauenchor den Artikel besser?" Im Verkehr mit Mandyczewski kann Brahms auch seiner Vorliebe nachgehen, die Briefe mit musikalischen Anspielungen auszustatten, die nur der Eingeweihte versteht. So schickt er einmal aus Ischl einen Brief mit mehreren kleinen Aufträgen und Wünschen und schreibt schuldbewußt auf das Kuvert unterhalb der Adresse den Beginn seines eigenen XI. Liebesliederwalzers. Die auf dem Umschlag weggelassenen Textworte „Ach es ist nicht auszukommen mit den Leuten" hat Mandyczewski sicher sofort dazu ergänzt. Der Gelehrte seinerseits sieht in Brahms nicht nur das überragende Genie, sondern auch den selten gütigen Menschen, der an allem, was ihn betrifft — von wissenschaftlichen Zweifeln bis zu Familienangelegenheiten —, warmen Anteil nimmt und nie zögert, dem jungen Freund mit Rat und Tat beizustehen. Als Mandyczewski sein großes Werk, die Herausgabe der Schubert-Gesamtausgabe, vollendet, schickt Brahms dem stets von Geldsorgen geplagten Gelehrten 1000 Mark mit den in ihrer Knappheit bezeichnenden Worten: „So ungefähr sieht wohl eine ‚fröhliche Stiftung' aus? Darf sie sich nicht jemand erlauben, der, wie Sie wissen, gar so besondere Freude an Ihrer letzten schönen Arbeit hat und zudem, wie Sie gleichfalls wissen, Ihnen herzlich zugetan ist?" —

Die drei durch die Sommer in Thun verbundenen Jahre 1886 bis 1888 zeigen ein ausgesprochenes Nachlassen von Brahms' Konzerttätigkeit. Es liegt ihm jetzt nur daran, seine neuen Werke vorzutragen. Am 24. November 1886 spielt er in Wien mit Hausmann die Cellosonate, am 2. Dezember des gleichen Jahres die A-dur-Violinsonate mit Hellmesberger, im gleichen Monat das c-moll-Trio in Budapest mit Hubay und Popper. Das Doppelkonzert erlebt seine Erstaufführung am 18. Oktober 1887 in Köln, mit Joachim und Hausmann als Solisten, die letzte Violinsonate am 22. Dezember 1888 mit Hubay.

Gerne begibt sich Brahms auch nach Meiningen, wo das Orchester unter Leitung des jungen Fritz Steinbach — der Richard Strauß, den Nachfolger Bülows, nach kurzer Zeit abgelöst hat — ausgezeichnete Aufführungen zustande bringt. Hier erfreut sich Brahms nicht nur an den prächtigen Aufführungen eigener Werke; er vergönnt sich auch oft eine besondere Freude und läßt sich unbekannte Stücke von Bach oder Mozart vorspielen. Im ganzen aber vermeidet er Reisen nach Tunlichkeit und fühlt sich doch am wohlsten in Österreich. Als das Frühjahr 1889 heranbricht, beschließt er denn auch, sein Sommerquartier nicht allzu weit von Wien aufzuschlagen. Er kehrt wieder nach Ischl zurück und nun befriedigt ihn der Aufenthalt hier so sehr, daß er dem Ort bis an sein Lebensende treu bleibt. Er wird nicht müde, den Freunden

Ischls Vorzüge zu erklären; es sind nicht nur die landschaftlichen Reize, sondern auch die fröhlichen, freundlichen Menschen, die ihn, der „zu Hause ernsthaft genug ist", höchst erfrischend berühren.

Oft fährt Brahms auch von Ischl in das nahe Gmunden zu der gastlichen Familie v. Miller-Aichholz, in deren prachtvollem Anwesen er sich wie zu Hause fühlt. Viktor v. Miller und seine Gattin Olga zählen zu den treuesten Brahms-Freunden und in ihrem Hause findet sich alles, was zum Brahms-Kreis gehört, regelmäßig zusammen. Bald nach des Meisters Tod hat Herr v. Miller seiner Verehrung für den Künstler ein schönes Denkmal gesetzt in dem Gmundener Brahms-Museum, das die ganze Einrichtung der Ischler Wohnung, sogar die Fensterblöcke, nebst einer großen Anzahl von Bildern, Briefen und Autographen enthält. Dem Sohne aber, Eugen v. Miller, verdanken wir eine Fülle der reizvollsten Momentaufnahmen aus des Meisters letzten Lebensjahren. In ihnen zeigt sich Brahms von der gemütlichen Seite und häufig erscheint der hartgesottene Junggeselle auch als Verehrer des schönen Geschlechtes.

In Ischl erhält Brahms im Sommer 1889 die Nachricht von zwei ihm verliehenen Ehrungen. Vom österreichischen Kaiser erhält er das Ritterkreuz des Leopoldordens, aus der Heimatstadt aber langt am 23. Mai folgendes Telegramm[6] ein: „Ich freue mich Ihnen mitzuteilen, daß Sie zum Ehrenbürger Hamburgs ernannt sind. Weiteres vorbehalten, Bürgermeister Petersen." Hiemit wird Brahms eine große Auszeichnung zuteil. Bisher hat die Stadt Hamburg nur 12 Personen zu Ehrenbürgern ernannt; unter ihnen befinden sich Männer, zu denen Brahms mit aufrichtiger Bewunderung aufblickt, wie der General Blücher, Moltke und Bismarck. Wie ist dieser erstaunliche Umschwung in der Vaterstadt des Komponisten zustande gekommen? Dies ist mit einem Wort erklärt: Bülow. Seit 1886 wirkt der Dirigent in Hamburg und herzliche Freundschaft verbindet ihn mit dem greisen Bürgermeister und dessen Tochter Toni. Bülow kennt Brahms' Gefühle für Hamburg und möchte ihm Genugtuung verschaffen für die alte, nie verwundene Kränkung. Er gibt daher dem Bürgermeister den Gedanken ein, den Hamburger Meister auf diese Weise zu ehren, und weiß ihn so für die Sache zu begeistern, daß Herr Petersen alle Widerstände im Senat überwindet.

Brahms ist über die erwiesene Ehrung außerordentlich erfreut, wenn auch jede Auszeichnung, die ihm von seiner Vaterstadt zuteil wird, eine gewisse Bitternis und das Gefühl des „zu spät" in ihm auslöst. Seinen Dank stattet er Hamburg damit ab, daß er zu der im September 1889 dort stattfindenden Feier anläßlich der Handels- und Gewerbeausstellung erscheint und dem Cäcilienverein für das Festkonzert ein neues Werk, die „Fest- und Gedenksprüche" op. 109, zur Erstaufführung übergibt. Am 14. September erfolgt sodann die Überreichung des Diploms an den Meister, und bei der sich daran anschließenden Feier im Landhaus des Bürgermeisters entwickeln sich angenehme Beziehungen zwischen Brahms und der Familie Petersen. Als dann die „Fest- und Gedenksprüche" erscheinen, empfindet es der Komponist nur als angemessen, sie dem greisen Bürgermeister zu widmen; er erhält hiefür folgenden Dankbrief[7]: „Meiner Laiennatur ist dadurch eine große Ehre zuteil geworden. Glücklicherweise braucht man kein Musikverständiger zu sein, um Freude und Genuß von der Musik zu haben und so wie ich dieses schöne Werk bei der Ausstellung mit wahrer Erhebung genoß, hoffe ich noch oft im Anhören desselben Frieden und Freude ins Gemüt einziehen zu lassen. Ihre Werke und Ihr Name werden die meinigen lange überdauern und so kann ich es mir ja mit Vergnügen gefallen lassen, daß durch Ihre Widmung meine Person in die Nachwelt übernommen wird." Dem eigentlichen Urheber seines Ehrenbürgertums, Bülow, dankt Brahms bezeichnender Weise nicht ausdrücklich, aber der Ton zwischen ihnen wird noch herzlicher und, als wenige Monate später, am 8. Januar 1890, Bülows 60. Geburtstag gefeiert wird, schickt ihm der Meister das Autograph seiner III. Symphonie, die der Dirigent stets besonders geliebt hatte. In Hamburg wird Bülows Ehrentag sehr festlich begangen; einige Musikfreunde spenden aus diesem Anlaß den Betrag von 10 000 Mark mit der Bestimmung, daß der Jubilar ihn für einen ihm würdig erscheinenden Kunstzweck verwenden solle. Als Brahms davon hört, schreibt er seinem Freund folgenden, auch sonst charakteristischen Brief[8]:

„Verehrtester!

Du gibst mir ohne Pause so viel Anlaß Dir zu schreiben, und zwar eingehend und im besten und verschiedensten Sinne dankbar, daß es nur zu leicht aufgeschoben wird und — gar unterbleibt ... Sittards Buch („Johannes Brahms als Symphoniker und Eduard Marxsen") ist ... schlecht ... Ich habe nie jemanden in solchen Windungen* schreiben sehen! ...

So viel ich weiß, war er vom Anfang an sehr warm für meine Sache. Er schickte mir auch gelegentlich von seinen Berichten. Ich mag mich geniert haben, hierauf bloß mit einer Karte zu erwidern — das höchste, was ich in solchem Falle leiste — aber die Karte oder nicht: er weiß doch nicht, daß ich ein armer Abseiter bin, dem eigentlich viel wohler in seiner Haut war, als ihn auch die Welt abseits ließ ... Was machst Du mit den 10 000 Mark? Doch keine Stipendien für Klavier-Houris? Ich denke oft daran, daß sich bei Gelegenheit der vollendeten Händel-Ausgabe eine Ehrengabe für Chrysander schickte. Doch bin ich nicht der Mann, so etwas in Szene zu setzen und scheue die Öffentlichkeit auch in solchem Fall ...

Herzlichst dein J. B."

Bülow geht bereitwillig auf Brahms' Anregung ein, obwohl er weder sachlich noch persönlich mit Chrysander harmonisiert. Er ist dann jedoch etwas enttäuscht, als der Händel-Forscher einen langen Brief über seine wissenschaftliche Tätigkeit schreibt, sich aber zu der großzügigen Spende überhaupt nicht äußert. Brahms kann die schwerfällige Art seines Landsmannes, wenn auch nicht gutheißen, so doch vollkommen verstehen und der nachstehende Brief[9] an Bülow in dieser Angelegenheit verdient daher auch als Beitrag zu des Meisters Persönlichkeit Interesse:

* Diesen Satz schreibt Brahms in seinem Brief in der Form einer Schlangenlinie.

„Theurer Freund! Wenn man etwas Gutes und Rechtes getan hat oder getan zu haben meint, so darf man wohl das Weitere ruhig abwarten. Du bist durchaus in diesem Falle und solltest Deinen Gedanken verbieten, ganz unnütz zu fantasieren (von „nicht der Mühe wert finden“ usw.). Chr(ysander) ist ein wunderlicher Heiliger, aber Du kannst nicht wissen und ahnen, was ihm jetzt durch den Kopf geht. Mag es aber für oder gegen die Annahme dieses Geschenkes sein — Deiner und Deines Anerbietens kann er ja nur mit den allerbesten Gesinnungen gedenken. Ich sehe mich in Euch beiden und kann von Euch beiden lernen. An Chr(ysander)s Stelle wäre mir die Lehre sehr nötig, daß man in solchem Falle durchaus sogleich ein einstweiliges Wort sagen solle. An Deiner Stelle aber wäre auch meine Fantasie nur gar zu geneigt, in düsterstem Moll spazieren zu gehen! Schließlich muß ich noch sagen, daß ich ganz vergnügt in dem Gedanken bin, daß Chrysander ablehnt (mit gerührtestem, fröhlichstem Dank), weil er absolut kein Geld mehr nötig hat ... Lieber Freund, ich erschrecke über mein Geschwätz ... Ich finde übrigens, daß der erste Satz meines Briefes wirklich alles sagt, was nötig ist. Solltest Du nicht dieser Meinung sein — und immer noch nichts von Chrysander gehört haben — so sage mir ein Wort und ich schreibe ihm. Ich kann das um so eher und freundlicher, als ich mir ja, wie gesagt, das gleiche Betragen zutrauen dürfte ... Nun nimm fürlieb und sei von Herzen gegrüßt.

Ganz Dein J. Brahms.“

Weitere Schritte von Brahms’ Seite sind jedoch als überflüssig unterblieben, da Bülow ihm bald darauf mitteilt, daß die Angelegenheit vollkommen bereinigt sei und Chrysander den Betrag mit großer Rührung behoben habe.

Das Jahr 1890 ist arm an äußeren Ereignissen. Im März erfreut sich Brahms an einer prachtvollen von Wüllner geleiteten Aufführung der „Fest- und Gedenksprüche“ sowie der neuen a-cappella-Motetten op. 110 in Köln. Sodann fährt er mit Widmann nach Italien, wo er lauter Bekanntes besucht und doch immer wieder von unerwarteten Schönheiten überrascht wird. Der Ischler Sommer zeitigt eine köstliche Frucht, das Streichquintett op. 111. Seine quellende Frische verrät in keinem Zug den alternden Meister. Doch Brahms selbst hat das Gefühl, sich mit diesem Werke vollkommen ausgegeben zu haben. Er, der nichts so streng verurteilt, als innerlich unbegründete Vielschreiberei, will einem möglichen Nachlassen seiner schöpferischen Kraft zuvorkommen. Daher beschließt er, sein Schaffen mit diesem restlos geglückten Werk zu beenden. Ein reiches Lebenswerk liegt hinter ihm. Er ist 57 Jahre alt und meint, daß er sich nun Ruhe und Muße gönnen dürfe. Er will nurmehr Rückschau auf das Geleistete halten, Wertloses vernichten, brauchbare angefangene Arbeiten zu Ende führen und gleichzeitig auch über seine materiellen Besitztümer Verfügungen treffen. In die letzten Monate des Jahres 1890 fallen denn auch Brahms' Vorbereitungen für die Abfassung seines Testamentes.

DEM ENDE ENTGEGEN
(1891—1897)

In Ischl, an seinem 58. Geburtstag, legt Brahms sein Testament in einem Brief an den Verleger und Freund Fritz Simrock nieder. Er bedenkt darin seine Schwester Elise — Bruder Fritz war bereits 1886 gestorben — und die Stiefmutter, sodann seine getreue Wirtin in Wien, Frau Celestine Truxa. Vor allem beschenkt er aber Musikerunterstützungsvereine in Wien und Hamburg, sowie die Gesellschaft der Musikfreunde, der er seine Bücher, Noten und seine kostbare Autographen-Sammlung* vermacht.

Doch während der Meister so äußerlich eine Angelegenheit zum Abschluß bringt, die ihn schon geraume Zeit beschäftigt hat, ist er innerlich der müden Abschiedsstimmung schon wieder entwachsen. Wohl widmet er sich zunächst Aufgaben, die keine ausschließlich schöpferische Leistung erfordern; er stellt eine alte, größtenteils aus der Zeit des Hamburger Frauenchors stammende Sammlung von Canons für den Druck fertig und vollendet die bereits 1888 begonnenen Vokalquartette op. 112. Bald aber fühlt er, wie sich neue Schöpferkraft in ihm regt. Da helfen alle festen Grundsätze rechtzeitiger Entsagung nichts; er muß dem Zwang seiner Eingebung folgen.

Zwei Monate nach der Abfassung des Testamentes schickt Brahms aus Ischl an den getreuen „Mandy“ die Partitur seines Klarinettentrios und auf dessen begeistertes Lob hin gesteht er, daß dieses Werk nur „der Zwilling einer viel größeren Dummheit“ sei, die er jetzt versuche „herauszupäppeln“. Gemeint ist das wunderbare Klarinettenquintett, eine Perle der

* Zu ihren Glanzstücken zählen Mozarts g-moll-Symphonie, Haydns 6 „Sonnenquartette“, zwei Blätter, welche auf der Vorderseite von Beethoven und auf der Rückseite von Schubert beschrieben sind, verschiedene Lieder und Tänze von Schubert, zahlreiche Skizzenblätter Beethovens, Schumanns „Davidsbündlertänze“ und die 1. Fassung von Schumanns d-moll-Symphonie, der Konzertschluß des Vorspiels zu Wagners „Tristan und Isolde“ usw.

Brahms'schen Kammermusik. Auffallend ist bei beiden Werken die Bevorzugung der Klarinette, die Brahms als Kammermusikinstrument bisher nie verwendet hatte. Das Verdienst, den Meister hierzu unbewußt angeregt zu haben, gebührt dem hervorragenden Klarinettisten des Meininger Orchesters, Richard Mühlfeld. Gelegentlich eines Besuches, den Brahms im März dieses Jahres am Herzogshof abgestattet hatte, war er durch das einzigartige Spiel des Künstlers aufs tiefste ergriffen worden und seine Liebe gehörte fortan dem schwermütigen Sänger des Orchesters, der sich gerade für die ernste Stimmung der Alterswerke besonders eignet. Nur selbstverständlich ist es, daß das „Fräulein Klarinette", wie Brahms Mühlfeld seines besonders weichen Tones wegen zu nennen pflegt, an der Erstaufführung beider Werke beteiligt ist. Sie findet am 12. Dezember 1891 in Berlin in einem Konzert des Joachim-Quartetts statt und die Begeisterung des Publikums ist so groß, daß das Adagio des Quintetts wiederholt werden muß. Unter den Zuhörern befindet sich auch der berühmte Historienmaler Adolf Menzel, der unter dem Eindruck der Aufführung Mühlfeld als eine Art griechische Gottheit zeichnet und das Bild einige Monate später Brahms mit folgenden Worten einschickt[1]: „Es wird hier vielfach Ihrer gedacht und tauschen wir öfter unsere Verdachtgründe aus, daß höchstwahrscheinlich an jenem gewissen Abend zu Ehren des Werkes (in Meiningischer Gesellschaftstoilette unkenntlich) erschienen gewesen — die Muse, um eine gewisse Holzbläserpartie persönlich auszuführen. In der Anlage (ein) Versuch die hehre Vision zu fixieren."

Auch menschlich entwickelt sich bei diesem Berliner Aufenthalt ein herzliches Verhältnis zwischen Brahms und Menzel, die sich als Kollegen betrachten, da sie beide durch die Verleihung des preußischen Ordens „Pour le mérite" ausgezeichnet wurden. In Fragen der Welt- und Lebensanschauung verstehen sie sich ausgezeichnet und sie finden sich auch in der beiden Künstlern eigenen Genußfähigkeit für die kleinen Freuden des Lebens. Der Maler veranstaltet für seinen neuen Freund gewaltige Festgelage, bei denen unermüdlich getafelt, getrunken und angeregt diskutiert wird, und wenn sie in dieser Art etwa sieben Stunden verbracht haben, fühlt sich der sechsundsiebzigjährige Menzel ebenso wie der nahezu sechzigjährige Brahms keineswegs ermattet, sondern geradezu erfrischt. Noch im April 1892 schreibt Menzels Neffe, Otto Krigar-Menzel, an Brahms[2]: „Ich kann Ihnen ohne Falsch versichern, daß so schöne und erfreuliche Kneipabende, wie in jenen Dezembertagen, als sie unter uns weilten, noch nicht wieder vorgekommen sind." Aus dem gleichen Brief geht übrigens hervor, daß sich Brahms bei Menzel bemüht hatte, die Verleihung des „Pour le mérite"-Ordens an Billroth durchzusetzen, ein Beweis, wie warme Gefühle er noch immer für den Freund hegte; denn leicht ist dem Meister ein Anliegen solcher Art gewiß nicht gefallen. Menzel ist jedoch nicht in der Lage, diesen Wunsch zu erfüllen, da gerade er stets für eine strenge Trennung zwischen der künstlerischen und der wissenschaftlichen Abteilung eingetreten war. Brahms hat dieses Argument wohl zu würdigen verstanden und seine Freundschaft mit Menzel erhält sich in unverminderter Stärke, beiden Künstlern zu steter Freude und Anregung.

Während der Berliner Festtage des Jahres 1891 muß Brahms — wie er selbst schreibt — immer an Clara denken. Zwischen diesen beiden Menschen, die nun eine fast vierzigjährige Freundschaft verbindet, hat sich im Oktober dieses Jahres etwas ereignet, was beide nicht für möglich gehalten hätten; eine Meinungsverschiedenheit nahm so scharfe Formen an, daß sie sogar zu einem vollständigen Abbruch der Beziehungen führte. Der Anlaß ist eigentlich geringfügig. Die d-moll-Symphonie von Schumann liegt in zwei stark voneinander abweichenden Fassungen vor. Brahms, der die erste Niederschrift besitzt, hatte sich schon 1888 lebhaft für ihre Herausgabe eingesetzt, da sie ihm künstlerisch weit wertvoller als die im Druck vorliegende Umarbeitung erschien. Im Dezember 1899 schrieb er an Wüllner: „Ich finde es nun einmal entzückend, wie das liebliche Werk auch sofort im lieblichsten, angemessensten Gewand da war. Daß Schumann es später so schwer behängt hat, dazu mag ihn das schlechte Düsseldorfer

Brahms' Geburtshaus in Hamburg

Brahms' Zinnsoldaten. Nach den Originalen im Brahms-Museum, Gmunden

Brahms als Zwanzigjähriger. Zeichnung von J. B. Laurens

Joseph Joachim
Zeichnung von J. B. Laurens

Clara Schumann
Zeichnung von J. B. Laurens

Agathe v. Siebold

Jugendbildnis von Brahms

Ottilie Hauer

Elisabeth v. Herzogenberg

Eine Seite aus dem Autograph von Brahms' «Doppelkonzert».

(Die Bleistifteintragungen in der 7. und 8. Zeile stammen von der Hand Joachims, die in der 6. Zeile von Brahms' Hand. Vgl. S. 279 f.)

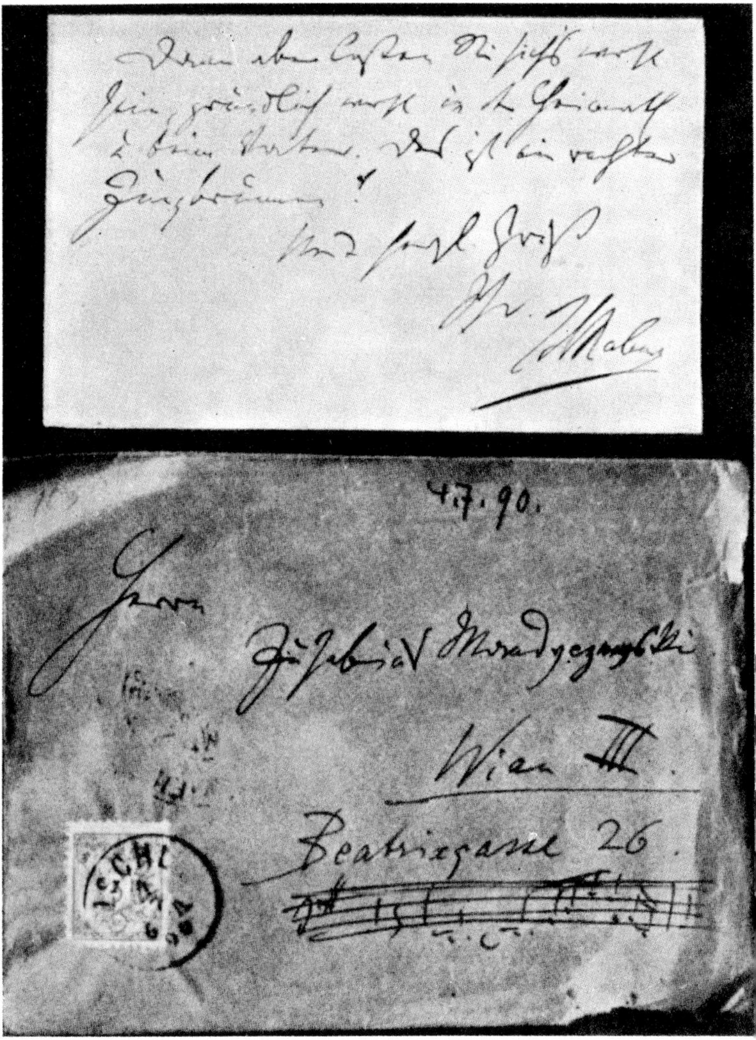

Schluß eines Briefes von Brahms an Mandyczewski und Umschlag des gleichen Briefes. - Unterhalb der Anschrift schreibt Brahms den Beginn seines G-dur-Quintettes, um den Freund von der Vollendung des neuen Werkes in Kenntnis zu setzen.

Brahms mit Frau Nikisch in Gmunden

Brahms auf dem Balkon der Villa v. Miller-Aichholz in Gmunden

Johannes Brahms und Ignaz Brüll in Unterach am 10. September 1884

Letzte Aufnahme von Brahms im Hause v. Miller-Aichholz, am 11. Dezember 1896

Stehend von links nach rechts: Epstein, Mandyczewski, Hausmann, Frl. Hemala, Dr. Passini, Wirth, Halir. Sitzend: Frl. Miller, Hanslick, Brahms, Frau Passini, Joachim.

Orchester verführt haben, aber alle seine schöne, freie und anmutige Bewegung ist in dem schwerfälligen Kleid unmöglich geworden." Wüllner führte daraufhin das Werk in dieser Form in Köln mit bestem Gelingen auf, und Brahms fragte nun bei Clara mehrmals an, ob sie mit einer Herausgabe der ersten Fassung einverstanden sei. Clara ging hierauf nie recht ein; da sie aber andererseits seinem Vorschlag auch kein ausdrückliches Nein entgegensetzte, glaubte er, ihre Zustimmung als selbstverständlich voraussetzen zu dürfen. Als nun das Werk 1891 erscheint, ist Clara, die aus Angst, dem Ansehen ihres Gatten zu schaden, grundsätzlich gegen die Herausgabe aller von Schumann unveröffentlicht hinterlassenen Werke ist, aufs höchste erstaunt und empört. Auf Brahms' Erklärungsversuche antwortet sie mit einem Brief, der nach der Ansicht des Empfängers, ganz abgesehen von allen Freundschaftsbeziehungen, „auch für einen bloß ehrlichen Menschen zu scharf" ist und ihm „Weiteres verbietet".

Das Vorgehen des Meisters ist durchaus begreiflich; denn rein sachlich ist Clara im Unrecht, da er ihr ja tatsächlich über die Angelegenheit geschrieben hatte. Doch im Grunde handelt es sich ja um ganz anderes, das nur durch die Angelegenheit der d-moll-Symphonie ans Licht gebracht wird. Seit Jahren hat sich Bitterkeit in Claras Herzen angesammelt, da sie bei ihrem besten Freund immer mehr jenes aufgeschlossene Wesen, jene Wärme und Herzlichkeit vermißt, die ihr selbst in so reichem Maß zu eigen sind. Sie kann sich nicht mit Brahms' kühler, ironischer Art abfinden, sie nimmt jeden seiner — manchmal gewiß ungeschickten — Witze vollkommen ernst und bewahrt oft die Erinnerung an ein flüchtiges Wort, das Brahms selbst gleich darauf vergessen hat, lange Zeit als schwere Kränkung im Herzen. Sie fühlt sich durch neue Freunde zurückgesetzt, ist eifersüchtig auf Elisabeth von Herzogenberg oder auf Billroth, die es besser als sie verstehen, ihre künstlerischen Eindrücke in Worte zu fassen, und daher tatsächlich Brahms' neue Werke oft vor ihr zu sehen bekommen. Nun mit zunehmendem Alter — Clara zählt bereits 72 Jahre! — wird sie immer empfindlicher. Jeder kleinste

Mißton in der Beziehung zu dem geliebten Freund erschüttert sie auf das Tiefste; so ist es bei der offenen Natur der Künstlerin nur selbstverständlich, daß die fortgesetzten kleinen Kränkungen schließlich zu einem Ausbruch führen müssen. So sehr Brahms auch geneigt ist, sich in solchen Fällen passiv zu verhalten und den Dingen ihren Lauf zu lassen, kann er diesmal doch nicht zur Ruhe kommen. Handelt es sich doch um das Wesen, das trotz allem, was ein an menschlichen Erfahrungen reiches Leben ihm beschert hat, seinem Herzen am allernächsten steht. Und da er sich nun selbst prüft, beginnt er zu begreifen, daß er durch seine „Art den großen Schmerz ihres Abwendens“ verdient hat. Er erkennt, daß Clara mit ihrem Vorgehen äußerlich wohl im Unrecht, innerlich aber im Recht war; und so ist diesmal er es, der den ersten Schritt tut.

Schon zu Weihnachten des Jahres 1891 naht er ihr demütig mit einem liebevollen Gratulationsbrief. Auch Clara kann nicht länger grollen und tastend und zögernd erobern sich die beiden den alten herzlichen Ton. Den letzten, entscheidenden Schritt tut Brahms an Claras nächstem Geburtstag. Um völlige Klarheit in ihren Beziehungen zu schaffen, ringt er es sich ab, ihr offen zu bekennen, was ihn schon seit Jahren verstimmt und seinen ganzen Ton Clara gegenüber beeinflußt haben mag. Die Freundin hat einige von ihm erstmalig herausgegebene Schumann'sche Klavierstücke nicht in die Gesamtausgabe der Werke ihres Gatten aufgenommen, was Brahms in seinem eingefleischten Mißtrauen so deutet, daß es ihr nicht erwünscht gewesen sei, seinen Namen in Verbindung mit dem ihres geliebten Robert zu sehen. Clara ist es unfaßlich, wie er nach so vielen Jahren künstlerischer Gemeinschaft einen solchen Beweggrund bei ihr vermuten könne, und sie erklärt, daß es sich hier lediglich um eine Gedankenlosigkeit ihrerseits handeln müsse. Nun wird die Sache dadurch endgültig aus der Welt geschafft, daß Clara ihn bittet, die Redaktion eines Supplementbandes der Schumann-Gesamtausgabe zu übernehmen, in dem nicht nur die betreffenden Klavierstücke, sondern auch andere von Brahms ausgewählte Werke zur Veröffentlichung gelangen.

So ist diese ernste Trübung in den Beziehungen der beiden alten Freunde wieder völlig vorübergegangen. Von nun an wird Brahms in seinem Verhalten zu Clara ein anderer. Warme, herzliche Worte stehen ihm zu Gebot und er kann sich nicht genug tun an heiteren Einfällen und Aufmerksamkeiten, um die leidende Greisin aufzumuntern und zu trösten. Deutlich tritt nun das meistens unter harter Schale verborgene grundgütige Herz des Meisters zutage. Über den Briefen, welche er in diesen Jahren an Clara richtet, liegt die Stimmung einer friedlichen, von den letzten Sonnenstrahlen erhellten Abendlandschaft.

Mehr und mehr ergreift milde Ruhe, zugleich mit einer gewissen Abgeklärtheit, von Brahms' Wesen Besitz. Sie wird selbst dann nicht wesentlich erschüttert, als sich der Kreis um ihn einengt und der Tod ihm manchen geliebten Menschen entreißt. Im Januar 1892 wird Frau von Herzogenberg von einem Herzleiden dahingerafft. Zwar waren Brahms' Beziehungen zu der „herrlichen Frau Liesel" schon seit Jahren nicht mehr von der alten Herzlichkeit. Die Gründe hierfür liegen völlig im Dunkel, wenn man nicht einfach Brahms' tief verwurzelte Scheu vor kranken Menschen — zunächst war Heinrich von Herzogenberg, sodann seine Frau jahrelang schwer leidend gewesen — hierfür verantwortlich machen will. Nun aber, da er die Freundin für immer verloren hat, steigt ihr holdes Bild im alten Glanz vor ihm auf und er ringt sich die folgenden Zeilen an den Freund ab: „Ich kann Ihnen nicht schreiben, so sehr ich in Gedanken bei Ihnen bin. Es ist ein vergebliches Versuchen, Ihnen aussprechen zu wollen, was so ganz und innig erfüllt. Und Sie werden stumm sitzen in Ihrem Schmerz, keine Worte haben und auch keine zu hören verlangen ... Sie wissen, wie unaussprechlich viel ich an Ihrer teuren Frau verloren habe, und können danach ermessen, in welcher Empfindung ich an Sie denke, der Sie ihr verbunden waren, wie es nur Menschen sein können ... Wie wohl würde es mir tun, könnte ich nur still bei Ihnen sitzen, Ihre Hand drücken und mit Ihnen der Lieben, Herrlichen gedenken!"

Im gleichen Jahr stirbt seine Schwester Elise. Gewiß hat zwischen den ungleichen Geschwistern nie ein eigentliches geistiges Band bestanden, doch wird Brahms schon aus Pietät für seine geliebte Mutter, die mit Elise stets in schönstem Einvernehmen gelebt hatte, für die Schwester warm empfunden haben. Außerdem sorgte er stets in liebevollster Weise für sie und, da dies nun nicht mehr möglich ist, muß der Künstler, dem weniges so reine Freude bedeutet, wie anderen helfen zu dürfen, dies als schwere Einbuße empfinden.

Durch Elises Tod ergibt sich für Brahms die Notwendigkeit, sein Testament abzuändern. Er erbittet den Brief von Simrock zurück und macht sich auf der Rückseite Notizen für eine neue Fassung, aus denen hervorgeht, daß er, abgesehen von einigen Legaten, sein Vermögen der Gesellschaft der Musikfreunde hinterlassen will. Brahms unterläßt es jedoch, das Testament in der gesetzlich vorgeschriebenen Form niederzulegen; es wurde daher nach seinem Tod von verschiedenen entfernten Verwandten angefochten und erst nach langwierigen Verhandlungen kam ein Vergleich zustande. Hierbei erhielt die Gesellschaft der Musikfreunde 50.000 Kronen, die gesamten Bücher und Noten des Meisters sowie die in seinem Nachlaß befindlichen Briefe, soweit sie nicht von den Schreibern oder deren Erben zurückverlangt wurden.

1893 stirbt die lustige Hermine Spies sechsunddreißigjährig, kaum ein Jahr nach ihrer Vermählung. Als Brahms die Nachricht erhält, sitzt er lange vor dem Telegramm „erst fast ohne Gedanken, dann mit wirbelnden“. Er muß aufs tiefste ergriffen sein von so grausamem Schicksal, wenn auch die Künstlerin Hermine Spies in seinem Herzen von einem anderen Stern am Gesangshimmel verdrängt worden war. Seit Anfang 1890 hegt der Meister wärmste Anteilnahme für die Altistin Alice Barbi, eine Sängerin von geradezu klassischer Schönheit und einer ganz ungewöhnlichen gesanglichen Vollendung. Kalbecks Annahme, daß Brahms erst 1892 Alice Barbis Kunst wirklich entdeckt habe, wird durch den Brief des Meisters vom Februar 1890 an Clara widerlegt, worin er erklärt, manches könne man überhaupt nicht schöner hören als von der Barbi. Im Herbst des gleichen Jahres veranlaßt er ihren Besuch bei der Freundin, um Clara ein besonderes Vergnügen zu bereiten. Immer mehr steigt seine Bewunderung für die Sängerin. Begeisterter als je zuvor von einer Künstlerin schwärmt er Bekannten gegenüber von ihren Leistungen; er, der sich nur mehr in allerseltensten Ausnahmefällen als Pianist hören läßt, übernimmt in dem Abschiedskonzert, welches die Barbi vor ihrer Vermählung mit dem Grafen Stomersee veranstaltet, die Begleitung des ganzen Programms und noch einige Jahre später meldet er Clara, er habe seine Abreise nach Ischl verschoben, da ihn die Barbi in Wien gehalten habe.

Erst die Episode Alice Barbi vermittelt das vollständige Bild des älteren Brahms. Er ist von einer gewissen abgeklärten, heiteren Gelassenheit erfüllt, weniger sarkastisch und bitter als in früheren Jahren und mehr auf den andern eingestellt. Doch die wachsende Altersweisheit wird manchmal wieder vollkommen über den Haufen gerannt, wenn ihm ein starkes Erlebnis widerfährt. Und dann schlägt das Herz des kleinen dicken Mannes mit dem weißen Bart so stürmisch wie das eines Jünglings.

Der 60. Geburtstag eines Johannes Brahms, der sich nunmehr schon allenthalben größter Verehrung erfreut, gibt Anlaß zu zahlreichen Festlichkeiten. Nur zu begreiflich ist es, daß der Veranstaltungen solcher Art stets abholde Künstler rechtzeitig aus Wien flieht. Es trifft sich günstig, daß um diese Zeit Freund Widmann frei ist, um mit Brahms eine Fahrt nach dem Süden zu unternehmen. Wie sehr sich der Komponist eine Italienreise gerade mit dem Schweizer Schriftsteller gewünscht hatte, geht aus einem ein Jahr vorher an Bülow gerichteten Brief [3] hervor:

„Da kann ich wohl noch gerade recht kommen, wenn Ihr lustig die Koffer packt, um Euch (Bülow und dessen Gattin) von Herzen alles Schöne und Fröhliche für die Reise zu wünschen. Nebenbei ist es mir das beste Zeichen schönster Gesundheit, daß Du statt etwa in eine Frankfurter Klavierschule zu gehen, nach Italien fährst, die herrliche Luft zu atmen und Dich in Schönheit zu baden ... Warum gehe ich denn nicht auch — wurde mir doch jede Reise dorthin immer schöner und wertvoller ... Du gehst wohl gar nach Palermo? Bis dorthin kann ich meine Grüße mitgehen lassen! Warum bleibt auch mein gewohnter, lieber Gefährte in Italien (Widmann aus Bern) diesmal zu Hause? Dazu gehört ja nicht bloß der gleiche Sinn, es gehören auch die gleichen (rüstigen) Beine dazu."

Gerade die rüstigen Beine Widmanns leiden Schaden auf der Reise, welche die beiden Freunde (denen sich noch der Dirigent F. Hegar und der ungarische Pianist R. Freund anschließen) bis nach Sizilien führt. Bei der Rückfahrt zum Festland stürzt der Dichter auf dem Schiff auf so unglückliche Art, daß er sich einen Beinbruch zuzieht, und Brahms verbringt seinen 60. Geburtstag am Krankenlager des Dichters in Neapel.

Natürlich ereicht ihn auch in der Fremde manche Gratulation. So schreibt Adolf Menzel[4]: „Herzlichste Wünsche zum 60ten!!! Wäre ich mit Ihnen gewesen, dann hätte ich Sie dort gezeichnet — kniend Ihre Andacht verrichtend vor der Heiligen Rosalie zu Palermo!!!" Natürlich ist dies ein Witz, da Brahms als Protestant nie daran gedacht hätte, vor einem Heiligenbild niederzuknien. Freund Ignaz Brüll, der weiß, daß den Meister feierliche Briefe jeder Art höchst unangenehm berühren, stellt sich mit einem heiteren Gedicht[5] ein:

„Verehrter Freund!
Die Welt wird Sie heut' nicht verschonen
Mit Gratulationen —
Auf eine mehr kommt es nicht an —
So denke ich und fange an.
Da höre ich Sie: „Das ist zu arg!
So viel Briefe! Zum Teufel mit dem Quark!"
Das verschlagt mir die Red',
Ich werde ganz blöd!
Doch freuen darf ich mich immerhin
Daß ich Ihr Zeitgenosse bin —
So gratuliere ich denn ganz still,
Ihrem treuen Ignaz Brüll"

Nach Brahms Rückkehr werden die Ehrungen fortgesetzt. Die Gesellschaft der Musikfreunde läßt von dem Bildhauer Scharf eine Brahms-Medaille gießen, von der der Meister ein goldenes Exemplar für sich selbst und eine Anzahl von Bronze-Stücken zur Verteilung an Freunde erhält. Über die Wahl der Empfänger korrespondiert er von Ischl aus mit Mandyczewski und erklärt sich einverstanden mit dessen sorgfältiger — rund 50 Namen umfassender — Liste. Brahms selbst hat in Ischl Wichtigeres zu tun. Er setzt die schon im Vorjahr mit op. 116/117 begonnene Reihe von Klavierstücken mit op. 118 und 119 fort. Hiebei handelt es sich teilweise um Stücke aus früherer Zeit, denen Brahms jedoch nun den Stempel seines Altersstils aufdrückt.

Außerdem nimmt er eine Arbeit in Angriff, die ihn schon lange gelockt hat, ohne daß er früher unter dem Ansturm schöpferischer Eingebungen die Muße gefunden hätte, sie tatsächlich auszuführen. Er, der von Jugend auf innige Liebe für Volkslieder gehegt und mit unermüdlichem Eifer Stücke gesammelt hatte, geht nun daran, jene Lieder, die ihm besonders wert sind, für eine praktische Ausgabe zu bearbeiten. Er versieht sie mit einer — trotz ihrer Einfachheit die Brahms'sche Kunst verratenden — Klavierbegleitung und ist mit geradezu philologischer Gewissenhaftigkeit bemüht, für seine Ausgaben einwandfreie Texte zu gewinnen. Er vergleicht die verschiedenen Fassungen der Gedichte und führt selbst über unwesentliche Abweichungen einen ausgedehnten Briefwechsel mit Freund „Mandy". Mit besonderem Vergnügen widmet er sich dieser Arbeit; seinen Freunden erzählt er mit einer Wärme davon, die er nie für eigenes Schaffen aufgebracht hätte, und an den Verleger Simrock schreibt er stolz: „Ich denke, sie sollen wie ein heller Sonnenschein die Berliner Philister blenden."

Da aber das große Werk der 7 mal 7 Gesänge fertig vorliegt, wird seine Freude durch ein trauriges Ereignis getrübt. Bei seiner Arbeit hat er oft mit Liebe an einen Freund gedacht, der sie besonders zu würdigen versteht. Es ist dies der hervorragende Musikhistoriker Philipp Spitta, der schon seit langer

Zeit zu Brahms' engem Kreis zählt und auch durch die Widmung der Motetten op. 74 ausgezeichnet worden war. Brahms verehrt in Spitta den genialen Bach-Biographen und bahnbrechenden Historiker (auch eine der gehaltvollsten Würdigungen des Brahms'schen Werkes stammt aus der Feder Spittas) und er weiß, daß der Gelehrte in der Frage der Volksliederausgabe mit ihm völlig eines Sinnes ist. Im Frühling 1894 sendet er ihm als erstem die Abzüge des Werkes zur Durchsicht; und er ist bis ins Innerste getroffen, da er als Antwort eine Anzeige von Spittas plötzlichem Tod erhält.

Überhaupt bringt ihm das Jahr 1894 viel des Schmerzlichsten. Am 6. Februar stirbt Billroth; mit ihm verliert Brahms jenen Freund, dem er — abgesehen von den Musikern seines engsten Kreises — wohl die größte geistige Anregung verdankt. Als Widmann ihm kondoliert, schreibt Brahms: „Sie ... sprechen mir Ihre Teilnahme aus über den Verlust des Freundes. Ich aber habe diesen seit Jahren empfunden und werde es nach Jahren wieder und stärker. Gerade jetzt aber hatte ich, und wohl viele seiner Bekannten, ein Gefühl von Erlösung. ... Sein überaus großer Tätigkeitstrieb ist ihm zwar bis zum letzten Tage geblieben, mir aber war er, wie die Schatten seiner früheren Energie und Lebensfreudigkeit, peinlich und unbehaglich ... Billroth hatte alle großen — und auch kleinen Eigenschaften, populär zu werden. Aber ich wünschte, Sie könnten, wie ich sehen, was es heißt, hier geliebt zu sein. Das kennen und können wir bei uns, Sie bei sich nicht. So offen tragen wir unser Herz nicht, so schön und warm zeigt sich die Liebe nicht, wie hier, vor allem beim besten Teil des Volks (ich meine aber: beim Volk, bei der Galerie!)."

Nur 6 Tage nach Billroths Tod erleidet Brahms abermals einen unersetzlichen Verlust; denn sein „getreuester Taktstecken", Hans v. Bülow, wird durch den Tod von qualvollstem Leiden erlöst.* Brahms ist so erschüttert, daß er es nicht über sich bringt, der Witwe direkt sein Beileid auszusprechen.

* Eine schöne Aufführung seines „Deutschen Requiem" unter Wilhelm Gerikes Leitung, der Brahms damals in Wien beiwohnte, muß ihn tief berührt haben.

Er läßt von Toni Petersen, der Tochter des Hamburger Bürgermeisters, einen Kranz besorgen, ehrt aber gleichzeitig das Andenken an den edlen Menschen Bülow, indem er je 1000 Mark an zwei Pensionsinstitute für deutsche Musiker spendet. Groß ist dann seine Empörung, als durch Simrock die Öffentlichkeit von diesen Schenkungen unterrichtet wird, und er äußert zu seinen Freunden: „Nun sehe ich aus wie ein ganz gemeiner Wohltäter."

Einen Schmerz anderer Art mag ihm auch ein Brief bereitet haben, den er im April 1894 aus Hamburg erhält. Denn nun, da er 61 Jahre zählt, wird ihm jene Stelle angetragen, die er sich als junger Mann so glühend gewünscht hatte. In den Vorstand des Hamburger Philharmonischen Orchesters sind neue Mitglieder eingezogen, die den lebhaften Wunsch hegen, das von ihren Vorgängern an Brahms begangene Unrecht gutzumachen. So bieten sie ihm nach v. Bernuths Rücktritt die Leitung der Konzerte an und erklären sich von vornherein damit einverstanden, ihn nur für ein bis zwei Jahre an der Spitze des Vereins zu sehen, falls ihm seine Schaffenstätigkeit eine längere Bindung unmöglich machen sollte. Wie es nicht anders zu erwarten war, lehnt Brahms ab, doch kann er sich hiebei die folgenden Worte nicht versagen: „Es ist nicht Vieles, was ich mir so lange und lebhaft gewünscht hätte s. Zt. — d. h. aber zur rechten Zeit! Es hat auch lange gewährt, bis ich mich an den Gedanken gewöhnte, andere Wege gehen zu müssen. Wär's also nach meinem Wunsch gegangen, so feierte ich heute etwa ein Jubiläum bei Ihnen, Sie aber wären in dem gleichen Falle, wie eben heute, sich nach einer jüngeren tüchtigen Kraft umsehen zu müssen. Möchten Sie diese finden und möchte sie mit so gutem Willen, passablem Können und ganzem Herzen bei Ihrer Sache sein, wie es gewesen wäre Ihr

sehr und hochachtungsvoll ergebener J. Brahms"

So ist diese schwerste Wunde im Herzen des Meisters noch nicht geschlossen, trotz aller ihm zuteil gewordenen Anerkennung und trotz der Abklärung des Alters. Dem Außenstehenden aber muß Brahms als glücklicher Mensch erscheinen; denn wie ganz wenigen großen Meistern ist es ihm vergönnt, nun, in seinem Alter, allgemeine Verehrung und auch wahres Verständnis zu finden. War das Jahr 1894 durch schwere Kränkungen gekennzeichnet, so steht es 1895 im Zeichen der Brahms-Feiern. Von Bedeutung sind hier bereits die Veranstaltungen im Januar in Leipzig; bringen sie doch mit besonderer Deutlichkeit den Umschwung der öffentlichen Meinung zum Ausdruck. Hier finden in einer Woche nicht weniger als drei Brahms-Konzerte statt. An zwei Kammermusikabenden gelangen neben älteren Werken die wunderbaren, im vergangenen Sommer komponierten zwei Klarinettensonaten zur Aufführung*. Ihnen folgt ein Orchesterkonzert, in dem außer der „Akademischen Festouvertüre" die beiden Klavierkonzerte hintereinander gespielt werden. Ein kühner Versuch, noch dazu an jener Stätte, wo das d-moll-Konzert vor 36 Jahren eine so vernichtende Niederlage erlitten hatte! Doch er gelingt über alle Erwartung. Dirigent ist der Komponist selbst und am Flügel sitzt Eugen d'Albert, von dessen Kunst Brahms die höchste Meinung hegt. Der geniale Pianist zählt schon seit langem zu Brahms' größten Anhängern, und seiner Begeisterung für die beiden Klavierkonzerte ist der Gedanke entsprungen, sie an einem Abend zu spielen. Kein Wunder, daß bei dem Zusammenwirken so herrlicher Kräfte die Werke einen hinreißenden Eindruck machen.

Wie warm d'Albert für Brahms empfindet, geht übrigens auch aus dem nachstehenden Schreiben hervor, mit dem sich der Pianist für die Einsendung einer Brahms-Büste (von Tilgner) bedankt[6]: „Innigsten Dank für Ihre liebenswürdigen, wohlwollenden Zeilen, die mir eine große Freude bereiteten. Überhaupt war dies eine Freudenzeit für mich — die Ankunft der reizenden Büste war ein Festtag und danke ich Ihnen für diese Sendung ganz besonders und von ganzem Herzen. Die Büste habe ich beim Schreiben stets vor mir und erinnert sie mich an die schönen, unvergeßlichen Stunden,

* Nach Lienaus „Erinnerungen" war Brahms' pianistische Leistung damals ganz hervorragend, obwohl er gerade an einem ausgedehnten Mittagessen, das bis nach 3 Uhr Nachmittag dauerte, teilgenommen hatte.

welche mir mit Ihnen zu verbringen vergönnt waren ... Seien Sie in aufrichtigster, glühendster Verehrung gerüßt von

Ihrem ganz ergebenen Eugen d'Albert"

Im September 1895 findet unter Fritz Steinbachs Leitung ein dreitägiges Musikfest in Meinigen statt, in dem der Bülow'sche Grundsatz der „großen 3 Bs" überwältigende Verwirklichung findet. Neben Brahms werden nur Werke von Beethoven und Bach gespielt und jeder Zuhörer hat die Empfindung, daß dem lebenden Meister der Ehrenplatz neben diesen Heroen der Tonkunst vollauf gebühre. Die stürmischen Huldigungen finden ihre Fortsetzung bei dem im Oktober 1895 folgenden Zürcher Musikfest, wo das „Triumphlied" vor der IX. Symphonie von Beethoven gespielt wird. Hier erfreut Brahms noch überdies eine Ehrung ganz eigener Art. In der neu erbauten Tonhalle erblickt er auf der gemalten Decke sein eigenes Bild neben dem eines Beethoven, Mozart und anderer unsterblicher Meister.

Weit tiefer aber als alle Triumphe und Auszeichnungen, unter denen noch das Brahms vom österreichischen Kaiser verliehene „Ehrenkreuz für Kunst und Wissenschaft" erwähnt sei, berührt den Meister die Handlungsweise eines unbekannten englischen Bewunderers. Der vermögende Musikfreund Adolf Behrens hatte sich stets in wärmster Weise für Brahms eingesetzt. Durch ihn war seinerzeit die englische Erstaufführung des „Deutschen Requiem" finanziert worden und mehrere Jahre später hatte er die Kosten für die Berufung des Klarinettisten Mühlfeld übernommen, um seinen Landsleuten eine Wiedergabe der letzten Brahms'schen Kammermusikwerke von berufenster Seite zu vermitteln. Nach Behrens' Tod erhält Brahms nun im April 1896 die Nachricht, daß der Verstorbene ihm als „kleines Zeichen seiner Dankbarkeit und Verehrung"[7] den Betrag von 1000 Pfund hinterlassen habe.

Brahms, der aus aller Welt mit Briefen, Anliegen und Anfragen bestürmt wird und sich sogar für lästige Schreiber eine abweisende Antwortkarte drucken läßt, weiß den Takt dieses Mannes zu schätzen, dem es, trotz seiner großen Verehrung für den Meister und seiner Tätigkeit für dessen Kunst, nie in den Sinn gekommen war, persönlich mit ihm in Verbindung zu treten. Er ist aufs „tiefste und innigste gerührt" und findet, daß man „Schöneres, Wohltuenderes nicht erleben kann". Die großzügige Spende verwendet er in der ihm angenehmsten Weise für Schenkungen aller Art. Unter anderem erhält die „Gesellschaft der Musikfreunde" 6000 fl. unter der Bedingung, daß der Spender nicht mit Namen genannt und 1000 fl. dem Museum zugeteilt würden.

Gerade um diese Zeit fällt eine so feinsinnige Huldigung bei Brahms auf besonders fruchtbaren Boden. Der Meister ist in weicher Stimmung. Claras Zustand ist höchst besorgniserregend geworden; sie hat am 26. März 1896 einen Schlaganfall erlitten. Brahms kann sich die Gefahr nicht verhehlen und muß sich mit dem Unabwendbaren vertraut machen. Als Joachim ihm seine Besorgnisse zum Ausdruck bringt, antwortet er ihm tapfer: „Ich kann nicht traurig nennen, wovon Dein Brief dann spricht. Ich habe oft gedacht, Frau Schumann könne ihre Kinder alle und mich dazu überleben — gewünscht aber habe ich es ihr nicht. Erschrecken kann uns der Gedanke, sie zu verlieren, nicht mehr, nicht einmal mich Einsamen, dem gar zu wenig auf der Welt lebt. Und wenn sie von uns gegangen ist, wird nicht unser Gesicht vor Freude leuchten, wenn wir ihrer gedenken? Der herrlichen Frau, der wir uns ein langes Leben hindurch haben erfreuen dürfen — sie immer mehr zu lieben und zu bewundern. So nur trauern wir um sie." Seine Gedanken sind ständig bei der geliebten Freundin und dies spiegelt sich in seinem Schaffen. Wie er einst nach dem Hinscheiden der Mutter sein „Deutsches Requiem" vollendet hatte, so gewinnt nun die Angst um Clara, die Ahnung ihres und auch des eigenen nahen Endes Gestalt in den „Vier ernsten Gesängen". Dieses erschütternde Werk, das Brahms selbst nie in einem Konzert anhören wollte, da es ihn zu sehr erregte, entsteht in der Maiwoche 1896 und liegt am Geburtstag des Meisters fertig vor. An diesem Tage schreibt ihm Clara noch einige nicht ganz klare Worte. Drei Tage später erleidet sie einen zweiten Schlaganfall und am 20. Mai 1896 stirbt die große Künstlerin, die wunderbare Frau und Mutter. Brahms hat den Menschen verloren, der — nach seinen eigenen Worten — die „schönste Erfahrung seines Lebens, seinen größten Reichtum und edelsten Inhalt bedeutet".

Die Nachricht von Claras Tod erhält Brahms verspätet in Ischl, da seine Wirtin das Telegramm von Wien aus als Brief weitergeschickt hat. Sofort tritt er die Reise nach Frankfurt an. In seiner Geistesabwesenheit betritt er bei einer Umsteigestation einen falschen Zug, muß ein Stück zurückfahren und kommt zu spät zum Trauerakt nach Frankfurt. Die Beerdigung selbst findet jedoch in Bonn statt; Brahms fährt daher sogleich weiter und kommt nach vierzigstündiger ununterbrochener Reise gerade zeitgerecht an, um der geliebten Freundin noch eine Schaufel Erde ins Grab zu werfen.

Die schweren Anstrengungen der Reise und mehr noch die tiefe seelische Erschütterung hinterlassen ihre Spuren im Organismus des Sechzigjährigen. Wohl ringt er sich zu äußerer Ruhe durch, nachdem er mit den rheinischen Freunden — Rudolf von der Leyen und dessen Kreis — einige ganz dem Gedenken an die Dahingegangene geweihte Tage, erfüllt von schönem, edlem Musizieren, verbracht hat. Da er aber nach Ischl zurückkehrt und die gewohnte Lebensweise wieder aufnehmen will, fallen sein verändertes Aussehen und seine gelbliche Hautfarbe allgemein auf. Schließlich faßt sich der junge Komponist Richard Heuberger ein Herz und empfiehlt Brahms dringend, einen Arzt aufzusuchen. Nun gibt der Meister selbst zu, daß er sich nicht ganz wohl fühle und läßt sich zunächst in Ischl vom Badearzt Dr. Hertzka untersuchen. Dieser konstatiert Gelbsucht und verordnet eine Karlsbader Kur; vorsichtshalber aber zieht er auch noch den berühmten Wiener Arzt, Professor Schrötter, aus dem nahe gelegenen Ebensee als Konsiliarius heran. Auch er beruhigt Brahms, doch dem besorgten Heuberger gesteht er im Vertrauen, daß er den Meister für verloren halte. Die Leber sei stark angeschwollen und sämtliche Gallengänge verstopft. Nicht lange dauert es und Leberkrebs, das gleiche furchtbare Leiden, dem schon Brahms' Vater erlegen war, tritt mit Deutlichkeit zutage.

Nachdem die Karlsbader Kur in Ischl keinen Erfolg gebracht hatte, wird Brahms nach Karlsbad selbst geschickt. Auf der Reise begleitet ihn der getreue Dr. Fellinger, der auch die letzte Zeit in Ischl mit ihm verbracht hat. Brahms schreibt darüber voller Dankbarkeit an Frau Fellinger: „Über den grünen Klee habe ich Ihren lieben Mann zu loben und ihm dankbar zu sein für seine ganz rührende Freundlichkeit ... Mir ... war sie diesmal wichtig und ich kann nicht sagen, *wie* angenehm. Ich bin nicht gern an den Körper erinnert und wäre vielleicht gar schließlich vor lauter Verdrießlichkeit in Ischl sitzen geblieben." Auch in Karlsbad umgibt ihn die Fürsorge der Freunde. Theodor Leschetizky, der berühmte Pianist, bereitet den Arzt Dr. Grünberger und Frau Anna Seling, die Besitzerin eines Hotels, in dem Brahms speisen soll, genauest auf des Komponisten Eigenheiten vor. Eduard Hanslick veranlaßt zwei in Karlsbad wirkende Musiker, Emil Seling und den Chormeister Alois Janetschek, Brahms in jeder Hinsicht an die Hand zu gehen. Manche Freunde kommen auch zu Besuch: Faber, Brüll, Kößler (ein Brahms sehr sympathischer Komponist und Kompositionslehrer aus Budapest) und Amelie Nikisch, die Frau des Dirigenten. Schließlich reist Professor Engelmann aus Utrecht angeblich aus Berufsgründen nach Österreich und fährt natürlich über Karlsbad. Als er den Freund untersucht hat, ist er sich über den Ernst der Lage vollkommen klar; dennoch will er bei Brahms nicht an die Aussichtslosigkeit des Falles glauben und schickt daher einige Monate später auch noch seinen Schwiegersohn, einen angesehenen Chirurgen, zu einer neuerlichen Untersuchung aus Holland nach Wien.

Ob Brahms selbst sich über seinen Zustand im Klaren war, muß wohl bezweifelt werden. Er, der Krankheiten stets als einen Makel empfunden hatte, ist der letzte zuzugeben, daß er nun selbst schwer leidend sei. So bewahrt er seinen guten Humor und scherzt über die „kleine bürgerliche Gelbsucht", die seinen „Rundbogenstil in Spitzbogenstil" verwandle. Frau Adele Strauß, der Gattin des Walzerkönigs, die ihm ein besorgtes Telegramm sendet, antwortet er gleichmütig[8]: „Ihr

Telegramm war ein gar freundlicher Gruß und ich danke bestens. Mit meinem Aufenthalt hier habe ich alle Ursache zufrieden zu sein — hoffentlich bleibt's so und darf auf baldiges frohes Wiedersehen hoffen Ihr herzlich grüßender J. Br." Im Grunde seiner Seele aber dürfte er das nahe Ende vorausgeahnt haben. Das einzige Werk, das im Sommer des Jahres 1896 entsteht (und erst nach Brahms' Tod im Druck erscheinen sollte), sind „Elf Choralvorspiele" für Orgel, welche in ihrer ganzen Haltung gleichsam dieser Welt entrückt sind. Und es ist von symbolischer Bedeutsamkeit, daß das letzte Stück dieses Werkes und damit auch die letzten Noten, die Brahms geschrieben hat, eine Phantasie über den Choral „O Welt ich muß Dich lassen" darstellen.

Am 2. Oktober tritt Brahms die Rückreise aus Karlsbad an, wobei Janetschek es bei den Staatsbahnen durchsetzt, daß für den berühmten Meister der Waggon geheizt wird, obwohl dies nach dem Bahnreglement erst 14 Tage später erfolgen darf. In Wien kann es sich bald niemand verhehlen, daß die Kur Brahms keinerlei Nutzen gebracht hat. Unheimlich schnell sinken seine Kräfte. Vor wenigen Monaten hatte er noch auf jeden, der mit ihm zusammenweilte, den Eindruck einer Persönlichkeit im Vollbesitz aller menschlichen und künstlerischen Kräfte gemacht. Bezeichnend ist etwa, daß der Komponist Edvard Grieg, der im März 1896 wunderbare Tage mit Brahms in Wien verbracht hatte, dem Dreiundsechzigjährigen ohne weiteres die Strapazen einer Reise nach Norwegen zutraut und — was noch mehr ist — gewaltige Neuschöpfungen von ihm erwartet. Er schreibt ihm damals [9]: „Kämen Sie nur einmal nach Norwegen! Dann würde ich Ihnen zwar nicht eine ‚tolle' * aber etwas noch Besseres, eine ‚helle Nacht' zeigen können. Und ganz sicher ... noch etwas: den geheimen Ort, wo der Schatz — Ihre V. Symphonie — verborgen liegt! Also bitte, bitte, kommen Sie! Die norwegische Natur ist groß und ernst wie Ihre schönsten Inspirationen. Sie *muß* Ihnen sympathisch sein!"

* Vielleicht eine Anspielung auf Mozarts „Figaro" mit dem Untertitel „Der tolle T a g".

Nun aber, im Herbst des gleichen Jahres, fühlt jeder, der Brahms begegnet, daß er einen schwerkranken Greis vor sich hat. Sein Äußeres ist so verändert, daß entferntere Bekannte ihn überhaupt nicht wiedererkennen. Oft schlummert er in Gesellschaft vor lauter Mattigkeit ein, er wird so mager, daß die Kleider an ihm schlottern (obwohl die treue Frau Truxa sie immer wieder heimlich enger macht, um ihm eine Gewichtszunahme vorzutäuschen), und erleidet überdies einen Schlaganfall, dessen Folgeerscheinungen die Ärzte ihm als „Gesichtsrheumatismus" erklären. Mit seiner ganzen Riesenenergie wehrt sich Brahms gegen das Überhandnehmen der Krankheit. Tapfer geht er, solange er dies noch irgendwie zu leisten vermag, spazieren; doch nach einiger Zeit ist das nicht mehr möglich und er läßt sich von den Freunden — vor allem den treuen Millers und Fabers — dazu überreden, ihnen „zur Gesellschaft" bei Wagenfahrten mitzuhalten. Auch im Freundeskreis und selbst bei Konzerten ist der vom Tode Gezeichnete noch zu sehen.

Das Weihnachtsfest 1896 verbringt er nach lieber alter Gewohnheit bei Fellingers. Am 2. Januar wohnt er einer prachtvollen Aufführung seines G-dur-Streichquintetts durch das Joachim-Quartett bei, die ihn — vielleicht auch im Bewußtsein des Abschieds von dem herrlichen Künstler-Freund — tief rührt. Joachim gelingt es, den widerstrebenden Komponisten auf das Podium zu ziehen, und dies gibt Anlaß zu stürmischen Ovationen. Noch eindrucksvoller gestaltet sich die Huldigung, die ihm die Wiener am 7. März 1897 zuteil werden lassen. Hans Richter dirigiert in einem philharmonischen Konzert die IV. Symphonie, und Brahms hört von seinem Stammplatz in der Direktionsloge der Gesellschaft der Musikfreunde zu. Bange Rührung ergreift jeden, der die vertraute, liebe Erscheinung nun so furchtbar verändert vor sich sieht. Noch einmal wollen alle dem verehrten Meister ihre Liebe und Bewunderung zum Ausdruck bringen, und so bricht nach jedem Satz ein unbeschreiblicher Beifall los. Publikum und Mitwirkende winken, jubeln, weinen mit jener Echtheit und

Herzlichkeit, die Brahms selbst den Wienern so oft nachgerühmt hat.

Dies ist die letzte öffentliche Aufführung eines seiner Werke, die Brahms erlebt. Am 13. März bringt er seinem lieben Freunde Johann Strauß noch das Opfer, der Erstaufführung von dessen neuer Operette „Die Göttin der Vernunft" beizuwohnen. Dann aber begnügt er sich mit Besuchen bei den nächsten Freunden. Bald ist ihm selbst dies zu viel. Am 24. März schreibt er an Joachim: „Es geht mir immer miserabler, jedes Wort ist mir ein Opfer, gesprochen oder geschrieben", und am nächsten Tag nimmt er das letzte Mittagessen außer Haus ein. Er besucht die ihm besonders ergebenen Millers; als Gäste sind noch der getreue „Mandy" und das „Fräulein Klarinette" anwesend. Am 26. März aber kann er das Bett nicht mehr verlassen.

Außerhalb Wiens weiß man nur wenig von Brahms' verschlechtertem Zustand. Im Februar bittet ihn Harold H. Widdop aus Bradford um die Erlaubnis, die Konzertgesellschaft seiner Heimatstadt, die bei jeder Veranstaltung ein Brahms-Werk aufführt, „Brahms-Society" nennen zu dürfen,[10] und um die gleiche Zeit ersucht ihn der Komponist Frederick Cowen,[11] für die nächstjährigen Festspiele in Cardiff ein neues Werk zu komponieren. Brahms' alte Bekannte Frau von Holstein — die als junges Mädchen eine so hübsche Beschreibung des von Schumann verheißenen jungen „Messias" in ihrem Tagebuch festgehalten hatte (s. S. 51) — erteilt dem Meister ahnungslos den Rat, doch ihrem Beispiel zu folgen und sich von Vilma von Parlaghy, die auch Kaiser Wilhelm und Bismarck gemalt hatte, porträtieren zu lassen. Scherzhaft bemerkt sie dazu[12]: „Es war sehr schwer, mich zu überzeugen, daß aus einer garstigen Frau ein hübsches Bild werden könnte, aber ich kann mich nicht genug wundern, wie die Parlaghy den Idealmenschen durchschaut ... und in das Bild legt, ohne der Ähnlichkeit zu schaden."

All das liegt schon weit ab von Brahms. Vielleicht mag er sich noch gefreut haben, als ihm eine Bekannte die ersten Veilchen aus Rolandseck schickt,[13] als Gruß vom Rhein, den der

Jüngling vor 44 Jahren mit so freudetrunkenem Herzen erblickt hatte. Und einen letzten Genuß bereitet ihm der Rheinwein aus dem Keller der alten Freunde Deichmann, mit denen er auch seit jenem seligen Jahre 1853 in Verbindung geblieben ist. Bald aber versinkt er mehr und mehr in Bewußtlosigkeit. Wenn man ihm eine Handreichung tut, rafft der zeitlebens für jeden kleinen Liebesdienst so empfängliche Meister sich noch zusammen, um zu danken; sonst aber dämmert er dahin. Ohne große Leiden haucht er am 3. April 1897, um 8.30 Uhr früh, seine Seele aus.

Das Begräbnis bringt in eindrucksvoller Weise zum Ausdruck, daß hier ein Fürst im Reiche der Töne verschieden ist. Die Stadt Wien und die eigentliche Veranstalterin der Totenfeier, die Gesellschaft der Musikfreunde, bieten alles Erdenkliche auf, den verblichenen Meister zu ehren. Doch auch die anderen wichtigen Brahms-Zentren entsenden Vertreter; es ist bezeichnend, daß diese nicht nur aus Deutschland kommen, sondern auch aus dem Ausland: aus London, dem treuen Cambridge (das Brahms 1892 nochmals das Ehrendoktorat angetragen hatte), Amsterdam, Paris und anderen Orten. In Brahms' Heimatstadt aber werden zur Stunde des Begräbnisses auf allen Schiffen im Hafen die Flaggen auf Halbmast gehißt.

Hinter dem Sarg des Meisters schreiten keine nahen Angehörigen, keine Gattin, keine Kinder. Auch von den Frauen, die sein Leben verschönten, erweist ihm als einzige Alice Barbi die letzte Ehrung.

Dennoch zieht Brahms geleitet von treuer Liebe zu Grabe. Viele warme, aufrichtige Freunde folgen dem Sarge. Dvorák und Mandyczewski, Perger und Epstein, Door und Gänsbacher, Faber und Fellinger, Miller und Simrock teilen sich in die Ehre, die Trauerfackeln tragen zu dürfen. Doch dies sind bloß einige wenige herausgegriffene Namen. Unübersehbar lang ist der Zug, der dem dahingegangenen Meister zulieb durch die Straßen Wiens zieht, gewaltig die Zahl derer, die zu beiden Seiten Spalier bilden. Sie alle aber sind nur ein kleiner Bruchteil der mächtigen Gemeinde, die an diesem Tage in allen Ländern der Erde um einen der Größten im Reiche der Tonkunst trauert.

Die Worte Agathe von Siebolds, der Jugendliebe des Künstlers, haben sich erfüllt. Keinem durfte Brahms ganz angehören; unbeweibt und kinderlos mußte er durchs Leben wandern, um *allen* Menschen den Reichtum seines Herzens, seines Geistes und seiner Kunst mitteilen zu können.

DAS WERK

KÜNSTLERISCHER WERDEGANG

Brahms' künstlerischer Werdegang vollzieht sich langsam und stetig. Dennoch zeigen sich bei genauerer Untersuchung seiner Schaffenstätigkeit mehrere Einschnitte, die an gleicher Stelle auch im Dasein des Meisters festgelegt werden konnten. Diese Marksteine seiner Entwicklung führen zur klaren Abgrenzung von vier Perioden, deren jede ihre scharf umrissene Profilierung zeigt.

Die *erste Periode* umfaßt die frühesten erhaltenen Werke bis zum Jahre 1855. Es ist die Zeit der beginnenden Freundschaft mit Joachim und Robert Schumann, der großen Leidenschaft für Clara Schumann. Dem von romantischen Empfindungen beherrschten Jüngling steht der Inhalt seiner Werke noch höher als ihre Form. Das klassische Ebenmaß der späteren Kompositionen wird man in diesen Schöpfungen aus Brahms' „Sturm- und Drangperiode" mitunter vermissen. Dagegen ist der Gefühlsausdruck oft von elementarer Stärke. Brahms ist herb bis zur Härte, liebt Schroffheiten und jähe Gegensätze, vermeidet jedes Zugeständnis an Eingängigkeit und Sinnfälligkeit; dessenungeachtet aber versteht er es doch immer wieder, durch Schlichtheit und eine zu Herzen gehende Innigkeit den Hörer aufs Tiefste zu ergreifen. Schon damals spielt das Volkslied in seinem Schaffen eine Rolle von entscheidender Bedeutung. In der Verwendung der Instrumente zeigt Brahms eine gewisse Einförmigkeit. Das Klavier ist — ähnlich wie beim jungen Schumann — sein Hauptausdrucksmittel.

Der Meister hat diese ersten Jugendwerke späterhin nie verleugnet, sich aber doch schon bald nach ihrer Vollendung in gewissem Sinne von ihnen abgewendet. Er beginnt mit Freund Joachim neuerliche Kontrapunktstudien und, als er nach der scheinbaren Ruhepause des Jahres 1855 abermals mit Kompositionen hervortritt, ist sein Stil teilweise gewandelt.

Der romantisch-überschwängliche Jüngling ist — wie im Dasein, so auch im Schaffen — abgeklärter, ruhiger geworden. Vielfach lehnt er sich nun direkt an klassische Vorbilder an. Den Werken der *zweiten Periode* fehlt das Eruptive, Gewaltsame der frühesten Schöpfungen. Sie sind milder, versonnener, weicher, traulicher. Das für Brahms so bezeichnende Hell-Dunkel, jene eigenartig gebrochenen Stimmungen, halten ihren Einzug. Den wunderbaren Ausgleich zwischen romantischem Sehnen und klassischer Ruhe hat Brahms in dieser Zeit noch nicht gefunden und es ist bezeichnend für diese Periode, daß er (was er später niemals tat) mehrfach Werke von einer Gestalt in die andere umgießt. Als Beispiel sei nur das f-moll-Klavierquintett genannt, das ursprünglich als Streichquintett, dann als Sonate für zwei Klaviere und erst zuletzt in der endgültigen Fassung geschrieben wird. Wie Brahms rein äußerlich in jener Zeit noch nirgends eine bleibende Statt hat und häufig seinen Wohnsitz ändert, so ist auch sein Stil noch nicht völlig abgeklärt. Es ist eine Periode mit deutlichen Merkmalen der Übergangszeit: Jugendkraft gepaart mit allen Anzeichen der baldigen Reife. Und in diesem Sinne ist es auch zu verstehen, daß Brahms damals vorwiegend die Kammermusik pflegt. Das Klavier, das ihn in der ersten Periode so stark fesselte, vermag ihm nicht mehr allein zu genügen; doch den Weg zu den großen Chor- und Orchesterformen erschließt er sich nur schrittweise.

Die nun folgende *dritte Periode* wird man wohl am besten mit der Ausarbeitung des „Deutschen Requiem" beginnen lassen, des ersten großen Chorwerkes, das Brahms vollendet hat, und gleichzeitig auch der ersten Schöpfung, welche seinen Namen in weiteste Kreise trug. Zwar liegt die Arbeit an dieser Komposition teilweise ein Jahrzehnt und länger zurück; ihre endgültige, entscheidende Prägung aber erhält sie doch erst um die Mitte der Sechzigerjahre, etwa zu der gleichen Zeit, da Brahms auch in sein äußeres Leben eine gewisse Ordnung bringt, indem er seinen Wohnsitz dauernd in Wien aufschlägt. In dieser dritten Periode ist des Meisters Kunst zur vollen Reife gelangt. Jene einzigartige Bindung vom Geist des

16. und 17., des 18. und 19. Jahrhunderts, von Vorklassik, Klassik und Romantik, die wir als ausgesprochen Brahmsisch empfinden, steht nun in höchster Entfaltung da. Die formale Meisterschaft hält jetzt der inhaltlichen vollauf die Wage. Auch im Gebrauch der Klangmittel hat Brahms den Gipfel seiner Entwicklung erreicht; sämtliche große Orchester- und Chorkompositionen des Meisters fallen in diese Periode. Mehr und mehr wird geistige und seelische Konzentration zum Leitsatz der Werke. Brahms sagt alles so knapp, so prägnant wie nur möglich. An Kraft, herber Verschlossenheit, ja mitunter tragischer Gewalt haben die Kompositionen hierdurch nur gewonnen. Auch der Gesamtstimmungsgehalt der Werke wird allmählich um einige Grade ernster. Jene eigenartig glanzlosen, von unbestimmter Traurigkeit erfüllten Stücke, die zu dem Gesamtbild des Brahms-Werkes als wesentlicher Bestandteil gehören, werden immer häufiger. Bezeichnend ist es auch, daß das überschäumend fröhliche Scherzo der Jugendzeit zurücktritt, um ruhigeren, stilleren Bildungen Platz zu machen.

Im Jahre 1890, nach der Vollendung seines G-dur-Quintetts, hat Brahms das Gefühl, daß seine schöpferische Kraft versiegt sei. Er sieht sein Lebenswerk als beendet an und setzt um diese Zeit (im Frühling 1891) auch sein Testament auf. Nun will er nurmehr Ordnung in ältere, noch unveröffentlichte Arbeiten bringen, Wertloses vernichten, anderes für die Herausgabe fertigstellen. Doch Brahms hat zu früh Verzicht geleistet. Bald regt sich der Schöpfertrieb von neuem und es entstehen nun Werke, die in mancher Hinsicht von den früheren Kompositionen des Meisters abweichen. Brahms' Stil in der *vierten Periode* ist noch ernster, zurückhaltender, naturhafter geworden. Große Orchester- und Chorwerke fehlen gänzlich; der Meister kehrt zurück zu den Kammermusik-, Klavier- und Gesangkompositionen der Jugend. Die technische Verfeinerung ist noch gewachsen, die geistige Konzentration stärker geworden, da Brahms die äußere Breite abbaut. Die Inspiration hat vielleicht etwas an Frische verloren, doch bis zuletzt ist kein Nachlassen, sondern fast noch eher eine Steigerung von seelischer Potenz und formaler Gestaltungskraft zu beobachten.

Im folgenden sollen die Werke des Meisters, nach Gattungen gegliedert, in der Reihenfolge ihrer Entstehung an uns vorüberziehen. Indem so jene Kompositionen, die sich gleicher Ausdrucksmittel bedienen, zusammengefaßt werden, ergibt sich die Möglichkeit, die stilistischen Wandlungen, welche sich von Periode zu Periode vollziehen, mit besonderer Deutlichkeit hervortreten zu lassen.

KLAVIERWERKE

Den Auftakt zu den Klavierwerken des jungen Brahms bildet das im Jahre 1851 komponierte *es-moll-Scherzo* op. 4. In mehr als einer Hinsicht steht hier der Achtzehnjährige noch auf den Schultern seiner Vorgänger. Die versteckte Übereinstimmung mit dem Beginn des Chopinschen b-moll-Scherzos (Brahms T. 10 ff., Chopin T. 1 f.) fällt dabei kaum ins Gewicht; schon eher die Entlehnung eines Hauptgedankens (T. 45 ff.) aus der Ouvertüre zu Marschners „Hans Heiling". Und schließlich weist die von Brahms sonst kaum geübte Verwendung von 2 Trios auf Schumann oder dessen Kreis hin. Dessen ungeachtet zeigt schon dieses Erstlingswerk unverkennbar Brahms'sche Züge. Zunächst in seinem kraftvoll-männlichen, herb-fröhlichen Geist. Dann in seiner Kunst, verschiedene Teile eines Stückes organisch zu verknüpfen. Man beachte nur, wie im Scherzo das 2. Thema mit dem 1. durch das gleiche gehämmerte Motiv verbunden wird, oder wie im 2. Trio (T. 80 ff.) ein Gedanke aus dem 1. Trio (T. 38 ff.) wieder auftaucht. Und nicht zuletzt spricht die Eigenart des Meisters aus der bald streicher-, bald bläsermäßigen Erfindung, die im Verein mit den Oktavgängen und dem vollgriffigen, weite Spannungen erfordernden Klaviersatz den Eindruck erwekken, Brahms habe im Grunde den Klavierauszug einer Orchesterkomposition niedergeschrieben. Sieht man von dem Fehlen der bei Brahms seit der Komposition seiner Klaviersonaten so beliebten Terzen- und Sextengänge, sowie der rhythmischen Verschiebungen innerhalb der beiden Hände ab, so finden sich im Scherzo schon die wesentlichen Züge der von dem Meister in seinen beiden ersten Schaffensperioden angewandten Klaviertechnik.

Dem es-moll-Scherzo läßt Brahms den mächtigen Block der drei Klaviersonaten folgen. Das früheste dieser Werke ist die im November 1852 entstandene *Sonate in fis-moll op. 2*, aus der uns der blonde Jünglingskopf des begeisterten Anhängers von Jean Paul noch klar erkennbar entgegenblickt. Der Ausdruck jugendlichen Überschwangs, der Leidenschaft und trotzigen sich Aufbäumens steht hier neben zart verhaltenen, innigen Weisen im Volksliedton und träumerisch verschwommenen Stimmungsbildern. In dieser Sonate verleugnet Brahms, obwohl er rein äußerlich den Formidealen eines Haydn, Mozart und Beethoven nachstrebt, doch nicht einen Augenblick seine innige Verbundenheit mit der Romantik. Wer etwa den titanischen Beginn des 1. Satzes (T. 1—15) betrachtet, wird davon mehr den Eindruck einer rhapsodischen Einleitung als den des konstruktiv so bedeutsamen Hauptthemas eines Sonatensatzes gewinnen. Ebenso zeigt der Sostenutoteil am Beginn und Schluß des Finale, in welchem das von Brahms sonst ängstlich vermiedene Passagenwerk sein Wesen treibt, des Künstlers Streben, die hier noch als Fesseln empfundenen formalen Bindungen durch Einfügung impressionistisch-verschwommener Partien aufzulockern. Doch der Meister wäre nicht er selbst, wenn er andererseits nicht auch strebte, gegen das romantische Zerflattern der Form ein Gegengewicht zu schaffen. Dies geschieht zunächst durch die für ihn so charakteristische kontrapunktliche Verbindung verschiedener Themen (vgl. etwa 1. Satz T. 162 ff.) — ein Weg, den späterhin auch Wagner in seinem „Meistersinger"-Vorspiel einschlagen sollte —, dann aber durch die Anwendung des uralten Prinzipes des thematischen Zusammenschlusses der Sätze, das Brahms im 19. Jahrhundert bei Liszt vorgebildet fand. Das Andante, vielleicht der kostbarste Satz der Sonate, bringt drei freie Figuralvariationen über einen schlichten, innigen Gedanken, der durch das Winterlied eines deutschen Minnesängers (Kraft von Toggenburg) angeregt wurde. Das Thema des Scherzo aber ist im Grunde eine neue Variante dieses Gedankens. Und ebenso besteht eine gewisse Verwandtschaft zwischen dem Kopfthema der „Introduzione" des Finale und dem Kopfthema des 1. Satzes. Überall sehen wir das romantische Überquellen der Phantasie im Kampfe mit einem an klassischen Vorbildern geschulten Formsinn. Und gerade durch diese nicht immer zum Ausgleich gebrachten Gegensätze wirkt die Sonate besonders liebenswert.

Im Januar 1853, kurz bevor Brahms Hamburg verließ, entstanden der 1., 2. und 4. Satz der *Klaviersonate in C-dur;* das Andante hatte Brahms schon im vorangehenden Jahre geschrieben. Dieses Werk hat nun Brahms endlich wert erachtet, als sein op. 1 in die Welt hinauszugehen. Mit Recht; denn an Einheitlichkeit und Geschlossenheit — wenn auch nicht an musikalischem Wert — ist es der älteren fis-moll-Sonate unbedingt überlegen. Dies gilt vor allem von dem kraftvoll-lebensbejahenden 1. Satz, der ein entschiedenes Bekenntnis zu Beethoven ablegt. Der Anklang des 1. Themas an den Beginn der Hammerklaviersonate ist gewiß nur ein Zufall, doch ihm kommt symbolhafte Bedeutung zu. Wie der freudige Hauptsatz erst in C-dur und gleich darauf einen Ton tiefer gebracht wird (vgl. Waldsteinsonate!), wie die Überleitungspartie aus der kontrapunktischen Verarbeitung dieses Gedankens Nahrung schöpft, wie der innige Seitensatz wirkungsvoll vorbereitet wird, die spannungsreiche Durchführung und die der Reprise angehängte, gewaltige Coda: all dies ist im Geiste des Titanen erfunden. Der wundervolle, lyrisch gelöste 2. Satz, der mit dem Andante der fis-moll-Sonate die innigste Verwandtschaft zeigt, bringt freie Figuralvariationen über ein „altdeutsches Minnelied" („Verstohlen geht der Mond auf"), mit dem sich der Meister auch später noch mehrfach beschäftigt hat. In der von Brahms so geliebten Art eines Zwiegesanges zwischen Vorsänger und Chor wird die schlichte, volksliedmäßige Weise, der Brahms sogar Textworte unterlegt hat, zum Vortrag gebracht. So einfach still dieses Stück ist, so laut, fast rüpelhaft-heiter wirkt das anschließende Scherzo. Nicht ganz unbegreiflich ist es, daß der leidende Schumann vor diesem Satz erschrak, wenn ihn auch der wunderbar romantische Aufschwung des Trios (Più mosso) aufs tiefste ergriffen haben muß. Im Finale — einem Rondo mit Coda — kehrt das Hauptthema des 1. Satzes in rhythmischer Veränderung wieder. Auch in das tolle, von stärkster Lebenskraft erfüllte Treiben dieses Satzes bringt ein schlicht volksliedmäßiger Gedanke (a-moll, 6/8-Takt) einen vorübergehenden Ruhepunkt. Brahms selbst äußerte, daß er hiezu durch das Burns'sche Gedicht „Mein Herz ist im Hochland" angeregt wurde, welches auch Schumann vertont hat.

Den Abschluß und Höhepunkt des Brahms'schen Klaviersonatenwerkes bildet die *Sonate in f-moll op. 5*. Ihr 1., 3. und 5. Satz entstanden im Oktober 1853, der 2. und 4. Satz schon früher. In der formalen Anlage zeigt die Sonate ein bedeutsames Experiment. An die Stelle der üblichen Viersätzigkeit ist die im alten Divertimento gebräuchliche Fünfzahl der Sätze getreten. Die Tempofolge lautet nun rasch-langsam-rasch-langsam-rasch, was umso symmetrischer wirkt, als die beiden langsamen Sätze thematisch verwandt sind. Fast möchte man es beklagen, daß Brahms diesen so schön geschlossenen Formtypus späterhin in seinen Sonaten nicht mehr zur Anwendung gebracht hat. Der Einleitungssatz der Sonate wird von dem Ausdruck unbeugsamer Energie getragen. Wie von Cyklopenhänden aus Stahl geschmiedet erscheinen gleich die ersten Takte, deren Hauptmotiv (T. 1, zweites und drittes Viertel) in sinngemäßer Abwandlung den ganzen Satz beherrscht. Hat man erst die im 7. und 23. Takt eingeführten Themen als Varianten dieses Motivs erkannt, so muß man die ungeheure Konzentration dieses Satzes bewundern, die Brahms selbst erst wieder in seinen reifsten Werken erreicht hat. Und vor allem: wie gewaltig ist der Weg, den Brahms im Laufe eines einzigen Jahres von dem phantastisch zerflatternden Einleitungssatz der fis moll Sonate zu diesem dramatisch-komprimierten Stück zurückgelegt hat! Der 2. Satz ist wieder in der Stimmung den langsamen Sätzen der beiden ersten Sonaten nahe verwandt. Es ist ein innig träumerisches Notturno, dessen Gefühlsgehalt durch einen vorangestellten Vers aus einem Liebesgedicht des Dichters Sternau angedeutet wird. Es ist nicht unbegreiflich, daß der ergreifende Abgesang des „Andante molto" Wagner, der die Sonate 1863 hörte, in den Sinn kam, als er in den „Meistersingern" die schöne Stelle schrieb: „Dem Vogel der da sang, dem war der Schnabel wohl gewachsen." Dem Scherzo mit sehnsüchtigem Trio folgt als 4. Satz das Intermezzo („Rückblick"), das den veränderten Hauptgedanken des 2. Satzes aufnimmt. Die für Brahms' Frühwerke so charakteristische, orchestermäßige Erfindung ist in diesem Satz besonders ausgeprägt. Immer wieder meint man hier Pauken, Bässe, Holzbläser, Streicher oder ein Orchestertutti herauszuhören. Das in freier Rondoform gehaltene Finale bringt in Beethovenschem Sinn den siegreichen Abschluß des Werkes. Aus verschiedenen kontrastierenden Gefühlen ringt es sich langsam, doch mit unwiderstehlicher Kraft zum gewaltigen Triumphe durch. Einen so ungebrochen, freudig-lebensbejahenden Abschluß hat nur der junge Brahms seinen Werken zu geben verstanden. Der ältere war hierzu zu skeptisch, zu resigniert.

Mit der gewaltigen dritten Sonate nimmt Brahms von der Klaviersonate endgültig Abschied. Er hatte ihre Probleme von verschiedenen Seiten beleuchtet und im Rahmen seiner damaligen künstlerischen Anschauungen auch zu einer restlos befriedigenden Lösung geführt. Nun lockte eine neue Aufgabe, die für sein Schaffen von kaum geringerer Bedeutung werden sollte: die Variationenkomposition. Und als er ein Jahrzehnt später auch diese Gattung bezwungen haben sollte, da hatte für den zu voller Reife entwickelten Meister die Klavierkomposition als solche an Interesse eingebüßt. Nun behielt er die mehrsätzige Sonatenform der Kammermusik und dem Orchesterwerk vor, während er für das Klavier nur mehr kleinere einsätzige Gebilde schrieb.

Schon im Frühjahr 1853, während der Konzertreise mit Reményi, waren — wie V. Luithlen nachgewiesen hat — die *Variationen über ein „Ungarisches Lied"* entstanden, welche als op. 21/2 im Druck erschienen. Sie sind nicht nur Brahms' erstes selbständiges Variationenwerk, sondern auch die erste Komposition, in der der Meister die ungarische Volksmusik, die für sein ganzes ferneres Schaffen von größter Bedeutung werden sollte, zu künstlerischer Gestaltung heranzog. Das rassige Thema, in dem regelmäßig 3/4- mit 4/4-Takten abwechseln, wird in einer Reihe charaktervoll herber Veränderungen abgewandelt. Brahms' Kunst, die einzelnen Variationen folgerichtig auseinander hervorgehen zu lassen und die kurzen Stücke zu organisch geschlossenen Gruppen zusammenzuschließen, ist schon in diesem Erstlingswerk voll ausgebildet. Besonders deutlich wird dies in den letzten 5 Variationen, die das Tempo beständig steigern, bis endlich im „doppio movimento“ die markige Coda einsetzt. Rein technisch haftet Brahms in diesen Variationen mit absoluter Gewissenhaftigkeit an der Melodie des Themas. Sie wird bald in den Baß gewiesen, bald nach Moll gewendet, bald werden einzelne ihrer Intervalle abgeändert oder durch eingestreute Zwischennoten unterbrochen: immer aber bleibt das Gerippe der Melodie erhalten und deutlich erkennbar.

Im Sommer des Jahres 1853 machte Brahms die Bekanntschaft des Ehepaares Schumann, die sich bald zu innigster Freundschaft steigerte. Den künstlerischen Ausdruck der Gefühle, die der junge Meister für das Künstlerpaar hegte, bilden seine im Juni (No. 1—9 und 12—16) bzw. am 12. August (No. 10 und 11) des Jahres 1854 geschriebenen *Variationen über ein Thema von Robert Schumann* op. 9, welche im Autograph die Überschrift tragen: „Kleine Variationen über ein Thema von Ihm, Ihr zugeeignet.“ Das ganze Werk stellt eine Huldigung an das geliebte Künstlerpaar dar, und es ist bezeichnend, daß Brahms am 12. August, dem Namenstag Claras, die letzte Hand an die Komposition legte. Nicht bloß in der Wahl des Themas, das Schumanns 1. Albumblatt aus op. 96 entstammt, auch nicht in der Tatsache, daß Brahms' 9. Variation eine Paraphrase des 2. Schumann'schen Albumblattes darstellt und daß im 30. Takt der 10. Variation das Thema Clara Wiecks aus Schumanns Impromptus op. 5 (No. 1, Takt 17 ff.) anhebt, liegt der volle Ausdruck der Hinneigung des Jünglings zu seinen geliebten Freunden; wichtiger ist es noch, daß dieses quellend lebensvolle, gefühlsdurchtränkte Werk auch in seiner ganzen formalen Anlage den Spuren Schumann'scher Kunst, wie sie sich insbesondere in den symphonischen Etüden ausspricht, folgt. Es sind Phantasievariationen, die weder an der Periodik, noch an der Harmonik des Themas strenge festhalten und sich damit begnügen, in freier

Weise an seine Melodie anzuknüpfen. Doch nicht nur die Oberstimme, auch der Baß des Themas wird in 3 Variationen (No. 2, 10, 16) abgewandelt, wobei er auch seinerseits mitunter zur Oberstimme wird. Außerdem läßt Brahms nach dem Vorbild der Bach'schen Goldberg-Variationen alle Künste der Kontrapunktik spielen: No. 8 bringt einen Kanon in der Oktave, No. 14 einen Kanon in der Sekunde und No. 15 einen Kanon in der Sexte. In No. 10 aber wird die Melodie (die ursprüngliche Baßstimme des Themas) sogar als Spiegelkanon gebracht: jedes Intervall, das die Oberstimme abwärts einschlägt, wird im Baß durch ein gleiches aufwärts beantwortet und umgekehrt. Gleichzeitig aber bringen die Mittelstimmen das Thema in der Verkleinerung. Dabei enthält dieses Nonplus-ultra an Kontrapunktik, welches zusammen mit der 11. Variation an einem einzigen Tag entstand, im Autograph die Überschrift: „Rosen und Heliotrop haben geblüht." Es beleuchtet blitzartig die Wesensart des jungen Brahms, daß er sich auch von einer durchaus romantischen Vorstellung zu Gebilden von strengster Gestaltung inspirieren ließ.

Um Schumann eine Freude zu bereiten, sandte ihm Brahms die Variationen nach Endenich. Unter dem ersten Eindruck der Komposition entwarf der leidende Meister auf einem Zettel, der noch verschiedene andere Eintragungen und Briefkonzepte enthält, ein impulsives Dankschreiben. Da dieser bisher unbekannte Brief in der Hauptsache eine Besprechung der Brahms'schen Variationen enthält, sei er an dieser Stelle wiedergegeben:

„Geliebter Freund!

Welchen Hochgenuß hast Du mir durch Deine Variationen geschenkt. Meine Clara schrieb mir schon von dem Entzücken, das sie davon gehabt. Daß Du (Dich) in contrapunctische Studien vertieft, davon that jede Variation Kunde. Wie innig, wie eigenthümlich klingt mit Meisterausdruck, wie genial jede! Wie gern möchte ich (sie) von Dir oder Clara hören. Dann die herrliche Abwechslung! Die 3te, die 4te, die 5te, die 6te mit dem Rückgang im 2ten Theil. Das folgende Andante wie innig; die 8te mit dem herrlichen 2ten Theil. Dann die 9te, wie entzückend in den Formen; die 10te, wie kunstreich, wie innig; wie eigenthümlich und zart die 11te und die überaus geistreich sich anschließende 12te. Dann die 13te und die süßen metaphisischen Klänge; dann das Andante, wie kunst- und geistreich der Canon in der Secunde und dann die 15te in Ges-dur und die herrlich in Fis-dur austöhnende und beglükkende (16te). Wie hat Dir meine Clara für die Zueignung und ich für die Deinige zu danken! Daß Du Deine kostbare Zeit meiner Clara so viel schenkst, dafür habe innigen Dank. Schreibe mir; ich würde beglückt sein.

Dein verehrender Freund Robert"

Schumann hat dieses Schreiben nicht zur Absendung gebracht. Der Dankbrief, den er tatsächlich am 27. November 1854 an Brahms sandte, ist wohl in der Form sorgfältiger ausgefeilt, geht aber dafür viel weniger auf die Einzelheiten der Komposition ein und trägt auch nicht mehr so deutlich den Stempel der ersten Begeisterung.

Dem gleichen Sommer des Jahres 1854 verdanken auch die *4 Balladen* op. 10 ihre Entstehung. Ihre erste, welche den Stoff der schottischen Dichtung „Edward" vertont, wird besonders häufig gespielt. Mit Recht! Denn schon allein das von vollem Gelingen begünstigte Unterfangen, die Katastrophe im Mittelteil in *Dur* zu schildern oder die den Nachgesang (Tempo 1) mit zuckender Unruhe erfüllenden nachschlagenden Triolen, zeigen die Hand des Meisters. Um wieviel weniger war der reife, ruhigere und stillere Brahms dem unheimlich dämonischen Stoff gewachsen, da er ihn ein Vierteljahrhundert später zum zweitenmal vertonte (op. 75/1)! Auch in den anderen Stücken finden sich Kostbarkeiten. Man vergleiche nur das Intermezzo (No. 3) mit dem ihm inhaltlich verwandten es-moll-Scherzo. Wieviel knapper, gedrängter und dabei wirkungsvoller ist Brahms' Ausdrucksweise in der kurzen Zeit von nur 3 Jahren geworden. No. 2 fesselt ebenso durch den innigen Gesang seines Hauptteiles, wie durch den koloristisch interessanten Mittelteil (H-dur). No. 4 steht in der Stimmung Schumann nahe. Auch in der Vereinfachung der pianistischen Technik mag man des älteren Meisters Einfluß erblicken.

Die Balladen sind das letzte Klavierwerk aus Brahms' erster Schaffensperiode. Er beginnt neue Kompositionsstudien, um in die mühelose Polyphonie der Alten, die ihm trotz allem, was er hierin schon selbst geleistet hat, noch immer als Ideal erscheint, tiefer einzudringen. Nur wenig von diesen Übungswerken hat sich erhalten. Zu ihnen zählen die 1855 geschriebenen 2 Giguen und 2 Sarabanden, die zeigen, wieweit sich Brahms in den Stil J. S. Bachs eingelebt hat. Als selbständige Kompositionen sind diese Stücke nicht zu werten. Immerhin verdient es erwähnt zu werden, daß Brahms der 1. Sarabande wesentliche Gedanken für den langsamen Satz seines fast drei Jahrzehnte später entstandenen Streichquintetts op. 88 entnommen hat.

In seine neuen Kompositionsstudien hat Brahms auch die Variationenform einbezogen. Er strebt, wie es in einem Brief an Joachim vom Juni 1856 heißt, eine „strengere, reinere" Form der Variierung an. Was er darunter versteht, zeigt er mit seinen ungefähr gleichzeitig entstandenen *Variationen über ein eigenes Thema* op. 21/1. Das Festhalten an der Melodik des Themas (oder auch seines Basses), welches für die Variationswerke der ersten Periode charakteristisch war, ist hier völlig außer Acht gelassen. Dagegen wird in diesem herbstimmungsvollen Werk, das mit dem Spiegelkanon seiner 5. Variation abermals einen Vorstoß in das Gebiet der Kontrapunktik unternimmt, der Periodenbau und die Harmonik des Themas in allen Variationen streng beibehalten. Brahms' mehrfach in Briefen und beim Unterricht seines Schülers Jenner geäußerte Forderung, daß der Baß als Träger der Harmonie, oder einfacher gesprochen, der harmonische Bau des Themas in den Variationen deutlich erkennbar sein müsse, ist in diesem Werk erstmalig verwirklicht.

Auf der vollen Höhe seiner Variationskunst steht Brahms endlich mit den 1861 geschriebenen *Variationen über ein Thema von Händel* op. 24. In diesem Werk sind erstmalig die

Variationsprinzipien der älteren Kompositionen vereinigt. Bei der überwiegenden Mehrzahl der 25 Veränderungen des Händel'schen Gedankens wird Harmonik und Periodenbau des Themas sorgfältig gewahrt, gleichzeitig aber auch seine Melodik berücksichtigt. Und gerade in den strengen Bindungen, die sich der Meister damit auferlegt, schafft er mit einem Reichtum an Phantasie und einer überlegenen Meisterung aller Mittel, die der Komposition innerhalb des gesamten Brahms'schen Klavierwerkes eine Sonderstellung sichern. Man weiß nicht, was hier größere Bewunderung verdient: die logische Aufeinanderfolge der einzelnen Variationen oder ihr fester, organischer Zusammenhalt, das verinnerlichte geistige Leben des Werkes oder seine rein pianistisch-technische Wirksamkeit. Von der ruhig fröhlichen, noch in Händel'schem Geist gehaltenen 1. Variation über die beiden sanft verschleierten Mollstücke (No. 5 und 6), die Fanfarenvariationen (No. 7 und 8), den zarten Canon (No. 16), die Siciliana (No. 19), das Spieldosenstück (No. 22) und die große Schlußsteigerung (No. 23—25) bis zu der mächtigen, krönenden Fuge: ein Meisterstück, in dem sich Gesetzmäßigkeit und Freiheit auf das wunderbarste die Wage halten.

Im November des Jahres 1861 schrieb Brahms sein erstes vierhändiges Klavierwerk, die *Variationen über ein Thema von R. Schumann* op. 23. Das Thema ist Schumanns „letzter Gedanke", den der geistig umnachtete Künstler am 27. Februar 1854 kurz vor seinem Selbstmordversuch niederschrieb, da er glaubte, daß ihm die Geister Mendelssohns und Schuberts den Gedanken zur Variierung übertragen hätten. Das Werk Brahms' ist in jeder Hinsicht als Ehrung für den dahingeschiedenen Freund gedacht. Das Variationsprinzip der Händel-Variationen gelangt wohl grundsätzlich auch hier zur Anwendung; es ist jedoch durch eine von Schumann entlehnte größere Freizügigkeit in der Anlage der Veränderungen gemildert, so daß eine gewisse Annäherung an die älteren Schumann-Variationen zu beobachten ist. Die wehmütig-weiche Grundstimmung des Themas wird in den Veränderungen weitestgehend gewahrt. Und wenn als letzte Variation der triumphal gesteigerte Trauermarsch einsetzt, so scheint es, als riefe Brahms dem verklärten Freund die Worte seines Requiem zu: „Der Tod ist verschlungen in den Sieg."

Den Abschluß der Variationswerke dieser zweiten Epoche bilden die *Variationen über ein Thema von Paganini* op. 35, mit dem Obertitel „Studien für Pianoforte". Diese in den Jahren 1862/63 über ein anspruchsloses, im Grunde kaum mehr als ein harmonisches Gerippe bietendes Thema komponierten Variationen sind die Frucht der technischen Exerzitien, welche Brahms im Verein mit dem Pianisten Carl Tausig bei seinem ersten Wiener Aufenthalt angestellt hat. Die klassische Variierungstechnik des op. 24 ist hier wieder in ihre Rechte eingesetzt. Künstlerisch aber ist es diesen 2 Heften von je 14 Variationen nicht um einen Wettstreit mit dem älteren Werk zu tun. Alle Schwierigkeiten der Brahms'schen Klaviervirtuosität: Terzen-, Sexten- und Oktavengänge, rhythmische Gegeneinanderführungen beider Hände, Glissandi und gewaltige Sprünge, sind hier aufgeboten, um den Ausführenden in jeder einzelnen Variation vor neue technische Aufgaben zu stellen. Auch die eingestreuten Ruhepunkte, wie No. 11 der ersten Serie oder No. 4 der zweiten, ändern nichts an dem Hauptcharakter. Es ist ein Studienwerk voll Brillanz und Konzertwirksamkeit, in dem ausnahmsweise einmal der Geist in den Dienst der Technik gestellt ist.

Im Anschluß an die Paganini-Variationen sei der Klavierstudienwerke gedacht, in denen Brahms auf eine eigentlich schöpferische Tätigkeit verzichtet und sich mit der Rolle des Bearbeiters fremder Kompositionen bzw. des Erfinders sinnreicher Fingerübungen begnügt. Ihrer Entstehung nach verteilen sich diese Stücke über des Meisters ganze Schaffenszeit. Sie dienen bald der Entwicklung des Sextenspieles (Etüde nach Chopin), bald der gleichmäßigen Ausbildung beider Hände (Presto nach Bach), bald der Technik der linken Hand (Rondo nach Weber, Impromptu nach Schubert) oder ihrem Solospiel (Chaconne nach Bach). Die „51 Übungen für das Pianoforte" enthalten die technische Quintessenz des Brahms'schen Klavierstils und leisten für das Training beider Hände, besonders zu völliger gegenseitiger Unabhängigkeit, wertvollste Dienste. Übrigens hat Brahms für eigene Studien- oder Unterrichtszwecke weit mehr Übungen geschrieben, als er tatsächlich veröffentlichte. So finden sich etwa in einem Manuskript aus dem Besitze des Pianisten Paul Wittgenstein neben gedruckten Stücken noch folgende Übungen zur Förderung der Daumen-

Beispiel 1: Übungen für die Daumentechnik

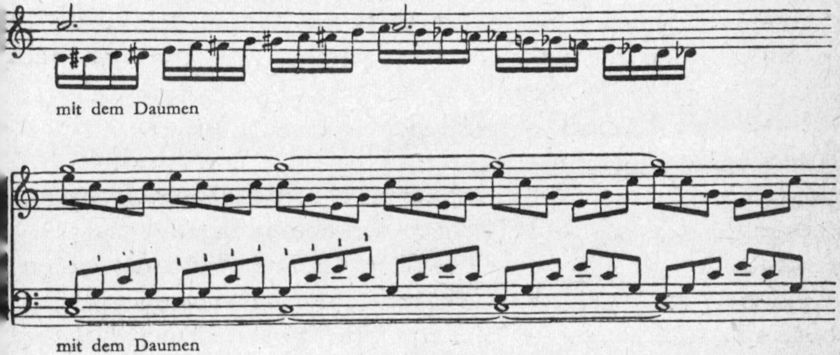

technik und Spannweite (Notenbeispiel 1). Brahms' Humor zeigt sich in dem Titel, da er diese trockenen Übungen — in Anlehnung an die bekannte Dichtung E. T. A. Hoffmanns — mit der Überschrift „Fantasiestücke in Callots kühnster Manier" versieht. In diesem Zusammenhange sei auch der Kadenzen zu Konzerten von Bach (d-moll), Mozart (G-dur, d-moll) und Beethoven (G-dur, c-moll) gedacht. Bei allem Einfühlungsvermögen tritt in ihnen die Persönlichkeit und vor allem die technische Eigenart ihres Autors doch stets stark zutage. Der Vollständigkeit halber sei auch die für Clara Schumann angefertigte Bearbeitung einer Gavotte aus Glucks „Paris und Helena" erwähnt, ein Stück, bei dem Brahms' orchestermäßiger Klaviersatz eine glückliche Anwendungsmöglichkeit findet.

Im Winter 1863/64 verfertigte Brahms nach seinem 1862 geschriebenen Streichquintett in f-moll eine *Sonate* für zwei Klaviere, op. 34b. Die dritte und endgültige Redaktion als

Klavierquintett wird uns noch beschäftigen (vgl. S. 242); hier sei nur der besonderen Eigenschaften des Klavierwerkes gedacht. Man wird ihm den Vorwurf nicht völlig ersparen können, der auch gegen die von Brahms selbst verworfene reine Streicherfassung erhoben wurde: daß das Stück nicht immer „klingen" will. Die beiden Klaviere heben sich naturgemäß koloristisch nicht voneinander ab und der Reichtum der Erfindung des umfangreichen viersätzigen Stückes wird durch die gelegentlich unvermeidliche, allzu gleichmäßig dicke Farbgebung zugedeckt. Zu voller Wirkung konnte das kostbare Stück erst in der endgültigen Fassung für zwei kontrastierende Klanggruppen gelangen.

Mit den Paganini-Variationen hat die titanische Technik von Brahms' Jugendzeit ihren Höhepunkt und Abschluß gefunden. Wie der ältere Brahms zu seinen Frühwerken stand, beleuchtet schlaglichtartig ein in den Sammlungen der Gesellschaft der Musikfreunde bewahrter Sammelband der ersten Klavierwerke, der zahlreiche Eintragungen von des Meisters Hand enthält. Bei einer Stelle im Scherzo der fis-moll-Sonate, welche besonders große Spannungen erfordert, vermerkt er „più facile" und macht Andeutungen einer technischen Erleichterung. Das Passagenwerk in der Introduzione des Finale der gleichen Sonate apostrophiert er mit mehreren unwilligen „NB" (Nota bene). Und die allzu-kunstfertige 10. Veränderung der Schumann-Variationen op. 9 stattet er außer mit „NB" auch noch mit einem Fragezeichen aus. Restlos Gnade finden vor seinen Augen nur die Balladen und die Händel-Variationen.

Die Komposition, mit der er innerhalb seines Klavierwerkes die dritte Schaffensperiode eröffnet, ist weder schwer auszuführen noch schwer zu verstehen. Es ist ein harmlos-liebenswürdiger Zyklus von 16 vierhändigen *Walzern*, die Brahms im Januar 1865 schreibt und als op. 39 im Druck erscheinen läßt. Mit diesem anmutigen Werke der Hausmusik betritt Brahms auch künstlerisch die Heimatstadt eines Schubert und Johann Strauß. Wiener Ländler und Walzer herrschen hier vor, daneben aber auch die ungarische Note. Und man möchte kaum an die Autorschaft des norddeutschen Meisters glauben, wäre nicht als Ausklang des heiter-lebensfrohen Werkes ein sinnig-beschauliches, im doppelten Kontrapunkt erfundenes Stück gesetzt.

Mehr noch als die Walzer beweisen die vierhändigen *Ungarischen Tänze*, deren beide ersten Hefte 1869 erschienen, die außerordentliche Einfühlungsgabe des Meisters. Das Werk bringt die künstlerische Fassung von Zigeunerweisen, die Brahms seit seiner Konzertreise mit Reményi systematisch sammelte. Nicht mit Unrecht haben diese Tänze einen geradezu beispiellosen Erfolg errungen. Denn Brahms versteht es, die eigenartige Melodik, Harmonik und Rhythmik der Zigeunermusik unverfälscht zum Ausdruck zu bringen, gleichzeitig aber auch durch künstlerische Gestaltung auf eine hohe Ebene zu heben. Keinem seiner vielen Vorläufer und noch zahlreicheren Nachahmer ist Ähnliches auch nur annähernd gelungen. Bloß ein Musiker, der der Volkskunst so nahe stand wie Brahms, war einer solchen Doppelleistung fähig. 1880 erschienen zwei weitere Hefte der Ungarischen Tänze, welche auch drei eigene Kompositionen des Meisters (No. 11, 14, 16) enthielten. Diese zweite Serie ist kunstvoller gesetzt, vergeistigter und damit ein wenig mehr Brahmsisch als Ungarisch. Braucht es da Wunder zu nehmen, daß ihr äußerer Publikumserfolg geringer war, als der der ersten Serie?

Die im Sommer des Jahres 1873 vollendeten *Variationen über ein Thema von Josef Haydn* op. 56b sollen uns noch in ihrer bedeutsameren Fassung als Orchesterwerk beschäftigen. Hier sei nur der Redaktion für 2 Klaviere gedacht, die — wie Orel glaubhaft gemacht hat — zuerst niedergeschrieben wurde, obwohl Brahms von allem Anfang an die Komposition eines Orchesterwerkes vorgeschwebt hat. Zu dieser Klavierfassung haben sich — was sonst bei Brahms nicht häufig vorkommt — sehr eingehende Kompositionsskizzen erhalten, welche in den Sammlungen der Gesellschaft der Musikfreunde bewahrt werden. Diese Entwürfe umfassen nicht weniger als 12 eng beschriebene Notenseiten und enthalten augenscheinlich die erste Niederschrift des Werkes. Und obwohl Brahms naturgemäß an den Skizzen nachträglich noch gefeilt und einzelnes geändert hat, so verdient es doch hervorgehoben zu werden, daß schon in diesem ersten Entwurf das Werk in allen wesentlichen Punkten festgelegt erscheint. Dies gilt selbst für die kunstvolle Passacaglia des Finale, bei der auch charakteristische Details nicht fehlen. Brahms muß augenscheinlich das gewaltige Werk im Kopf schon sehr weit gefördert haben, bevor er es erstmalig zu Papier brachte. Hält man dies mit dem über die 11. Variation von op. 9 Gesagten zusammen, so erweist es sich abermals, daß des Meisters Phantasie gerade unter dem Zwange strenger Bindungen zu besonderer Entfaltung gelangt. Der Klaviersatz unterscheidet sich durch Klarheit und Durchsichtigkeit vorteilhaft von dem der älteren Sonate für 2 Klaviere. Mit ihrer sparsamen Verwendung der klanglichen Mittel wirkt die schöne Komposition auch in dieser Vorbereitungsfassung ansehnlich.

Die „Haydn-Variationen" waren Brahms' letztes größeres Klavierwerk. Ihnen folgen die 1871—1878 entstandenen *Acht Klavierstücke* op. 76, welche vier stärker bewegte „Capriccii" und vier still besinnliche „Intermezzi" ohne eigentliche Zusammengehörigkeit zu einem lockeren Strauß einsätziger Charakterstücke vereinen. Dieser formalen Reduktion entspricht auch eine technische Beschränkung. Wie in den vierhändigen Stücken der Reifezeit ist der Klaviersatz auch hier bei weitem einfacher als in den Jugendwerken. Brahms hat die orchestermäßige Schreibweise aufgegeben und ist zu einem den Werken Schumanns und Chopins angenäherten Stil gelangt, der dem Wesen des Instrumentes entwachsen ist; wie es ja überhaupt ein Kennzeichen der Kompositionen aus des Meisters Reifezeit ist, daß ihre Ausführung nur auf *dem* Klangkörper gedacht werden kann, für den sie tatsächlich geschrieben sind. Auch in ihrem Stimmungsgehalt sind die Klavierstücke des op. 76 mehr nach innen, als nach außen gerichtet. Das bewegte erste, das preziöse zweite, das koloristisch eigenartige dritte, das sinnige siebente, das rasch vorüberhuschende achte: sie alle sind im Grunde nicht für den Konzertsaal, sondern für die häusliche Musikpflege gedacht.

Die feurigsten unter den Klavierwerken der dritten Periode sind die im Sommer 1879 geschriebenen beiden *Rhapsodien* op. 79. Der balladenhaft-pathetische Charakter dieser herrlichen Stücke könnte fast die Vermutung nahelegen, es handle sich hier um Arbeiten der Jugendzeit. Bei genauerer Untersuchung ergibt sich jedoch ein tiefgreifender Unterschied. Denn obwohl Brahms für den gewaltigen Inhalt — der namentlich die bedeutendere 2. Rhapsodie auszeichnet — größere Formen gewählt hat, sind diese Formen doch mit einer Straffheit und Übersichtlichkeit angelegt, die erst dem reifen Künstler gegeben war. Man vergleiche etwa das Schlußrondo der Sonate op. 1 mit dem Rondo der 1. Rhapsodie, oder die Sonatenform des 1. Satzes von op. 2 mit der Sonatenform der 2. Rhapsodie, um den ungeheuren Weg der Vereinfachung und Konzentrierung zu ermessen, den Brahms in den dazwischen liegenden 2 Jahrzehnten zurückgelegt hat.

Den Abschluß des Brahms'schen Klavierwerkes bilden vier in den Jahren 1892 u. 1893 erschienene Sammlungen, die ihrer inneren Verwandtschaft wegen hier im Zusammenhang besprochen werden sollen. Es sind dies die aus 3 Capriccii sowie 4 Intermezzi bestehenden *Fantasien* op. 116, die *3 Intermezzi* op. 117, die aus 4 Intermezzi, einer Ballade und einer Romanze zusammengesetzten *Klavierstücke* op. 118, sowie die 3 Intermezzi und eine Rhapsodie enthaltenden *Klavierstücke* op. 119. Ihrer Entstehung nach mögen manche dieser Kompositionen in eine frühere Zeit zurückreichen. Vor allem möchte ich dies für das in der Stimmung an die Edward-Ballade gemahnende Capriccio op. 116/1 oder für die düster-großartige Rhapsodie op. 119/4 annehmen. Auch das im Volksliedton gehaltene Intermezzo op. 117/1, dem Brahms den Beginn eines von Herder übersetzten altschottischen Wiegenliedes vorangestellt hat, gemahnt ein wenig an die langsamen Sätze der Jugend-Sonaten, obgleich die Beschäftigung mit dem Volkslied gerade beim älteren Brahms besonders intensiv ist. Wie dem auch sei: ihre letzte charakteristische Formung haben alle Stücke sichtlich erst in des Meisters vierter Schaffensperiode erfahren. Schon allein die übereinstimmende

Verwendung der einfachen dreiteiligen Liedform in sämtlichen 20 Nummern dieser 4 Opera weist darauf hin. Aber auch sonst ist der Zug nach Einfachheit und Konzentration in diesen letzten Werken stark ausgeprägt. Der Modulationskreis ist enger und beschränkter, die Harmonik minder kompliziert, die Rhythmik gleichartiger. Die Kunst der Vereinheitlichung hat einen kaum zu überbietenden Umfang erreicht. Wer etwa das Intermezzo op. 119/2 genauer betrachtet, wird die überraschende Feststellung machen, daß der wienerisch weich gelöste liebliche E-dur-Mittelteil und die beiden damit scharf kontrastierenden herben e-moll-Außenteile aus ganz dem gleichen, nur wenige Noten umfassenden Gedanken geformt sind.

Die für den späten Brahms so charakteristische Hinwendung zur vorklassischen Kunst kommt auch in diesen Stücken zum Ausdruck. So kehrt im Mittelteil von op. 118/5 in der Art eines Ostinatos der gleiche Baßgedanke ständig wieder. In der Stimmung aber herrscht hier das zart verschleierte Idyll vor. Charakteristisch für die resignierte Grundhaltung dieser Stücke ist, daß op. 119/4, die letzte Nummer der ganzen Reihe, wohl in Dur gehalten ist, doch in Moll schließt. Ein Bach oder Beethoven liebte, den Weg in umgekehrter Richtung zu durchmessen. Auch daß Brahms nun mit Vorliebe die Melodie in die Mittelstimme legt (vgl. etwa 117/1, 118/5, 119/3), erhöht den unfrei-verhüllten Charakter dieser Kompositionen. Gleichzeitig wächst damit ihr koloristischer Reiz. Die Erfindung ist, wie bei allen Werken der beiden letzten Perioden, ganz aus dem Geiste des Instrumentes geschöpft. Bezeichnend dafür ist, daß Brahms' Versuch, sein rasch populär gewordenes Intermezzo op. 117/1 zu instrumentieren, an der rein pianistischen Haltung des Mittelteiles gescheitert ist. Die einzelnen Nummern dieser herrlichen 4 Opera, in denen jedes Stück für sich den Stempel der Vollendung trägt, zu charakterisieren, geht nicht an. Man wäre höchstens versucht, Stücke wie das gefühlsgesättigte op. 116/4, das von Brahms selbst als „Wiegenlied meiner Schmerzen“ bezeichnete 117/1, die dämonische Ballade op. 118/3 mit ihrem süßen Mittelteil, das nebelhaft verschwommene, im Mittelteil wunderbar gesteigerte 118/6 und die gewaltige, dämonische Rhapsodie 119/4 besonders hervorzuheben; doch damit würde man den kaum minder bedeutenden Nachbarn Unrecht tun.

Mit diesen Stücken hat Brahms innerhalb seines Klavierwerkes den Entwicklungsweg abgeschlossen, der ihn vom Großen zum Kleinen, von der Al Fresco- zur Miniaturmalerei, von der Breite zur Tiefe geführt hat.

ORGELWERKE

1856 beschäftigte sich Brahms in Düsseldorf mit Orgelspiel, und dies hatte zur Folge, daß auch die damals im Verein mit Joachim betriebenen kontrapunktischen Studien vielfach für die Orgel bestimmt sind. Von den in diesem Jahre bzw. Anfang 1857 entstandenen Kompositionen sind nur 4 bekannt geworden. Zwei (*Fuge in as-moll* sowie *Choralvorspiel und Fuge über „O Traurigkeit"*) gab Brahms selbst in späteren Jahren heraus, zwei andere (*Präludium und Fuge in a-moll, Präludium und Fuge g-moll*) kamen erst vor kurzem zutage. Das Vorbild der Altklassiker ist in diesen Stücken kaum zu übersehen. Die improvisatorischen Partien des g-moll-Präludiums klingen an ähnliche Stellen in Werken des großen Thomaskantors an, und dem auf das Präludium zurückgreifenden kraftvollen Schluß der a-moll-Fuge rühmt Joachim mit Recht einen „Ur-Bach-Händel'schen" Klang nach. Den Höhepunkt dieser Frühwerke bildet die as-moll-Fuge, in der der jugendlich-überschwängliche Künstler zur Erreichung seines Ausdruckszieles auch vor der Wahl einer so ungewöhnlichen Tonart nicht zurückschreckt. Des Komponisten kontrapunktische Fertigkeit ist hier gewiß nicht geringer als in den beiden anderen Stücken; dennoch wird sie nur als Mittel empfunden, die schwermütige Stimmung des Stückes mit pulsierendem Leben zu erfüllen.

Die beiden Bearbeitungen von „O Traurigkeit, o Herzeleid" verdienen besondere Beachtung, da Brahms in den im Sommer 1896 geschriebenen elf *Choralvorspielen* ihre Technik wieder aufgenommen hat. Die Stücke des späteren Werkes gemahnen teils an das ältere Choralvorspiel, teils an die ältere Choralfuge; bald werden zu der im Diskant gebrauchten, mehr oder minder umgestalteten Melodie des Kirchenliedes nur neue Kontrapunkte gesetzt, bald aber auch die Cantusfirmusartig gebrachten Abschnitte der Choralmelodie durch fugierte Vor- und Zwischenspiele eingeleitet bzw. unterbrochen. Im übrigen aber zeigt sich in den 11 Choralvorspielen eine ungleich innigere Verbindung zwischen dem gegebenen Choral und den hinzu komponierten Melodien als in dem Jugendwerk. Man beachte etwa, wie in No. 5 die Sechzehntel-Kontrapunkte aus dem Choral selbst gewonnen, oder in No. 1 die den einzelnen Verszeilen vorangestellten Fugatos thematisch jeweils der sich anschließenden Choralmelodie entwachsen sind. Dies sind unverkennbar Merkmale der Kunst des reifen Brahms. An Stimmungsreichtum geben die Choralvorspiele trotz aller hier vollbrachten kontrapunktischen Leistung einem romantischen Lied oder Klavierstück durchaus nichts nach. Welcher Art der hier durchmessene Gefühlskreis ist, ergibt sich schon allein aus der Tatsache, daß dieses Spätwerk des schwer leidenden Meisters zugleich auch in Gedanken an das Hinscheiden von Clara Schumann entstanden ist. Obwohl der Ausdruck heiter verklärten Friedens (No. 8), ja selbst gedämpfter Freude (No. 4) nicht völlig fehlt, ist der Grundcharakter der Sammlung doch von schmerzlichem Ernst erfüllt. Todesbereitschaft, ja Todessehnsucht herrscht hier vor. Kein Zufall ist es, daß der Meister gerade die Choräle „Herzlich tut mich verlangen nach einem sel'gen End'" (auf die Melodie „O Haupt voll Blut und Wunden") und „O Welt ich muß Dich lassen" je zweimal verarbeitet hat. Der Choral „O Welt" in seiner zweiten Fassung bildet den Ausklang der Sammlung und zugleich auch das letzte Werk, das Brahms geschrieben hat. Mit diesem ergreifenden Stück, in dem jede Choralzeile echoartig verklingt, hat Brahms von seinem Schaffen und Leben Abschied genommen.

◀ *Autographenfächer der Frau Alice von Meyszner-Strauß, mit Eintragungen von A. Menzel, K. Schratt, A. Neumann, Alex. Girardi, K. Goldmark, Joh. Brahms (vgl. S. 154), F. Bonn, R. Leoncavallo, P. Heyse, A. Nikisch, Mark Twain u. a.*

KAMMERMUSIKWERKE

Wie bei den Klavierkompositionen so steht auch an der Spitze der Kammermusikwerke ein einzelnes *Scherzo*. Brahms schrieb es im Oktober 1853 als Beitrag zu einer Sonate für Violine und Klavier, deren andere Sätze Schumann und A. Dietrich komponierten. Das Werk, dem Joachims Devise F. A. E. (Frei Aber Einsam) vorangestellt war, wurde dem damals in Düsseldorf erwarteten großen Geiger als Ehrengabe seiner drei Freunde überreicht. Einzig das Brahms'sche Scherzo hat Joachim 1906 in Druck gegeben, während er die drei anderen Sätze zurückhielt.* Obwohl in dem Satz, der die Gegeneinanderführung verschiedener Rhythmen mit Vorliebe gebraucht, alle Kobolde der Romantik ihr Spiel treiben, ist die Form doch überaus knapp und übersichtlich angelegt. Dies braucht nicht wunderzunehmen, hat Brahms doch — selbst zur Zeit, da er die Sonatenform noch nicht meisterte — das Scherzo stets straff zu gestalten verstanden. Und wäre nicht die naiv-prahlerische C-dur-Coda mit der Vorschrift „sempre ff e grandioso", man könnte versucht sein, das Scherzo für eine Komposition aus späterer Zeit zu halten.

Im Sommer des Jahres 1938 veröffentlichte die Firma Breitkopf & Härtel in Leipzig ein *Klaviertrio in A-dur*, das von den Herausgebern Ernst Bücken und Karl Hasse als ein nachgelassenes Werk von Brahms bezeichnet wurde. Die Grundlage ihrer Ausgabe bildete ein Manuskript von der Hand eines unbekannten Kopisten, das Ernst Bücken im Nachlasse von Erich Prieger in Bonn fand. Die Titelseite des Werkes war herausgeschnitten und es waren keinerlei Eintragungen zu sehen, die Rückschlüsse auf die Person des Komponisten ermöglicht hätten. Professor Bücken vertrat die Ansicht, daß das Trio von Brahms im Sommer des Jahres 1853 in Bonn oder Mehlem geschrieben worden war. Eine kritische

* In ihrer Gesamtheit wurde die Sonate erst 1935 durch Erich Valentin und Otto Kobin herausgegeben.

Analyse der vier Sätze der Komposition zeigt deutlich das stilistische Vorbild ähnlicher Werke Beethovens, Schuberts und Schumanns. Unverkennbar ist auch eine gewisse Ähnlichkeit mit dem Stile von Brahms' Klaviertrio op. 8 und schließlich ist es ja wohlbekannt, daß Brahms gerne zwei Werke der gleichen Gattung in rascher Aufeinanderfolge schrieb (vgl. die Streichquartette op. 51, die beiden Ouvertüren oder die Klarinettensonaten op. 120). Die Vermutung, daß das A-dur-Trio ein Vorgänger von Brahms' Klaviertrio op. 8 war, kann daher nicht völlig abgelehnt werden. Doch selbst wenn diese Annahme zutreffen sollte — und der Verfasser dieses Buches kann sich starker Zweifel nicht erwehren — so vermag wohl niemand zu behaupten, daß das neu aufgefundene Werk dem Trio op. 8 an Wert ebenbürtig ist. Insbesondere dem ersten Satz des A-dur-Trios fehlt der Schwung und die monumentale Größe des entsprechenden Stückes im op. 8. Berücksichtigt man, daß das neuentdeckte Werk recht umfangreich ist — seine Aufführungsdauer beträgt mehr als 45 Minuten — so erscheint es fraglich, ob sein innerer Wert der anspruchsvollen Formgebung entspricht. Wenn Brahms wirklich der Komponist dieses Trios war, so können wir wohl verstehen, warum er das Werk nicht veröffentlichen wollte.

Im Januar des Jahres 1854 vollendete Brahms sein *Klaviertrio in H-dur* op. 8. Wunderbar jugendfrisch und innig in der Erfindung, weich und sinnlich im Klang, abwechslungsreich in der Stimmung, so wirkt dieses am frühesten erschienene Kammermusikwerk des Meisters. Das weit geschwungene Einleitungsthema des 1. Satzes, der Elfenreigen des Scherzos, der von kirchlichem Ernst erfüllte Beginn des Adagios und die große, an Schubert gemahnende Fis-dur-Cantilene im Finale können den kostbarsten Eingebungen des Meisters an die Seite gestellt werden. Nur in einem charakteristischen Punkte versagt der Einundzwanzigjährige: er vermag nicht Maß zu halten. Gleich der riesige 1. Satz, der fünf deutlich gesonderte Themen verwendet und fast 500 Takte umfaßt, bringt in die Reprise eingeschaltet, in der Form eines Fugatos, noch eine Art zweiter Durchführung. Auch das Adagio begnügt sich nicht mit *einem* Kontrastgedanken, sondern fügt noch überdies ein Allegro ein, das den einheitlichen Charakter des Satzes aufs schwerste gefährdet. Und ebenso ist im Finalrondo ein durch überreiche Erfindung verschuldetes, romantisches Zerfallen der Form unverkennbar.

Eine seltsame Schickung hat es nun gefügt, daß Brahms anfangs 1890, durch die Notwendigkeit zur Herausgabe einer neuen Auflage veranlaßt, die Komposition einer Durchsicht und Umarbeitung unterzog. Das Exemplar, welches der Meister hierbei benützte, hat sich in der Gesellschaft der Musikfreunde erhalten, und gibt mit seinen unzähligen Bleistifteintragungen anschaulichen Einblick in die Wandlungen, welche das Stück durchgemacht hat. Die Umarbeitung gipfelt in dem Bestreben, das Werk zu vereinfachen und seinen jugendlichen Überschwang zu dämpfen. Keine Einzelheit ist dem Meister zu unbedeutend, daß er sie nicht unter diesem Gesichtspunkte einer Revision unterzogen hätte. Beim Tempo des Finales „Allegro molto agitato" streicht er das „molto agitato" weg; er entfernt am Anfang des 1. Satzes eine störende Gegenstimme der Violine und legt am Beginne des Scherzos (T. 5-9) zur Vereinheitlichung des Klanges die Imitation des Cellos in den Baß des Klaviers. Doch diese und Dutzende ähnlicher Retuschen genügen ihm nicht und er geht schließlich daran, ganze Teile neu niederzuschreiben. So setzt er im 1. Satz an die Stelle mehrerer Einzelgedanken ein neues, scharf profiliertes Seitenthema, woraus sich auch wieder die Notwendigkeit ergibt, die Durchführung und die nun ohne Fugato angelegte Reprise frisch zu gestalten. Ähnlich ergeht es dem Adagio und Finale und nur das Scherzo findet auch noch vor den Augen des reifen Brahms Gnade; es kommt mit einer Abänderung seiner Coda weg. Im ganzen hat das Werk in seiner „Neuen Fassung" mehr als ein Drittel seiner Länge verloren, dafür aber an kraftvoller Geschlossenheit ungeheuer viel gewonnen.

In Detmold war Brahms in praktischer Arbeit mit den von ihm aufgeführten Werken der klassischen Meister vertraut geworden. Mit Deutlichkeit verrät dies das früheste Kammermusikwerk seiner zweiten Schaffensperiode, das 1859/60 komponierte *Streichsextett in B-dur* op. 18. Die für das Schaffen des jüngeren Meisters so charakteristische Gefühlsinnigkeit, der Melodienreichtum und die Klangschönheit sind hier gepaart mit Zügen aus den Werken der Wiener klassischen Schule. Bald wird der Geist Schuberts beschworen (vgl. 1.Satz, 2. und 3.Thema), bald die Erinnerung an Beethoven (Scherzo) oder Haydn (Hauptthema des Finales). Wichtiger noch als diese Anlehnungen aber ist es, daß Brahms aus den Werken seiner Wiener Vorbilder den Sinn für Klarheit, schönes Ebenmaß und leichte Faßlichkeit gewonnen hat. Überdies aber ist ein bei dem Meister sonst keineswegs häufiges Streben nach leichter Verständlichkeit zu beobachten. Schon allein die einfache Art der Variierung im langsamen Satz verrät dies; nicht minder die Eindringlichkeit, mit der in den Ecksätzen die Hauptthemen erst vom Cello, dann nochmals von der Geige gebracht werden. In diesem ersten Sextett übt Brahms die leichte Hand, die er späterhin in seinen Walzern op. 39 und seinen Ungarischen Tänzen bewähren sollte.

Der Beginn der Arbeit an dem *Klavierquartett in g-moll* op. 25 fällt schon in die Jahre 1857/58. Vollendet aber wurde das Werk — wie das Autograph, früher im Besitz von W. Kux, angibt — erst im September 1861. Die zeitliche Nachbarschaft des H-dur-Trios ist in dieser Komposition unverkennbar. Die Fülle kraftvoller Themen, welche beide Ecksätze bringen, im 1. Satz die Einfügung einer zweiten Durchführung nach der Scheinreprise in T. 161, oder die orchestermäßige Erfindung des wunderbaren Marsches im 3. Satz (T. 75 ff.); all dies weist auf eine frühe Entstehungszeit hin. Während Brahms jedoch im H-dur-Trio an der Aufgabe scheitert, die Vielfalt der Gedanken formal zu bändigen, gelingt ihm dies restlos bei der endgültigen Redaktion des Quartettes. Man beachte nur, wie der Künstler die zweite Themengruppe des Einleitungssatzes mit der ersten verbindet, indem er beide mit dem gleichen leidenschaftlichen Sechzehntelmotiv begleitet (vgl. T. 27 ff. mit T. 79 ff.), oder aber, wie er in der ganzen mächtigen Durchführung dieses Satzes nur die erste Themengruppe verarbeitet. Das Intermezzo des 2. Satzes hat mit dem

Scherzo der Jugendzeit nichts mehr gemein. Es ist ein müde verschleiertes Stimmungsbild, wie es in späterer Zeit bei Brahms so häufig werden sollte. Der wunderbar romantische 3. Satz war ursprünglich um 20 Takte länger. Brahms hat jedoch eine Stelle der Reprise, welche zwischen T. 206 und 208 der endgültigen Fassung stand (sie entsprach T. 40 bis 52 des 1. Teiles), um den Satz knapper zu gestalten, ausgemerzt. Das „Rondo alla Zingarese" des 4. Satzes trägt erstmalig des Meisters Vorliebe für ungarische Weisen innerhalb eines Kammermusikstückes Rechnung. Mit seinem atemraubenden Schwung ist es das richtige Finale dieses jugendfrischen Werkes.

Für das *Klavierquartett in A-dur* op. 26 gelten etwa die gleichen Entstehungsdaten wie für das g-moll-Quartett. Weit stärker als bei dem Zwillingswerk macht sich jedoch hier ein gewisser zwiespältiger Übergangscharakter geltend. Wohl ist im 1. Satz, der als interessantes Experiment in die Durchführung (T. 140 ff.) 3 Variationen des Hauptthemas einfügt, der formale Bau fest gefügt; und auch das „herrliche Poco Adagio mit seiner unbestimmten Leidenschaft" (Joachim) zeigt ein schönes Gleichgewicht der Teile. Dagegen ist in dem bedächtigen 3. Satz, der den Namen „Scherzo" nicht ganz mit Recht führt, eine gewisse Breite nicht zu verkennen, die sich nicht zuletzt daraus ergibt, daß Brahms auch hier der komplizierten Sonatenform zustrebt. Und ebenso wirkt das sich anschließende Allegro, welches das ungarische Feuer des Finales von op. 25 durch einen Einschlag wienerischen Geistes dämpft, mit seinen 519 Takten fast überlang. Im übrigen zeigt das Quartett — ähnlich wie das B-dur-Sextett — eine gewisse Hinneigung zu den Werken der Wiener klassischen Epoche. Der idyllische 1. Satz führt in die Stimmungswelt Schuberts und das Trio des Scherzos gemahnt in seiner kanonischen Haltung an das Menuett aus Haydns „Quinten-Quartett".

Vielleicht das bedeutendste Kammermusikwerk der 2. Periode ist das im Herbst 1864 vollendete (vgl. S. 229) *Klavierquintett in f-moll* op. 34. Gleich in dem schwungvollen

1. Satz ist eine Fülle von Themen, welche in der Stimmung vielfach scharf kontrastieren, auf kleinstem Raum gebracht. Trotz seiner fünf ausdrucksvollen Gedanken umfaßt das formal zu einer wunderbaren Einheit verschmolzene Stück kaum 300 Takte. Dem innig ergreifenden 2. Satz folgt ein Scherzo, das mit seinem Wechsel von Dur und Moll, von 6/8- und 2/4-Takt, von schattenhaft dahingleitenden und kraftvoll freudigen Gedanken den Stimmungsreichtum des 1. Satzes wieder aufnimmt. Und echt Brahmsisch ist das wunderbar befreite Aufatmen am Beginne des Trios. Der breit entworfene 4. Satz zeigt — wie es bei Brahms'schen Finales nicht selten vorkommt — eine Anlage, die sich nicht leicht in eine der bekannten Formtypen einordnen läßt. Einer romantischen Introduktion, die als Keimzelle des ganzen Satzes wirkt, folgt der eigentliche Expositionsteil (T. 41—183). Die wichtigsten Gedanken dieses Abschnittes kehren in einem 2. Teil (T. 184—342) wieder, der ebensogut als Reprise wie als Durchführung angesprochen werden kann. Und schließlich nimmt die Coda (T. 343—492) das ganze Material nochmals in teilweise variierter Form auf. Brahms haftet eben niemals am Schema, sondern schafft sich jeweils die Form, die seinen Gedanken und Gefühlen am besten angemessen ist.

1862 schrieb Brahms die beiden ersten Sätze seiner *Cellosonate in e-moll* op. 38, sowie gleichzeitig auch ein später gestrichenes Adagio. Das Finale komponierte er im Juni 1865. Seiner ganzen Entwicklung entsprechend hat sich Brahms das Klavierduo eigentlich erst auf dem Wege über die größeren Ensembles des Trios, Quartetts und Sextetts erobert. Die überlegene Sicherheit, mit der das Cello in den beiden ersten Sätzen unter Ausnützung seines edlen, sonoren Klanges behandelt ist, verrät denn auch die reichen Erfahrungen, die Brahms in der Kammermusikkomposition bereits gesammelt hat. Nicht ganz so glücklich wirkt das nachkomponierte fugierte Finale, in dem es dem Soloinstrument nicht immer leicht fällt, gegen den brillant behandelten Klavierpart aufzukommen. Trotz der in den beiden ersten Sätzen vorherrschenden Stimmung lyrischer Weichheit bildet das ganze

Werk in gewisser Hinsicht einen Gruß an den von Brahms so hoch verehrten J.S.Bach. Denn der Hauptgedanke des 1. Satzes ist dem „Contrapunctus 3“ aus Bachs „Kunst der Fuge“ nahe verwandt, während Brahms' Fugenthema des Finales dem „Contrapunktus 13“ aus dem gleichen Werk des Thomaskantors überraschend ähnlich sieht. Charakteristisch ist auch, daß Brahms den Valse triste, der die Stelle des 2. Satzes einnimmt, dadurch strenger gestaltet, daß er ihm ein aus vier Noten bestehendes Motiv voranstellt, dem im ganzen Satz und besonders in dessen Trio eine wichtige Rolle zufällt. Die ganze Sonate ist eben ein echter Brahms, bei dem sich romantisches Fühlen und strenge Arbeit die Wage halten.

Das im September 1864 begonnene, im Mai 1865 vollendete *Streichsextett in G-dur* op. 36 wirkt in der Stimmung stiller und gedämpfter, in der Arbeit kunstvoller als das 1. Sextett. Es verrät weit mehr vom eigentlichen Wesen seines Schöpfers als der ältere Bruder, und vielleicht ist gerade dies der Grund, warum es länger um seine Anerkennung zu ringen hatte. Schon dem 1. Satz verleiht das schillernde Schwanken des Hauptthemas zwischen G-dur und Es-dur und das Festhalten an liegenden Stimmen, die in Achtelbewegung mit der Untersekunde wechseln, einen eigenartigen mystischen Reiz. Unter der Überschrift „Scherzo“ folgt nun ein Intermezzo von etwas müder Grazie. Die eigentliche Heiterkeit aber kommt in diesem Satz erst in dem geistvoll prickelnden „Presto giocoso“ des Mittelteiles zu Wort. Der 3. Satz, ein Adagio mit fünf Variationen und Coda, stellt an seine Spitze einen Gedanken von auffallend verschwommener Haltung. Die poetische Absicht darf hierbei nicht übersehen werden; es lag dem Meister daran, aus bedrückter und zerrissener Stimmung im Laufe der Variationen zu seligem Frieden überzuleiten. Das Finale bringt einen interessanten Mischtypus. Seine ursprüngliche Sonatenform wird dadurch dem Rondo angenähert, daß der in den ersten sechs Takten gebrachte Gedanke in allen Teilen des Satzes ritornellartig wiederkehrt. Die Idee des „Mottos“ (vgl. I. Symphonie), die für den reifen Brahms bedeutsam werden sollte, ist hier schon teilweise ausgebildet.

1865 schrieb Brahms das *Es-dur-Trio* op. 40, in der höchst eigenartigen Besetzung *für Klavier, Violine und Waldhorn.* Die jedem äußeren Effekt abholde Art des Meisters geht schon allein aus der Tatsache hervor, daß Brahms für seine Komposition ausdrücklich das ältere Waldhorn vorschreibt und das damals schon allgemein gebrauchte Ventilhorn verschmäht. Damit beraubt er sich wohl mancher technischer Möglichkeiten, gewinnt aber dafür den ursprünglichen edlen Hornton zurück. Tiefes romantisches Naturgefühl und zarte Schwermut sind die vorherrschenden Stimmungen dieses ganz aus dem Geiste des Hornes erfundenen Werkes. Fast nur in der fröhlichen Jagdszene des Finales lichten sich die Schleier, während selbst dem Humor des Scherzos ein leiser Zug von Melancholie anhaftet. Am eigenartigsten ist der 1. Satz, ein dreimal wiederkehrendes Andante mit drei dazwischen eingeschobenen bewegteren Teilen. Um den naturhaft einfachen Charakter des Werkes besonders zu betonen, verzichtet Brahms hier (der einzige Fall in einer mehrsätzigen Instrumentalkomposition des Meisters) sogar auf die Sonatenform. — In schöner Weise ist der wunderbar tief empfundene 3. Satz mit dem Finale verbunden. Wie eine selige Verheißung wirkt in dem stillen Ernst des „Adagio mesto" der im 58. Takt einsetzende Gedanke, der sich bald (T. 63) als eine Anspielung auf das Hauptthema des Finales entpuppt. Brahms mochte dies in dem Streben getan haben, den Zusammenschluß zwischen den düster gefärbten drei ersten Sätzen und dem froher Lebensfreude zuneigenden Finale organischer zu gestalten.

Nach dem Horntrio läßt Brahms volle 8 Jahre vergehen, bevor er mit neuen Kammermusikwerken hervortritt. Und als er endlich im Sommer 1873 seine beiden *Streichquartette in c-moll und a-moll* op. 51 vollendet, hat er sich nicht nur eine neue Gattung erobert, sondern gleichzeitig auch seinen Stil zu voller Reife entwickelt. Der Meister hat nun zu einer Ökonomie gefunden, die keine Note zu viel duldet, gleichzeitig aber auch zu einer in jener Zeit beliebten Methode der Vereinheitlichung, die ein ganzes Werk wie aus einem Guß geformt erscheinen läßt; wobei dieses Streben letzten Endes nur dazu dient, einen vollkommen ungezwungenen und glatten Ablauf der Komposition zu sichern.

Betrachtet man das c-moll-Quartett, so zeigt es sich, daß die ersten acht Noten der Violinstimme im 1. Satz in ähnlicher Weise für das Kopfthema des Finales und teilweise auch für das Kopfthema der Romanze Verwendung gefunden haben. Noch inniger ist die Verbindung der einzelnen Teile innerhalb jedes Satzes. Man betrachte etwa im 1. Satz, wie die springende Achtelbewegung, welche das Hauptthema von T. 24 an begleitet, auch noch anhält, da in T. 35 ein neuer Gedanke auftritt. Durch diesen kleinen Kunstgriff, den Brahms schon in früheren Werken gelegentlich angewandt hatte (vgl. g-moll-Quartett), werden 1. und 2. Thema vollkommen zwanglos und natürlich verbunden. Auch daß gegen Schluß des Expositionsteiles der punktierte Rhythmus des Hauptthemas wieder einsetzt und fast die ganze Durchführung beherrscht, trägt viel zur Vereinheitlichung des Satzes bei. Im a-moll-Quartett ist die thematische Verwandtschaft der einzelnen Sätze etwas schwerer zu erkennen. Das Kopfmotiv des Finales ist im 4. und 5. Takt des 1. Satzes vorgebildet. Die drei Achtelnoten aus diesem 4. Takt treten im Menuett als Triole auf (T. 2), überdies aber sind sie in einer Umbildung, welche schon in T. 161 des 1. Satzes vorkommt, die Keimzelle für den Beginn des 2. Satzes. Der Zusammenschluß aller Teile innerhalb des 1. Satzes aber ist noch ungleich inniger als im c-moll-Quartett. Denn der ganze Satz ist mit all seinen Einzelheiten den ersten neun Takten des Hauptthemas entwachsen. — Auch im Stimmungscharakter der Werke zeigt sich das Streben nach Vereinheitlichung. Im 1. ebenso wie im 4. Satz des c-moll-Quartettes regiert düstere Leidenschaftlichkeit und dumpfe Entschlossenheit. Die Romanze beginnt wohl idyllisch, ja weihevoll, um jedoch bald in einen unfrei gedrückten Gedanken (T. 27 ff.) überzugehen. Und ebenso wird das Intermezzo des 3. Satzes mit seiner kunstvoll von Geige und Bratsche vorgetragenen Doppelmelodie erst im Trio unbekümmert heiter. Verharrt das c-moll-Quartett in einer stets gleichbleibenden Grundstimmung, so zeigt das a-moll-Quartett andererseits einen natürlichen Gefühlsablauf. Im 1. Satz herrscht zarte Schwermut vor; doch schon der weihevolle Charakter des 2. Satzes wird wirksam unterbrochen durch den im Mittelteil scharf anspringenden, kraftvollen Zwiegesang der beiden imitatorisch geführten Außenstimmen. Vollends im Finale mit seiner ungarischen Note gelangt die heitere Stimmung zum Durchbruch. Aus dem Ernst des Beginnes ist Brahms am Ende in kraftvollen Frohsinn übergegangen. Berührt sich der Meister hierbei im Stimmungsablauf mit Beethoven, so nicht minder in der strengen gedanklichen Zucht und nicht zuletzt in der wunderbaren Durchsichtigkeit des bis ins letzte kammermusikalisch erfundenen Streichersatzes. Wenn Brahms äußerte, er hätte schon vor dem op. 51 zahlreiche Quartette geschrieben, so ist dies den ersten bekannt gewordenen Stücken der Gattung wahrlich anzumerken.

Das *Klavierquartett in c-moll* op. 60 stammt aus zwei verschiedenen Schaffensperioden. Der 1. Satz, der ursprünglich in cis-moll stand, wurde ebenso wie das Andante in E-dur 1855 komponiert. Da die beiden Stücke den Meister nicht recht befriedigten, ließ er sie liegen, um sie erst im Winter 1873/74 wieder vorzunehmen. Damals wurde das schon ursprünglich vorhandene Finale durch ein neues ersetzt und ein Scherzo hinzukomponiert. Obwohl Brahms sicherlich auch die beiden älteren Sätze einer Umarbeitung unterzogen hat, tragen sie doch deutliche Spuren ihrer frühen Entstehung. Im 1. Satz herrscht jene tragische Verzweiflung der Sturm- und Drangzeit, zu deren Erklärung Brahms selbst auf den unmittelbar vor dem Selbstmord stehenden jungen Werther hingewiesen hat. Und ebenso erinnert ein Formexperiment an den Einleitungssatz des A-dur-Quartettes. Denn auch im op. 60 sind Variationen in die Sonatenform eingefügt. Als zweites Thema (T. 70 ff.) tritt hier ein achttaktiger Gedanke auf, der sofort in vier Variationen verarbeitet wird. Dagegen sind die beiden letzten Sätze charakteristisch für die Reifezeit des Meisters. Das finstere Scherzo ist so knapp gehalten, daß es kaum ein richtiges Trio, sondern an dessen Stelle nur eine kurze Dur-Episode enthält. Beim Finale aber war Brahms im Streben nach Gedrungenheit sogar über das Ziel hinausgeschossen. Wie das Autograph im Besitz der „Gesellschaft der Musikfreunde“ zeigt, sah er sich nachträglich noch genötigt, die T. 155—188 einzuschieben, um der allzu spartanischen Prägnanz dieses Teiles abzuhelfen. Außerdem hat Brahms, um den allzu raschen Ablauf des Stückes zu verhindern, dem Satz später ein langsameres Tempo gegeben. Er schreibt im Manuskript nacheinander „Presto“, „Tempo giusto“ und „un poco presto“ vor und erst in der Druckausgabe steht „Allegro commodo“.

Das im Jahre 1875 komponierte *Streichquartett in B-dur* op. 67 bildet das fröhlich-bukolische Gegenstück zu den beiden älteren Werken der gleichen Gattung. Es ist leicht beschwingt, pastoral und mit Sinn für Humor gestaltet. Damit hängt es vielleicht auch zusammen, daß man den Kern des ganzen Werkes diesmal im Finale zu suchen hat. Dieser Satz bringt acht Variationen über einen schlichten, volksliedmäßigen Gedanken. Nachdem die ersten sechs Veränderungen in üblicher Weise abgelaufen sind, ertönt in der siebenten ein fröhlicher Hornruf, der dem Meister schon als Hauptthema des 1. Satzes gedient hatte. Damit nicht genug, findet sich in der 8. Variation ein Gedanke, dem gleichfalls im 1. Satz (T. 50 ff.) als Überleitung zu dessen 3. Thema eine wichtige Rolle zugefallen war. Die Coda kombiniert die Melodie der 7. Variation mit dem eigentlichen Variationsthema und führt damit das fröhliche Spiel zu seinem Höhepunkt. Im übrigen aber verzichtet Brahms bei diesem heiteren Kinde seiner Muse auf eine besondere Entfaltung von Kunstfertigkeit. Der 1. Satz mit seinem neckischen Wechsel von $^2/_4$- und $^6/_8$-Takt ist nur locker geformt, und ebenso enthält auch das zärtliche Andante eine freiere, fast improvisatorische Partie (T. 45 ff.). Dieser Teil war von Brahms ursprünglich — wie das seinerzeit von W. Kux bewahrte Autograph erkennen läßt — in der in Notenbeispiel 2 wiedergegebenen Art angelegt. Erst später hat der Meister — indem er mehr als eine Seite des Autographs überklebte — dem Abschnitt die Gestalt der gedruckten Fassung gegeben. Der Sinn dieser Abänderung ist unschwer zu erkennen. Die

Beispiel 2, Streichquartett op. 67, Andante, Takt 45 ff.
Erste Fassung.

kadenzartige Partie sollte erweitert und damit der Charakter der Ungebundenheit des ganzen Werkes noch gesteigert werden.

In den Sommern der Jahre 1878 und 1879 schrieb Brahms in Pörtschach seine *1. Violinsonate in G-dur* op. 78. Mit Deutlichkeit läßt dieses Werk erkennen, welche Lösung der reife Meister für das Problem des Duos von Klavier und Saiteninstrument gefunden hat. War noch bei Haydn in den Violinsonaten der Klavierpart so weit dominierend, daß die Violine nur „ad libitum" vorgeschrieben war und ohne weiteres auch wegbleiben konnte, so ist seit Mozart und Beethoven ein schönes Gleichgewicht zwischen Violin- und Klavierstimme die Regel. Auch Brahms' 1. Cellosonate strebt diesem Idealtypus nach, da sie in ihrem Finale sogar *eine* Fugenstimme dem Cello, die übrigen aber dem Klavier anvertraut. Gerade an diesem Satz aber mag Brahms erkannt haben, daß bei einer gleichmäßigen Behandlung beider Partner das Saiteninstrument einer vollgriffig behandelten Klavierstimme gegenüber im Nachteil ist. Die Lehren daraus sind in der G-dur-Violinsonate gezogen. Hier ist der Klaviersatz dünn und durchsichtig und, da die Violine meist melodieführend ist, verschiebt sich das Gleichgewicht zugunsten des Streichinstrumentes. — Der Keim des dreisätzigen Werkes liegt im Grunde auch hier wieder im Finale. Brahms geht nach Schubert'scher Art von einem, oder richtiger zwei nahe verwandten, eigenen Gesängen aus, dem „Regenlied“ und „Nachklang“ aus op. 59. Der punktierte Rhythmus des Beginnes, die berühmten „drei D“ aber finden sich auch am Anfang des 1. Satzes und im „più Andante“ des 2. Satzes. Überdies kehrt im Finale (T. 83 f.) der Beginn des 2. Satzes wieder. Im Stimmungsgehalt zeigt sich die Atmosphäre der schönen Kärntner Sommerfrische, in der das Werk das Licht der Welt erblickte. Es ist eine Komposition voll verhaltener Süßigkeit und jener sehnsüchtigen Innigkeit, die — wie bei Brahms so häufig — unter Tränen zu lächeln scheint.

Der 1. Satz des *Klaviertrios in C-dur* op. 87 entstand im März des Jahres 1880; die drei übrigen Sätze im Juni 1882. In dem Einleitungssatz finden sich alle Merkmale der Reifezeit. Hier ist kein Ton zu viel, kein Ton zu wenig und das ganze Stück entwickelt sich mit solcher Selbstverständlichkeit, daß man glaubt, Brahms hätte nach Aufstellung der ersten Takte nichts anderes mehr tun können, als den Satz der inneren Gesetzmäßigkeit der Themen folgend zu Ende führen. Schon allein die Behandlung des Hauptgedankens (T. 1—4) zeigt den Meister auf der vollen Höhe seiner Kunst. Da das Thema völlig streichermäßig erfunden ist, wird es, abgesehen von der letzten Bekräftigung knapp vor Schluß, auch stets nur von den Streichern gebracht. Außerdem versteht es Brahms, den Charakter dieses Gedankens in der Durchführung von Grund aus zu wandeln. Ein größerer Gegensatz als zwischen dem energischen Beginn und dem geheimnisvoll-sehnsüchtigen „animato“-Teil (T. 165 ff.) ist kaum denkbar. Im „Andante con moto“ wird ein leidenschaftlich-pathetischer Gedanke von leicht ungarischer Färbung fünfmal variiert. Da sich die 1., 3. und 5. Variation eher an die von den Streichern vorgetragene Melodie des Themas, die 2. und 4. dagegen mehr an die in der

Klavierstimme liegende Begleitung anlehnen, gewinnt der ganze Satz ein wenig rondoartigen Charakter. Einem spukhaften Scherzo mit weihevollem Trio folgt das frische Finale, das nicht minder knapp, doch weit lockerer und kunstloser als der 1. Satz gehalten ist. Seinen Höhepunkt bildet die Coda (T. 170 ff.), die fast ein Viertel der Gesamtlänge des Satzes ausmacht. Es ist eben für Brahms bezeichnend, daß selbst in einem unbeschwerten Satz am Ende kein Nachlassen der Energie, sondern eher noch eine Steigerung beobachtet werden kann.

Im Frühling des Jahres 1882 entstand das *Streichquintett in F-dur* op. 88 und frühlingshaft ist auch der ganze Charakter dieser lebensfrohen Komposition. Seit der Vollendung des 1. Streichquintettes (vgl. S. 229), das der Meister selbst vernichtet hatte, da es nicht recht klingen wollte, waren zwei Jahrzehnte vergangen, und der Komponist scheint aus den Mängeln des Frühwerkes hinlänglich gelernt zu haben; denn wenn überhaupt ein Kammermusikwerk klingt, so ist es das F-dur-Quintett. Ein Vergleich mit dem nicht erhaltenen älteren Werk ist natürlich unmöglich. Es sei nur festgestellt, daß Brahms in seinem op. 88 von der Verwendung zweier Celli Abstand genommen und statt dessen sein Lieblingsinstrument, die Bratsche, verdoppelt hat, wodurch statt der baritonalen die Alt - Tenor - Lage das Übergewicht erhält. Der sorglos liebenswürdige 1. Satz besitzt ähnliche formale Vorzüge wie der Einleitungssatz des C-dur-Trios. Bemerkenswert ist der mächtige Orgelpunkt, der mit kleinen Unterbrechungen dem ganzen 2. Teil der Durchführung zugrunde liegt und den Wiedereintritt der Reprise auf das wirkungsvollste vorbereitet. Der 2. Satz zeigt rondoartige Form und verbindet den Charakter des Adagios und Scherzos. Als Ritornell dient ein „Grave ed appassionato“, dessen Hauptgedanken Brahms einem Jugendwerk entnommen hat (vgl. S. 226). Die leidenschaftliche Düsterkeit dieser Komposition der Sturm- und Drangzeit wird bei ihrer zweimaligen Wiederkehr — dem ganzen Charakter des Quintetts entsprechend — allmählich ins Versöhnliche gewandelt. Als Episoden dienen in diesem

Satz ein zärtlich neckisches „Allegretto vivace" und dessen Variation im Tempo „Presto". Als Finale hat Brahms die bei den Klassikern so beliebte Verbindung von Fugen- und Sonatenform gewählt, wobei wohl das Finale in Beethovens Streichquartett op. 59/3 das unmittelbare Vorbild abgab. Da die verschiedenen Themen dieses Satzes nichts anderes als Varianten des fugierten Hauptgedankens oder Kontrapunkte dazu darstellen, ist bei allem Abwechslungsreichtum die innere Einheitlichkeit des Satzes vollauf gewahrt.

Erst nach vierjähriger Pause läßt Brahms dem F-dur-Quintett neue Kammermusikwerke folgen. Dann aber überstürzt sich die Produktion kataraktartig. Innerhalb des Sommers 1886 entstehen in Thun eine Cello- und eine Violinsonate, sowie ein Klaviertrio. Der 1. Satz der *Cellosonate in F-dur* op. 99 sticht in manchen Zügen von den übrigen Werken der Reifezeit ab. Seine leidenschaftliche Pathetik würde man eher in einem Jugendwerk suchen; auch fehlt hier mitunter die klare Durchsichtigkeit des Klaviersatzes, welche die Violinsonaten auszeichnet. Trotz der hohen Lage des Cellopartes ist ein Spieler von großer Tonstärke erforderlich, um sich gegen die bei Brahms in ähnlichem Ausmaß kaum wieder vorkommenden Tremoli des Klaviers zu behaupten. Auch mag es sein, daß Brahms mit der zweiten Cellosonate nicht ganz so lange „spazieren ging", als es sonst seine Gewohnheit war. Das Autograph im Besitze der Gesellschaft der Musikfreunde weist jedenfalls verschiedene Stellen auf, die erst nachträglich vom Künstler durch Überkleben einiger Takte oder durch Bleistiftkorrekturen in die heutige Gestalt gebracht wurden. So zeigten — um nur ein Beispiel herauszugreifen — im düsterschattenhaften 3. Satz die T. 71—80 ursprünglich die in Notenbeispiel 3 wiedergegebene Fassung. Erst später hat Brahms das synkopierte Motiv durch einen absteigenden Gang ersetzt, wodurch die Stelle bei weitem an Abwechslungsreichtum gewinnt. In ähnlicher Weise dienen auch die Abänderungen an anderen Stellen des Manuskriptes dazu, die Komposition kunstvoller zu gestalten. Erwähnt sei schließlich, daß das Finale, ein etwas flüchtig gearbeitetes Rondo, mit ganz besonders eiliger Schrift geschrieben ist. Es hat den Anschein, als hätte der Meister mit der manuellen Arbeit kaum nachkommen können, um die ihm zuströmenden Gedanken zu Papier zu bringen.

Beispiel 3, Cellosonate F-dur op. 99, 3. Satz, Takt 71 ff., Erste Fassung.

Die *Violinsonate in A-dur* op. 100 steht in starkem Gegensatz zu der gleichzeitig entstandenen Cellosonate. Regiert dort männlicher Trotz, so in diesem Stück zarte weibliche Anmut und Innigkeit. Im 1. Satz zitiert der Meister ein eigenes Lied (vgl. das 2. Thema mit op. 105/1) und dieser Zug ist nicht das Einzige, worin Brahms' Werk an den Schöpfer des „Forellen-Quintetts" und der „Wanderer-Fantasie" gemahnt. Der lyrische Grundgehalt des zart beseelten Stückes und seine einfach-kurze, fast sonatinenmäßige Anlage erinnern an Schuberts wunderliebliches op. 137, die Sonatinen für Violine und Klavier. Bei dem Anfangsthema des 1. Satzes wurde bis zum Überdruß auf die Übereinstimmung der drei ersten Noten mit dem Beginn von Wagners „Preislied" hingewiesen. Doch es hieße Brahms beleidigen, wollte man darüber auch nur ein Wort der Verteidigung verlieren. Der 2. Satz kombiniert ähnlich wie im F-dur-Quintett langsamen Satz und Scherzo. Zwischen einen herrlich beseelten Gesang der Geige und dessen zweimalige Wiederholung ist ein neckisches „Vivace" und dessen Variation gestellt. Das ganze zarte Gebilde mit Coda erreicht dabei kaum die Länge von 170 Takten. Auch in dem folgenden Rondo, das in seiner träumerisch weichen Art Absage leistet an den Typus des fröhlichunbeschwerten Finales, gibt sich Brahms als Idylliker. Die epische Wucht spart er für das dritte Werk der begnadeten Trilogie dieses Sommers.

Der titanische 1. Satz des *Trios in c-moll* op. 101 zählt zu den kraftvollsten und gleichzeitig auch zu den prägnantesten Schöpfungen des Meisters. Ein einziges Motiv, welches durch die 2. bis 5. Note der linken Hand am Beginne des Klavierparts gebildet wird, beherrscht den ganzen Satz; und die Knappheit der Anlage geht so weit, daß Brahms selbst die — wie das Autograph lehrt — ursprünglich vorgesehene Wiederholung des Expositionsteiles nachträglich wieder gestrichen hat. Die folgenden Sätze bringen eine gewisse Entspannung. Dem leicht vorüberhuschenden „Presto non assai", mit seinen merkwürdigen arpeggioartigen Pizzicati der Streicher im Trio, schließt sich ein anmutig zartes „Andante grazioso" an. Brahms hat diesem Stück im Manuskript ursprünglich den $^7/_4$-Takt vorgeschrieben und sich erst später zu der endgültigen Notierung von $^3/_4$, $^2/_4$ entschlossen. Trotz ihrer komplizierten Rhythmik aber ist diese Melodie von einer Einfachheit und Natürlichkeit, die beinahe an Mozart gemahnt. Wie es ja überhaupt ein Geheimnis des reifen Brahms ist, daß seine Schreibweise im Notenbild immer komplizierter anmutet, im inneren Aufbau aber immer einfacher und naturnaher wird. Das Finale wandelt in seiner breit angelegten Coda den grimmigen Humor des Beginnes in klare Freude. Von Müdigkeit und Resignation, die man Brahms' Werken jener Zeit gerne nachsagt, ist in diesem siegreichen Abschluß so wenig als nur möglich zu bemerken.

Die in der Hauptsache gleichfalls im Sommer 1886 komponierte, doch erst 1888 vollendete *Violinsonate in d-moll* op. 108 ist größer angelegt, virtuoser und auch leidenschaftlicher als die beiden ersten Violinsonaten. Kein zarter Schwärmer, sondern ein unbändiger Feuergeist spricht hier zu uns. Den Einleitungssatz beherrscht abermals das 1. Thema, bei dem nicht nur die Oberstimme, sondern auch der Baß zur Verarbeitung herangezogen sind. Die streng gearbeitete Durchführung bildet eine Steigerung der Technik von op. 88, da sie zur Gänze über einem Orgelpunkt aufgebaut ist. Interessant ist es, wie sich am Beginne dieses Teiles, in den T. 84, 85, die rein koloristisch wirkende, wiegende Figur der Geige bei näherem Zusehen als Zusammenlegung des Anfanges des Hauptthemas *und* seines Basses entpuppt. Das logische Denken ist eben beim reifen Brahms gerade dann am schärfsten ausgeprägt, wenn man sich dessen am wenigsten versieht. Ein tief empfundenes Adagio mit weit geschwungener Geigen-Kantilene leitet zu einem geisterhaften Satz im Charakter des Scherzos im c-moll-Trio. Das von starkem Gefühlsreichtum getragene, schwungvolle Finale hat Brahms bei allem brillanten Feuer formal und geistig so reich ausgestattet, daß es dem 1. Satz die Wage zu halten vermag, ja ihn beinahe noch übertrifft. So vollendet jeder einzelne Satz aus den drei Violinsonaten ist: sie scheinen doch erst mit diesem ihrem letzten Stück den Höhepunkt erreicht zu haben.

Das im Sommer 1890 geschriebene *Streichquintett in G-dur* op. 111 knüpft an die Stimmung des 1. Streichquintettes an. Männliche Kraft paart sich hier mit heiterem Frohsinn. Sowohl der energische 1. Satz mit seinem wienerischen 2. Thema, als auch das zärtliche G-dur-Trio im Valse triste des 3. Satzes und das in einen flotten Csárdás ausmündende Finale sind von liebenswürdiger, echt österreichischer Heiterkeit erfüllt. Und da der idyllische Gefühlsausdruck eine allzu starke Betonung des rein Gedanklichen verbietet, behandelt der Meister auch die Variationen des Adagios mit einer fantastischen

Freiheit, die sonst in seinen Kompositionen nicht allzu häufig ist. — Bekannt ist es, daß der Cellist besondere Schwierigkeiten hat, sich am Beginne des 1. Satzes mit seinem Hauptthema im Gewoge der vier Begleitstimmen vernehmbar zu machen. Man bestürmte Brahms, hier Abhilfe zu schaffen und er notierte auf einem Blatt, welches sich heute im Besitze der Gesellschaft der Musikfreunde befindet, eine dünnere Begleitung der Violinen und Bratschen (Notenbeispiel 4). Trotz der augenscheinlichen Vorzüge dieser Fassung aber konnte Brahms sich doch nicht entschließen, die einheitliche Linie der Begleitung zu zerstören, und behielt im Druck die ursprünglichen Stimmen der Violinen und Bratschen.

Beispiel 4, Streichquintett op. 111, 1. Satz.

Mit dem G-dur-Quintett gedachte Brahms, sein Schaffen zu beschließen. Als er es dessenungeachtet im folgenden Jahr wieder aufnahm, hatte sich der Charakter der Werke von Grund aus gewandelt. In allen vier Kompositionen der sich nun anschließenden letzten Schaffensperiode spielt die Klarinette, der ein wenig kraftlos süße, melancholische Sänger unter den Holzbläsern, die führende Rolle und diese Tatsache allein beleuchtet schlaglichtartig das Wesen dieser Stücke. Ihre Stimmung ist düsterer und ernster als die der Werke der Reifezeit, die Erfindung vielleicht nicht mehr in gleicher Weise frisch und reich, dagegen die technische Meisterschaft um nichts geringer. Und überdies ist die Hinneigung zu den Ausdrucksmitteln der Alten gerade in diesen Werken besonders stark.

Typisch für die Spätzeit ist gleich das erste dieser Werke, das im Sommer 1891 komponierte *Trio für Klarinette, Cello und Klavier in a-moll* op. 114. Prachtvoll ist hier die Erfindung aus dem Geiste des Blasinstrumentes und besonders auch die klangliche Mischung des Tones von Klarinette und Cello (Mandyczewski schrieb hierüber an Brahms: „Es ist als liebten sich die Instrumente"). Doch das edle Werk scheint nicht völlig frei von leichter Müdigkeit, die Thematik nicht ganz so inspiriert, ihre Verarbeitung nicht ganz so fesselnd wie sonst. Interessant ist, daß sowohl im ersten (T. 51 ff.) wie im letzten Satz (T. 48 ff.) das 2. Thema als Kanon in der Umkehrung gebracht wird. Nun war es bei den Wiener Vorklassikern, wie auch noch beim frühen Haydn üblich, das 2. Thema als Kanon anzulegen. War dies Brahms, der sich, je älter er wurde, desto mehr zur Musik der Vergangenheit hingezogen fühlte, vielleicht bekannt; hatte er in seinem Werk ganz bewußt die ältere Technik wieder aufgenommen? Ich möchte diese Frage nicht entscheiden, doch verdient die eigenartige Analogie immerhin festgestellt zu werden.

Im gleichen Sommer vollendete Brahms noch eine seiner herrlichsten Kammermusikschöpfungen, das *Quintett in h-moll für Klarinette und Streichquartett (Klarinettenquintett)* op. 115. Es ist ein Werk des Rückblicks und Abschieds. Bilder der Vergangenheit mit ihren Freuden und Leiden, ihrem

Sehnen und Hoffen ziehen an dem alternden Meister vorüber, der sie in zart gedämpften, wehmütigen Tönen wieder erstehen läßt. Man findet in dieser Komposition kaum etwas Neues, doch eine gewaltige Synthese bedeutsamer Momente aus des Meisters Kunst. Ein Angelpunkt des Brahms'schen Schaffens, die Variationskunst, bildet auch die Grundlage dieses Stückes. Der Kern des ganzen Werkes liegt im Finale, doch geht das Klarinettenquintett hierin noch viel weiter als das Streichquartett op. 67. Dieser letzte Satz bildet eine Variationenreihe mit rondoartigem Einschlag, da die 3. und 5. Variation das Thema weit deutlicher erkennen lassen als die übrigen Veränderungen (vgl. Klaviertrio op. 87). In der 5. Variation aber tritt als Kontrapunkt zum Thema eine Sechzehntelfigur auf, die Brahms in leicht variierter Form an die Spitze des 1. Satzes gestellt hat. Und um über die Absichten des Komponisten nur ja keinen Zweifel aufkommen zu lassen, mündet die Coda des Finales direkt in den Beginn des ersten Satzes ein. Überdies stellt es sich bei genauerer Untersuchung heraus, daß ein Motiv, das im Eröffnungssatz (T. 3) eine sehr wichtige Rolle spielt, im Grunde aus dem Beginn des Finales (T. 1—3) stammt. Damit läßt es Brahms jedoch noch keineswegs genug sein. Der 2. Satz ist sowohl in seinen Außenteilen, als auch in dem fantastisch schweifenden, an ungarische Zigeunermusik gemahnenden Mittelteil über einem einzigen Motiv (Klarinette T. 1) aufgebaut; dieses Motiv aber wirkt wiederum wie ein Extrakt aus dem Hauptthema des 1. Satzes. Ebenso stellt der 3. Satz an seine Spitze einen Gedanken, der in seinem Mittelteil variiert wird; dieser Gedanke aber beginnt genau wie das Kopfthema des Finales. Das Klarinettenquintett steht nach der Wahl der verwendeten Instrumente und infolge des engen Umkreises der in den einzelnen Sätzen benützten Haupttonarten (h-moll, H-dur, D-dur) den alten Formen der Suite und des Divertimentos nahe, und zwar einem bestimmten Typus: der Variationensuite, bei der ein ganzes Werk im Grunde nur eine Variationenreihe darstellt. Hiebei wird das Thema, um die Komposition abwechslungsreicher zu gestalten, niemals als 1., sondern stets als 2., 3.

oder (wie im Klarinettenquintett) als 4. Satz gebracht, während die übrigen Sätze die Variationen bilden. Zweifellos hat Brahms diese im 17. und 18. Jahrhundert vielfach gepflegte Gattung gekannt; denn die Feldpartita von Haydn (?), aus welcher der „Chorale St. Antonii", das Thema von Brahms' „Haydn-Variationen", stammt, ist eine solche Variationensuite.

Die im Sommer des Jahres 1894 geschriebenen beiden *Klarinettensonaten in f-moll und Es-dur* op. 120 sind Brahms' letzte Kammermusikwerke. Das Bild, das sie bieten, ist vertraut: Wunderbares Eingehen auf die Möglichkeiten der Klarinette, namentlich in dem wirkungsvollen Wechsel höherer und tieferer Register, und dabei doch auch wieder eine gewisse herbe Sprödigkeit des Klanges; zarte Schwermut, die nur selten kraftvollere oder gar freudige Akzente anschlägt; prachtvolle formale Vollendung aller Sätze. Und doch: innerhalb der typischen Gesamtzüge welcher Reichtum an höchst individuellen, nur in diesen Werken zu beobachtenden Merkmalen! Man beachte nur, wie sich in jedem der drei Teile des schön geschlossenen Einleitungssatzes der f-moll-Sonate die lyrische Note des Beginnes allmählich zu epischer Wucht steigert, um schließlich in der Coda der weicheren Stimmung zum Siege zu verhelfen. Höchst eigenartig ist auch die Zusammenstellung der Sätze in der 2. Sonate. Ein „Allegro amabile" leitet das Werk ein; ihm schließt sich ein leidenschaftlich bewegter scherzoartiger Satz an; dann aber folgt ein „Andante con moto" mit Variationen, unter denen nur die vorletzte, ein Allegro, das übliche Tempo eines Finales zeigt. So nimmt Brahms mit einem vorwiegend langsamen Satz von einer Gattung Abschied, der während seines ganzen Schaffens seine besondere Liebe gehörte, und ebenso natürlich erscheint es, daß er als Form dieses Stückes die Variation wählt, zu der er sich wie nur wenige Komponisten hingezogen gefühlt hat. — Zu den Klarinettensonaten haben sich übrigens auch Skizzen erhalten, die einen interessanten Einblick in die Werkstatt des Meisters gestatten. Betrachtet man etwa die Entwürfe zum 1. Satz der f-moll-Sonate, so zeigt es sich, daß der Komponist zunächst nur die Melodie und das Fundament des Basses notiert hat; die Mittelstimmen fehlen noch, so daß zwei Systeme für die Aufschreibung genügen. An Detailarbeit hat Brahms bei dieser ersten flüchtigen Niederschrift noch nicht denken können. Dennoch verdient es hervorgehoben zu werden, daß das Gerippe des Werkes schon hier mit der endgültigen Redaktion fast vollkommen übereinstimmt. Immer wieder ergibt es sich eben, daß Brahms — ähnlich Mozart — im Grunde stets schon die Komposition vollendet hatte, da er mit ihrer Niederschrift begann.

ORCHESTERWERKE

Die Orchesterkomposition gehört überwiegend der Zeit von Brahms' voller Meisterschaft an. In seiner 1. Schaffensperiode wird nur ein einziges Orchesterwerk in Angriff genommen und auch dieses gedeiht erst in den folgenden Jahren zur Vollendung. Die 2. Periode bringt mit den Serenaden Orchesterwerke von teilweise kammermusikalischem Gepräge, und erst in der 3. Periode hat sich Brahms — mit dem Umweg über die großen Werke für Chor und Orchester — die reine Orchesterkomposition erobert. Nun aber drängt sich die Produktion zusammen. Innerhalb des kurzen Zeitraumes von 14 Jahren (1873—1887) entstehen nicht weniger als zehn Werke. Dagegen fehlen die Orchesterkompositionen gänzlich in der Altersperiode, in der sich Brahms auf die kleineren Gattungen der Kammermusik und des Klavierstückes beschränkt. Hervorgehoben sei schließlich noch, daß Brahms' I. Symphonie innerhalb der Orchesterwerke erst an fünfter Stelle steht. Obwohl ihn das Problem der Symphonie von allem Anfang an auf das stärkste beschäftigte, schulte er sein Können doch erst an einem Konzert, zwei Serenaden und Orchestervariationen, bevor er eine Symphonie zu vollenden wagte.

Brahms' frühestes Orchesterwerk, das in den Jahren 1854 bis 1859 geschrieben wurde, hat eine eigentümliche Entstehungsgeschichte. Der Künstler plante die Komposition einer Symphonie und legte sie — ähnlich wie auch späterhin bei den „Haydn-Variationen" — vorerst in einer Fassung für zwei Klaviere nieder. Die Instrumentation aber wollte dem hierin noch Ungeübten nicht ohne weiteres gelingen. Er vermochte vom Klange des Klaviers nicht loszukommen; und doch schien ihm die Verwendung des Orchesters für die Verwirklichung seiner Ideen unentbehrlich. So verfiel Brahms auf den Ausweg, seine Gedanken in die Form eines Konzertes für Klavier und Orchester zu gießen. Bei dieser Gelegenheit wurde auch der sarabandenartige Trauermarsch der ursprünglichen Fassung ausgeschieden, um später in geänderter Gestalt als 2. Satz des „Deutschen Requiem" Verwendung zu finden. Außerdem komponierte der Meister ein flottes Konzertrondo als Finale des neuen Werkes, das als *Klavierkonzert in d-moll* op. 15 im Druck erschien. Es versteht sich von selbst, daß ein in so ungewöhnlicher Weise entstandenes Werk auch nicht der landläufigen Vorstellung von einem Solistenkonzert entspricht. Virtuose Brillanz als Selbstzweck wird man in diesem leidenschaftlichen Erguß aus des Meisters „Sturm- und Drang"-Periode vergeblich suchen. Klavier und Orchester sind vollkommen gleichwertig behandelt und, wenn auch der Solopart alles eher denn leicht auszuführen ist, hat der Hörer doch nie das Gefühl einer absichtlich zur Schau gestellten Virtuosität. Interessant ist es, daß Brahms im 1. Satz dem Klavier mehrfach Gedanken gibt, die mit der Thematik des Orchesters nur locker oder gar nicht zusammenhängen. Dies gemahnt ein wenig an die von Bach so häufig verwendete Vivaldische Konzertform, bei der Soloinstrument und Orchester verschiedene Gedanken verarbeiten. Da sich Brahms gerade in jener Zeit eingehend mit den Werken des Thomaskantors beschäftigte, kann hierin wohl mehr als ein bloßer Zufall erblickt werden. — In der Instrumentation läßt sich eine gewisse pastose Dicke und Massigkeit der Farbgebung — in der Art der Orchesterwerke Schumanns — nicht verkennen; sie stimmt mit dem leidenschaftlich schwerblütigen Inhalt des Werkes auf das glücklichste überein.

Auf Grund von Äußerungen, welche Joachim zu Kalbeck getan hat, mußte sich das Konzert ziemlich abenteuerliche Deutungsversuche gefallen lassen. So wollte man in dem von finsterer Dämonie erfüllten 1. Satz ein Abbild des furchtbaren Eindruckes von Schumanns Selbstmordversuch erblicken. Die Unwahrscheinlichkeit dieser Theorie hat jedoch schon Ernest nachgewiesen. Den 2. Satz hat Brahms — wie er das in seiner Jugend liebte — im Autograph mit einer Überschrift versehen, die er später allerdings wieder tilgte. Sie lautete „Benedictus qui venit in nomine Domini" und paßt recht wohl zu der innig-feierlichen, weihevollen Stimmung dieses Stückes.

Gestützt auf die Tatsache, daß Brahms Robert Schumann als „Domine“ anzusprechen liebte, suchte man auch diesem Satz eine biographische Deutung zu geben, wobei man auf den höchst merkwürdigen Gedanken verfiel, Brahms habe sich als Verwalter des Schumann'schen Erbes ausgegeben und somit gleichsam ein Selbstporträt liefern wollen. Abgesehen davon, daß die friedlich abgeklärte, weihevolle Stimmung dieses Satzes so gar nicht zum Wesen des jungen Brahms paßt, hieße es, den Charakter des Künstlers vollkommen verkennen, wollte man annehmen, er habe sich selbst eine Art Messiasrolle zuerkannt. Die gesegnete Persönlichkeit, die im Namen des Herrn kommt, kann vielmehr höchstens Clara Schumann sein, die, nach dem Hingang ihres Gatten, sein Werk verwaltete. Dies wird auch durch eine Äußerung bestätigt, die Brahms am 30. Dezember 1856 in einem Schreiben an Clara im Zusammenhang mit dem Konzert tat: „Auch male ich an einem sanften Porträt von Dir, das das Adagio werden soll.“ Frei von programmatischen Erklärungsversuchen ist nur das Finale geblieben. In diesem Satz stellt sich Brahms die Aufgabe, ein Stück zu schreiben, das ungeachtet seines trotzigen Grundcharakters auch eines gewissen flotten Übermutes nicht entbehrt. Gerade dies aber fiel dem „Stürmer und Dränger“ schwer und so nimmt es kaum Wunder, daß auf Joachims Anraten dieser Satz mehrfach umgearbeitet und retuschiert werden mußte.

Brahms' zweites Orchesterwerk, die *Serenade in D-dur* op. 11, entstand in den Jahren 1857/58. Mit Deutlichkeit verrät sie das eifrige Studium klassischer Partituren, das der junge Künstler am Fürstenhofe zu Detmold betrieb. Einzelne Themen könnten geradewegs von Haydn oder auch vom jüngeren Beethoven erfunden sein; das Orchester überschreitet — abgesehen von den vier Hörnern — nicht das bei den Klassikern gewohnte Ausmaß, vor allem aber herrscht in der Serenade ein fröhlicher Humor, ja selbst ein kecker Übermut (vgl. das 1. Menuett mit seiner Nachahmung von Schalmei und Dudelsack), der geradewegs vom Meister von Esterház entlehnt scheint. Die Serenade war ursprünglich für acht Soloinstrumente gedacht und wurde erst nachträglich von Brahms für volles Orchester bearbeitet. Diese Neufassung sollte — wie die Überschrift des von Breitkopf & Härtel in Leipzig bewahrten Autographes zeigt — eine „Symphonie-Serenade" werden. Glücklicherweise aber hat Brahms diese Absicht nicht ausgeführt. Auch in seiner endgültigen Redaktion hat das Werk mit einer Symphonie nichts zu tun; die Instrumentation ist vollkommen durchsichtig geblieben und die vielfach konzertierend verwendeten Blasinstrumente, welche jede stärkere Streicherbesetzung unmöglich machen, betonen den reinen Serenadencharakter. — Stärkere Gegensätze als zwischen diesem Stück und dem vorhergehenden Klavierkonzert sind kaum denkbar. Herrscht tragische Leidenschaft in dem einen Werk, so anmutige Gefälligkeit in dem anderen; die Orchestertechnik ist im Konzert massiv chorisch, in der Serenade solistisch durchbrochen; das dreisätzige ältere Werk vermag kaum den überkomprimierten Gefühlsreichtum zu fassen, das jüngere sechssätzige aber schreckt in seiner unbekümmerten Heiterkeit auch vor ein bißchen Redseligkeit nicht zurück. Brahms ist in den wenigen Jahren, welche die Inangriffnahme der beiden Werke trennten, ein anderer geworden.

In den Jahren 1857—1860 schrieb Brahms seine 2. *Serenade in A-dur* op. 16. Fast noch mehr als das erste Werk der Gattung ist sie ein richtiges Divertimento. Sie hat kürzere Sätze; statt der vier stehen nur zwei Hörner in Verwendung, es fehlen die Trompeten und Pauken und überdies — was dem Werk einen besonderen klanglichen Reiz verleiht — auch die Violinen. Ähnlich wie in Méhuls „Uthal" bilden die Bratschen das höchste Streichinstrument und, da überdies Fagotte und tief geführte Klarinetten mit besonderer Vorliebe gebraucht werden, entsteht ein warmer dunkler Grundton, der allerdings auf die Dauer wieder etwas ermüdend wirkt. Weich, zärtlich, ein wenig nachdenklich ist denn auch die ganze Haltung des Werkes. Es ist nicht so frisch erfunden wie die 1. Serenade, geht dafür aber mehr in die Tiefe. Das Adagio mit seinem ostinatoartigen Baß neigt sogar zu strengerer kontrapunktischer Erfindung. — Brahms hing an diesem reizenden

Kind seiner Muse mit besonderer Liebe. Als er den vierhändigen Klavierauszug verfertigte, schrieb er an Joachim: „Mir war ganz wonniglich dabei zumute. Mit solcher Lust habe ich selten Noten geschrieben." Und noch 1875 unterzog er sich der Mühe, die schon 1860 erschienene Partitur für eine Neuauflage sorgfältig zu revidieren. Das Exemplar, das der Meister hierbei benützte, wird in der „Gesellschaft der Musikfreunde" bewahrt. Es ist übersät mit Eintragungen von dynamischen und auch von Phrasierungszeichen, die sämtlich in den Druck der neuen, heute allgemein verbreiteten Fassung übergegangen sind. Selbst in der Orchestrierung finden sich kleine Retuschen. So hat Brahms beispielsweise in den Takten 173/74 und 177/78 des 1. Satzes die Hornstimme, sowie in den Takten 263/64 des 5. Satzes die Oboenstimme erst bei der zweiten Redaktion hinzugefügt. An der Grundzusammensetzung des Orchesters hat er dagegen nichts geändert und es ist unrichtig, wenn Evans behauptet, Brahms habe dem Werk erst 1875 durch Weglassung von Geigen, Trompeten, Pauken und zwei Hörnern seine endgültige koloristische Fassung gegeben. Im November des Jahres 1870 sah Brahms bei seinem Freunde, dem Haydn-Biographen und Archivar der Gesellschaft der Musikfreunde C. F. Pohl, Joseph Haydns Feldpartita in B-dur. Das interessante Werk, das der Meister von Esterház in den Achtzigerjahren des 18. Jahrhunderts für den Bläserchor der Soldaten des Fürsten geschrieben hatte, mochte Brahms durch seine reizvolle Erfindung sowie auch durch seine ungewöhnliche Besetzung für zwei Oboen, zwei Hörner, drei Fagotte und Serpent (ein im 19. Jahrhundert abgekommenes Baßhorn) gefesselt haben.* Jedenfalls notierte er sich in ein Heft, in das er schon früher eine ganze Anzahl älterer Tonsätze eingeschrieben hatte, den 2. Satz, der vermutlich aus einem alten burgenländischen Wallfahrtsgesang hervorgegangen war und die Überschrift „Chorale St. Antoni" trägt. Brahms vermochte von der einfach-herben, durch die einge-

* Da Haydns Komposition nicht gedruckt worden war, wurde sie von mir 1932 erstmalig veröffentlicht. — In neuerer Zeit wurden Zweifel geäußert, ob die Feldpartita von Haydn selbst oder von einem Zeitgenossen herrührt.

wobenen liegenden Stimmen besonders eigenartig wirkenden Melodie nicht loszukommen und verwendete sie schließlich als Thema seiner *Variationen über ein Thema von Haydn* op. 56, welche er im Sommer des Jahres 1873 in zweifacher Fassung komponierte. Der Bearbeitung für Klavier wurde bereits gedacht (vgl. S. 231); hier soll uns nunmehr die Orchesterfassung beschäftigen. Wie das Autograph im Besitze der Wiener Nationalbibliothek zeigt, hatte Brahms ursprünglich die Idee, das Bläserthema für Streicher umzuinstrumentieren. Glücklicherweise aber kam er davon wieder ab und ließ ihm den schon von Haydn durch das Vorherrschen der Oboen und Fagotte verliehenen eigenartigen Charakter. Die Variationen selbst zeigen in der Orchestertechnik ein wesentlich anderes Bild als die 14 Jahre vorher entstandene 2. Serenade. Brahms hat zu der Technik seiner Reifezeit gefunden, die im Grunde eine Steigerung der „durchbrochenen Arbeit" der Wiener Klassiker bedeutet. Die Motive und Themen wandern unaufhörlich von einem Instrument zum anderen; längere Melodien werden gerne an verschiedene Tonwerkzeuge verteilt, so daß die Führung beständig zwischen den verschiedenen Teilen des Orchesters wechselt. Wenn Brahms sich auch kaum je — in der Art von Liszt und Berlioz — durch den Ton der Instrumente zur Erfindung inspirieren läßt, so ist sein Orchesterklang doch stets abwechslungsreich, belebt und von jeder Überladung frei. Immer wieder fesseln (vgl. etwa die 3., 5., 7. Variation und das Finale der Haydn-Variationen) Klangmischungen und Klangantithesen von verblüffender Feinheit und genialer Intuition. — In seiner Variationentechnik steht Brahms in diesem Werk auf dem gleichen Standpunkt wie in den Händel-Variationen. Alle acht Veränderungen wahren streng die Periodik, Harmonik und bis zu einem gewissen Grade auch die Melodik des Themas. In herrlicher Steigerung, an innerer Bedeutung fast ständig wachsend, baut sich das Werk auf, um schließlich in dem grandiosen Finale seinen Höhepunkt zu finden. Dieses Finale aber stellt wieder in der Art einer Passacaglia Variationen über einen aus dem Thema gewonnenen fünfaktigen Basso-Ostinatogedanken vor. Abermals hat sich

Brahms' Phantasie gerade an der Strenge der verschiedenartigen Bindungen aufs herrlichste entzündet.

Die Arbeit an der *c-moll-Symphonie* op. 68 hat Brahms überaus lange beschäftigt. Die frühesten Ideen zum 1. Satz fallen noch in die „Sturm- und Drangzeit". Zu einem teilweisen Abschluß aber wurde der Satz erst 1862 gebracht. In den Jahren 1874—1876 nahm Brahms das Stück nochmals vor, komponierte die langsame Einleitung hinzu und schuf nun auch den 2., 3. und 4. Satz der Symphonie. Im September 1876 war das Werk — wie aus der Datierung des Autographs hervorgeht — schließlich vollendet. Die enge Beziehung Brahms' zu Beethoven und besonders zu dessen beiden Moll-Symphonien ist in diesem Werk kaum zu übersehen. Sie beschränkt sich keineswegs auf die bis zum Überdruß festgestellte Ähnlichkeit des Finalthemas bei Brahms mit dem Freudenhymnus der Neunten Symphonie; sie liegt auch nicht nur in der Intensität und Feinheit der musikalischen Arbeit; letzten Endes beruht sie auf der Gemeinsamkeit des poetischen Vorwurfes. Das Grundthema menschlichen Ringens und Schaffens, das ewige „per aspera ad astra" hat Brahms' Erste ebenso wie Beethovens Fünfte oder Neunte inspiriert. — Seinem Stimmungsgehalt nach reicht der düster bewegte, mit Qualen und Verzweiflung ringende 1. Satz in die konfliktreichen Jahre vor Schumanns Tod zurück. Auch die wuchtig dunkle, mitunter selbst überladene Instrumentation weist auf die Nachbarschaft des d-moll-Konzertes hin. Dagegen läßt die seltene Kunst der thematischen Arbeit unzweideutig die Reifezeit erkennen, in der das Stück erst seine endgültige Gestaltung erhielt. Der Satz wird von einem Leitmotiv, einer Art Motto, beherrscht, das in der Introduktion eine wichtige Rolle spielt, den Kontrapunkt zum Hauptthema bildet und im 2. Thema sowie in der Durchführung das große Wort führt. Immer wieder taucht dieses Motiv an anderer Stelle und in anderer Form auf und verhilft dem ganzen Satz zu vollkommenster Einheitlichkeit. Die beiden Mittelsätze sind dagegen leichter und knapper gestaltet; ja Hermann Levi meinte geradezu, daß sie eher in eine Serenade passen würden, als in eine „so groß angelegte Symphonie“. Hierfür könnte auch die zartere Instrumentierung mit Oboen- und Violinsolo im 2. Satz, sowie die Anmut des gleichsam unter Tränen lächelnden folgenden Allegrettos sprechen. Doch es darf nicht übersehen werden, daß diese Sätze die unerläßlichen Ruhepunkte in dem dramatischen Geschehen des Werkes zu bilden haben. Denn nicht nur der erste Satz, auch der Beginn des Finales entrollt ein düsteres Infernobild. Alles drängt zur Katastrophe; da ertönt plötzlich ein Hornsolo und mit ihm die Botschaft des Heils. Das breit dahinströmende, hymnisch gesteigerte Allegro verkündet nun den Triumph über alle Angst und Qual.

Zwischen Brahms' I. und der schon im Herbst des Jahres 1877 vollendeten *II. Symphonie in D-dur* op. 73 herrscht ein ähnliches Verhältnis wie zwischen Beethovens V. und VI. Symphonie. Nachdem sich der ältere Meister jahrelang mit der mächtigen c-moll-Symphonie beschäftigt hatte, empfand er das Bedürfnis, ein leichtes, unbeschwertes Werk der gleichen Gattung zu schreiben. In wenigen Monaten entstand nun die Pastorale, welche die heroischen Gefühle der V. Symphonie in heiter-idyllische Empfindungen abklingen läßt. Ähnlich steht es auch mit der von tiefem Naturgefühl beseelten, sonnigen „II. Brahms“, deren Entstehung einen um ein Vielfaches kürzeren Zeitraum erforderte als die c-moll-Symphonie. Der Gesamtcharakter des Werkes spiegelt sich auch in dessen Instrumentation. Sie ist zarter, durchsichtiger und überwiegend heller als in der I. Symphonie; den pastoralen Flöten, Oboen und Klarinetten fällt eine besonders wichtige Rolle zu. Immerhin verzichtet Brahms auch nicht auf das schwere Rüstzeug der Posaunen und Baßtuba, denen er in den Ecksätzen bald düster-geisterhafte (1. Satz T. 33 ff.), bald mächtig kraftvolle Wirkungen (Finale) abgewinnt. — Dem von fast südlicher Romantik erfüllten Einleitungssatz ist auch in der D-dur-Symphonie schon im 1. Takt ein mottoartiger Gedanke vorangestellt. Obwohl er in allen Teilen des Satzes auftaucht, eignet ihm doch — dem ganzen Charakter des Stückes entsprechend — nicht jene Beharrlichkeit, ja Unentrinnbarkeit, wie in dem 1. Satz der c-moll-Symphonie. Das sich anschließende ernst-grüblerische Adagio bildet das retardierende Moment vor dem heiter-bukolischen Spiel des 3. Satzes. Dieses zierliche Allegretto — einer der am leichtesten eingängigen Sätze aus Brahms' Symphonien — ist in der Form eines Rondos gehalten, das aus drei Ritornellen und zwei Episoden besteht. Die erste Episode bringt eine Variation dieses Ritornells; die an ungarische Weisen anklingende zweite Episode aber ist wieder eine Art Umkehrung der ersten Episode. Glückatmende Zuversicht spricht aus dem breit dahinströmenden Finale. Stärkere Kontraste sind hier vermieden. Selbst der knappe Mittelteil enthält keine wirkliche Durchführung, sondern in der Hauptsache eine lyrische Episode (T. 221—234), welche aus der Umbildung von T. 1 gewonnen ist. Die verkürzte Reprise führt zu einer kraftvoll emporsteigenden, in dionysischen Jubel ausklingenden Coda.

Das im Sommer des Jahres 1878 ausgearbeitete *Violinkonzert in D-dur* op. 77 wird von ähnlichen Grundsätzen beherrscht wie Brahms' erstes Konzert. Obwohl das Werk an das technische Können des Solisten ganz außerordentliche Anforderungen stellt, ist doch Virtuosität als Selbstzweck völlig ausgeschaltet. Ausschlaggebend für den Meister ist stets die künstlerische Idee. Und wie er sich bei den Orchesterkompositionen erst in zweiter Linie vom Klang der Instrumente inspirieren läßt, so legt er auch bei seinen Konzerten nur geringeren Wert auf Dankbarkeit und Publikumswirksamkeit. Dabei hat Brahms — trotz seiner von Freund Joachim und auch ihm selbst stillschweigend vorausgesetzten geringen Kenntnisse der Geigentechnik — dem Solisten die Lösung einer ganzen Reihe neuartiger und bei aller Schwierigkeit doch keineswegs unbezwingbarer Probleme aufgeben. Sie betreffen fast durchwegs die linke Hand des Geigers; hier aber werden an das akkordische Spiel, an die Fähigkeit zur Spannung großer Intervalle und an die Treffsicherheit beim unvorbereiteten Erreichen hoher Lagen, die höchsten Anforderungen gestellt. Bezeichnend für Brahms ist es, daß er in allen technischen Fragen den Rat seines Freundes stets gewissenhaft eingeholt

— und dann fast nie befolgt hat. Die Preußische Staatsbibliothek in Berlin bewahrte das mit den Abänderungsvorschlägen Joachims versehene Autograph der Violinstimme und auch der Briefwechsel der beiden Freunde legt Zeugnis ab, wie sehr sich Joachim mit dem Werk beschäftigte. Das Ergebnis aller Vorstellungen des großen Geigers, die fast sämtlich darauf abzielen, allzu große Schwierigkeiten aus dem Solopart auszumerzen, aber ist verhältnismäßig gering und beschränkt sich hauptsächlich auf kleinere Retuschen.

In seiner Stimmung steht das Violinkonzert der benachbarten D-dur-Symphonie nahe. Romantische Versonnenheit, die sich bis zu freudiger Energie steigert, beseelt den 1. Satz, der in seiner ganzen Anlage an den 1. Satz des Beethoven'schen Violinkonzertes gemahnt. Ein zart verhaltenes Adagio, mit wunderbaren Arabesken der Violinstimme, leitet zu dem zündenden, an ungarische Weisen anklingenden Rondofinale. Obwohl dieser Satz ganz auf heitere Lebensbejahung gestellt ist, dämpft Brahms doch in den letzten Takten sein Feuer. Nachdem mit der aufwärts stürmenden D-dur-Skala (T. 337/39) der triumphale Abschluß erreicht zu sein scheint, schiebt der Meister vor die Schlußakkorde noch einige müd-nachdenkliche, abschwächende Takte ein. Wenn an nichts anderem — an dieser kleinen Geste müßte man Brahms erkennen.

Im Jahre 1880 schrieb Brahms als Dank für die Ernennung zum Ehrendoktor der Universität Breslau die *Akademische Festouvertüre* op. 80. Die Charakterisierung, die Brahms nach seiner Art selbst von dem Werke gab: „ein lustiges Potpourri von Studentenliedern à la Suppé", ist gewiß nicht zutreffend. Aber ebensowenig erscheint die tiefe Symbolik am Platz, die manche Autoren in das Stück hineinzulegen suchen. Die „Akademische Festouvertüre" ist die flotte Gelegenheitskomposition eines Genies. Sie allzu ernst zu nehmen, hieße aber Brahms Unrecht tun. Des Komponisten Stärke, die thematische Entwicklung, findet in diesem Werk keine großen Entfaltungsmöglichkeiten. Die Gedanken, unter denen vier deutsche Studentenlieder („Wir hatten gebauet", „Der Landesvater", „Was kommt dort von der Höh'", „Gaudeamus igitur“) besonders hervortreten, lösen sich zu rasch ab, als daß sie weiter ausgesponnen werden könnten. Die Hand des Meisters verrät jedoch die Art, in der die Ouvertüre aus dem geheimnisvoll leisen, fast düsteren c-moll-Anfang bis zu dem schmetternden Jubel des im vollen Orchester erklingenden, abschließenden „Gaudeamus igitur“ gesteigert wird. Auch versteht es der Komponist, jedem der vier Lieder ein eigenes wirkungsvolles instrumentales Gewand umzuhängen, wobei namentlich die komische Besetzung des „Was kommt dort von der Höh'“ mit Fagotten und Oboen hervorgehoben zu werden verdient. Wer einmal eine Untersuchung über den Humor bei Brahms anstellen wollte, müßte sich dieser Stelle ganz besonders erinnern.

Das Gegenstück zu der „Akademischen Festouvertüre“, die *Tragische Ouvertüre in d-moll* op. 81 wurde in den Jahren 1880 und 1881 ausgearbeitet, wobei Brahms wohl die Verwendung als Vorspiel bei einer Neuinszenierung von Goethes „Faust“ im Wiener Burgtheater im Auge hatte. In ihren Anfängen aber dürfte die Komposition — was bisher nicht bekannt war — um mehr als ein Jahrzehnt älter sein. Die „Gesellschaft der Musikfreunde“ besitzt nämlich ein Brahms'sches Skizzenheft in vierzehnzeiligem Kleinoktavformat. Es enthält Skizzen zu den Liebesliederwalzern op. 52, zur Altrhapsodie op. 53 und mitten darunter, auf zwei Blättern, die auf der Rückseite mit Entwürfen zur Altrhapsodie bedeckt sind, auch eine längere Skizze zur „Tragischen Ouvertüre“. Allem Anschein nach stammt sie, ebenso wie die übrigen in dem Band enthaltenen Skizzen, aus dem Ende der Sechzigerjahre. Der Entwurf ist — wie bei Brahms gewöhnlich — auf zwei Systemen notiert, die fast nur die Melodie und den Baß enthalten, während Mittelstimmen oder Akkorde bloß ausnahmsweise vorkommen. Die Skizze beginnt mit dem Takt 120 der endgültigen Fassung und reicht bis inklusive T. 184, somit bis zum Ende des Expositionsteiles der Ouvertüre. An dieser Stelle hat Brahms ein Repetitionszeichen angebracht. Da Ouvertüren, auch wenn sie in Sonatenform gehalten sind, eine Wiederholung des 1. Teiles in der Regel nicht kennen, erscheint es fraglich, ob die Komposition wirklich von allem Anfang an als Ouvertüre gedacht war und ob der Meister nicht vielmehr erst später, in dem Bestreben ein Gegenstück zum op. 80 zu schaffen, auf den älteren Entwurf zurückgegriffen hat. Von T. 120 bis inklusive 170 stimmt die Skizze wohl schon ziemlich genau mit der endgültigen Fassung überein; der ganze Teil steht jedoch um eine Quarte höher. Nach T. 170 hat sich Brahms zwei Schlüsse für den Expositionsteil, der — wie in der gedruckten Fassung — in F-dur endete, notiert, einen kürzeren vierzehntaktigen und einen längeren dreißigtaktigen. Der kürzere wurde verworfen, dagegen von dem längeren die 14 Takte für die Ouvertüre tatsächlich verwendet. Diese 14 Takte, welche den T. 171—184 der Ouvertüre entsprechen, stehen bereits in der Tonhöhe des Originals. Dadurch, daß Brahms bei der schließlichen Ausarbeitung des Werkes die ersten 50 Takte der Skizze um eine Quarte abwärts von B-dur nach F-dur transportierte, konnte auch ein Teil der in den Skizzen vorgesehenen modulierenden Überleitungspartie wegfallen. Zusammenfassend kann daher gesagt werden, daß ein beträchtliches Stück der Exposition und gleichzeitig einer der wirkungsvollsten Abschnitte des ganzen Werkes schon am Ende der Sechzigerjahre entworfen war, zu einer Zeit, da die endgültige Verwendungsart wohl noch nicht feststand. In diesem Falle aber hat die lange Entstehungszeit dem Werke nicht allzu gut getan. Trotz der unbestreitbaren edlen Größe der Themen, trotz der schönen Anlage der Form fehlt der Ouvertüre doch das letzte an Inspiration. Sie wirkt ernst, traurig, fahl, doch ungleich weniger tragisch als etwa der Beginn des d-moll-Konzertes oder der c-moll-Symphonie. Die „Katharsis", jene befreiende Wirkung, die das Drama — nach der Definition des Aristoteles — durch Erregung von Furcht und Mitleid in der Seele des Hörers auslösen soll, wird bei Brahms' „Tragischer Ouvertüre" wohl kaum jemand empfinden.

Im Frühling des Jahres 1878, von seiner ersten Italienreise heimgekehrt, skizzierte Brahms sein *Klavierkonzert in B-dur* op. 83; im Sommer 1881 legte er an das Werk die letzte Hand.

Mit seinen massiven vollen Akkorden, seinen großen Spannungen, seinen Oktaven-, Terzen- und Sextengängen und seiner komplizierten Rhythmik ist das Konzert technisch überaus schwer zu bewältigen. Weit größer aber sind noch die Anforderungen, die an Geist und Verständnis des Spielers gestellt werden. Der Solist muß nicht nur hervorzutreten verstehen, sondern sich auch als gleichberechtigter Partner mit anderen Instrumenten des Orchesters in die Entwicklung teilen oder sich auch nur mit einer begleitenden Rolle begnügen. Die Klavierstimme ist kaum dankbarer als die eines Kammermusikwerkes und doch erfordert sie das Können eines Meisters. Der Gesamtcharakter der Komposition zeigt eine gewisse — sonst bei Brahms nicht eben häufige — Freizügigkeit. In der Stimmung läßt sich von der tragischen Dämonie des ersten Konzertes nichts mehr verspüren. Das Werk ist von einer wunderbar ausgeglichenen, man möchte sagen, hellenischen Heiterkeit erfüllt. Im Aufbau ergänzt Brahms die üblichen drei Sätze noch durch ein Scherzo als 4. Satz, wodurch das Werk auch wieder Symphonien und Kammermusikschöpfungen angeglichen wird. Die einzelnen Sätze sind nicht so knapp, wie wir es in den Werken aus Brahms' Reifezeit gewohnt sind, und ihre formale Gestaltung bringt manche Abweichung von der Regel. Der 1. Satz stellt noch vor den Expositionsteil einen präludierenden Dialog zwischen Soloinstrument und Orchester. Das Scherzo aber bringt nach dem Trio nicht das gewohnte da capo, sondern eine Art freier Reprise, und ähnlich steht es auch mit den beiden letzten Sätzen. Schließlich wollte Brahms dem Werk auch eine weitgehende Rhapsodik des Vortrages gewahrt wissen. Die Originalhandschrift der Komposition, welche sich im Besitz der Staats- und Universitätsbibliothek Hamburg befindet, zeigt eine ganze Reihe von Vorschriften für kleine Temporückungen. So steht etwa im 1. Satz T. 118 „animato", T. 128 „poco sostenuto", T. 286 „sostenuto" usw. Später hat Brahms jedoch diese Anweisungen wieder gestrichen, da er befürchtete, daß bei einer zu buchstäblichen Befolgung seiner Vorschriften die große Linie der einzelnen Sätze leiden könnte.

Die im Jahre 1883 vollendete *III. Symphonie in F-dur* op. 90 verlegt — wie so manches andere Werk aus Brahms' Reifezeit — den Höhepunkt an den Schluß. Der 1. Satz bringt neben einer weit ausladenden Exposition nur einen verhältnismäßig knappen Durchführungsteil. Die Katastrophe und ihre endgültige Lösung in befreiende Schönheit aber ist für das Finale aufgespart. Dieser Vorgang bedeutet die schärfste Absage an das im 18. Jahrhundert so häufige und selbst von Brahms noch gelegentlich geübte Prinzip, den letzten Satz nur als fröhlich-gewichtlosen Kehraus zu gestalten. Der reife Meister hält eben mit seinen Mitteln haus, um sich bis zum Ende die Möglichkeit einer Steigerung zu bewahren. Wie schon in den beiden ersten Symphonien, steht auch an der Spitze der dritten ein mottoartiger Gedanke (T. 1—3). Er dient gleich anfangs dem großzügigen Hauptthema des 1. Satzes (T. 3—5) als Baß und beherrscht nicht nur den Einleitungssatz, sondern darüber hinaus die ganze Symphonie. Besonders bedeutsam ist die Rolle, die ihm im 1. Satz vor Beginn der Reprise zufällt. Nachdem die Durchführung Töne leidenschaftlicher Zerrissenheit angeschlagen hat, sänftigen sich plötzlich die hochgehenden Wogen der Erregung und in mystischem Es-dur tritt als Verkündigung himmlischen Friedens im Horn das Motto (T. 101—108) auf. Leidenschaftslos klare, fast möchte man sagen objektive Heiterkeit spricht aus dem 2. Satz. Ein Andante von solcher Ausgeglichenheit des Gefühles würde man bei dem jungen Brahms vergeblich suchen. Von besonderem Reiz ist das 1. Thema des sich anschließenden „Poco Allegretto". Mit seinem beständigen Wechsel und Ineinandergreifen iambischer und trochäischer Rhythmen trägt es bei aller Einfachheit doch ein durchaus eigenartiges Gepräge. Ebenso versteht es Brahms, die knappe dreiteilige Form des Stückes dadurch in der Wirkung zu steigern, daß er das da capo des 1. Teiles vollkommen uminstrumentiert. Gerade solche Mischungen von Einfachheit und Raffinement sind eben für den spätern Brahms charakteristisch. Das Finale bringt ein gewaltiges Ringen elementarer Kräfte, das erst in der Coda zur Ruhe findet. Gleich einem Regenbogen nach Gewitterstürmen spannt sich am Ende das von der Flöte gebrachte befreiende Motto aus dem 1. Satz über dem Treiben der anderen Stimmen (T. 299—302). Die Instrumentation ist in diesem Werk von besonders dunkel getönter Leuchtkraft. Wie feinfühlig Brahms bei der Orchestrierung der Symphonie vorging, kann die Originalhandschrift der Partitur, früher im Besitze von Dr. Stonborough in Wien, zeigen. Sie weist eine Unzahl kleiner mit Bleistift eingetragener Orchesterretuschen auf, die der Meister vermutlich bei den Proben des Werkes vorgenommen hat. So war der Wechsel der B- in A- Klarinetten im 1. Satz T. 36 ursprünglich nicht vorgesehen. Für den 2. Satz wollte Brahms im ersten Entwurf Trompeten und Pauken nehmen; nachträglich tilgte er sie jedoch wieder als dem Wesen des Andante nicht entsprechend. Dagegen hat der Meister in T. 93—95 des Finales die Fagotte, in T. 91 und 233 Posaunen und Pauken erst später hinzugesetzt. Diese starke Bemühung um die Erzielung kleinster koloristischer Feinheiten straft schon allein das gedankenlos immer wiederholte Schlagwort Lügen, Brahms sei in Instrumentationsfragen wenig feinfühlig gewesen.

Die beiden ersten Sätze der *IV. Symphonie in e-moll* op. 98 entstanden im Sommer des Jahres 1884, der dritte und vierte im Sommer des Jahres 1885. Dieses letzte symphonische Werk des Meisters ist herber und gedrungener als die drei vorangehenden. Und weit mehr noch als zuvor ist Brahms' Blick in die Vergangenheit gerichtet. Er schöpft reiche Anregungen aus der vorklassischen Musik und gewinnt damit besondere Möglichkeiten zur Erweiterung seiner Tonsprache. Schon in dem Hauptthema des 1. Satzes liegen charakteristische Merkmale des ganzen Werkes beschlossen. Bezeichnend für den späten Brahms ist die Kunstfertigkeit, mit der ein großzügiges, weit geschwungenes Thema im Grunde aus einem Motiv von nur zwei Noten entwickelt ist; nicht minder die Selbstverständlichkeit, mit der als Begleitung des Themas in den Bläsern dessen Imitation gebracht wird. Und schließlich zählt die leidenschaftslose klare Ruhe dieses Gedankens, die von

Leid und Freude gleich weit entfernt scheint, zu den Kennzeichen von Brahms' Schöpfungen dieser Zeit. — Ein Motto in der Art der drei ersten Symphonien weist der Satz nicht mehr auf. Einerseits ist der logische Gedankenablauf in diesem Stücke so zwingend, daß es eines besonderen Mittels zum engeren Zusammenschluß der Teile nicht bedarf, andererseits aber besitzt die Symphonie in ihrem Finale einen Satz von so eherner Geschlossenheit und Konzentration, daß eine ähnliche Bildung beim 1. Satz vermieden werden mußte. Das „Andante moderato" des 2. Satzes führt mit seinen von Hörnern und Holzbläsern vorgetragenen monumentalen vier Einleitungstakten in die alte phrygische Tonart. Nur langsam setzt sich dagegen das warme blühende E-dur durch. Ungeachtet des wunderbar innigen von den Celli eingeführten Gesangsthemas (T. 41 ff.) steht der ganze Satz gleichsam unter dem Schatten eines unentrinnbaren Verhängnisses. Ein derb zupackendes, übermütiges „Allegro giocoso" schließt sich an. Machen die beiden ersten Sätze sowie das Finale den Eindruck, als wären sie von Dramen des Sophokles inspiriert, die Brahms gerade damals in der Übersetzung seines Freundes Wendt las, so scheint diesem Satz Breughel Pate gestanden zu sein. Handfeste Heiterkeit herrscht hier vor und auch die Instrumentation ist breiter, pastoser, mehr auf Massenwirkungen gerichtet; der Meister ergänzt die Besetzung der beiden ersten Sätze durch Piccoloflöte, Kontrafagott und 3. Pauke. Die Bekrönung des ganzen Werkes bildet das Finale. Wie bei seiner Kammermusik, so nimmt Brahms auch von seinem symphonischen Schaffen mit einem Variationensatz Abschied. Er gehört der gleichen Gattung an, der Brahms schon im Finale seiner Haydn-Variationen gehuldigt hat: der Chaconne oder Passacaglia. Ein einfaches achttaktiges Thema (T. 1—8), welches ohne Modulation und ohne Zwischenspiele 31mal bald als Unter-, bald als Mittel- oder Oberstimme wiederkehrt, bildet das formale Gerippe des Satzes. Doch zu welch' wunderbarer Entfaltung gelangt des Meisters Phantasie innerhalb dieser strengen Form! Wie versteht er es, dem Zerfallen des Ganzen entgegenzuarbeiten, indem er benachbarte

Variationen zusammenschließt, und, nachdem er in der 15. Variation (T. 129—136) nochmals das Thema gebracht hat, eine zweite Variationenreihe anschließt, die gleichsam freie Wiederholungen der ersten fünfzehn Veränderungen darstellt. Doch die technische Meisterschaft verblaßt völlig neben der Wucht und Größe, dem wilden Trotz und der herben Klarheit der Gedanken. Dieser Satz lenkt, wie Kretzschmar in seiner schönen Besprechung der Symphonie anführt, in das Gebiet, wo das Menschliche sich vor dem beugt, was ewig ist.

Brahms' letztes Orchesterwerk, das *Doppelkonzert für Violine und Cello in a-moll* op. 102, wurde nach dem Zeugnis des Autographs, im Besitze der „Gesellschaft der Musikfreunde" in Wien, in Thun im Sommer des Jahres 1887 geschrieben. Die Anregung zu dem Werk dürfte von den alten „Concerti grossi" für zwei Violinen und Cello sowie von Beethovens Tripelkonzert für Violine, Cello und Klavier ausgegangen sein; dennoch ist die von Brahms gewählte Zusammenstellung von Violine und Cello als Soloinstrumente ebenso neuartig wie der ganze Inhalt des Werkes. Dies unbeschadet der Tatsache, daß Brahms in den 1. Satz (T. 90 ff.) eine Reminiszenz an das von ihm und Joachim besonders geliebte Violinkonzert in a-moll von Viotti hineingeschmuggelt hat.

Beispiel 5, Doppel-Konzert, 3. Satz, Takt 328—335, Original-Fassung.

In technischer Hinsicht werden die Solisten nicht mehr vor so gewaltige Probleme gestellt, wie im Violinkonzert, und bei den ersten Proben mit Joachim und Hausmann ereignet sich das Umgekehrte, wie bei dem älteren Werk. Joachim drängt den Freund, einige Stellen der Solovioline noch wirkungsvoller zu gestalten. Dies geht mit Deutlichkeit aus der Originalhandschrift hervor, welche eine Reihe von nachträglichen Ver-

Beispiel 6, Doppel-Konzert, 3. Satz, Takt 328—335, Joachims Änderungsvorschlag.

Beispiel 7, Doppel-Konzert, 3. Satz, Takt 330—335, Brahms' Änderungsvorschlag.

besserungen sowie von Stellen zeigt, die mit der gedruckten Fassung nicht übereinstimmen und daher wohl erst während der Korrekturen des Druckes geändert wurden. So stand nach T. 328 des Finales im Manuskript ursprünglich die im Notenbeispiel 5 wiedergegebene Passage. Joachim war damit nicht einverstanden und notierte mit Bleistift in das Brahms'sche Autograph einen Abänderungsvorschlag (Notenbeispiel 6). Brahms erkannte wohl die Berechtigung der Joachim'schen Kritik, war aber auch mit der Anregung des Freundes nicht einverstanden und schrieb darüber eine 3. Fassung der Takte 330 ff. (Notenbeispiel 7). Für den Druck aber entschloß er sich schließlich sogar zu einer 4. Form dieser Passage. Ähnlich steht es übrigens auch mit T. 408/9 des 1. Satzes. Auch hier stehen eine Brahms'sche und eine Joachim'sche Fassung übereinander, die im Druck noch durch eine 3. Version ersetzt wurden. Die Zahl der weiteren Beispiele für Brahms' Bemühen, die Brillanz des Konzertes nachträglich zu steigern, ließe sich noch vermehren. Liegt dem Meister, dessen musikalisches Verantwortungsgefühl mit zunehmendem Alter immer größer wird, doch daran, hier nicht wieder eine verkappte Symphonie, sondern ein richtiges Konzert zu schaffen. Damit hängt es auch zusammen, daß das op. 102 von der Viersätzigkeit des 2. Klavierkonzertes wieder abgekommen und auf die übliche Dreisätzigkeit — ein mächtiges Allegro, ein tief empfundenes Andante und ein heiter rondoartiges Finale — zurückgegangen ist. Andererseits aber ist die Schöpfung eines wirklich brillanten Solokonzertes für den älteren Brahms, der die Freude an großen Schwierigkeiten eingebüßt hat, seinen ganzen künstlerischen Prinzipien nach ein Ding der Unmöglichkeit. Hieraus ergibt sich ein innerer Zwiespalt, der vielleicht mit Schuld daran trägt, daß das Werk der prachtvollen Kraft und inneren Notwendigkeit der letzten beiden Symphonien entbehrt. Brahms hat sich in seiner strengen Selbstkritik dieser Erkenntnis gewiß nicht verschlossen und, da in der letzten Schaffensperiode sein Streben ohnedies auf Abbau und Vereinfachung der Ausdrucksmittel gerichtet ist, nimmt er von der ganzen Gattung Abschied, um sich fortan innerhalb der Instrumentalmusik völlig der Klavier- und Kammermusikkomposition zuzuwenden.

LIEDER UND GESÄNGE

für 1, 2 und 4 Singstimmen mit Klavier

Von Brahms erschienen insgesamt etwa 380 ein-, zwei- und vierstimmige Gesänge. Unter ihnen finden sich — einschließlich der Volkslieder — etwa 300 Lieder für 1 Singstimme und Klavier, 20 Duette und 60 Quartette. Sie einzeln zu besprechen, wie dies bei den größeren Instrumentalwerken geschehen ist, geht nicht an. Denn einerseits würde dies den Rahmen des vorliegenden Buches sprengen, andererseits aber müßte angesichts der vielfältigen stilistischen Verwandtschaft der Lieder untereinander allzu oft Gleiches wiederholt werden. Aus diesem Grunde erscheint es angezeigt, hier zunächst die Grundzüge des Brahms'schen Liedschaffens darzustellen und dann die bedeutsamsten Merkmale der innerhalb der einzelnen Perioden entstandenen Gesänge zu besprechen.

Das Wichtigste im Lied des Meisters ist die Melodie des Gesanges. Die Gestaltung einer schön geschwungenen, ausdrucksvollen, sorgfältig dem Text angepaßten melodischen Linie steht dem Komponisten höher als alles andere. Selbst die richtige Deklamation, auf die er im allgemeinen mit peinlichster Gewissenhaftigkeit achtet, ist er bereit, zum Opfer zu bringen, wo es der einheitliche Fluß der Melodie erfordert. An zweiter Stelle steht für Brahms der Baß des Liedes. Mit der Meisterschaft des im kontrapunktischen Denken geschulten Musikers schreibt er Baßstimmen, die nicht nur das Fundament der Melodie bilden, sondern an innerer Belebung, Ausdruckskraft und motivischem Reichtum mit der Singstimme wetteifern. Die übrigen Stimmen der Klavierbegleitung sind für den Meister nicht von gleicher Bedeutung. Wohl ist er unerschöpflich im Erfinden immer neuer Ausdrucksformen, welche die jeweilige Situation und Stimmung des Liedes schildern; dennoch sind die Akkorde und Figurationen, die Brahms schreibt, weit entfernt von der Bedeutung der beiden, die Grundlage der Komposition bildenden Außenstimmen. Fast hat es den Anschein, als ob hier die Technik der Barockzeit wieder aufleben würde, bei der nur die Melodie und die Baßstimme wichtig sind, während die Mittelstimmen nicht einmal aufgezeichnet werden. Die sinnfällige Bestätigung dieser Behauptung bildet auch die Tatsache, daß es Brahms'sche Skizzen gibt, bei denen an Stelle der Mittelstimmen die Bezifferung der Baßstimme vorkommt (vgl. S. 295). Mit dieser Anlage seiner Lieder steht Brahms im Gegensatz zu der Gestaltungsweise seines Zeitgenossen Hugo Wolf, der in seinen Liedern oft dem Klavier die absolute Führung einräumt, während bei der Singstimme das Hautaugenmerk nicht so sehr auf die melodische Linie als auf die möglichst sorgfältige Deklamation gerichtet ist.

Eine weitere Eigenart von Brahms' Liedern bildet ihre prachtvolle organische Einheitlichkeit und Geschlossenheit. Der Meister verbindet die verschiedenen Teile einer Komposition sowie auch die Singstimme und die Klavierbegleitung durch die Verwendung gleichartiger Motive. Überdies aber liegt den Gesängen des Meisters fast immer eine klar gegliederte Form zugrunde. Neben reinen Strophenliedern kommen die von Brahms besonders gerne gebrauchten Gesänge vor, bei denen die einzelnen Strophen mehr oder minder variiert werden. Doch auch in den durchkomponierten Liedern, welche die Strophenform völlig fallen lassen, sorgt der Komponist für die Wiederkehr gleicher oder doch wenigstens verwandter Partien. Wer Brahms' Lieder rein vom architektonischen Standpunkt untersucht, wird fast immer zum Ergebnis einer symmetrisch schön geschlossenen, ebenmäßigen Form kommen.

Nach diesen wenigen grundsätzlichen Bemerkungen seien die Lieder der *ersten Schaffensperiode* ins Auge gefaßt. Es sind dies 18 Gesänge für eine Singstimme und Klavier, welche in den Jahren 1851—1853 entstanden und im Druck als op. 3, 6 und 7 erschienen, sowie die 1854 ohne Opuszahl veröffentlichte „Mondnacht“. In diesen frühesten erhaltenen Liedern steht deutlich der junge Brahms vor uns. Op. 7/6, „Heimkehr“, das älteste Lied, das Brahms komponiert und der Aufbewahrung wert erachtet hat, wirkt wie eine Opernszene.

Dieses „Allegro agitato“ mit seinen klopfenden Triolen, seinen leidenschaftlich dahinstürmenden Bässen und seinen Fortissimoaufschreien möchte man am ehesten als Accompagnatorecitativ mit anschließendem Arioso in einer italienischen ernsten Oper suchen. Auch die etwas äußerliche tonmalerische Schilderung des Nachtigallenschlages in der Klavierbegleitung von op. 6/6, „Nachtigallen schwingen“, weist auf die Frühzeit des Meisters hin. Selbst an kleinen Unbeholfenheiten fehlt es nicht, wie etwa in op. 6/1, „Spanisches Lied“, wo die Gesangstimme im 20., 22., 40. und 42. Takt e-cis lautet und damit die verpönten Oktavenparallelen mit dem Baß bildet. Schließlich ist es nicht uninteressant, darauf hinzuweisen, daß Brahms in der ersten Ausgabe seines op. 3 die Singstimme mit Vortragszeichen geradezu übersät hat. Als jedoch in späteren Jahren die Lieder in neuer Auflage erschienen, tilgte der reifere Meister — um den Sänger nicht zu sehr zu bevormunden und auch aus ähnlichen Gründen wie bei seinem zweiten Klavierkonzert (vgl. S. 274) — diese Anweisungen fast durchwegs.

Obwohl so an Zügen, die die Jugend des Komponisten verraten, kein Mangel herrscht, so überraschen schon diese ersten Veröffentlichungen auch wieder mit Liedern, die auf des Meisters Reifezeit hinweisen. In op. 7/5, „Die Trauernde“, kommt Brahms’ Vorliebe für die sparsam charaktervolle Harmonik der Renaissance und des Frühbarock zur Geltung. Wie eindrucksvoll ist hier der jähe Wechsel von Dur und Moll und die ungewöhnliche Rhythmik! Der Text von op. 6/1 „Spanisches Lied“ wurde fast 4 Jahrzehnte nach Brahms von Hugo Wolf komponiert. Und wenn auch der jüngere Meister durch das Gedicht zu einer seiner herrlichsten Vertonungen inspiriert wurde, vermag Brahms’ schelmisch-liebenswürdiges Lied mit seiner originellen Deklamation und farbenprächtigen Begleitung jeden Vergleich auszuhalten. Die Krone der frühen Lieder des Meisters aber bildet op. 3/1, „Liebestreu“. Wie Schubert als ersten Gesang den „Erlkönig“ veröffentlicht hat, so stellt auch Brahms an die Spitze seiner Lieder eine seiner vollendetsten Schöpfungen. Die tiefe Innigkeit des Gefühls, die wunderbare Ökonomie des Ausdrucks hat Brahms kaum je übertroffen. Man beachte nur, welche Wirkung der Künstler dadurch erzielt, daß er die Singstimme bald den Baß des Klaviers imitieren läßt, bald im Unisono mit ihm zusammen führt. Wie strahlend wirkt der vorübergehende Durchbruch des Es-dur in der Düsternis des vorherrschenden es-moll. Der Ausspruch, den Wagner über Brahms' Händel-Variationen tat, ließe sich auch auf dieses nur wenig variierte Strophenlied anwenden. Was läßt sich nicht alles noch in den alten Formen sagen, wenn einer kommt, der sie zu behandeln weiß!

In Brahms' *zweite Schaffensperiode* fallen die folgenden Liedwerke: 8 Lieder und Romanzen op. 14 (komp. 1858), 5 Lieder op. 19 (komp. 1858/59), 9 Lieder op. 32 (komp. 1864), „Regenlied" (komp. 1862 oder 1866); ferner 3 Duette op. 20 (komp. 1858—60), 4 Duette op. 28 (komp. 1860—62) und 3 Quartette op. 31 (komp. 1859 und 1863). Hinzu kommen 14 Volkskinderlieder, die Brahms 1857/58 bearbeitete und ohne Autornamen selbst herausgab, sowie 28 Volkslieder, die dem Jahr 1858 angehören und erst 1926 aus des Meisters Nachlaß veröffentlicht wurden.

Brahms' tief eingewurzelte Vorliebe für das Volkslied macht sich somit in dieser Periode mit besonderer Deutlichkeit geltend. Wohl hat er sich schon in seiner ersten Schaffenszeit mit dem Volkslied befaßt; zu wirklich intensiver Beschäftigung aber kam es erst in der Detmolder Zeit, da Brahms sich der Kunst der Vergangenheit mit besonderem Interesse zuwandte. Der Künstler übernahm die Melodien und Texte aus der von ihm besonders hochgeschätzten Sammlung von Kretzschmer und Zuccalmaglio (vgl. hierzu S. 304). Er selbst steuerte aber die Begleitung bei, die den unscheinbaren Perlen dieser Gesänge erst die richtige Fassung gibt. Man beachte nur, wie in No. 11 der Volkskinderlieder, dem „Wiegenlied", der Eindruck wunderbarer Ruhe durch den im ganzen Gesang festgehaltenen Orgelpunkt auf C hervorgerufen wird, ebenso das zarte Rieseln des Sandes in der „una corda" vorgetragenen Achtel-Begleitung des „Sandmännchens". Nicht ganz so vollendet sind die 28 Volkslieder, die Brahms mehr als Studien für den eigenen Gebrauch geschrieben hat und auch gar nicht zu veröffentlichen gedachte. Erst in späteren Jahren hat er ihrer viele mit geänderter Begleitung — teilweise auch für vierstimmigen Chor gesetzt — herausgegeben. Sehr lehrreich ist es, diese erste Niederschrift mit Brahms' eigener Ausgabe der 49 Deutschen Volkslieder aus dem Jahre 1894 zu vergleichen. Stellt man etwa die beiden Fassungen von „Feinsliebchen, du sollst mir nicht barfuß gehen" nebeneinander, so ist es erstaunlich, wie viel die Begleitung in der späteren Bearbeitung an Geist und Charakter gewonnen hat. Wie fein ist schon allein die Rede des Ritters von der des Mädchens im Klavierpart abgehoben und wie wunderbar wird mit den einfachsten Mitteln in den beiden letzten Strophen eine Steigerung erreicht. Die Fassung von 1858 wirkt dagegen fast dürftig. In anderen Fällen ist das Verhältnis allerdings für die ältere Sammlung keineswegs so ungünstig. So braucht sich etwa das schwungvolle „Wach auf, mein Hort" seiner wuchtig gedrungenen ersten Fassung gegenüber der weit reicheren späteren Bearbeitung keineswegs zu schämen.

Auch auf Brahms' eigenes Schaffen hat die damalige Beschäftigung mit dem Volkslied tiefen Einfluß ausgeübt. Sämtliche acht Gesänge aus op. 14 sind über Volksliedertexte geschrieben und manche, wie No. 1, 6 und 8, auch melodisch in der Art von Volksliedern erfunden. Brahms' Streben, das kurze Einzellied aus seiner Isolierung zu befreien und einem Zyklus einzugliedern, kommt schon in diesem Opus zur Geltung. Stärker vertieft ist der Zusammenhang in op. 32, wo ein einheitlicher Grundgedanke durch den ganzen Zyklus von neun Liedern geführt wird: trotz allen Strebens, von der Geliebten loszukommen, erkennt der Mann doch am Schluß bedingungslos ihre Herrschaft an. Diese Gabe, verschiedene Gesangstexte sinnvoll zusammenzustellen, so daß sie eine höhere Einheit bilden, wird sich — wie wir sehen werden — in des Meisters Reifezeit noch weit herrlicher bewähren. Auch rein musikalisch trachtet der Komponist mitunter Lieder zu verbinden. In op. 19 haben „Scheiden und Meiden" und „In der Ferne" den gleichen Beginn. Die Zusammengehörigkeit der beiden Gesänge, die aus dem Text hervorgeht, wird damit besonders stark betont.

Unvollkommenheiten, wie sie mitunter bei den Liedern der ersten Periode unterliefen, wird man in diesen Gesängen kaum mehr finden. Andererseits enthalten sie eine verhältnismäßig große Anzahl von Meisterwerken, die zu den wertvollsten Brahms-Liedern gezählt werden können. Gedacht sei nur op. 19/4, „Der Schmied", zu dessen volksliedmäßiger Melodie Brahms eine Begleitung schreibt, die ohne jeden Anflug von Naturalismus unaufdringlich den Klang der kleinen leichten sowie der großen schweren Schmiedehämmer wiedergibt. Koloristisch noch wirkungsvoller ist das folgende Lied „An eine Aeolsharfe", in dem der Komponist den ätherisch entmaterialisierten Klang des seltsamen Instrumentes wunderbar zu schildern versteht. Die Duette op. 28 stehen nicht nur zeitlich, sondern auch ihrer Ausdruckskraft nach an der Schwelle von des Meisters Reifezeit. Von wunderbar ergreifender Schönheit ist der schlichte Zwiegesang in „Die Nonne und der Ritter", während das folgende „Vor der Tür" mit seinem Streit zwischen dem immer hitziger drängenden Mann und dem beharrlich sich weigernden Mädchen von schelmischer Heiterkeit erfüllt ist. Das anmutige „Wechsellied zum Tanz" aus den Quartetten op. 31 verrät das eifrige Studium der älteren Musik, das Brahms in Detmold betrieben hat. Schubert, und mehr noch Mozart standen diesem in lieblichem Menuettcharakter gehaltenen Liedchen Pate. Gewaltig ist der Gesang „Wie rafft ich mich auf", der op. 32 einleitet. Mit seinem pathetischen Beginn, der mächtigen Steigerung, dem wunderbaren Ineinandergreifen von Singstimme und einer fast symphonisch gehaltenen Begleitung steht er den gewaltigsten Gesängen des späteren Schubert, von denen Brahms hier sichtlich ausgeht, ebenbürtig zur Seite.

So viele rückblickende Züge sich auch in dieser Zeit bei Brahms finden — besonders deutlich ausgeprägt in der herbarchaisierenden Harmonik des Liedes „Vom verwundeten Knaben" op. 14/2 —, so weist Brahms' Schaffen mitunter auch weit in die Zukunft. Das stammelnde, stockende Deklamieren der Singstimme in op. 32/2, „Nicht mehr zu dir zu gehen", dessen Realistik die Grenzen des nach landläufigen Begriffen in der Musik Schönen bei weitem überschreitet, die lastenden Bässe des Klaviers, welche die Wirkung dieses Rezitativs noch steigern, ohne sich zu einer gewohnten Begleitung aufzuschwingen; der leidenschaftliche Ausbruch im Mittelteil und das hoffnungslose Zurücksinken in die Stimmung des Beginnes; diese ganze Mischung aus Expressionismus und Naturalismus würde uns in keinem Werke des 20. Jahrhunderts überraschen. Der größten Beliebtheit unter allen Gesängen dieser Periode aber erfreut sich vielleicht der letzte: „Wie bist du, meine Königin". Er steht in der variierten Strophenform, die Brahms besonders bevorzugte. Die 1., 2. und 4. Strophe kehren ziemlich unverändert wieder, die 3. aber bringt starke Gegensätze. In solch eng gebundenen Formen schafft Brahms — wie wir gesehen haben — besonders erfolgreich. Das Lied mit seiner ekstatischen Innigkeit der Singstimme, seiner eindrucksvoll bewegten Begleitung ist so einfach, so ungesucht natürlich und doch auch wieder so unfehlbar ergreifend, wie es nur ein Meister zuwege bringt, der höchstes Können mit einem an der Schlichtheit des Volksliedes geschulten Fühlen verbindet.

Brahms' *dritte Schaffensperiode* umfaßt rund ein Vierteljahrhundert. In dieser Zeit entsteht eine so gewaltige Anzahl von Gesängen, daß es sich empfiehlt, sie nochmals unterzuteilen. Fürs erste sollen uns die Lieder, welche *bis zum Frühjahr 1875* entstanden, beschäftigen, dann die Kompositionen der späteren Zeit.

In der Zeit zwischen der Fertigstellung des Deutschen Requiem (1866)* und der Niederlegung von Brahms' letzter fester Anstellung als Dirigent der „Gesellschaft der Musikfreunde" in Wien (Frühjahr 1875) hat der Meister die folgenden Gesangszyklen komponiert bzw. fertiggestellt: 15 Romanzen op. 33 (komp. 1861—1869), 4 Gesänge op. 43 (komp.

* Von dem erst 1868 nachkomponierten 5. Satz wird in diesem Zusammenhang abgesehen, da die übrigen 6 Sätze des Werkes 1866 bereits vollkommen vollendet waren.

1857—1868), 4 Gesänge op. 46 (komp. 1864—1868), 5 Lieder op. 47 (komp. 1858—1868), 7 Lieder op. 48 (komp. 1855 bis 1868), 5 Lieder op. 49 (komp. 1864—1868), 8 Lieder op. 57 (komp. 1871), 8 Lieder op. 58 (komp. 1871), 8 Lieder op. 59 (komp. 1870—1873), 9 Lieder op. 63 (komp. 1873/74); vier Duette op. 61 (komp. 1874); 3 Quartette op. 64 (komp. 1862 bis 1874), 18 „Liebeslieder" für Vokalquartett und Klavier vierhändig op. 52 (komp. 1868/69), 15 „Neue Liebeslieder" op. 65 (komp. 1874). Hinzu kommen 5 Lieder der Ophelia aus Shakespeares Hamlet, die Brahms 1873 für Olga Precheisen, die nachmalige Gattin des Schauspielers Lewinsky schrieb. Sie wurden vom Verfasser dieses Buches im Jahre 1933 bei G. Schirmer, New York, erstmalig veröffentlicht.

Auffallend an dieser Zusammenstellung ist vor allem, daß viele dieser Zyklen ihrer Entstehung nach in die zweite, ja selbst in die erste Schaffensperiode des Meisters zurückreichen. Ähnliches haben wir bereits bei den Instrumentalwerken beobachten können. Brahms greift in seiner Reifezeit immer wieder auf Gedanken aus früheren Schaffensperioden zurück. Dies bestimmt auch in entscheidender Weise seinen Stil. Er hat sich zu reifer Vollendung durchgearbeitet, bringt aber kaum grundsätzlich neue Merkmale.

Immer noch gehört dem volksliedmäßigen Element Brahms' besondere Liebe. Stücke wie op. 47/3 („Sonntag"), oder der Beginn von op. 58/4 („O komme") atmen trotz ihrer kunstvollen Begleitung die ungezwungene Natürlichkeit und leichte Einprägsamkeit des Volksliedes. Auch op. 59/5, „Agnes", mit seinem höchst reizvollen und eigenartigen Wechsel von ¾- und 2/4-Takt gehört hierher. Vor allem aber das berühmteste unter allen Gesängen dieser Gruppe, das „Wiegenlied" op. 49/4. Über einem Orgelpunkt und den beruhigenden Synkopen des Klaviers wird die einfach süße und doch so originelle Melodie in schlichter Strophenform aufgebaut. Kunstfertigkeit ist hier so naturnah gestaltet, wie es nur ein Brahms vermag.

Obwohl sich Brahms naturgemäß zur norddeutschen Volksmusik besonders hingezogen fühlt, sind doch auch Anspielungen auf die Volkskunst seiner Wahlheimat Österreich in seinen Liedern häufig vertreten. Das eben erwähnte Wiegenlied bringt in die Begleitung eingearbeitet ein echtes, in Oberösterreich entstandenes Walzerlied über einen Dialekttext: „Du moanst wohl, du glabst wohl, die Liab laßt sie zwinga." Vor allem aber hat Brahms mit den 33 Nummern seiner „Liebeslieder" und „Neuen Liebeslieder" der Wiener Kunst die schönste Huldigung dargebracht. Es sind durchwegs richtige Wiener Walzer und Ländler, in denen der Meister trotz aller Stilisierung den Ton der österreichischen Volksmusik mitunter überraschend naturwahr zu treffen versteht. Zusammen mit den vierhändigen Walzern op. 39 nehmen sie rein zahlenmäßig eine nicht unansehnliche Stellung in Brahms' Gesamtschaffen ein, so daß man ermessen kann, wie sehr seine Liebe der ganzen Gattung gehörte. Neben der österreichischen kommt, etwa im Duett op. 61/1 „Die Schwestern" die magyarische und in op. 48/1 „Der Gang zum Liebchen" die tschechische Note zum Ausdruck. Auch in einem seiner herrlichsten Lieder, „Von ewiger Liebe" op. 43/1, dessen Text aus dem Wendischen stammt, ist mitunter slawischer Einschlag unverkennbar. Damit aber läßt es Brahms noch keineswegs genug sein. In der „Serenade" op. 58/8 scheinen uns Gitarrenklänge nach Spanien zu führen, während in der 7. der Magelonen-Romanzen op. 33 „War es Dir" die eigenartigen Rhythmen sowie die stereotyp beibehaltenen Begleitfiguren Bilder der orientalischen Musikübung erstehen lassen. Hierher gehören auch die durchaus volksliedartig gehaltenen „Lieder der Ophelia". Trotz der — durch den Gebrauch im Drama notwendigen — Knappheit der einzelnen Nummern und der Verwendung einer fast nur akkordischen Begleitung ist die düstere Stimmung der englischen Tragödie hier überzeugend getroffen. Freundlicher wirkt nur die dritte Nummer, das Lied vom „St. Valentins Tag", das gleichsam das versöhnliche Trio zu dem ganzen schwermütigen Zyklus bildet. In diesem Stück mit seiner leichten, tanzmäßig wiegenden Begleitung und der einfach-innigen Melodik kommt auch Brahms' eigene Note am stärksten zum Ausdruck. Bemerkenswert ist eine gewisse stilistische Ähnlichkeit zwischen den „Liedern der Ophelia" und den fünfzehn Jahre früher entstandenen Gesängen op. 14. „Wie erkenn' ich dein Treulieb" aus dem späteren Werk erinnert an „Es wollt' ein Mädchen früh aufsteh'n" (op. 14/2); ebenso ist „Und kommt er nicht mehr zurück?" verwandt mit „Mein Schatz ist nicht da" (op. 14/8).

Außer für die Volksmusik hat sich Brahms auch für die Tonkunst der Vergangenheit das Interesse ungebrochen erhalten. Stücke wie op. 43/3 „Ich schell mein Horn" mit seiner eigentümlich starren Harmonik oder das in der dorischen Kirchentonart gehaltene „Vergangen ist mir Glück und Heil" op. 48/6 erweisen Brahms' erstaunliche Einfühlungsgabe in die Kunst des 16. Jahrhunderts.

Besonders charakteristisch für den reifen Brahms ist die Vorliebe für die Vertonung von Dichtungen, welche in Stimmung und Versmaß die griechisch-römische Lyrik der Antike wieder zu beleben suchen. Hierher gehört etwa das klassische Ruhe atmende Quartett „Der Abend" op. 64/2 und vor allem „Die Mainacht" op. 43/2, einer der herrlichsten Gesänge des Meisters. Hölty, der Dichter der „Mainacht", hat dem Liede, ebenso wie dem von Brahms in seiner zweiten Schaffensperiode vertonten „Kuß" op. 19/1, die Form der Asklepiadischen Ode gegeben. Es ist nun lehrreich zu beobachten, mit welcher überlegenen Meisterschaft der *reife* Brahms die komplizierte Form behandelt, nachdem er ihr wenige Jahre zuvor noch ziemlich verständnislos gegenüberstand.

Überrascht es, wie vollkommen Brahms in den verschiedensten Ausdruckswelten zu Hause ist, so verdient nicht minder die Vielfalt der Gefühle hervorgehoben zu werden, die des Meisters Lieder beherrscht. Brahms hat die Magelonen-Romanzen op. 33 seinem Freunde Julius Stockhausen gewidmet. Im Grunde ist jedoch die Mehrzahl der Gesänge dieses Zeitraumes als Männerlieder gedacht; dies nicht bloß, weil Brahms bei der Komposition unwillkürlich das ihm so wohl vertraute Organ des großen Sängers vorschwebte, sondern mehr noch, da es seinem innersten Wesen entsprach, auch in seiner Lyrik kraftvoll männliches Fühlen zum Ausdruck zu bringen. Ein Werk wie Schumanns „Frauenliebe und Leben", das ganz in der weiblichen Empfindungswelt verankert ist, hätte Brahms wohl niemals zu gestalten versucht. Von diesem einigenden Band abgesehen aber überrascht der Reichtum an Stimmungen und Charakterschilderungen, der sich in Brahms' Lyrik erschließt. Von fröhlicher Schalkhaftigkeit (vgl. „Botschaft" op. 47/1 oder das Quartett „Fragen" op. 64/3) bis zu lastendem Kummer (vgl. „Schwermut" op. 58/5 oder den Zyklus „Heimweh" op. 63, No. 7-9) fehlt kaum ein Übergang. Auch das Register heißer Sinnlichkeit (vgl. die 8 Lieder des op. 57) und stürmischer Leidenschaftlichkeit (vgl. op. 47/2 „Liebesglut" oder op. 63/5 „Meine Liebe ist grün") beherrscht Brahms meisterlich. Er verschmäht keineswegs das illusionsfördernde Mittel der Tonmalerei. In op. 46/1 „Die Kränze" werden ganz in der Art Bachs tropfende Tränen geschildert; die erste der Magelonen-Romanzen trachtet, die Vision eines galoppierenden Pferdes zu erwecken, und ebenso zeichnen op. 59/3 „Regenlied" und op. 59/4 „Nachklang" den eintönig fallenden Regen. Brahms verliert sich jedoch nie im Detail. Wenn er — wie in den zuletzt angeführten Beispielen — das Rauschen des Regens oder in op. 59/2 „Auf dem See" das stille Fluten der Wellen schildert, so geschieht dies, um die entworfenen Naturgemälde mit den Gefühlen zu verbinden, die des Menschen Herz erfüllen. Der wunderbare Friede, der über dem sonnenbestrahlten See lagert, spiegelt sich auch in der Seele des glücklichen Menschen und ebenso paßt die unbestimmte Traurigkeit, die der gleichmäßig niederrieselnde Regen verbreitet, zu den schwermütigen Gedanken an die entschwundene Kindheit. Gewiß, diese Belebung der Natur mit den Gefühlen der menschlichen Brust ist keine spezifische Eigenheit von Brahms. Sie ist mit dem Wesen der Romantik untrennbar verbunden und gerade in den Liedern Schuberts, die Brahms über alles liebte, fand er dieses Prinzip zu höchster Vollendung erhoben. Es erweist jedoch neuerdings, wie tief Brahms — bei aller Vorliebe für klassizistische Tendenzen — in der Romantik verwurzelt war.

Brahms' Bestreben, das Einzellied aus seiner Isolierung zu

befreien und zwei oder mehrere Gesänge zu einer höheren Einheit zu verbinden, konnte schon in der zweiten Schaffensperiode beobachtet werden. In der Reifezeit dauert es in gesteigertem Umfang an. In op. 63 sind zwei Gesänge verwandten Inhaltes durch den Sammeltitel „Junge Lieder" und drei andere durch die gemeinsame Überschrift „Heimweh" verknüpft. In op. 59 aber sind die beiden verwandten Gesänge „Regenlied" und „Nachklang" auch musikalisch durch das gleiche Regenmotiv zusammengeschlossen. Einen Höhepunkt dieser Bestrebungen bezeichnen die Sechzigerjahre, die Zeit, in der Brahms aus kurzen Bibelstellen den Text zu seinem gewaltigen „Deutschen Requiem" zusammenstellt. In diese Periode fällt vor allem die Komposition der 15 Romanzen aus L. Tiecks „Magelone". Ihre textlich-inhaltliche Zusammengehörigkeit vermag wohl nur der zu verstehen, der mit der Dichtung Tiecks vertraut ist. (Und dieser Mangel stand und steht auch heute noch der Verbreitung der wunderbaren Stücke hemmend im Wege.) Ihrer innerlich musikalischen Verknüpfung aber wird sich kaum jemand entziehen können. Sie kommt zunächst darin zum Ausdruck, daß Brahms am Schlusse des 15. Stückes auf die erste Nummer zurückgreift. Darüber hinaus aber ist den 15 Gesängen eine ungewöhnliche Großzügigkeit und Kühnheit des Entwurfes gemeinsam. Brahms vermeidet einfache Volkstümlichkeit, ebenso wie er dem schlichten Strophenlied aus dem Wege geht; an Einzelheiten des Textes haftet er noch weniger als in seinen übrigen Liedern. Jede Romanze weitet sich zur großen Szene, in der auch dem Klavier mit selbständigen Vor-, Zwischen- und Nachspielen ein breiter Raum zugebilligt ist. Kaum nimmt es Wunder, daß die Gesänge mitunter ein wenig ins Opernfahrwasser geraten (vgl. No. 3) und dabei unversehens selbst dem Schöpfer des „Tristan" (T. 82—85) ins Gehege kommen.

Ein leichtgeschürztes Gegenstück zu den Romanzen bilden die „Liebeslieder" op. 52 für Klavier vierhändig mit „Gesang ad libitum". Diese aus vertriebstechnischen Gründen der Komposition beigesetzte Bemerkung ist unbedingt irreführend. Denn wenn auch die Noten der Vokalstimmen fast durchwegs im Klavierpart enthalten sind: sobald der klangliche Liebreiz der sich im Walzertakt wiegenden Singstimme und die Anmut des gesprochenen Wortes fortfällt, verlieren die Stücke auch ihren besonderen Reiz. Tatsächlich sind die „Liebeslieder" Vokalquartette mit vierhändiger Klavierbegleitung und Brahms hat nicht mehr als Selbstverständliches getan, wenn er bei der zweiten Serie, den „Neuen Liebesliedern", die irreführende Bemerkung „ad libitum" getilgt und damit die Singstimme als obligat erklärt hat. Dem Zufall, daß die „Liebeslieder" innerhalb des Werkes von Brahms in unmittelbarer Nachbarschaft der beiden Streichquartette op. 51 stehen, kommt im Grunde tiefere Bedeutung zu. Nicht mit Unrecht wird die Zusammenstellung von vier Stimmen seit dem 18. Jahrhundert als besonders ausgeglichen und ausdrucksfähig angesehen und es ist daher nicht verwunderlich, daß Brahms sich schon am Beginne seiner Reifezeit zum Instrumental- wie auch zum Vokalquartett auf das stärkste hingezogen fühlt. Freilich, die organische Geschlossenheit der beiden ersten Streichquartette wird man in den „Liebesliedern" vergeblich suchen. Es ist ein locker gebundener Strauß, dessen einzelne Nummern nur langsam die endgültige Gestalt und Reihenfolge erhalten haben. Nicht nur die Skizzen zu den „Liebesliedern", sondern auch die Originalhandschrift zeigen in Aufbau und Anordnung der Walzer verschiedenartige Abweichungen vom Druck. No. 13 hatte ursprünglich eine achttaktige Instrumentaleinleitung, die Brahms jedoch wieder gestrichen hat; ein Stück, das teilweise schon im Manuskript stand, hat Brahms wieder ausgeschieden, um es späterhin in geänderter Form als No. 14 den „Neuen Liebesliedern" einzugliedern. Und ebenso kommen auch in den Skizzen zum op. 52 zwei Walzer vor, die Brahms erst in die zweite Serie (als No. 5 und 17) aufgenommen hat. Man sieht: der Meister hat dieses heitere Kind seiner Muse nicht nur im Kopf, sondern teilweise erst am Papier ausgearbeitet; ein sicheres Zeichen dafür, daß es sich nicht um eine streng, sondern um eine lockerer angelegte Komposition handelt.

Bald nach der Fertigstellung der „Liebeslieder" wurde

Brahms von seinem Freunde Ernst Rudorff aufgefordert, die Klavierstimmen des Werkes für eine Berliner Aufführung zu orchestrieren. Die Idee gefiel dem Komponisten und er schrieb im Winter des Jahres 1869—70 unter Verwendung seines op. 52 eine Walzer-Suite für Gesang und kleines Orchester. Acht Stücke daraus sind den „Liebesliedern" entnommen, ein neunter Walzer wurde neu geschaffen und später in leicht überarbeiteter und verbesserter Form in die „Neuen Liebeslieder" op. 65 aufgenommen. Die orchestrierte Suite, die am 19. März 1870 zum ersten Male in Berlin aufgeführt wurde, besteht aus den folgenden Stücken: op. 52, No. 1, 2, 4, 6, 5; op. 65, No. 9; op. 52, No. 18, 8 und 9. Brahms verlangte, daß Solosänger auch in der neuen Fassung verwendet werden sollten, da ein Chor die leichte und durchsichtige Instrumentierung verdekken würde. Das Orchester der Suite besteht nämlich aus je zwei Flöten, Oboen, Klarinetten, Fagotten und Hörnern, sowie den üblichen Streichern, wobei in einigen Nummern ein noch kleinerer Klangkörper vorgeschrieben ist. Die Komposition wurde erstmalig im Jahre 1938 durch Wilhelm Weismann nach Brahms' eigenem Manuskript veröffentlicht. In seiner Vorrede hebt der Herausgeber hervor, daß selbst ohne die Verwendung von Singstimmen eine Aufführung des reizvollen kleinen Walzer-Zyklus äußerst wirksam ist; unzweifelhaft aber hätte eine solche Wiedergabe Brahms nicht völlig befriedigt.

Die „Neuen Liebeslieder" op. 65 verhalten sich zum op. 52 etwa ebenso, wie die zweite Serie der Ungarischen Tänze zu der ersten. Die glückliche Frische der Inspiration, welche das Erstlingswerk auszeichnet, wird vielfach durch besondere Sorgfalt der Arbeit ersetzt. Und es ist bezeichnend, daß das kostbarste Stück der zweiten Reihe, „Zum Schluß", textlich und musikalisch eine Sonderstellung einnimmt. Die Worte stammen — als einzige Ausnahme unter allen „Liebesliedern" — nicht von Daumer, sondern von Goethe, und die Vertonung rückt von Charakter und Taktart des Walzers ab. Diese Nummer ist eine „Ciacona" mit eingebettetem kanonischem Mittelsatz. Und gerade hier, wo sich Brahms von der leichten zur strengen Schreibweise wendet, gibt er sein Bestes. — Ein weiterer Zyklus von Daumer-Liedern — die Gesänge op. 57 — entstand wohl im Zusammenhang mit der Arbeit an den „Liebesliedern". Die allen Stücken des Werkes gemeinsame glühende und doch wieder entmaterialisierte Leidenschaftlichkeit des Ausdrucks schließt die acht Gesänge zusammen. Ein solcher Inhalt war damals im Liede neu. Kein Wunder daher, daß selbst Brahms' Freunde dem Zyklus teilweise verständnislos gegenüberstanden.

Nicht nur zu den „Liebesliedern", sondern auch zu Gesängen für *eine* Singstimme haben sich Skizzen erhalten. Ganz besonderes Interesse verdienen die Entwürfe zum Liede „Vorüber" op. 58/7, welche die „Gesellschaft der Musikfreunde" bewahrt. Die Skizze ist so notiert, daß in der Hauptsache nur die Gesangsstimme mit Text, und dort, wo sie pausiert, die Oberstimme der Begleitung aufgeschrieben ist. Überdies hat sich Brahms an einigen Stellen ein beziffertes Baßfundament notiert. Der Baß ist jedoch durchaus nicht immer vorhanden. Das Lied stand zuerst in Es-dur, somit um einen Ton tiefer als die gedruckte Ausgabe. Bis zum T. 22 stimmt die Skizze in großen Zügen mit der endgültigen Fassung überein, dann aber geht sie in anderer Weise weiter. Brahms aber war mit dieser Fortführung offensichtlich nicht einverstanden; denn schon nach 12 Takten bricht er das Lied ab, um es von neuem zu beginnen. Nun aber steht es bereits in der richtigen Tonart F-dur. An der kritischen Stelle „Denn nun ich erwache", beim Beginne des 2. Teiles des Liedes, stockt er abermals und nun bricht die Skizze endgültig ab. Mit Deutlichkeit erweist dieses kleine Blatt die am Beginn dieses Kapitels aufgestellte Behauptung, daß das Wichtigste für Brahms im Liede die Singstimme ist; in zweiter Linie interessiert ihn Baßfundament und Harmonik, welch letztere er in altväterischer Weise mit Hilfe von Ziffern über dem Baß notiert. Erst wenn diese beiden Eckpfeiler seiner Komposition feststehen, wendet er sich den Einzelheiten der Begleitung zu. Das Ringen um die endgültige Gestaltung des Liedes, welches die Skizze noch weiterhin verrät, wird sich wohl nicht nur auf diesen einen Gesang beschränkt haben. Offenbar hat Brahms, der seine Lieder häufig erst viele Jahre nach ihrer Komposition herausgab, es geliebt, seine Lyrik, sobald die Inspiration über ihn kam, zu Papier zu bringen, um sie erst später, nach sorgfältigem Feilen, der Öffentlichkeit zu übergeben.

Zum Schlusse, bevor wir uns der nächsten Gruppe zuwenden, seien noch einige besonders bemerkenswerte Gesänge, welche bisher keine Erwähnung gefunden haben, hervorgehoben. In op. 43/4 „Das Lied vom Herrn von Falkenstein“ trifft Brahms überzeugend den balladesken Ton. Charakteristisch für den Meister ist es, daß er die herausfordernd trotzige 9. Strophe, welche dem Lied im Manuskript noch fehlte, für die Druckausgabe eigens hinzugefügt hat. In op. 47/1 „Botschaft“ verdient die poetisch zarte Begleitung mit ihrer stockenden Verbindung von Duolen und Triolen bei „Eile nicht“ hervorgehoben zu werden. Besonders ergreifend in seiner gedrängten Ausdruckskraft ist op. 49/1 „Am Sonntag Morgen“. In engstem Rahmen und ohne das Gebiet der reinen Lyrik zu verlassen, enthüllt sich hier ein gerade durch seine Verhaltenheit doppelt erschütterndes Drama. Das schöne Quartett „An die Heimat“ op. 64/1 gehört ebenso wie die drei Lieder „Heimweh“ aus op. 63 zu den Gesängen, in denen der Komponist seine nie versiegende Sehnsucht nach der Heimat, in der er nicht weilen darf, in Töne faßt. Allerdings: auch an künstlerischen Gegenäußerungen fehlt es nicht. Wir haben sie in den Walzern und Liebesliedern kennen gelernt und ein netter kleiner Zug der dies ergänzt, ist, daß Brahms sein Lied op. 57/1 mit den Worten „Von Dornbachs schöner Höhe“ beginnen lassen wollte. Erst später setzt er aus Respekt vor dem Poeten die Worte des Originalgedichtes „Von waldbekränzter Höhe“ und verzichtet damit auf die kleine Huldigung für den schönen Vorort Dornbach bei Wien.

In die *zweite Hälfte von Brahms' dritter Schaffensperiode* fällt die Entstehung folgender Gesänge: 9 Gesänge op. 69 (komp. 1877), 4 Gesänge op. 70 (komp. 1875—1877), fünf Gesänge op. 71 (vollendet 1877), 5 Gesänge op. 72 (komp. 1876/77), 6 Liedern op. 85 (komp. 1877—1882), 6 Lieder op.

86 (komp. 1877/78), 5 Lieder op. 94 (komp. 1884), 7 Lieder op. 95 (komp. 1884), 4 Lieder op. 96 (komp. 1884), 6 Lieder op. 97 (komp. 1884), 5 Lieder op. 105 (komp. 1886), 5 Lieder op. 106 (komp. 1886), 5 Lieder op. 107 (komp. 1886), 2 Gesänge für Altstimme und Bratsche op. 91 (komp. 1863-1884); 5 Romanzen und Lieder für eine oder zwei Singstimmen op. 84 (komp. 1881?), 5 Duette op. 66 (komp. Sommer 1875), 4 Balladen und Romanzen für zwei Singstimmen op. 75 (komp. 1877/78); 4 Quartette op. 92 (komp. 1877—1884), 11 Zigeunerlieder op. 103 (komp. 1887).

In diesen über 100 Gesängen kehren in der Hauptsache alle jene Züge wieder, die wir schon bei den Liedern aus der ersten Hälfte von Brahms' Reifezeit beobachten konnten. Immerhin: manch' kleine Einzelheiten haben sich geändert; Züge, die früher im Vordergrund standen, treten zurück, andere wieder machen sich nun stärker geltend. Und so bietet das Gesamtbild doch in gewisser Hinsicht einen geänderten Anblick.

Dem Volkslied steht Brahms in jener Zeit der höchsten kunstmäßigen Verfeinerung des eigenen Schaffens nicht ganz mit der gleichen Naivität gegenüber wie in früheren Tagen. Wohl zeigen manch' kleine Züge in den Kunstliedern, wie stark sich der Meister in die Sprache des Volksliedes eingelebt hat. So kommt etwa in op. 105/5 „Verrat“ mehrfach am Ende der Zeilen eine Wiederholung der letzten Worte vor. Es ist dies ein kleines Ausdrucksmittel, das im Volkslied zu Hause ist und nicht wenig dazu beiträgt, ihm seine eindringliche Kraft zu geben. Von ähnlicher Bedeutung ist, daß in op. 97/4 „Dort in den Weiden“ in den vorherrschenden 2/4-Takt mehrfach ein 3/4-Takt eingeschoben wird. Zählt doch die rhythmische Dehnung — ebenso wie ihr Gegenstück: die rhythmische Verkürzung — zu den kleinen Freiheiten, die sich das Volk beim Vortrag seiner Gesänge gerne nimmt. Nichtsdestoweniger ist die schlichte Eingängigkeit und Unmittelbarkeit der Wirkung, die dem Volkslied eigentümlich ist, in Brahms' Gesängen dieser Zeit ein seltener Gast. Recht aufschlußreich ist es, in diesem Zusammenhang die Lieder op. 84/5 „Spannung“, op. 97/4 „Dort in den Weiden“ und op. 97/6 „Trennung" zu untersuchen, die Brahms später mit ihren Originalmelodien in seine 49 Volkslieder aufgenommen hat. Der Unterschied zwischen der Brahms'schen und der volkstümlichen Fassung ist beträchtlich. Charakteristisch ist es auch, daß der Meister in op. 86/1 „Therese" die einfache ursprüngliche Melodie nachträglich unbedingt bei weitem komplizierter gestalten wollte und sich erst durch die energischen Vorstellungen der treuen Freundin, Frau von Herzogenberg, bestimmen ließ, die erste Fassung beizubehalten.

Ähnliches läßt sich auch bei der außerdeutschen Volksmusik beobachten. In op. 85/3 „Mädchenlied", op. 95/1 „Das Mädchen" und op. 95/5 „Vorschneller Schwur" ist der Geist serbischer Gesänge überraschend naturwahr zum Ausdruck gebracht. Die zuletzt genannten beiden Gesänge verleugnen jedoch in ihrem weiteren Verlauf den spezifisch serbischen Beginn. An der Stelle, da der Text eine freundliche Wendung nimmt, entwindet sich Brahms den Fesseln slawischer Melodiebildung. Der Gesang wird schwungvoller und verliert gleichzeitig das ausgesprochen nationale Gepräge, als wollte der Komponist zum Ausdruck bringen, daß Heiterkeit und Frohsinn allgemeingültigen Charakter tragen müssen. Auch bei den „Zigeunerliedern" op. 103 steht es im Grunde nicht anders. Als Texte hat Brahms hier die Übersetzungen ungarischer Volkslieder benützt, die Weisen sind durchwegs im Lieblingsrhythmus der ungarischen Nationalmusik, dem $^2/_4$-Takt gehalten, ja, der Komponist hat sich sogar mitunter von den ungarischen Originalmelodien inspirieren lassen; trotzdem aber steht der ungarische Charakter in den „Zigeunerliedern" lange nicht so im Vordergrund, wie etwa in den „Ungarischen Tänzen". Brahms will Kunstmusik im Geiste ungarischer Weisen geben, keineswegs aber eine Kopie der magyarischen Volksmusik. Den billigen Effekt der Nachahmung des Zigeunerzimbals verwendet er nur sehr sparsam (vgl. No. 10) und es ist bezeichnend, daß — ähnlich wie bei der 2. Serie der „Liebeslieder" — eines der schönsten Stücke des ganzen Werkes, No. 7, den ungarischen Charakter fast ganz abgestreift hat. Auch in jener Zeit läßt sich eben der

Meister gerne durch die nationale Volksmusik fremder Länder inspirieren; wo er aber Entscheidendes zu sagen hat, da verfällt er unwillkürlich wieder in die eigene Ausdrucksweise. Auf das gleiche Blatt ist es auch zu setzen, daß die Kompositionen im Geiste des 16. Jahrhunderts in jener Zeit zurücktreten. Ja selbst die Dichtungen in Versmaß und Inhalt der Antike werden damals seltener von ihm verwendet. Die wunderbar ergreifende „Sapphische Ode“ op. 94/4 steht unter den Liedern dieser Zeit ziemlich vereinzelt da.

Beschränkt Brahms so in gewisser Hinsicht den äußeren Umkreis seines Liedschaffens, so entschädigt er doch andererseits durch die ungeminderte, ja fast noch gesteigerte Vielseitigkeit des Schaffens auf dem Boden seines eigenen Stils. Mit gleichem Gelingen schreibt er Männer-, Mädchen- und Frauenlieder. Sie sind bald schelmisch gehalten (vgl. op. 69/8 „Salome“, op. 107/3 „Das Mädchen spricht“), bald behaglich humorvoll (vgl. op. 107/2 „Salamander“), bald seelenvoll innig (vgl. op. 95/2 „Bei dir sind meine Gedanken“) oder ätherisch zart (op. 70/2 „Lerchengesang“), bald wieder leidenschaftlich düster (vgl. op. 75/1 „Edward“). Aus der reinen Lyrik greift Brahms mit den Liedern im Balladenton (vgl. op. 97/3 „Entführung“ und die Balladen in op. 75) in das Gebiet der Epik über, ja manche Gesänge sind wie dramatische Szenen gehalten. Hierher gehört op. 105/4 „Auf dem Kirchhofe“ mit dem sinnigen Anklang an den protestantischen Choral „O Haupt voll Blut und Wunden“ und vor allem op. 94/5 „Kein Haus, keine Heimat“, das in seiner komprimierten Anlage mit den kurzen scharfen Schlägen der Begleitung in jeder veristischen Oper der Zeit stehen könnte.

Unermüdlich ist Brahms bestrebt, die Ausdruckmöglichkeiten zu steigern. Op. 95/3 „Beim Abschied“ hatte ursprünglich in der ersten Hälfte seiner Begleitung den gleichen $^{3}/_{8}$-Takt wie in der Singstimme. In seinem Handexemplar aber versetzte Brahms die Klavierstimme in den $^{2}/_{4}$-Takt, während die Singstimme unverändert blieb. Durch die so entstehenden rhythmischen Reibungen wird ein Element schmerzlicher Unruhe in das Lied getragen, welches trefflich zu seinem Charakter paßt. In op. 72/5 „Unüberwindlich" hat Brahms ein Zitat aus einer Sonate von Scarlatti aufgenommen, das in seiner trocken-philiströsen Haltung die komische Wirkung des humorvollen Stückes noch bei weitem steigert. Wie drastisch versteht es Brahms hier auch mit Hilfe einer unvermutet einsetzenden Generalpause die tückische Wirkung des im Übermaß genossenen Weines zu schildern! — In op. 91 läßt Brahms — hierin vielleicht von Bach inspiriert — zu Altstimme und Klavier noch seinen Liebling unter den Streichinstrumenten, die Bratsche treten. In dem zweiten der beiden Gesänge, dem „Geistlichen Wiegenlied", trägt die Bratsche das wunderbare altdeutsche Wiegenlied „Joseph, lieber Joseph mein" vor, während die Singstimme dazu sanft schwebende Melodien erklingen läßt. Nicht nur die eigenartige koloristische Wirkung, sondern mehr noch der tiefe Stimmungsgehalt und die phantasievolle Verwendung der Cantus-firmus-Technik verleihen dem Liede besondere Bedeutung. Aus dem ersten Lied, „Gestillte Sehnsucht", spricht wieder des Meisters tiefes Naturgefühl. Wie zart ist das Lispeln des Windes durch die sanft über die Saiten gleitenden gebrochenen Akkorde der Bratsche geschildert! Brahms' Naturliebe ist überhaupt ein kaum zu erschöpfendes Thema. Man muß nicht unbedingt ein solches Meisterstück, wie die „Feldeinsamkeit" op. 86/2 heranziehen, um dies zu erweisen. Wie Brahms hier mit leicht bewegten Achtelgängen, tiefen Orgelpunkten und einer weit geschwungenen Melodielinie das Bild eines verträumten Sommertages mit leise ziehenden Wolken hervorzaubert, dies hat in der gesamten musikalischen Literatur nur wenige Seitenstücke. Doch auch das müde Tropfen des Nebels im Quartett op. 92/2 „Spätherbst", das sanfte stetige Geräusch der Wellen in op. 96/4 „Meerfahrt", die wunderbare ausgeglichene Stille der Nacht, die nur langsam zu tönen beginnt, in op. 96/1 „Der Tod, das ist die kühle Nacht", all dies zeigt, daß Brahms die Vorgänge in der Außenwelt nicht nur mit offenen Sinnen, sondern auch mit offenem Herzen erlebt und wieder in seinem Werk gestaltet hat.

Auch bei den Liedern dieses Zeitabschnittes seien zum

Schluß noch einige der bekanntesten Stücke, soweit sie nicht bereits erwähnt wurden, genannt. In das innig ergreifende „Minnelied“ op. 71/5 hat sich die Reminiszenz an einen steirischen Ländler eingeschlichen. Eine Absicht liegt hier wohl kaum vor. Doch war Brahms' Verhältnis zur österreichischen Tanzmusik ein so inniges, daß sie ihm selbst bei so wenig geeigneten Anlässen in den Sinn kam. In „Alte Liebe“ op. 72/1 ist die träumerische, zugleich von Glück und Leid erfüllte Stimmung eines Frühlingstages wunderbar getroffen! Das „Vergebliche Ständchen“ op. 84/4 wandelt ein ähnliches Thema ab wie das Duett „Vor der Tür“ op. 28/2. Auch hier erleidet ein eingebildeter Freier von seinem Mädchen eine energische Abfuhr. Während Brahms jedoch in der älteren Komposition ein reales Duett vorschreibt, ist die Ausführungsmöglichkeit „für 1 oder 2 (Sing-)Stimmen“, die der Meister beim „Vergeblichen Ständchen“, ebenso wie bei allen anderen Gesängen des op. 84 freistellt, wohl kaum ernst zu nehmen. Der Gegensatz zwischen den beiden Personen des Dialoges muß — soweit nicht schon die Begleitung dafür sorgt — durch die Vortragskunst eines einzigen Sängers erzielt werden. Eine solche äußere Vereinfachung, die aber letzten Endes eine Erhöhung der Schwierigkeiten für den Vortragenden mit sich bringt, ist in jener Zeit bei Brahms nicht selten. — Ganz in Gefühl und Stimmung aufgelöst ist das beseelte „Immer leiser wird mein Schlummer“ op. 105/2. Kaum weniger gefühlsdurchtränkt wirkt das berühmte „Ständchen“ op. 106/1; ein Pastell voll Feinheiten ist hier entworfen, ein Stück, das trotz seiner Innigkeit mühelos an der Klippe der Sentimentalität vorbei kommt. — Der letzte Gesang aus Brahms' Reifezeit ist das „Mädchenlied“ op. 107/5. Der Meister hat die Begleitung, die von der regelmäßigen Bewegung des Spinnrades ausgeht, einfach gehalten; die Singstimme ist zunächst strophisch angelegt und erst in der zweiten Hälfte des Liedes freier behandelt. Wie gewaltig ist aber die Wirkung, die Brahms trotz, oder richtiger noch, durch diese große Ökonomie hervorbringt. Schon die Melodie der 3. Strophe wird durch das einfache Mittel der eingeschobenen zwei Achtelpausen in ihrem freien

Schwung gehemmt und hoffnungslos gestaltet. Und schneidend verzweifelt wirkt der Ausbruch „Wofür soll ich spinnen?“, bei dem die Grundmelodie in höherer Lage wieder anklingt. Das Raffinement der Einfachheit, das für den älteren Brahms so charakteristisch ist, prägt sich in diesem Liede mit besonderer Deutlichkeit aus.

Erwähnt seien an dieser Stelle auch die von Brahms besorgten Bearbeitungen fremder Gesangskompositionen. Bei 13 Kammerduetten und 2 Terzetten von Händel (erschienen 1880) hat der Meister den Generalbaß ausgesetzt. Die Arbeit ist phantasievoll angelegt und trägt starkes Eigenleben zur Schau, ohne sich störend in den Vordergrund zu drängen oder die Gesangstimme zu bevormunden. In ruhiger, schlichter, doch stets geistvoller Führung folgen die Mittelstimmen den vorgezeichneten Außenstimmen. Sieben von den 13 Duetten waren schon 1870 gedruckt worden und Brahms hat, als ein Jahrzehnt später eine neue, vielfach erweiterte Ausgabe erschien, an der älteren Fassung zahlreiche kleine Abänderungen vorgenommen. Sie bieten Gelegenheit, die Entwicklung zu beobachten, die der Meister selbst auf dem Gebiet der Kontinuobearbeitung genommen hat. Mit nur kleinen Korrekturen und Retuschen gelingt es ihm, bei der späteren Fassung einen natürlicheren Fluß und dabei doch eine größere Lebendigkeit der Begleitstimme zu erzielen.

In Brahms' *letzte Schaffensperiode* gehören lediglich drei Werke. Es sind dies die schon in seiner ersten Schaffenszeit begonnenen, doch erst 1894 endgültig redigierten 49 Deutschen Volkslieder ohne Opuszahl, die an Brahms' 63. Geburtstag, dem 7. Mai 1896, vollendeten „Vier ernsten Gesänge“ op. 121, sowie die 1888—91 komponierten 6 Quartette op. 112.

Eine weite Kluft scheidet die „Vier ernsten Gesänge“ von allen übrigen einstimmigen Liedern des Meisters. Schon die Wahl der Texte ist höchst ungewöhnlich; doch mehr noch ihre Vertonung. Brahms hat die Dichtungen mit der ihm eigenen Bibelfestigkeit selbst aus dem Alten und Neuen Testament zusammengesucht und zu einem überwältigenden Hymnus auf den Tod vereinigt. Starrer Pessimismus beherrscht die beiden ersten Gesänge, in denen die Nichtigkeit alles Irdischen mit hoffnungsloser Strenge verkündet wird. Das Dunkel lichtet sich erst im 3. Gesang, der an seinem Ende die Seligkeit des Todes für alle Mühseligen und Beladenen preist. Den Abschluß und Höhepunkt aber bildet das 4. Lied, das mit den Worten des unvergleichlichen Korintherbriefes die Macht der Liebe verherrlicht. Der leidende, dem Ende nahe Künstler hat damit ein letztes Bekenntnis abgelegt: selbst die Schrecken des Todes vermag die alles beherrschende Liebe zu überwinden. Für einen so ungewöhnlichen Inhalt mußte der Meister auch eine ungewöhnliche Vertonungsweise wählen. Was er in den „Vier ernsten Gesängen" geschaffen hat, ist eine gewaltige Solokantate, oder sogar — wenn der Ausdruck gestattet ist — eine Art Solooratorium. Zum op. 121 hat sich in der „Gesellschaft der Musikfreunde" ein Skizzenblatt mit Orchesterentwürfen erhalten; doch selbst wenn Brahms dem Gedanken einer Orchesterfassung des Werkes gar nicht nähergetreten wäre, würde doch die Wahl der biblischen Texte, die bald dem Rezitativ, bald dem Arioso zuneigende deklamatorische Art der Singstimme, die in vieler Hinsicht archaisierende Schreibweise und die orchestermäßige Haltung des Klavierpartes den Gedanken an ein Oratorium nahelegen. Dieses letzte eigene Liedwerk des Meisters ist auch wie kaum ein zweites charakteristisch für den letzen Brahms. Es drängt größten Inhalt in kleinste Form; in gewissem Sinne bildet es eine Fortführung der geistlichen protestantischen Kantate der Barockzeit und ist doch auch wieder, mit dem im Grunde unkirchlichen Inhalt seiner beiden ersten Gesänge, nur in einem Zeitalter der Skepsis denkbar. Ebenso ist auch die Tonsprache deutlich barock archaisierend, gleichzeitig aber mit unzähligen Einzelheiten der Harmonik in der Romantik verwurzelt.

Ein recht eigenartiges Problem bildet Brahms' Stellung zum deutschen Volkslied, worunter diesmal nicht die volksliedmäßigen Einschläge in den von ihm komponierten Liedern, sondern seine Bearbeitungen fremder Texte und Melodien verstanden seien. Friedländer, der sich am eingehendsten mit dieser Frage beschäftigt hat, kommt zu dem Schluß, daß dem

Komponisten das sichere Gefühl für die Echtheit oder Unechtheit alter Volkslieder gefehlt habe, da er neben wahren Perlen älterer deutscher Volkskunst unbedenklich auch unterschobene Lieder von Reichardt, Nicolai, Zuccalmaglio und anderen als Volkslieder herausgegeben habe. So berechtigt dieser Vorwurf im tatsächlichen ist, so geht er das Problem doch schwerlich von der richtigen Seite an. Brahms war trotz seines für einen schaffenden Komponisten ungewöhnlich stark entwickelten historischen Sinnes doch in erster Linie Künstler. Er wählte die Texte und Melodien nach ihrem Wert und ihrer Ausdruckskraft und nicht nach wissenschaftlichen Gesichtspunkten aus. Dabei aber lag ihm doch auch daran, daß seine Ausgabe vor dem Auge des Forschers bestehen könne. Er zog alle ihm erreichbaren Volksliedersammlungen von Kretzschmer-Zuccalmaglio, Nicolai, Arnold, Simrock, Erk-Böhme zu Vergleichszwecken heran und setzte alles daran, unter Wahrung der historischen Treue die schönste und richtigste Lesart von Text und Melodie zu erzielen. Er wurde nicht müde, wegen eines Wortes, ja wegen eines Buchstabens mit dem allzeit hilfsbereiten Mandyczewski zu korrespondieren; doch daß ihm an der künstlerischen Wahrheit mehr gelegen war als an der historischen, wer wollte ihm dies verargen?

An Liedern aus Zuccalmaglios Sammlung, die ihm einmal lieb geworden waren, hielt Brahms fest, auch wenn sich Zweifel an ihrer Echtheit bei ihm einschlichen; andererseits aber war ihm die unkünstlerische, wenn auch historisch einwandfreie Anhäufung von Liedern verschiedensten Wertes in der Sammlung von Erk-Böhme ein Greuel. Aus einem Brief an Spitta vom 6. April 1894 geht deutlich hervor, daß Brahms sich bewußt war, die Weise zu No. 13 seiner Volkslieder „Wach auf, mein Hort“ sei weit späteren Ursprunges als der Text. Dessenungeachtet nahm er sie in seine Sammlung auf, und wir verdanken dieser bewußten Vernachlässigung historischer Kritik eines der charaktervollsten, schönsten „Volkslieder“ des Meisters. — Wollte man all die kleinen Feinheiten, die Brahms in die Begleitung dieser Gesänge hineingelegt hat, der Reihe nach anführen: eine Schrift von nicht geringem

Umfang würde entstehen. Melodie und Text behielt Brahms aus seinen Vorlagen getreu bei (nur bleiben minder wichtige Strophen häufig fort); ja selbst die Aufteilung auf einen Vorsänger und Chor, die Zuccalmaglio bei manchen Liedern seiner Sammlung vorschreibt, hat Brahms in No. 43—49 der Volkslieder übernommen. Die Begleitung aber wandelt sich und folgt den psychischen Situationen des Liedes. Eine der herrlichsten Gaben des Meisters: die Ökonomie des Ausdruckes kommt hier wunderbar zur Geltung. Mit den bescheidensten Mitteln, ohne daß der Charakter des einfachen Volksliedes je verleugnet würde, erzielt Brahms die tiefste Eindruckskraft. Welch tiefe Wirkungen vermag er etwa durch eine einfache Synkope oder durch eingestreute chromatische Noten zu erreichen. Eine einzige Melodie hat Brahms nicht ganz aus einer Vorlage übernommen, sondern teilweise selbst komponiert. Es ist dies das wunderbare No. 42 „In stiller Nacht“, dessen zweite Hälfte Brahms ergänzt hat. Doch wie herrlich, ganz aus dem Geiste des Liedes ist die Weise weitergeführt! Wer vermöchte die Arbeit des Restaurators zu erkennen und wer könnte sich der Erkenntnis entziehen, daß diese stilgetreue Weiterspinnung eines älteren Gedankens jahrzehntelange liebevolle Versenkung in den Geist des Volksliedes zur Voraussetzung hat?

An der Spitze der Quartette op. 112 stehen zwei Stücke „Sehnsucht“ und „Nächtens“, die zum Melancholischsten zählen, das Brahms gesungen hat. Wenngleich diese Quartette schon 1888 entstanden sind, so wohnt in ihnen doch der ganze Pessimismus, der die beiden ersten Stücke der „Vier ernsten Gesänge“ beherrscht. Freilich die monumentale Größe des späteren Werkes ist hier noch nicht zu finden. Wiewohl in „Nächtens“ die mehrfach wiederkehrende düstere Baßkantilene des Klaviers das Walten eines unerbittlichen Verhängnisses zu symbolisieren scheint, ist das Stück mit seinen unruhigen tiefen Tremoli in subjektiver Gefühlsromantik noch völlig befangen. Die Zusammenstellung der beiden düsteren Quartette mit vier weiteren Zigeunerliedern ist nur von äußeren Gesichtspunkten bestimmt. Dem Fluch, der bei Brahms’ zweiten Serien mitunter waltet, sind auch diese nachkomponierten Zigeunerlieder nicht völlig entgangen. An Frische, Ursprünglichkeit und Erfindungsreichtum sind sie der ersten Serie nicht völlig ebenbürtig. —

So führt der letzte Brahms mit den Volksliederbearbeitungen ein schon in früher Jugend begonnenes Werk zu seinem Abschluß. Untrüglicher Geschmack, Stilgefühl, Ökonomie, jene Eigenschaften, in denen der alternde Meister so Großes vollbringt, können sich hier bewähren, während an die schöpferische Kraft, die langsam zu versiegen beginnt, geringere Anforderungen gestellt werden. An dem ewigen Thema des Todes und der Liebe aber entzündet sich dann die schöpferische Eingebung des selbst dem Ende nahen Künstlers zum letztenmal. Er gestaltet es, indem er an das erste große Werk seiner Reifezeit, das „Deutsche Requiem", anknüpft und in der nur ihm gemäßen Art die gewaltigste Synthese aus altem und neuem Geist schafft.

KLEINERE CHORWERKE

Chöre a cappella oder mit Begleitung eines Tasteninstrumentes

In seiner ersten Schaffensperiode schrieb Brahms keine Chorwerke. Es fehlte ihm der äußere Anlaß und ebenso auch die technische Beherrschung des Chorsatzes. Erst in seiner *zweiten Schaffensperiode* hat sich der Meister, hauptsächlich durch seine Dirigententätigkeit in Hamburg und Detmold, die praktische sowie durch eingehende Studien die theoretische Vertrautheit mit der Gattung erarbeitet und die Zahl der Werke dieser Zeit, welche er selbst der Herausgabe wert erachtete, ist ziemlich beträchtlich. Es sind dies: das „Geistliche Lied“ op. 30 für vierstimmigen gemischten Chor mit Begleitung der Orgel oder des Klaviers (komp. Frühling 1856); die „Marienlieder“ op. 22 für gemischten Chor a cappella (komp. Sommer 1859); „Der 13. Psalm“ op. 27 für Frauenchor mit Begleitung der Orgel oder des Klaviers, Streicher ad libitum (komp. Sommer 1859); 2 Motetten op. 29 für fünfstimmigen gemischten Chor a cappella (komp. Sommer 1860); 3 Gesänge op. 42 für sechsstimmigen gemischten Chor mit Klavierbegleitung ad libitum (komp. 1859—1861); 5 Lieder op. 41 für Männerchor a cappella (komp. 1861/62?); 3 geistliche Chöre op. 37 für Frauenstimmen a cappella (komp. 1859—1863); 12 Lieder und Romanzen op. 44 für Frauenchor mit Klavierbegleitung ad libitum (komp. 1859—1863); „Dem dunklen Schoß der heil’gen Erde“ für gemischten Chor a cappella. Gleichfalls der zweiten Schaffensperiode gehört die überwiegende Mehrzahl der von Brahms bekannt gewordenen 20 Kanons an. Mit Sicherheit nachgewiesen kann dies jedenfalls bei der Hälfte der Kompositionen werden, und zwar bei dem Kanon „Spruch“ (komp. 1856—1858), bei 6 Stücken aus den erst 1891 veröffentlichten 13 Kanons für Frauenstimmen, und zwar bei No. 1, 2, 8, 10, 11, 12 (komp. vor 1862), ferner bei „Grausam erweiset sich Amor“, vierstimmige Fassung (komp. vor 1862), „Zu Rauch muß werden“ (komp. vor 1864), „O wie sanft!“ (komp. vor 1864). Schließlich setzte Brahms 24 deutsche Volkslieder für vierstimmigen gemischten Chor a cappella (bearbeitet vor 1864); von diesen Volksliedern hat der Meister im Jahre 1864 selbst 14 herausgegeben; 4 veröffentlichte Max Friedländer 1926 aus des Meisters Nachlaß, 6, welche sich im Besitz der Wiener Singakademie befinden, 1927 E. Mandyczewski.

Eine bemerkenswerte Ergänzung zu diesem Material wurde durch Henry S. Drinker und seine Gattin Sophie der Forschung zugänglich gemacht. Das amerikanische Gelehrtenpaar erwarb im Jahre 1935 eine Anzahl handschriftlicher Stimmenhefte und Partituren, die ursprünglich Mitgliedern des Hamburger Frauenchores gehört hatten und von den Damen nach des Komponisten eigenem Manuskript kopiert worden waren. Diese Noten enthalten verschiedene Stücke, die von Brahms selbst als Frauenchöre veröffentlicht wurden (darunter op. 17, 27, 37, 44 u. a.); überdies aber auch fünfzig Volksliederbearbeitungen und eine Anzahl Originalkompositionen für Frauenchor, die der Komponist später für gemischten Chor oder eine Solostimme und Klavier bearbeitete, während die ursprüngliche Fassung unbekannt blieb. Von diesem wertvollen Quellenmaterial hat Henry S. Drinker seit 1938 die folgenden vierstimmigen Frauenchöre erstmalig veröffentlicht:

Name des Werkes	**Endgültige Fassung**
„Vineta“	6st. gemischter Chor op. 42/2
„Es geht ein Wehen“	5st. gemischter Chor op. 62/6
„In stiller Nacht“	Volkslieder f. Ges. u. Klav. No. 42
„Dein Herzlein mild“	5st. gemischter Chor op. 62/4
„Marias Kirchgang“	4st. gemischter Chor op. 22/2
„Töne lindernder Klang“	Kanon, gem. Chor, veröff. 1872
„Sieben Volkslieder“ (teilw. 3st.)	
1. „So will ich“, 2. „Es pochet“, 3. „Ich hab die Nacht“, 4. „Mein Herzlein“, 5. „Es waren zwei Königskinder“, 6. „Guten Abend“, 7. „Mit Lust“	No. 1 und 6 in Volkslieder für Ges. und Klavier No. 32 und 4. No. 2 und 7 in Volkslieder für vierstimmigen gemischten Chor No. 10 und 2.

Es ist bemerkenswert, daß die hier aufgezählten Frauenchöre in der Regel schon alle wesentlichen Merkmale der später gedruckten Ausgaben zeigen. Abgesehen von kleineren Abweichungen in Melodie und Harmonie finden sich in den endgültigen Fassungen oft Transpositionen, sowie ein vollerer Satz, doch keine wirklich neuen Ideen.

Die Grundlagen dieser Chorkompositionen sind abermals das Volkslied und die Musik der Vergangenheit. Namentlich das archaisierende Moment ist mitunter so stark betont, daß die persönliche Brahms'sche Note darüber ganz in den Hintergrund tritt. Betrachtet man etwa die Frauenchöre op. 37, so scheint die Kunst des 16. Jahrhunderts hier wieder aufzuleben. „O bone Jesu" bringt einen Kanon in der Umkehrung zwischen 1. Sopran und 2. Alt und das gleiche Kunststück führen die beiden Solostimmen in „Regina coeli" aus. „Adoramus" aber enthält sogar einen vierstimmigen Kanon, bei dem die 2. Stimme in der Unterquart, die 3. in der Unterquint, die 4. in der Unteroktav einsetzt. Auch die gleichmäßig langen Notenwerte sowie die einfach herbe Harmonik wirken altertümlich. Es nimmt daher auch nicht wunder, daß die Caecilianer strengster Observanz an diesem Neo-Palestrina-Stil Gefallen fanden und die Chöre geradezu mit Begeisterung begrüßten (vgl. etwa die Zeitschrift „Chorwächter" vom 1. Dezember 1878). In den fünfstimmigen Motetten op. 29 steht Brahms auf dem Boden Bach'scher Kunst. Die erste „Es ist das Heil uns kommen her" stellt den harmonisierten Choral an die Spitze. Dann wird die Melodie jedes einzelnen Verses als Fuge gebracht, wobei die zuletzt einsetzende Stimme, der 1. Baß, das Thema Cantus firmus-artig in längeren Notenwerten bringt. Die zweite Motette „Schaffe in mir" aber enthält zwei Fugen, denen noch überdies je ein Kanon vorangeht. Auch sonst fehlt es nicht an Beispielen für Brahms' verblüffende Meisterschaft der kontrapunktischen Setzweise. Das „Geistliche Lied" op. 30 stellt einen Doppelkanon im Intervall einer None dar, bei dem der Tenor den Sopran und der Baß den Alt imitiert, und in ähnlicher Weise die „Märznacht" op. 44/12 einen Doppelkanon im Intervall einer Sexte. Daß sich auch unter den kleineren deutschen Kanons manch artiges Kunststück findet, ist nur selbstverständlich. Op. 113/6 ist ebenso wie der Kanon ohne Opuszahl „O wie sanft“, ein Kanon in der Umkehrung („in motu contrario“) op. 113/9 ein Doppelkanon, „Zu Rauch“ aber sogar ein Doppelkanon in der Umkehrung. Der Alt stellt das Spiegelbild der Sopranstimme dar und ebenso der Tenor die Umkehrung der Baßstimme. Ganz besonderes Interesse darf op. 113/13 beanspruchen, da Brahms hier eine der ältesten Formen der polyphonen Musik wieder aufleben läßt. Das Fundament dieser Komposition bilden die beiden sich imitierenden Altstimmen; darüber aber führen die Sopranstimmen einen selbständigen vierstimmigen Kanon aus. Es ist genau die Form des berühmten Kanons „Sumer is icumen in“, der wohl am Beginne des 14. Jahrhunderts komponiert wurde. Daß sich Brahms für dieses so ungewöhnlich archaisierende Tonstück just die Melodie des Schubert'schen „Leiermannes“ ausgesucht hat, verleiht der Komposition einen besonderen pikanten Reiz.

Ungeachtet der gewaltigen technischen Leistung geht es nicht an, diese Kompositionen — wie es gelegentlich geschieht — als bloße Studienwerke zu bezeichnen. Die Höhe seines Könnens hat Brahms gerade darin gezeigt, daß er seine Kunstfertigkeit niemals aufdringlich zur Schau stellt. Bei den Geistlichen Chören op. 37 wollte er — wie das Autograph seinerzeit im Besitze von J. Stonborough in Wien zeigt — ursprünglich bei jedem Stück die Art der kanonischen Imitation durch lateinische Anmerkungen angeben. Später strich er diese Zusätze jedoch wieder, da ihm eine solche Betonung der Gelehrsamkeit widerstrebte. Und daß gerade diese Chöre beim Hamburger Frauenchor zum eisernen Bestand des Repertoires zählten, hatten sie gewiß nicht ihrer Technik, sondern ihrem rein musikalischen Wert zu verdanken. Ebenso würde wohl niemand in dem Einleitungssatz der Motette op. 29/2 ein kontrapunktisches Bravourstück vermuten. In weichen ruhigen Akkorden fließt die Komposition dahin, wobei der kunstvolle Kanon in der Vergrößerung weit mehr verhüllt als zur Schau gestellt wird. Auch der von starkem Naturgefühl getragene Frauenchor „Märznacht“ op. 44/12 ist von einem kontrapunktischen Schulbeispiel so weit entfernt als nur möglich. Die Ausdrucksmittel der Kontrapunktik und Chromatik dienen hier lediglich dazu, das eigentümliche Schwanken zwischen Winter und Frühling, zwischen schaurigen und süßen Gefühlen zu schildern. Gleiches gilt von den kleineren Kanonkompositionen. Brahms selbst bezeichnet die im op. 113 vereinigten Stücke als „verliebte Verse, die leicht und gern von hübschen Mädchen gesungen werden“. Er nimmt drei richtige Kinderlieder auf (No. 3, 4, 5), deren Melodien er schon in seinen Volkskinderliedern des Jahres 1858 verwendet hat; und die kunstvolle Kanonform tut dem harmlos naiven Charakter der Gesänge in keiner Weise Abbruch. Ebenso sind No. 11 und namentlich das leidenschaftlich düstere No. 12 Stimmungsbilder echt romantischen Charakters. Nicht minder der hoffnungslos immer tiefer sinkende Kanon „Mir lächelt kein Frühling“ oder der sanft resignierte „Töne lindernder Klang“. Brahms begnügt sich eben niemals mit einer nur äußerlichen Nachahmung der Formensprache vergangener Zeiten. Auch darin kommt er den alten Meistern gleich, daß die Künste der Kontrapunktik für ihn zum selbstverständlichen Ausdruck des Fühlens werden. Wie ein Palestrina und ein Bach ihre Technik völlig vergeistigen, so versteht es auch Brahms, einen „canone per motum contrarium“ oder einen „canone per augmentationem“ als rein lyrisches Charakterstück zu gestalten.

Die homophonen Chöre, in denen Brahms die Ausdruckswelt früherer Jahrhunderte wieder aufleben läßt, stehen den polyphonen Stücken keineswegs nach. Besonders eindrucksvoll ist das über einen altdeutschen Text vertonte op. 41/1 „Ich schwing mein Horn ins Jammertal“, das Brahms später auch in einstimmiger Fassung in seine Lieder op. 43 aufgenommen hat. Die Harmonik dieses Stückes, in dem nur Dreiklänge in der Grundstellung vorkommen und auch terzlose Akkorde mehrfach gebraucht werden, der geringe Umfang der Melodie, der ganztaktige Beginn an einer Stelle, wo wir einen Auftakt erwarten würden; all dies weist auf Kompositionen aus der Wende des Mittelalters zur Neuzeit hin. In „Darthulas Grabesgesang“ op. 42/3 nach einer Dichtung Ossians hat Brahms die 6 Stimmen in einen höheren und einen tieferen Chor zerlegt, welche den Gesang in der Art der Kunst des 16. Jahrhunderts respondierend vortragen. In den Außenteilen ist auch die Harmonik völlig archaisierend. Kurz vor dem Beginn des zweiten Teiles aber dringt bei der Erwähnung der Sonne moderne Chromatik ein und bereitet das weich gelöste, dringlich zarte G-dur-Trio vor. Gerade dadurch, daß dieser Übergang ebenso wie das Trio selbst die Bindung des archaisierenden Stiles fallen lassen, gewinnt Brahms in dem Chor ein Kontrastmoment von überwältigender Wirkung.

Als eine zweite Grundlage der Chorkomposition dieser Zeit haben wir das Volkslied bezeichnet. Zwei Dutzend vierstimmiger Bearbeitungen von originalen Volksliedern oder richtiger: von dem, was Brahms für originale Volkslieder hielt (vgl. S. 304), haben sich erhalten. Und es ist charakteristisch für die tiefe Liebe, welche Brahms für die Gattung hegte, daß er nicht nur die gleichen Weisen vielfach einstimmig und vierstimmig setzte, sondern mitunter auch dieselben Lieder zweimal für die gleiche Besetzung bearbeitete. Beispiele hierfür wurden schon mehrfach gegeben und hier soll noch auf einen weiteren solchen Chor hingewiesen werden. „Wach auf“ hat sich sowohl im Archiv der Wiener Singakademie (bearbeitet vor 1864) als auch in einer 2. Redaktion, welche des Meisters Reifezeit angehört (bearbeitet um 1873), in der „Gesellschaft der Musikfreunde“ erhalten. Die ältere Fassung ist einfach akkordisch, die spätere kunstvoller mit kleinen Anflügen zu polyphoner Setzweise geschrieben. Überhaupt ist es interessant, daß Brahms immer wieder neben einfach harmonisierten Volksliedern auch Chöre bringt, die in Anlehnung an die Madrigalkomposition der alten Meister von der polyphonen Stimmführung Gebrauch machen. Natur und Kunst gehen in solchen Stücken eine bezaubernd ungezwungene Mischung ein. Schwächere Stücke kommen unter Brahms’ Volksliederbearbeitung nicht vor. Dagegen verdienen einzelne, wie etwa „Von edler Art“, „Vom heiligen Märtyrer Emmerano“, „In stiller Nacht", „Morgengesang", „Schnitter Tod", „Wach auf" (beide Bearbeitungen) und das gleichfalls der dritten Schaffensperiode angehörende „Dort in den Weiden" besonders hervorgehoben zu werden.

Einflüsse des Volksliedes sind in den von Brahms komponierten Chören ebenso leicht zu finden, wie in seinen einstimmigen Liedern. Als Beispiele mögen nur die „Lieder und Romanzen" op. 44 dienen, unter denen die Stücke einfach volkstümlichen Gepräges vorherrschen. Von dem im anmutigen Tanzcharakter gehaltenen „Minnelied", über das fröhlichen Hörnerschall nachahmende „Der Bräutigam", und die lieblich zarte „Barcarole" bis zu dem eigenartig schwermütigen „Die Braut" ist immer wieder der Charakter ungezwungener Natürlichkeit gewahrt und es ist unter dieser Bedingung nur selbstverständlich, daß auch fast alle Lieder dieses Werkes strophisch komponiert sind.

Die archaisierenden Tendenzen, sowie die Anlehnung an das Volkslied werden in den Chören keineswegs immer streng getrennt. Vielmehr versteht der Meister, gerade aus ihrer Verbindung besonders reizvolle Wirkungen zu ziehen. Mit Deutlichkeit zeigen dies die „Marienlieder" op. 22. An den Gebrauch des Mittelalters, die Melodie in eine Mittelstimme zu verlegen, gemahnt etwa der erste und dritte Teil von „Marias Kirchgang", in dem der Alt die Hauptmelodie vorträgt, während dem Sopran nur eine koloristische Begleitung anvertraut ist. Das gleiche Lied aber bringt in seinem Mittelteil mit der Imitation des Glockengeläutes einen Zug von köstlich volkstümlicher Naivität. Der Chor „Magdalena" wirkt wie ein altes Wallfahrtslied und das letzte Stück der Reihe, das im $^4/_4$-Takt beginnt und dann in den $^3/_4$-Takt übergeht, nimmt mit diesem rhythmischen Wechsel einen alten Gebrauch der volkstümlichen Tanzmusik auf. Die Charakteristik, die Brahms selbst dem Werk gegeben hat, es enthalte Stücke „in der Weise der alten deutschen Kirchen- und Volkslieder", trifft bei jeder einzelnen Nummer zu.

Nur in ganz wenigen Chören sucht Brahms Anschluß an das Schaffen des 19. Jahrhunderts. Zu ihnen mag etwa das sechsstimmige Lied „Vineta“ aus op. 42 gezählt werden. Das anmutige, in sanft wiegender Bewegung gehaltene Stück zeigt, daß der Meister auch Mendelssohns Chöre gekannt hat. Brahms’ kraftvolle Männlichkeit entgeht mühelos der hier naheliegenden Gefahr, in sentimentale Weichlichheit zu verfallen; „Vineta“ ist ein stets gern gesungenes und gern gehörtes Paradestück der Chöre und trotz seiner eingängigen Gefälligkeit ein echter Brahms. Der zeitgenössischen Männerkomposition stehen No. 2—5 aus op. 41 nahe. Es sind Soldatenlieder bald ernsten, bald heiteren Charakters, in denen der Komponist seinen glühenden Patriotismus zum Ausdruck zu bringen sucht. Wohl am eindrucksvollsten ist das humoristische „Marschieren“ und das ahnungsvoll-prophetische „Gebet acht!“. Schade, daß diese einzigen Männerchöre des Meisters keine weitere Verbreitung gefunden haben!

Bevor wir uns den Werken der nächsten Schaffensperiode zuwenden, sei noch die Frage der Begleitung der Chöre erörtert. Bei den Motetten op. 29 hat Brahms „nur zur Aushilfe beim Einüben“ einen Klavierauszug unterlegt. Bei anderen Stücken aber ist eine Klavierbegleitung „ad libitum“ hinzugefügt, die sich mitunter (vgl. op. 42/2 und op. 44) mit der Führung der Singstimmen nicht deckt. Von hier ist es nur mehr ein Schritt bis zu den obligaten Begleitungen in op. 27 und op. 30. In diesen beiden Werken ist es Brahms nicht um eine besondere Klangfarbe der Begleitung zu tun. Er stellt ausdrücklich die Verwendung von Orgel *oder* Klavier frei und bei der ersten Wiener Aufführung des op. 27 wurde sogar die Orgel durch Streicher verstärkt. Eine solche Gleichgültigkeit in koloristischen Fragen kommt auch sonst in des Meisters zweiter Schaffensperiode vor. Erst in Brahms’ Reifezeit ändert sich dies in charakteristischer Weise.

In Brahms’ *dritte Schaffensperiode* gehören die folgenden Werke: 7 Lieder op. 62 für gemischten Chor (komp. Sommer 1874), 2 Motetten op. 74 für gemischten Chor (No. 1 komp. 1877, No. 2 wohl in der ersten Hälfte der Sechzigerjahre), 6 Lieder und Romanzen op. 93a für gemischten Chor (komp. 1883/84), „Fest- und Gedenksprüche“ op. 109 für achtstimmigen gemischten Chor (komp. 1886—1888), 3 Motetten op. 110 für vier- und achtstimmigen gemischten Chor (komp. Sommer 1889); mehrere Kanons, darunter „Mir lächelt kein Frühling" (komp. vor 1881), „Wann" für Sopran und Alt (komp. vor 1885); Volkslieder: „Wach auf" (2. Fassung) und „Dort in den Weiden" (beide bearbeitet um 1873); „Kleine Hochzeitskantate" für vier Singstimmen und Klavier (komp. Sommer 1874); „Tafellied" für gemischten Chor und Klavier op. 93b (komp. Sommer 1884).

Wer diese Übersicht durchliest, muß sofort eine Beobachtung machen: Brahms hat in seiner Reifezeit fast nur mehr für gemischten Chor geschrieben, und zwar für gemischten Chor a cappella. Auf der Höhe seines Könnens meidet er ebenso das einseitig hohe, wie das einseitig tiefe Klangkolorit. Sein Streben ist auf das wohl abgewogene Gleichgewicht von Frauen und Männerstimmen gerichtet, das am besten zu dem ausgeglichen-reifen Inhalt dieser Kompositionen paßt. Ebenso komponiert er neben den großen Werken für Chor und Orchester fast nur mehr reine a-cappella-Chöre. Die nicht recht befriedigende Mischgattung der Chorkomposition mit Klavier- und Orgelbegleitung, welche in der zweiten Schaffensperiode eine große Rolle spielt, kommt nur mehr bei zwei kleinen Gelegenheitskompositionen vor. Hier hat die Reifezeit einen Klärungsprozeß herbeigeführt.

Der starke Einfluß der Musik der Vergangenheit ist in den Werken der dritten Schaffensperiode noch ebenso zu beobachten wie in der vorhergehenden Zeit. Betrachtet man etwa das Chorlied „Vergangen ist mir Glück und Heil" op. 62/7, so wird man hier die gleichen Bestrebungen beobachten können, wie in dem Männerchor „Ich schwing mein Horn" op. 41/1. In der Mehrzahl der Kompositionen dieser Schaffensperiode aber ist neben den archaisierenden Bestrebungen die persönliche Note des Meisters besonders deutlich ausgesprochen. Während manche Chöre der zweiten Periode von Eklektizismus nicht völlig frei sind, gelingt es Brahms in seiner Reifezeit, unter Benützung älterer Stilelemente eine Gattung von unmittelbarer Lebendigkeit und stärkster Ausdruckskraft zu schaffen.

Sehr lehrreich ist es, unter diesem Gesichtspunkt die beiden Motetten aus op. 74 miteinander zu vergleichen. No. 2 „O Heiland, reiß die Himmel auf“, welche wahrscheinlich in der ersten Hälfte der Sechzigerjahre, also noch in der zweiten Schaffensperiode entstanden ist, stellt eine Folge altertümlicher Choralvariationen dar. Der Cantus firmus wird im ersten und zweiten Vers in den Sopran, im dritten in den Tenor und im vierten in den Baß verlegt. Die übrigen Stimmen bringen hierzu strenge Kontrapunkte. Der fünfte Vers verarbeitet Bruchstücke des Cantus firmus und gipfelt in altertümlichen Chorkoloraturen über dem Worte „Amen“. Sichtlich ist dies ein Werk, in dem sich Brahms unter Hintansetzung der eigenen Persönlichkeit vor allem an den Stil der Alten anlehnt. Ganz anders steht es mit der mehr als ein Jahrzehnt später komponierten ersten Motette des gleichen Werkes: „Warum ist das Licht gegeben dem Mühseligen?“ Der 1. Satz erinnert mit seiner eigentümlich rondoartigen Architektonik an ein Stück von J. H. Schein aus dem Jahre 1623 („Siehe, nach Trost war mir sehr bange“); den 2. Satz bildet ein vierstimmiger Kanon und als letztes Stück steht ein Choral. Dessenungeachtet ist der neuere Meister in dieser Komposition unverkennbar. Schon allein die Wahl der Texte, die sich der bibelfeste Brahms ebenso wie beim „Deutschen Requiem“ und bei zahlreichen späteren Kompositionen selbst aus dem alten und neuen Testament zusammengestellt hat, läßt mit Sicherheit auf die Persönlichkeit des Komponisten schließen. Echt Brahmsisch ist der ganze Inhalt, von verzweifelter Anklage am Beginn bis zu stiller Resignation am Schluß; Brahmsisch im 1. Satz die stets wiederkehrende Doppelfrage: „Warum?, warum?“, die den bohrenden Zweifel, welcher an dem Herzen des Kummergebeugten nagt, mit erschütternder Deutlichkeit schildert; Brahmsisch die kühne Melodik und die kraftvolle Harmonik. Hier ist unter reichlicher Benützung archaischer Elemente ein organisch geschlossenes Neues geschaffen worden.

Ähnliches gilt auch für die „Fest- und Gedenksprüche“ op. 109 und die Motetten op. 110. Beide Werke machen von der mehrchörigen Anlage Gebrauch, der die Musik des 16. und 17. Jahrhunderts so gewaltige Wirkungen zu verdanken hat. Sie vertonen alte Texte und bedienen sich der Chorkoloratur sowie kleiner Tonmalereien im Stile der Barockzeit. Gleichzeitig aber ist in diesen Kompositionen, welche an der Schwelle von Brahms’ letzter Schaffensperiode stehen, der Stil seiner Spätwerke ebenso unverkennbar, wie etwa in der gleichfalls stark archaisierenden IV. Symphonie. Man beachte nur die überaus knappe und gedrungene Anlage jedes einzelnen Stückes sowie die ernste, ja geradezu pessimistische Haltung der Texte in den Motetten op. 110.* Das am stärksten retrospektive Stück dieses Werkes ist No. 2 „Ach, arme Welt“. Es neigt zur dorischen Tonart, begnügt sich mit einer variiert strophischen Anlage und wird damit dem einfältig schlichten Charakter der Dichtung auf das schönste gerecht. Dagegen zeigt No. 1 „Ich aber bin elend“ schon an seinem Beginn eine Melodiewendung, welche mit ihrem plötzlichen Oktavesprung deutlich den Meister des 19. Jahrhunderts verrät. Die beständig wiederkehrenden Anrufungen des 2. Chors „Herr, Herr Gott“ nach Takt 17 gemahnen einigermaßen an das „Warum?, warum?“ in op. 74/1. Zwischendurch aber verherrlicht der erste Chor in der Art alter katholischer Psalmrezitationen die Gnade des Herrn. Wie in dieser Motette, so liegt auch in op. 110/3 „Wenn wir in höchsten Nöten sein“ eine organische Stilmischung vor, bei der die Brahms’sche Note vorherrscht. Die scharf profilierten beiden Hauptthemen, welche gleich-

* Auf einem Skizzenblatt notierte Brahms die Texte zu den Motetten „Ach, arme Welt“ und „Wenn wir in höchsten Nöten sein“. Zwischen ihnen steht noch ein dritter Text, den sich Brahms offenbar gleichfalls für eine spätere Vertonung aufgeschrieben hat, ohne jedoch diese Absicht tatsächlich auszuführen. Es handelt sich um das von tiefster Todessehnsucht erfüllte Lied Heinrich von Laufenbergs „Ich wollt, daß ich daheime wär“, das im Charakter recht wohl zu den übrigen Texten des op. 110 gepaßt hätte. Wenn Brahms auf den Text nicht mehr zurückgekommen ist, so geschah es wohl hauptsächlich, weil es ihm unmöglich erschien, das sprachlich höchst altertümliche, aus der ersten Hälfte des 15. Jahrhunderts stammende Original ohne allzu eingreifende Änderungen in modernes verständliches Deutsch zu übertragen.

zeitig den Gegensatz von Not und Trost versinnbildlichen, die ganz in den Dienst des Ausdruckes gestellte Polyphonie, lassen diesen Chor als einen der Höhepunkte der Brahms'schen Motettenwerke erscheinen.

Nur einem Künstler, der ganz seiner Zeit angehörte und dabei doch tief in der Vergangenheit verwurzelt war, konnte es auch gelingen, aus der Bibel Texte zusammen zu stellen, die so gegenwartsnahe sind wie die Worte der „Fest- und Gedenksprüche". Mit ihren Mahnungen, ihren Lobpreisungen und ihren Verheißungen sind sie unmittelbar dem deutschen Volke zugeeignet und bilden einen neuen Beleg für die treue Vaterlandsliebe des Künstlers. Der tiefe Pessimismus des op. 110 fehlt diesem Werke gänzlich. Feierliche Fröhlichkeit und heiterer Glanz sind über die ganze Komposition gebreitet und erweisen ihre Eignung als idealen Prolog jedes feierlichen Aktes. In stilistischer Hinsicht aber steht sie der 1. und 3. Motette des op. 110 nahe. Zu der altertümlichen Schreibweise tritt die Kraft, der Schwung und die Innigkeit eines Brahms.

Nur selbstverständlich ist es, daß auch das Volkslied in den Kompositionen der Reifezeit eine gewisse Rolle spielt. Volkstümliche Züge sind am stärksten ausgeprägt in op. 62, vor allem in dessen No. 1 „Rosmarin" und No. 2 „Von alten Liebesliedern", schwächer dagegen in op. 93 a und op. 104. Die Beobachtung, welche bei den Liedern für eine Singstimme und Klavier gemacht wurde, gilt eben auch in vollem Maße für die Chöre. In der zweiten Hälfte der dritten Schaffensperiode steht Brahms dem Volkslied nicht mehr mit der gleichen Naivität gegenüber wie zuvor; denn die eigene Note macht sich allzu gebieterisch geltend. Das erste Stück des op. 93 a „Der bucklichte Fiedler" hat wohl in seiner ganzen Haltung manches vom Volkslied; doch es ist durchkomponiert und bringt mit den schreienden leeren Quinten beim Wort „Walpurgisnacht" einen Zug von moderner Realistik. Den folgenden Chor „Das Mädchen" hat Brahms auch in seine einstimmigen Gesänge aufgenommen. Schon bei der Besprechung dieser Fassung wurde darauf hingewiesen, daß das Stück wohl anfangs mit dem Wechsel von $^3/_4$- und $^4/_4$-Takt sowie dem Festhalten an der Tonart h-moll die serbische Note wahrt; bei dem Höhepunkt des Gedichtes (T. 37 ff.) aber verzichtet der Komponist auf alles nationale Gepräge und singt in gleichmäßigem $^2/_4$-Takt und jubelndem H-dur von den Vorbereitungen, die die Jungfrau für die Ankunft des Geliebten trifft. Ganz ähnlich steht es mit dem über einem böhmischen Volkslied-Text komponierten op. 104/4 „Verlorene Jugend". Dem Kanon in Moll, der erst zwischen Alt und Sopran, dann zwischen 1. Baß und Sopran erklingt, mag man noch ein gewisses slawisches Gepräge nachsagen. Ganz gewiß aber tragen die beiden Durteile des Stückes mit ihrer sehnsüchtigen Inbrunst nicht böhmische, sondern Brahms'sche Züge.

Vollends Brahmsisch aber sind alle jene Stücke, in denen der Meister nicht durch einen volksliedmäßigen oder einen national gefärbten Text auf einen bestimmten Charakter festgelegt wird. Als echter Romantiker gibt sich der Komponist in dem innig weichen op. 62/3 „Waldesnacht". Wilde trotzige Kraft spricht dagegen aus Goethes „Beherzigung" op. 93 a/6. Wer anders als Brahms hätte im 19. Jahrhundert in Kanonform ein so knappes, so ausdrucksvolles, den Text so völlig erfassendes Kunstwerk zu schaffen vermocht! Es ist ein echter Goethe, ein echter Brahms und nebenbei auch ein echter Kanon. — Die Chöre des op. 104 sind ähnlich den Motetten des op. 110 ganz auf Abschiedsstimmung und Resignation gestellt. Innigster, beseeltester Ausdruck erfüllt die beiden Notturni der „Nachtwache" No. 1 und 2. Hier ist alles in Gefühl, Ausdruck, Stimmung aufgelöst und jede allzu deutliche Linienzeichnung vermieden. Die dunkleren Stimmgattungen, Alt und Baß, werden verdoppelt, die helleren, Sopran und Tenor, dagegen nur einfach verwendet, was die koloristische Wirkung der beiden Stücke, von denen das erste fast körperlos impressionistisch wirkt, noch besonders erhöht. Auch bei dem letzten Chor des Werkes „Im Herbst" ist Brahms an einer besonders dunklen Farbgebung gelegen. Das Stück stand ursprünglich in A und erst als die allzu tiefe Stimmlage den Ausführenden Schwierigkeiten bereitete, entschloß sich der Meister, die ganze Komposition um eine Terz aufwärts nach C zu transportieren. Den tief ernsten, leidvollen Grundgehalt aber hat sich das Stück auch in der höheren Lage bewahrt.

Die beiden Chöre mit Klavierbegleitung sind Gelegenheitskompositionen, in denen sich bei aller vergnügten Sorglosigkeit doch noch die Hand des Meisters offenbart. Dies gilt vor allem für das „Tafellied", das von der zierlich preziösen, ein wenig rokokomäßigen Heiterkeit des Beginnes am Schluß in kräftigen, fast ein wenig derben Jubel übergeht. Gottfried Kellers Text zur „Kleinen Hochzeitskantate" hat Brahms — wie er in einem Schreiben an den Dichter unumwunden zugibt — nicht allzu gut zugesagt. Trotzdem ist der skurrile Humor der Dichtung in der Musik gut wiedergegeben und manches an dem kleinen Menuett — so etwa die übertriebene Schilderung der „Himmelshöhen" — verrät Brahms' nie erlahmende Freude an fröhlichem Ulk.

In seiner *vierten Schaffensperiode* hat Brahms keine neuen Chorkompositionen mehr geschaffen, sondern sich damit begnügt, die schon früher zu verschiedenen Zeiten komponierten Kanons für Frauenstimmen zu sammeln und als op. 113 herauszugeben. Bemerkenswert ist hierbei eine für Brahms' letzte Schaffenszeit charakteristische Neigung zu theoretischen Spekulationen. Der Komponist notiert die Kanons auf eine besonders verkürzte, weder vorher, noch auch meines Wissens nachher je gebrauchte Art in Partitur und bildet sich hierbei — wie er selbst scherzhaft schreibt — „auf den Einfall mehr ein, als auf die Kanons".

GRÖSSERE CHORWERKE

Kompositionen für Chor und Orchester

Ein Überblick über die Werke für Chor und Orchester führt zu ähnlichen Feststellungen wie bei den kleineren Chorwerken. In der 1. Periode hat Brahms die Gattung noch gar nicht gepflegt, die 2. Periode zeigt vielfach Abhängigkeit von fremden Vorbildern, und erst in seiner Reifezeit hat Brahms auch auf diesem Gebiet den Gipfel seines Könnens erreicht. Innerhalb der verhältnismäßig kurzen Zeit von 14 Jahren (1868 bis 1882) vollendet der Komponist nun 7 gewaltige Chorwerke, um schließlich als Fünfzigjähriger der Gattung endgültig Lebewohl zu sagen. Der ältere Brahms hat das Chorwerk mit Orchester ebensowenig gepflegt wie die Symphonie.

In die zweite Schaffensperiode gehören das *Ave Maria* op. 12 für Frauenchor mit Orchester- oder Orgelbegleitung (komp. Herbst 1858), der *Begräbnisgesang* op. 13 für gemischten Chor und Blasinstrumente (komp. Herbst 1858), sowie die *Gesänge für Frauenchor mit Begleitung von zwei Hörnern und Harfe* op. 17 (komp. Februar 1860). Wieder zeigt Brahms hier seine Vorliebe für die Verwendung des Frauenchors. Sie ist gewiß nicht nur auf die äußere Gelegenheit des Zusammenarbeitens mit den Hamburger Damen zurückzuführen, da das op. 12 ja schon früher entstanden ist. Vielmehr müssen wir annehmen, daß der junge Brahms für die auch von Schumann, Mendelssohn, Gade u. a. gepflegte Gattung ihres weichen und lieblichen Charakters wegen eine besondere Vorliebe hegte. Auch durch die Zusammenstellung des begleitenden Instrumentalkörpers trachtet der Meister besondere Wirkungen zu erzielen. Im Orchester des „Begräbnisgesanges“ fehlen nicht nur die weichen Streichinstrumente (selbst die Celli und Bässe, welche ursprünglich hätten mitwirken sollen, wurden nachträglich gestrichen), sondern auch die zarten Flöten und die schmetternden Trompeten. Oboen, Klarinetten, Fagotte, Hörner, Posaunen, Tuba und Pauken bilden die düster-klagende Begleitung des Stückes. Noch eigenartiger ist das Klangkolorit bei den Frauenchören op. 17. Brahms läßt hier zum Gesang Hörner und Harfen treten und gewinnt damit eine Klangmischung von stärkstem romantischen Gepräge. Eine gewisse Gleichgültigkeit in der Zusammenstellung des Begleitkörpers zeigt nur das älteste der Chorwerke, das „Ave Maria“ op. 12. Brahms hat ursprünglich — ebenso wie bei op. 27 und op. 30 — an die Mitwirkung der Orgel gedacht und erst später die Stimme des Tasteninstrumentes in ziemlich schematischer Weise für kleines Orchester instrumentiert.

Auch sonst trägt das „Ave Maria“ in gewisser Hinsicht Studiencharakter. Es ist von zarter, ein wenig unpersönlicher Lieblichkeit erfüllt, die sonst bei Brahms nicht gerade häufig ist. Als Komponisten des sanft wiegenden, volkstümlich italianisierenden Stückes würde man schwerlich den norddeutschen Meister vermuten, kämen nicht charakteristische Stellen, wie namentlich die eigentümliche harmonische Trübung kurz vor Schluß, vor. Weit mehr als der der katholischen Liturgie angehörende lateinische Text des „Ave Maria“ hat Brahms die kernige deutsche Dichtung des „Begräbnisgesanges“ von Michael Weisse aus der Mitte des 16. Jahrhunderts inspiriert. Dieses im Bach'schen Stil, unter Benützung einer evangelischen Chormelodie geschriebene Stück ist von ebenso schlichter, wie erschütternder Größe. Zum erstenmal hat sich Brahms' Fantasie an dem ewigen Thema von Tod und Auferstehung entzündet und verheißungsvoll klingt schon in diesem Frühwerk die Ausdruckswelt des „Requiem“, der „Vier ernsten Gesänge“ und einzelner Motetten an. Alles ist hier einfach, monumental, von sentimentaler Wehleidigkeit soweit als nur möglich entfernt. Die ungewöhnliche Betonung der Worte, die unerbittlich eintönige Melodik des 1. und 3. Teiles, die düsterherbe, zuweilen grelle Wirkung des begleitenden Bläserchors: dies verleiht der Komposition einen ganz einzigartigen Stimmungsreiz. — Auch unter den Chören op. 17 wirkt das Klagelied No. 4 „Gesang aus Fingal" vielleicht am unmittelbarsten ergreifend. Auf diesen Chor könnte man den Ausspruch anwenden, den Lübke über Brahms' traurige Lieder getan hat; der Meister weine „die große, dicke Männerthräne ... wie sie seit Bach und Beethoven nicht mehr vergossen wurde". (Vgl. Billroths Brief an Brahms vom 16. X. 1874.) Ebenso wie in dem nur wenig später geschriebenen Chor „Darthulas Grabesgesang" hat Brahms hier die nordisch-dunkle Ossian-Stimmung wunderbar getroffen; das eigentümliche Kolorit der beiden tiefen Hörner und der Harfe sowie die gemessene Klage des trauermarschartigen Hauptteils widersprechen der herkömmlichen Vorstellung von Frauenchören so entschieden als nur möglich. Innig gelöst ist dagegen das erste Stück des Werkes „Es tönt ein voller Harfenklang" mit seinem wie ein Naturlaut klingenden Hornbeginn. Der dritte Chor, „Der Gärtner", ist in ganz eigenartiger Weise abhängig von Mendelssohns Vertonung des gleichen Textes. Brahms selbst wohl unbewußt klingt der Beginn und auch der Höhepunkt „Grüß ich dich tausendmal" an das Duett des älteren Meisters an. Selbst die vokale Besetzung — Mendelssohn schreibt zwei Soprane, Brahms zwei Soprane und Alt vor — zeigt Ähnlichkeiten. Brahms gewinnt eben in seiner zweiten Schaffensperiode nicht nur aus der ferneren, sondern gelegentlich auch aus der unmittelbaren Vergangenheit Anregungen.

Die Kantate *Rinaldo* nach Goethe, für Tenorsolo, Männerchor und Orchester op. 50, wurde, obwohl der Schlußchor erst 1868 fertiggestellt war, in der Hauptsache schon im Sommer 1863 geschrieben. Seiner ganzen Anlage nach gehört das Werk auch noch in die zweite Schaffensperiode. Der Text behandelt einen der beliebtesten Opernstoffe des 17. und 18. Jahrhunderts. Keine Geringeren als Lully, Händel, Gluck und Haydn — von zahlreichen kleineren Meistern ganz abgesehen — haben die Geschichte von dem Helden Rinaldo vertont, der den Reizen der schönen Zauberin Armida verfällt und nur mit Mühe durch treue Freunde von der Zauberinsel befreit und zur Pflicht zurückgerufen wird. Goethe hat es gereizt, diesen Stoff auf seinen rein menschlichen Gehalt — die Qual des

Liebenden, der sich den Banden einer unwürdigen Leidenschaft entwinden soll — zurückzuführen. Mit dem Wesen der Oper aber will seine Kantatendichtung nicht das geringste zu tun haben. Es macht dem Dichter nichts aus, die Armida wohl auftreten und entscheidend agieren, doch kein Wort reden zu lassen. Da szenische Bemerkungen gänzlich fehlen, entnimmt der Hörer ihre Gegenwart nur aus den Äußerungen des Rinaldo und seiner Freunde. Ähnlich steht es mit anderen dramatischen Wendepunkten der Dichtung — wie dem Vorhalten des diamantenen Zauberspiegels, der Rinaldo erst die Tiefe des eigenen Falles erkennen läßt. Und da auch die Persönlichkeit des schwächlich-passiven Helden als treibende Gestalt der Dichtung nicht recht befriedigend wirkt, muß man den ganzen Text wohl zu den problematischsten Schöpfungen Goethes zählen. Brahms aber wurde durch diese Problematik gewiß weit mehr gefesselt als abgestoßen. Den jungen Romantiker locken die Möglichkeiten, welche die Schilderung des Liebeszaubers, der Wirkung des diamantenen Spiegels oder auch einer Meerfahrt bieten. Ihn fesselt das seelische Problem, sowie Goethes prachtvolle Sprache. An eine Oper oder ein opernartiges Gebilde aber denkt er ebenso wenig wie der Dichter. Dies muß man sich vor Augen halten, will man den „Rinaldo" richtig verstehen. Er stellt eine Folge reizvoller Orchester-, Chor- und Einzelnummern dar, die durch eine Art von Handlung fortlaufend verbunden werden. Eine wirkliche geistige und musikalische Einheit aber wird in dem Werk weder erreicht noch auch erstrebt. Im einzelnen aber — und darauf kommt es hier vorzugsweise an — enthält die Komposition zahlreiche Schönheiten. Gedacht sei nur der Instrumentaleinleitung, in der der Zauber der Armida, das Sehnen des Rinaldo und das Drängen der Freunde eindrucksvoll geschildert wird, der prachtvollen großen Arie des Rinaldo, der geheimnisvollen Erscheinung des Zauberspiegels und vor allem des wunderbar weitgeschwungenen Schlußchors, in dem sich Brahms gelegentlich mit Weber begegnet. Eine Fülle kostbarster Edelsteine ist im „Rinaldo" zu finden; sie aber zum unvergänglichen Diadem zu vereinen, sollte dem Meister erst in seinem nächsten Chorwerk, dem „Deutschen Requiem", gelingen.

Brahms' größte Chorkomposition, *Ein Deutsches Requiem*, op. 45, für Soli, Chor und Orchester, hat den Meister mit Unterbrechungen mehr als ein Jahrzehnt lang beschäftigt. Es ist nicht ausgeschlossen, daß der Künstler den Titel schon 1856 in einem von Robert Schumann hinterlassenen geschriebenen „Projektenbuch" mit Plänen zu unausgeführten Werken gefunden hat; Brahms selbst weiß sich allerdings in späteren Jahren nicht mehr daran zu erinnern. 1857—1859 entsteht der 2. Satz, der ursprünglich der geplanten d-moll-Symphonie (dem späteren Klavierkonzert op. 15) angehört hatte. Im Herbst 1861 ist der Text für eine auf vier Sätze veranschlagte Kantate zusammengestellt. In diesem Vorbereitungsstadium bleibt das Werk 4 Jahre liegen, bis Brahms es anfangs 1865 nach dem Tode der Mutter neuerdings vornimmt. Bis August 1866 sind nun die Sätze No. 1—4 und 6, 7 vollendet. Der 5. Satz entsteht im Mai 1868.

Das „Deutsche Requiem" ist nicht nur die umfangreichste Partitur, die Brahms hinterlassen hat, sondern gleichzeitig auch eine der kostbarsten. Bei aller Anlehnung an die Kunst der Vergangenheit geht der Meister hier doch mit aller Entschiedenheit neue Wege. Dies wird sofort klar, wenn wir den Text des „Deutschen Requiem" mit dem hergebrachten, u. a. von Mozart, Cherubini, Berlioz und Verdi vertonten Requiemtext vergleichen. Der Unterschied liegt nicht nur darin, daß sich die genannten Meister streng an die von der katholischen Liturgik vorgeschriebenen lateinischen Worte gehalten haben, während sich Brahms den Text selbst aus der deutschen Bibel zusammenstellte; wesentlicher noch sind die Abweichungen in Inhalt und Tendenz der beiden Dichtungen. Das lateinische Requiem stellt eine Fürbitte für den Frieden der Toten dar, denen die Schrecken des Jüngsten Gerichtes drohen; das deutsche Requiem bringt dagegen Trostesworte, die die Lebenden mit dem Gedanken an Leid und Tod versöhnen sollen. Im liturgischen Text sind ganze Sätze mit finsteren Drohungen erfüllt; bei Brahms dagegen schließt jeder der sieben Abschnitte in heiterer Zuversicht oder mit liebreichen Verheißungen.

Der Gedanke, eine „Missa pro Defunctis“ in deutscher Sprache zu schreiben, stammt weder von Brahms noch von Schumann. Schon im Jahre 1636 schrieb Heinrich Schütz unter dem Titel „Musikalische Exequien“ eine „teutsche Begräbniß-Missa“. In neuerer Zeit haben unter anderen Henkel, Moralt und Franz Schubert (irrtümlich seinem Bruder Ferdinand zugeschrieben), den Gedanken wieder aufgenommen. Keines dieser Werke, die dem lateinischen liturgischen Text mehr oder minder verwandt sind, aber steht der Dichtung der Brahmsschen Komposition so nahe, wie J. S. Bachs Kantate No. 106 mit dem Beinamen „Actus Tragicus“, die ein Lieblingswerk von Brahms' Freund Stockhausen war, der bei der Aufführung des Requiems im Bremer Dom als Solist mitwirkte. Bach war ungefähr ebenso alt wie der Komponist des „Deutschen Requiem“, da er diese herrliche Kantate schrieb. Auch er hat sich ihre Worte in der Hauptsache selbst aus der Bibel oder doch aus alten Kirchenliedern zusammengestellt, und die strenge Symmetrie der Formgebung ist in beiden Werken die gleiche. (Vgl. Karl Geiringer: „Johann Sebastian Bach“, München 1971.) Vor allem aber ist der Grundgedanke des „Actus Tragicus“ dem des „Deutschen Requiem“ verwandt. Auch Bach sucht, den Menschen mit dem Gedanken an den Tod zu versöhnen und durch frohe Verheißungen dem Sterben seine Schrecken zu nehmen. Dennoch besteht zwischen dem älteren und dem jüngeren Werk ein entscheidender Gegensatz. Während Bach auf die Gnade und Hilfe des Erlösers hinweist, der die Seele des Abgeschiedenen in ein besseres Jenseits führt, wird der Name Christi in Brahms' Werk mit bewußter Absicht nicht ein einziges Mal genannt. Denn wenn auch das Werk des Hamburger Meisters im christlichen Glauben völlig verwurzelt ist, so sollte es doch mit Dogmatik im engeren Sinne nicht das geringste zu tun haben. Es wendet sich an alle gläubigen Menschen, unabhängig von ihrer Konfession.

Das „Deutsche Requiem“ ist an der Wende der Jugend- zur Reifezeit entstanden und dies verleiht auch der Musik des

Werkes das Gepräge. Jugendlich ist das Streben zu immer größeren und größeren Formen, das aus *einem* Satz zunächst eine viersätzige Kantate, dann ein sechssätziges und schließlich ein siebensätziges Oratorium werden ließ. Ein ähnliches Trachten nach rein quantitativer Vergrößerung und Erweiterung der Formen konnten wir ja auch bei frühen Instrumentalkompositionen beobachten (vgl. H-dur-Trio, 1. Fassung). Das Wesentliche beim „Deutschen Requiem" aber ist, daß der Komponist die in jugendlichem Kraftgefühl ständig erweiterte Form auch restlos zu meistern versteht. Hier herrscht eine Symmetrie, ein wohlabgewogenes Gleichgewicht aller Teile, die das Werk vollkommen zu einer Schöpfung der Reifezeit stempeln. Indem der Meister die selbstgestellte Aufgabe restlos bewältigt, zeigt er, daß er die volle Höhe seines Könnens erreicht hat. Die Mehrzahl der Sätze des „Deutschen Requiem" ist dreiteilig geformt und diese symmetrische Dreiteiligkeit gibt auch dem ganzen aus sieben Stücken zusammengesetzten Werk das Gepräge. Nicht nur erster und letzter Satz entsprechen einander; in gleicher Weise entsprechen einander auch 2. und 6. sowie 3. und 5. Satz. Den Mittelpunkt aber bildet — gleichsam als das zarte, weiche Trio des gesamten Requiems — der liebliche 4. Satz. Die Verbundenheit der beiden Ecksätze tritt am deutlichsten zutage. Sie liegt nicht bloß in der textlichen Übereinstimmung, sondern mehr noch in der Tatsache, daß Brahms mit unmerklicher Kunst gegen Ende des 7. Satzes in den Schluß des 1. Satzes überleitet. Der 6. Satz aber wiederholt gleichsam auf anderer und höherer Ebene nochmals den Inhalt des 2. Satzes. Während jedoch in diesem 2. Satz der unheimliche Totentanz des Beginnes durch einen wahren Hymnus an die Freude abgelöst wird, geht das trauervoll unsichere Schwanken am Anfang des 6. Satzes in eine Vision des Jüngsten Gerichtes über (die Brahms charakteristischerweise aller Schrecken entkleidet), um schließlich in einer gewaltigen Doppelfuge von Händel'scher Kraft und Seligkeit auszuklingen. 3. und 5. Satz stehen endlich zueinander im Verhältnis von Klage und Befreiung. Beide Stücke beginnen mit Solostimmen; während jedoch der von der Männerstimme eröffnete 3. Satz anfangs Schmerz, ja Verzweiflung ausdrückt, um erst am Schluß aus der Hoffnung auf Gottes Gnade Sicherheit und Zuversicht zu schöpfen, ist der von der Frauenstimme eingeleitete 5. Satz vom Beginn an mütterlich trostreich gehalten. Es zeugt für das untrügliche Formgefühl des reifen Brahms, daß er selbst nach der überaus erfolgreichen ersten Aufführung des sechssätzigen Requiems im Dome von Bremen die absolute Notwendigkeit erkannte, dem Werk noch ein neues Stück, den jetzigen 5. Satz, einzufügen. Und es ist charakteristisch für den in Gefühlsdingen so zurückhaltenden Meister, daß dieser der Verherrlichung treuer Mutterliebe gewidmete Satz erst entstehen konnte, als Brahms zu dem furchtbaren Erlebnis des Todes der eigenen Mutter eine gewisse Distanz gewonnen hatte.

Ebenso wie in der Formgebung weisen auch in der Orchestertechnik einzelne Züge auf die Jugend des Komponisten, andere wieder auf seine Reifezeit hin. Betrachten wir etwa den 1. Satz, so sehen wir, daß Brahms die dunklen Instrumente, Bratschen und Celli, durch Teilung verdoppelt, dagegen die hell klingenden Violinen, Klarinetten und Trompeten völlig weggelassen hat. Mit feinstem Einfühlungsvermögen wählt er hier eine dem Stimmungsgehalt des Satzes entsprechende Klangfarbe und hält sie während der ganzen Dauer des Stückes fest. Ein Gegenstück bildet der Trauermarsch des 2. Satzes. Hier sind die in hoher Lage verwendeten Violinen und Bratschen mehrfach geteilt. Die Anwendung der Dämpfer nimmt den Instrumenten jedoch jeglichen Glanz und verleiht dem Satz den von Brahms erstrebten Charakter schauriger Lustigkeit. In beiden Stücken bewahrt der Komponist die ursprüngliche „Registrierung" (mit Absicht wird hier dieser von der Orgel entlehnte Ausdruck gebraucht) während der ganzen Dauer eines Teiles. Dies ist die Instrumentierungsart eines Bach, die Brahms bei seinen Studien der Werke des Thomaskantors hinlänglich Gelegenheit hatte, kennenzulernen; und es ist auch die Technik Brahms'scher Frühwerke, wie der II. Serenade, der Frauenchöre mit Begleitung von Hörnern und Harfe oder des Begräbnisgesanges. Daß Brahms sie im Requiem mit ganz besonderer Vollendung handhabt und — etwa mit der Verwendung der Harfe oder auch nur der Pauke — koloristische Wirkungen erzielt, die er selbst in den Orchesterwerken der Reifezeit nicht übertroffen hat, sei ganz besonders hervorgehoben. Andererseits aber fehlt im „Deutschen Requiem" auch nicht die Instrumentierungstechnik der Reifezeit. In den Symphonien und Ouvertüren einer späteren Zeit zieht Brahms meist das volle Orchester heran. Hierbei vermeidet er klangliche Dicke, indem er die Motive von einem Instrument zum anderen wandern läßt und längere Melodien so auf verschiedene Interpreten aufteilt. Betrachtet man etwa im 3. Satz des Requiem die Stelle zwischen Buchstaben D und E („Sie gehen daher wie ein Schemen"), so wird man diese Technik schon hier beobachten können.

Nur selbstverständlich ist es, daß die kontrapunktische Kunst, die sich Brahms namentlich beim Studium der alten Meister angeeignet hat, auch im „Deutschen Requiem" Ausdruck findet. Manche Stellen im 2. Satz, vor allem aber die über einem gewaltigen Orgelpunkt aufgebaute Fuge am Schluß des 3. Satzes und die mächtige Doppelfuge des 6. Satzes legen hierfür Zeugnis ab. Bedeutender noch als in diesen — bei aller technischen Meisterschaft und aller Größe der Konzeption doch nicht ganz stark und unmittelbar wirkenden — Stücken aber zeigt sich Brahms dort, wo seine eigentliche Note, die gebrochenen, zwischen hell und dunkel schwankenden Zwielichttöne oder auch die zart beseelte Innigkeit, zur Geltung kommen. Unübertrefflich ist die resignierte, gefühldurchtränkte Wehmut im 1., 5. und 7. Satz, die gespensterhafte Fröhlichkeit am Beginn des 2. Satzes und die sanfte Verklärung, in die die jubelnde Freude dieses Satzes ausklingt. Jeder andere Meister hätte die Worte „Ewige Freude wird über ihrem Haupte sein" in voller Stärke hinausgeschleudert; Brahms aber sinkt, nachdem er kurz vorher schon das Fortissimo erreicht hatte, ins Piano, ja selbst Pianissimo herab. Die letzte Steigerung des Glückes ist für ihn stille Ergriffenheit.

Nach dem „Rinaldo" und dem „Deutschen Requiem" hat Brahms kein Chorwerk von gleichen Ausmaßen mehr geschrieben. Den großen mehrsätzigen Vokalformen geht er nun zumeist aus dem Weg. Er bevorzugt kleinere Gebilde, erfüllt sie jedoch mit so tiefem, komprimiertem Ausdruck, daß sie trotz ihrer Kürze mächtig wirken. Mit Deutlichkeit zeigt dies schon die erste dieser Kompositionen, die im Herbst des Jahres 1869 geschriebene *Rhapsodie* für Altsolo, Männerchor und Orchester op. 53. Ähnlich wie dem „Rinaldo" liegt auch ihr ein etwas problematischer Text von Goethe zugrunde und doch: wie klar, wie einfach, wie wirksam aufgebaut und wie schön geschlossen wirkt das jüngere Werk! Wer die drei Strophen liest, die Brahms Goethes „Harzreise im Winter" entnommen hat, wird überrascht sein durch die ungewöhnlich freie Form, welche der Dichter für die Schilderung eines aus der menschlichen Gesellschaft ausgeschlossenen Menschenhassers und die abschließende Fürbitte beim „Vater der Liebe" gewählt hat. In Brahms' Vertonung wird jedoch die am stärksten rhapsodisch gehaltene erste Strophe mit dem bedeutsamen Hervortreten des Orchesters und der rezitativischen Haltung der Singstimme die notwendige Vorbereitung zu der in der Art einer dreiteiligen Arie komponierten zweiten Strophe; beide zusammen aber finden ihre Lösung und Erfüllung in der tief empfundenen dritten Strophe, bei der der Chor als neues Klangmittel zur Solostimme hinzutritt. In klarer Folgerichtigkeit entwickelt sich das kleine Drama, um schließlich mit der Anrufung der Liebe einen echt Brahmsisch verklärten Schluß zu finden. Nicht unerwähnt darf bleiben, daß der Meister bei aller Innigkeit des Fühlens hier doch von weichlicher Sentimentalität so weit als nur irgend möglich abrückt. Einfache Größe spricht aus dem ganzen Werk und es ist kein Zufall, daß gerade die erfolgreichen Interpretinnen des Gluck'schen „Orpheus" — allen voran Amalie Joachim — als Sängerin der „Altrhapsodie" geglänzt haben. Begegnet uns doch hier zum erstenmal in einem Chorwerk des Meisters jener antikisierende Geist, der von den späteren Kompositionen des Künstlers so deutlich Besitz ergreifen sollte.

Zur „Altrhapsodie" wie auch zum „Deutschen Requiem" haben sich Skizzen erhalten, welche in den wichtigsten Zügen mit Brahms' sonstigen Entwürfen zu Vokalwerken übereinstimmen. Bei flüchtiger Niederschrift notiert der Meister Oberstimme und Baß, wobei er den Baß noch gelegentlich mit einer die Harmonie andeutenden Bezifferung versieht. Gewöhnlich aber skizziert er schon eine Art richtigen Klavierauszuges, in dem auch die Mittelstimmen nicht fehlen. Selbst die nur oberflächlich hingeworfenen Skizzen entsprechen zumeist schon genau der endgültigen Ausarbeitung. Abänderungen kommen gewöhnlich nur dann vor, wenn Brahms bereits bei der Skizzierung den Faden verliert. So sind im Entwurf zum „Poco Andante" der „Altrhapsodie" die ersten 16 Takte fast genau wie im Klavierauszug gehalten. Dann aber hört plötzlich der Text und etwas später auch die Mittelstimme des Klavierpartes auf. Rein optisch zerfällt die Skizze, und tatsächlich hat Brahms diese Takte auch nicht mehr in die Ausarbeitung übernommen. Erst nachträglich korrigiert er mit Bleistift in den Entwurf die kühnen Sprünge, welche der gedruckten Fassung an dieser Stelle (T. 17—22 des „Poco Andante") das Gepräge geben.

Das *Schicksalslied* für Chor und Orchester op. 54 reicht (nach einer Mitteilung von A. Dietrich) in seinen ersten Entwürfen bis in das Jahr 1868 zurück. Vollendet aber wurde es erst 3 Jahre später, im Mai 1871. Der Grund für die lange Dauer der Arbeit an dieser verhältnismäßig kurzen Komposition liegt nicht zuletzt an den Schwierigkeiten, welche dem Meister die Gestaltung des Schlusses bereitete. Die Dichtung Hölderlins schildert die Seligkeit der ewigen Götter und als Gegensatz dazu die Verzweiflung der leidenden Menschen. Ähnliche Gegenüberstellungen von Licht und Dunkel finden sich auch im „Deutschen Requiem", der „Altrhapsodie" und in so manchem Instrumentalwerk. In all diesen Kompositionen aber ringt sich Brahms — ganz im Geiste Beethovens — vom Düsteren zum Hellen, von Angst und Kummer zu Erlösung und Glück durch. Der Text des Schicksalsliedes zeichnet dagegen den umgekehrten Stimmungsablauf vor. Die Schilderung der Seligen bildet den Beginn, die Verzweiflung der Erdenmenschen den Abschluß der Dichtung. Dieser trostlose

Ausgang aber widerstrebt Brahms im Innersten, so sehr ihn auch sonst das wunderbare, im antiken Geist gehaltene Gedicht durch die Gewalt des Ausdrucks und die Schönheit der Sprache anzieht. Der Meister verfällt daher auf den Ausweg, als versöhnlichen Abschluß das lichtumflossene Instrumentalvorspiel zu wiederholen. Später faßt er sogar die Absicht, nochmals auf den Anfangstext zurückzugreifen. Hermann Levi aber, der das „Schicksalslied" schon vor seiner Vollendung kennen lernte, bringt ihn davon wieder ab, und so schließt das Werk nunmehr endgültig mit dem ursprünglichen Nachspiel. Dieses Instrumentalstück, welches das Werk gedanklich und auch formal abrundet, zählt zu den ergreifendsten, verklärtesten Eingebungen des Meisters. So einfach beseligte, so weit geschwungene Melodien hat auch Brahms nicht allzu oft gesungen. Eingerahmt vom Orchesterteil steht der Vokalteil, welcher entsprechend der Dichtung in zwei deutlich gesonderte Abschnitte zerfällt. Leuchtende Klarheit beherrscht die den Göttern gewidmete Hälfte. An ihrem Höhepunkt „Wie die Finger der Künstlerin heilige Saiten" findet sich das gleiche beseligte Zurücksinken vom Forte ins Piano wie am Schluß des 2. Satzes im „Deutschen Requiem". Dem Text folgend deutet auch Brahms in diesem Abschnitt strophische Gliederung an. In gewaltigem Gegensatz zu der ersten Hälfte steht der düster leidenschaftliche zweite Abschnitt des Vokalteiles; mit seinen jagenden Sechzehnteln der Streicher, den drohenden Unisonogängen und wilden Aufschreien des Chors atmet er eine kaum zu überbietende realistische Kraft. Besonders eindrucksvoll sind die scharf hervorgestoßenen Worte „Wie Wasser von Klippe zu Klippe geworfen", gefolgt von einer ins „molto forte" eingeschalteten Generalpause und dem plötzlichen Hinabsinken ins Piano bei „ins Ungewisse hinab". Brahms bringt diesen Textteil zweimal. Hierbei läßt er sich wohl zunächst von formalen Rücksichten leiten, da die Schilderung des Menschenleides im Text nur halb so lang ist, wie die des Götterglückes. Vor allem aber ermöglicht ihm die Wiederholung einen zweiten noch gewaltigeren, noch erschütternderen Ausbruch. Der Abschluß des Vokalteiles drückt wehmütige Resignation aus und unwiderstehlich ist nun die Wirkung, da im C-dur-Adagio des Instrumentalnachspieles die Botschaft des Heiles ertönt, die um Menschen- und Götterlos ein einigendes, versöhnendes Band schlingt.

Zur Feier des Sieges, den die Engländer im Jahre 1743 bei Dettingen über die Franzosen errungen hatten, schrieb Händel eines seiner glänzendsten Werke, das „Dettinger Te Deum". Die großartige Komposition zählte zu Brahms' Lieblingsstücken und, als er im Jahre 1872 die Direktion der Konzerte der „Gesellschaft der Musikfreunde" in Wien übernahm, stellte er das Händel'sche Werk an die Spitze der ersten Veranstaltung. Die Partitur, die Brahms bei dieser Gelegenheit verwendete, ist geradezu übersät mit eigenhändigen Eintragungen des Meisters und verrät damit ein besonders sorgfältiges Studium des Stückes. Schon früher aber hatte sich Brahms in einer eigenen Schöpfung zum „Dettinger Te Deum" bekannt. Dieses Werk ist das *Triumphlied* op. 55 für achtstimmigen Chor, Baritonsolo und Orchester; der Meister schrieb es in den Jahren 1870/71 zur Feier des Sieges der Deutschen über die Franzosen und der Begründung des Deutschen Reiches. Die stilistische Abhängigkeit der gewaltigen, bald jubelnd, bald pathetisch angelegten Komposition vom Vorbild Händels ist nicht zu übersehen. Sie beruht auf der polyphonen, motettenhaften Behandlung der beiden vierstimmigen Chöre, der Einwebung eines Cantus firmus in den 2. Satz, und vor allem auf der ganzen strahlenden, lebensbejahenden Helligkeit des Werkes. Wie im „Deutschen Requiem" aber geht Brahms auch im „Triumphlied" um einen Schritt weiter als sein Vorbild. Händel hat in seinem „Te Deum" nicht den liturgischen lateinischen, sondern einen englischen Text verwendet. Dieser englische Text aber ist nichts anderes als eine etwas freiere Nachdichtung des lateinischen Originales. Brahms hat sich dagegen in seinem „Te Deum" die Worte in gewohnter Weise selbst aus dem Buch der Bücher zusammengestellt. Seine Quelle bildet das 19. Kapitel der „Apokalypse", in dem der Triumph über die Stadt Babylon verherrlicht wird. Brahms entnimmt diesem

Abschnitt die schönen Worte der Lobpreisung; auf einige allzu drastische Wendungen aber, welche der Evangelist dem Untergang des verhaßten Sündenbabel widmet, muß er zu seinem Leidwesen verzichten. Er entschädigt sich damit, daß er in seinem Handexemplar einer ausdrucksvollen Bläsermelodie (1. Satz T. 70 ff.) den Beginn der heiklen Textstelle unterlegt und überdies seine Freunde stets auf die Originaldichtung aufmerksam macht. — Der 1. Satz des „Triumphliedes" ist vielleicht der glänzendste des ganzen Werkes. Sein Hauptgedanke stellt die Umbildung des in Deutschland wie in England als Nationalhymne dienenden Liedes „Heil dir im Siegerkranz" („God save the king") dar. Kurz vor der Schlußsteigerung findet sich in diesem Stück eine mit „tranquillo" bezeichnete Stelle, in der der zarte, sinnige, fast möchte man sagen der *eigentliche* Brahms zu Worte kommt. Auch der 2. Satz bringt bei „Laßt uns freuen" einen Abschnitt subjektiveren Charakters. Zu den wiegenden Triolen des Chores tritt hier zart verschleiert in den Bläsern der Choral „Nun danket alle Gott" auf; ein Einfall von wunderbar poetischer Innigkeit. Der 3. Satz führt als neues Ausdrucksmittel ein Baritonsolo, als neues Stimmungselement geheimnisvolle Phantastik ein. Gerade durch diese Kontrastmomente aber wird die glänzende Wirkung des schmetternden Händel'schen Schluß-Hallelujas noch erhöht. Strahlend wie der Beginn ist auch das Ende dieser gewaltigen Gelegenheitskomposition, in der sich Brahms stolzen Herzens zu seiner deutschen Heimat bekennt.

In diese Zeit fallen auch zwei Bearbeitungen fremder Kompositionen. Beiden liegen Lieder von Schubert für eine Singstimme und Klavier zugrunde. Die *Gruppe aus dem Tartarus* (bearbeitet vor 1871, veröffentlicht 1934 durch O. E. Deutsch) ist eigenartigerweise für einstimmigen Männerchor und großes Orchester gesetzt. Schuberts Singstimme bleibt vollkommen unverändert und wird unisono von den Tenören und Bässen vorgetragen. Die Begleitung aber ist wirkungsvoll auf ein großes Orchester verteilt. Ohne überladen zu sein, gibt sie dem großartigen Gesang den notwendigen Hintergrund, und namentlich die wirkungsvolle Schlußsteigerung findet in der Instrumentation schönen Ausdruck.

Die „Gruppe aus dem Tartarus" gelangte am 8. Dezember 1871 in einem Konzert des Wiener Akademischen Gesangsvereines zur Uraufführung. Am gleichen Abend wurde auch das von Brahms instrumentierte Schubertlied „An Schwager Kronos" von einem Männerchor unisono gesungen. Diese Bearbeitung des Meisters war schon 1862 entstanden. Damals instrumentierte Brahms für seinen Freund Julius Stockhausen Schuberts *Memnon, An Schwager Kronos* und *Geheimes* (eine Bearbeitung des „Greisengesang", welche sich im Besitz von H. Levi befand, ist verschollen). W. H. Hadow hat diese interessanten Partituren 1933 veröffentlicht. Das koloristische Gewand, das der Meister den Liedern umhängt, ist durchsichtig und klar. Für „Memnon" und „An Schwager Kronos" gebraucht er — abgesehen von 4 Hörnern — nur das gewöhnliche Orchester der klassischen Zeit, im dritten Lied sogar bloß Streichinstrumente und ein Horn. Sichtlich trägt die gerade in ihrer Durchsichtigkeit wirkungsvolle Instrumentation Züge der kurz vorher entstandenen Serenaden für Orchester.

Im Jahre 1873 bearbeitete Brahms noch ein weiteres Schubertlied, *Ellens zweiten Gesang* (veröffentlicht 1906), aus Walter Scotts „Fräulein vom See", für Sopransolo, dreistimmigen Frauenchor, vier Hörner und zwei Fagotte. Auch hier läßt der Meister die originale Gesangstimme unverändert und überträgt sie dem Solosopran. Die träumerisch gedämpften Jagdrufe der Begleitung aber werden höchst stimmungsvoll von einem Bläsersextett ausgeführt. Eine Steigerung des koloristischen Reizes der Komposition erzielt Brahms noch durch Hinzufügung eines dreistimmigen Frauenchors, der den Solosopran beim Vortrag der lieblichen Weise zart unterstützt. — So wertvoll diese Bearbeitungen auch sind, so hat Brahms selbst ihnen charakteristischerweise doch keinerlei Bedeutung beigemessen. Er läßt sich bei Aufführungen nie als Bearbeiter auf dem Programm nennen und denkt gar nicht daran, sie etwa selbst zu veröffentlichen.

Mit dem „Triumphlied" hatte Brahms für längere Zeit

vom Chorwerk mit Orchester Abschied genommen. Erst am Beginne der Achtzigerjahre wendet er sich neuerdings der Gattung zu. In der Zwischenzeit aber ist sein Stil noch einfacher, noch gedrungener, noch abgeklärter, der Verzicht auf alles überflüssige Beiwerk noch vollständiger geworden.

Die *Nänie* op. 82 für Chor und Orchester wurde im Jahre 1880 begonnen, und im Sommer des folgenden Jahres vollendet. Brahms hat den erhabenen Schiller'schen Klagegesang zum Gedächtnis des im Jänner verstorbenen Malers Anselm Feuerbach komponiert und der Stiefmutter des Freundes zugeeignet. Die unmittelbare Anregung zur Wahl des Textes bot vermutlich eine Aufführung der „Nänie" von H. Goetz, welche kurz nach Feuerbachs Hinscheiden am 14. Februar 1880 in einem Konzert der „Gesellschaft der Musikfreunde" stattfand. Unbewußt mochte dem Meister das Werk des befreundeten Komponisten auch späterhin vor die Seele getreten sein, da er selbst an die Vertonung der „Nänie" ging. Denn die Werke von Brahms und Goetz zeigen bemerkenswerte Übereinstimmungen. Beide verwenden Chor und Orchester ohne Solostimmen. In beiden Stücken setzt bei dem Höhepunkt der Dichtung, da sich die göttliche Thetis mit ihren Schwestern aus dem Meer erhebt, plötzlich warm leuchtendes Fis-dur und eine langsam emporsteigende Melodie der Gesangstimmen ein. Und in beiden Kompositionen wird bei der Stelle: „Auch ein Klaglied zu sein" der $^4/_4$- durch den $^6/_4$-Takt abgelöst. Noch manche kleine Übereinstimmungen ließen sich feststellen und dennoch: der Unterschied zwischen den beiden Werken könnte nicht größer sein. Goetz hat für seine „Nänie" eine dem älteren Madrigal ähnliche, aus vielen kleinen Abschnitten bestehende lockere Form gewählt. In dem kurzen Stück wechselt er wiederholt Takt, Tonart, Tempo, Vorzeichnung und Setzweise, so daß es als eine mosaikartige Folge aneinander gereihter Teilchen wirkt und von einer Unruhe erfüllt ist, die zu der stillen Größe der Schiller'schen Dichtung nicht recht passen will. Brahms hat dagegen seine „Nänie" in die monumental geschlossene Form *a b a* gegossen. Erster und dritter Teil stehen in der gleichen Tonart, der gleichen Taktart, dem gleichen Tempo und verwerten auch teilweise gleiches thematisches Material. Nur der dazwischen eingebettete Fis-dur-Mittelteil führt ein gewisses Kontrastelement ein, indem er noch tiefere, noch leuchtendere Farben bringt. Ebenso stark wie im Aufbau ist der Gegensatz in der Stimmung der beiden Kompositionen. In der „Nänie" von Goetz ist der Grundgehalt dunkel: fis-moll, es-moll, cis-moll beherrschen das Stück, wenngleich das tröstliche Fis-dur nicht fehlt. Brahms schildert dagegen den Tod als anmutigen Genius, in dessen Armen der Erdenmüde sanfte Ruhe findet. In seinem Werk lebt die Gedankenwelt der Antike, jener Geist, der des Unterganges, umgeben von Jugend und Schönheit, von Blumen und Wein gedenkt. Eindrücke, die Brahms bei seinen ersten beiden Italienreisen und beim Betrachten der klassizistischen Gemälde Anselm Feuerbachs empfangen hatte, werden hier lebendig; dann aber auch die ganze klarere, ruhigere Gemütsverfassung, von der der Meister mit zunehmendem Alter beherrscht wurde. Unter diesem Gesichtspunkt wird es verständlich, daß alle Teile der „Nänie" in Dur gehalten sind und das ganze Werk gelassen, klar und ausgeglichen wirkt. — Wie im „Schicksalslied", so ist auch in der „Nänie" dem Choreinsatz ein stimmungsvolles Instrumentalvorspiel vorangeschickt, das diesmal in verkürzter Form, am Beginne des dritten Teiles wiederkehrt. So weit geschwungen wie der Gesang der Oboe in diesem Präludium, ist auch die Melodik des Chors. Sie erhebt sich zu süßer Innigkeit bei Erwähnung des Adonis (T. 65 ff.), kriegerische Akzente mischen sich ein, sobald des Achilles gedacht wird (T. 74 ff.), der Grundgehalt aber bleibt stets gleich. Erst am Beginne des zweiten Teiles, da die Meeresgöttin emportaucht, schlägt Brahms reichere Töne an. Von eigenartigem Ausdruck erfüllt sind hier namentlich die Oktavsprünge der Melodie bei „Siehe, da weinen die Götter". Zart verklingt die edle Komposition mit einer Wiederkehr des Beginnes. Dem ganzen tröstlichen Gehalt der „Nänie" entsprechend, dient als Ende des Werkes nicht der von Schiller gewählte Abschluß „Denn das Gemeine geht klanglos zum

Orkus hinab", sondern die vorletzte Zeile der Dichtung „Auch ein Klaglied zu sein im Mund der Geliebten ist herrlich".

Brahms' letzte Komposition für Chor und Orchester, der *Gesang der Parzen* op. 89, entstand im Sommer 1882. Das gewaltige Werk ist, wenn möglich, noch knapper, noch gedrungener als die vorangehenden Chorkompositionen. Die Vertonung des sieben Strophen umfassenden Textes beansprucht, einschließlich der rein instrumentalen Teile, nur 176 Takte. Der komprimierten Anlage zuliebe leistet Brahms sogar auf fugierte Partien Verzicht, die in den früheren Chorwerken eine so wichtige Rolle gespielt hatten. Nur kleine Imitationen unterbrechen die wuchtige Homophonie des Werkes. Mit dieser lastend schweren Grundhaltung stimmt es auch überein, daß im „Parzenlied" ein besonders großer und dunkler Klangkörper aufgeboten wird. Der Chor ist sechsstimmig, wobei ebenso wie in op. 104 die tieferen Stimmgattungen der Frauen- und Männerstimmen, der Alt und Baß, verdoppelt sind. Die Gruppe der Holzbläser wird durch das Kontrafagott, die der Blechbläser durch drei Posaunen und Baßtuba erweitert.

Der Text des Werkes behandelt abermals einen antiken Stoff in der Fassung eines neueren Dichters (wie ja Brahms stets seine Gegenwartsnähe darin betont, daß er auch bei antikisierenden Kompositionen nicht Übersetzungen alter Originale, sondern moderne Nachdichtungen verwendet). Von der milden Abgeklärtheit der „Nänie" aber ist das Goethe'sche „Parzenlied" weit entfernt. Viel näher steht es jener Dichtung, welche die Hinfälligkeit des Menschengeschlechtes an der Seligkeit der Götter mißt, dem „Schicksalslied". Doch wenn sich in dem älteren Werk der leidende Mensch noch gegen die Gewalt des Verhängnisses aufbäumt, so vollzieht sich in der jüngeren Komposition das Walten des schrecklichen Geschickes mit unentrinnbarer Notwendigkeit. Selbst die Klage verstummt angesichts der wilden Majestät, mit der sich Ananke offenbart. — Es ist nur selbstverständlich, daß Brahms dieser gedrungenen Komposition einen leicht übersehbaren, fest geschlossenen Aufbau gegeben hat. Er wählt die kleine Rondoform *a b a c a*, bei der ein Hauptteil in Moll, durch zwei Episoden in Dur unterbrochen, dreimal wiederkehrt. Als instrumentale Einleitung dient dem „Parzenlied" ein von jähen Modulationen erfüllter d-moll-Satz voll verhaltener Leidenschaft. Der erste Abschnitt des Gesangsteiles ist getragen von gelassener, doch unwiderstehlicher Kraft. Bald läßt die tiefere, bald die höhere Chorhälfte, bald auch wieder der volle Chor den Gesang ertönen, während ein Paukenmotiv, das durch seine Eintönigkeit den Eindruck furchtbarster Gewalt versinnbildlicht, die wirkungsvolle Untermalung bildet. In Takt 72 beginnt der zweite Teil mit einem fast tanzmäßigen, zarten Gedanken. Es hat den Anschein, als würden sich zugleich mit dem Einsatz der Tonart F-dur freundlichere Stimmungen in der Komposition durchsetzen. Doch die Aufhellung ist trügerisch. Da die Dichtung des „Atems erstickter Titanen" gedenkt, tritt eine neue Moll-Trübung ein, welche die Wiederkehr des Hauptteiles wirksam vorbereitet; der Beginn des Vokalteiles kehrt nunmehr in leicht veränderter Form wieder. Ein Abschluß wäre an dieser Stelle durchaus möglich, ja beinahe geboten. Doch dem Meister des „Schicksalsliedes" widerstrebt es, das Werk in so unversöhnlicher Härte ausklingen zu lassen. Ihn drängt es, mildere, freundlichere Töne anzuschlagen, um der Komposition eine trostreichere Haltung zu verleihen. So erklingt nun eine zweite „Episode", die in ihrem Ausdruck einigermaßen an die „Nänie" gemahnt. Auch hier werden die schmerzlichen Worte des Textes mit sanft verklärten, still resignierten Weisen vertont. Am Schlusse wird der Beginn ein letztesmal wieder aufgenommen. Während die Geigen auf die Anfangsmelodie zurückgreifen, singt der Chor in leise psalmodierendem Tone den Epilog der Dichtung: „So sangen die Parzen ..." In traumhaft geheimnisvollem Pianissimo verklingt das Werk. — Der ganze Brahms ist in dieser knappen Komposition: der Meister der tragischen Gewalten, der Komponist der verhaltenen Heiterkeit, die sich nur allzu rasch verdüstert, der Künstler der milden seligen Tröstungen und schließlich der Brahms der unwirklich gebrochenen Traumstimmungen.

DIE PERSÖNLICHKEIT

DER MENSCH UND DER KÜNSTLER

Brahms ist keine einheitlich fest geschlossene Natur. Ein Zwiespalt, der Widerstreit entgegengesetzter Kräfte durchzieht sein ganzes Dasein und drückt in gleicher Weise dem Leben wie dem Schaffen seinen Stempel auf. Zwei Gewalten kämpfen in seinem Innern, die man vielleicht ganz allgemein als Drang nach Freiheit und Streben nach Gebundenheit kennzeichnen kann.

Die Keime dieses Zwiespaltes finden sich schon im Wesen von Brahms' Vater. Er stammt aus einer ehrsamen, seßhaften Familie von Handwerkern und Gewerbetreibenden, die man als Urbilder einfacher Bürgerlichkeit bezeichnen kann. Johann Jakob Brahms aber hat schon Künstlerblut in sich. Er strebt fort aus der Heimat, fort vom Berufe seiner Vorfahren. Es treibt ihn aus der Enge provinzieller Verhältnisse in die Großstadt; sein Sehnen geht nach dem freien Beruf eines Musikers. Allerdings: zu stark darf man sich den Unabhängigkeitsdrang von Johann Jakob nicht vorstellen. Kaum hat er sein Ziel, Musiker zu werden, erreicht, so ist sein ganzes Streben darauf gerichtet, in einer Kapelle eine feste Anstellung zu finden. Er nimmt eine Frau, gründet einen festen Hausstand und setzt mehrere Kinder in die Welt. Und da diese Frau ihm im Tode vorangeht, heiratet er nach kurzer Zeit zum zweitenmal. Die unruhige Natur von Vater Brahms aber macht sich zwischendurch doch auch immer wieder in einem gewissen Drang zu wirtschaftlichen Experimenten geltend. Einmal begründet er eine Kaninchen- und Geflügelzucht, ein anderesmal wieder eröffnet er einen Kramladen und faßt sogar den Plan der Auswanderung nach Amerika.

Sind bei dem kleinen Talent Johann Jakob die Gegensätze noch halbwegs vereinbar, so ergeben sich bei dem Genie Johannes Brahms aus den gleichen Quellen unüberwindliche Schwierigkeiten. Das von Generationen von Vorfahren ererbte Streben nach bürgerlicher Wohlanständigkeit und bürgerlichem Behagen ist bei dem Sohn kaum geringer als bei dem Vater. Der Drang zur Unabhängigkeit aber, zur Vermeidung aller Fesseln, den Brahms zum großen Teil wohl auch von seiner romantisch schwärmerischen Mutter geerbt hat, nimmt bei dem Sohn gewaltige Formen an. An eine Vereinigung dieser so verschieden gearteten Kräfte, die Brahms teils zum Kleinbürger, teils zum Genie stempeln, ist nicht mehr zu denken.

Als Erbe der Väter ist die Einfachheit zu werten, die Brahms in allen Fragen des äußeren Lebens zeigt. Selbst als berühmter Mann wohnt er bescheiden; er kleidet sich mit höchster Sparsamkeit, speist in den einfachsten Gasthäusern und setzt eine Art Stolz darein, für seine Mahlzeiten nur einen geringen Betrag auszugeben. Er kennt keine noblen Passionen und selbst für seine Leidenschaft des Sammelns von Originalmanuskripten großer Meister wendet er gewöhnlich nur verhältnismäßig geringfügige Beträge auf.

Dabei ist Brahms alles eher als ein Weltverächter oder ein Asket. Er liebt es, gut zu schmausen und gut zu trinken, und läßt sich im geselligen Beisammensein mit Freunden auch nicht ungern dazu nötigen, die gewohnte einfach derbe Hausmannskost mit edleren kulinarischen Genüssen zu vertauschen.*

Zwei typische Ausdrücke kehren in seinen Briefen recht häufig wieder: „Behagen" und „Plaisir". Sie charakterisieren so recht die ein wenig spießerische Art von Gemütlichkeit, die Brahms vorschwebt. Namentlich den etwas gezierten französischen Ausdruck mochte der Komponist, der sonst

* In diesem Zusammenhang ist es interessant, das Tagebuch der Frau v. Miller zu lesen, in dem die Menus, die Brahms vorgesetzt wurden, verzeichnet sind. Ich verdankte der Freundlichkeit von Frau Ribartz-Hemala die Erlaubnis, in dieses reizvolle Dokument Einsicht zu nehmen. Dort fand ich z. B. das folgende Menu für ein Sonntag Mittagmahl (20. Februar 1892): „Hirnsuppe, Hummersalat, Filet de Boeuf mit Gemüsen garniert, Schinken in Madeirawein gekocht, Rebhuhn, Gefrorenes, Bäkkerei, Champagner, Kaffee." Brahms muß mit einem so reichlichen Mahl recht zufrieden gewesen sein, da seine freundliche Gastgeberin ähnliche Zusammenstellungen aufrecht erhielt (stets wurden außer Suppe und Fisch oder einem ähnlichen Entrée, drei verschiedene Arten von Fleisch serviert), während sie andererseits einmal bekümmert feststellt, daß ein bestimmter Pflaumenkuchen ihm anscheinend nicht zusagte.

Fremdwörtern durchaus abhold war, aus den Kleinbürgerkreisen seiner Heimat übernommen haben (wie es denn auch typisch ist, daß in den Äußerungen der Mutter und Schwester das Wort „amüsieren" unaufhörlich wiederkehrt). Brahms, der sonst in seinen Briefen für alles Große und Erhabene, für Liebe und Leidenschaft, für Kummer und Verzweiflung eindrucksvolle, durchaus persönliche Wendungen findet, verfällt eben in die Ausdrucksweise des Kleinbürgers, sobald er der kleinen Annehmlichkeiten des Daseins gedenkt.

Bürgerlich ist auch die pedantische Ordnungsliebe, die Brahms auf alles verwendet, was mit seiner Arbeit und seinen geistigen Bedürfnissen in unmittelbarem Zusammenhang steht. Er rühmt sich, daß er Bücher, die ihm wert sind — wie etwa die Bibel —, selbst im Finstern auf den ersten Griff zu finden vermag. Seine Manuskripte sind mit flüchtiger Schrift bedeckt, doch klar und übersichtlich gehalten und selbst seine Skizzen lassen sich mühelos entziffern. Ebenso ordnungsliebend ist er beim Studium von Büchern und Noten und es ist für ihn nur selbstverständlich, jeden Fehler, den er in einem Druckwerk findet, mit pedantischer Gewissenhaftigkeit zu verbessern.

Auch in allen Fragen des Gelderwerbes zeigt sich bei Brahms die bürgerliche Ader. Die Briefe, die er an seine Verleger richtet, zeugen von bemerkenswertem Geschäftssinn und er legt durchaus Wert darauf, für seine Arbeiten auch mit gewaltigen Honoraren bedacht zu werden.

Am bürgerlichsten aber ist Brahms in seinem Ideal einer festen Anstellung und der sich daraus ergebenden Möglichkeit zur Begründung eines Hausstandes. Das Dasein eines reisenden Virtuosen ist ihm ein Greuel. Er träumt von einer Stellung als Dirigent, die ihn an einen Ort fesselt, ihn materiell sicherstellt und ihm die Möglichkeit gibt, zu heiraten und eine Familie zu gründen. Dieser Wunsch aber ist bei Brahms keineswegs nur nebelhaft unbestimmt. Er hat ganz ausgeprägte Formen angenommen; dort wo er aufgewachsen ist, wo er sich zu Hause fühlt, in der Stadt, der unter allen Orten seine größte Liebe gilt, dort möchte Brahms auch angestellt werden. Wäre die Fee des Märchens zu ihm getreten und hätte ihm die Erfüllung eines Wunsches zugesagt, der Meister würde wohl, ohne einen einzigen Augenblick zu zögern, die Stelle eines Dirigenten des Hamburger Philharmonischen Orchesters verlangt haben.

Doch den hier geschilderten Eigenschaften stehen bei Brahms andere gegenüber, die diesen gerade entgegengesetzt sind und damit erst das eigentümlich Zwiespältige seines Charakterbildes bedingen.

Brahms' Ordnungsliebe macht vor der eigenen Person Halt. Er pflegt in einem Aufzug durch die Straßen Wiens zu gehen, der durchaus nicht dem Ideal bürgerlicher Wohlanständigkeit entspricht. Die Hosen sind stets zu hoch hinaufgezogen, die Kleider hoffnungslos verdrückt, eine riesige Sicherheitsnadel hält den um die Schulter geworfenen Plaid zusammen und der Hut wird standhaft statt auf dem Kopf in der Hand getragen. Auch in seinem Kleider- und Wäschekasten herrscht größtes Durcheinander, über das Brahms' letzte Wirtin, Frau Truxa, nicht genügend seufzen kann. Doch die Unordnung beschränkt sich keineswegs auf solche Äußerlichkeiten. Selbst eine Angelegenheit, die ihn, der dem Tod seit seiner Jugend offenen Auges entgegensah, sicherlich stark beschäftigte, die Ordnung seines letzten Willens, hat Brahms nicht durchgeführt. Er ließ sein Testament in halber, rechtsungültiger Form zurück, obwohl es schon 6 Jahre vor seinem Tod so gut wie fertig war. Der minutiösen Ordnungsliebe in allem, was mit Kunst mittelbar oder unmittelbar zusammenhängt, steht eben auf der anderen Seite eine gewisse Lässigkeit und Gleichgültigkeit in Dingen des Alltags gegenüber.

In der Verwertung des einmal verdienten Geldes verhält sich Brahms seltsamerweise ebenso sorglos, wie er bei seiner Gewinnung gewissenhaft ist. Offen und ungezählt liegen in seinem Wäschekasten die Banknotenbündel und wiederholt äußerte er, am liebsten wäre es ihm, sein ganzes Vermögen in solcher Weise in einer Bank anzulegen, daß er nichts damit zu tun hätte und nichts davon wüßte. Er überläßt die Verwaltung seines Vermögens Simrock und als der Verleger ihm eingesteht, daß er bei einer Börsenspekulation ansehnliche Beträge aus Brahms' Besitz verloren habe, antwortete er ihm gleichmütig: „Des berühmten Bankerotts wegen mache aber keinen unnützen Spektakel. Das wäre vor allem, wenn Du mir den Schaden [ersetztest] — lächerlich! Du weißt doch, daß ich trotz des Bankerotts einstweilen noch zu leben habe. Selbstverständlich habe ich — außer wenn ich Dir schrieb — keinen Augenblick an die Sache gedacht! Nur eines hätte sie mir ärgerlich machen können: wenn ich selbst nämlich schuld wäre, den Ankauf solcher Papiere selbst gewünscht hätte! Du mißverstehst das doch nicht?! Ich würde mich schämen und sehr ärgern, wenn ich auf solche Weise hätte Geld verdienen wollen. Hat sich ein guter Freund geirrt, so tut er mir mehr leid, als ich mir — nein, nur er, denn ich denke wirklich an Geld nur, solange davon die Rede ist." Der bürgerliche Brahms versteht es eben, gelegentlich eine überraschende Geschäftstüchtigkeit zu entfalten, während das Genie Brahms den auf diese Weise erworbenen Reichtümern im Grunde völlig gleichgültig gegenübersteht.

Noch eigentümlicher ist des Meisters Verhalten in der Frage einer festen Anstellung. Man wollte Brahms wiederholt als Dirigenten für verschiedene Städte gewinnen; Köln allein hatte ihm drei Anträge gemacht. Zumeist aber findet er eine Ausrede, um abzulehnen, denn er kann sich zu dem Opfer seiner persönlichen Freiheit nicht entschließen. In Detmold und später in Wien nimmt er wohl nach langem Schwanken besonders verlockende Angebote an. Doch auch hier weiß er sich in die drückenden Fesseln, in die nicht allzu erfreulichen Berührungen mit dem künstlerischen Alltag, nicht hineinzufinden und ist jedesmal glücklich, wenn sich ihm ein Vorwand bietet, die Anstellung wieder aufzugeben. Die Einengung durch Statuten, die Anpassung an äußere Notwendigkeiten ist eben für den von Freiheitsdrang erfüllten Meister auf die Dauer unerträglich. Doch die üblen Erfahrungen, die Brahms schon in jungen Jahren bei seiner Detmolder und später bei seiner ersten Wiener Tätigkeit macht, hindern ihn nicht, mit unvermindertem Vertrauen an das Heil zu glauben, das ihm aus einer Anstellung in der Vaterstadt erwachsen würde. Die Kurzsichtigkeit seiner Mitbürger hat Brahms freilich davor bewahrt, das Unbegründete seiner Hoffnung zu erkennen. In Hamburg wird er mit Beharrlichkeit bei jeder Neuwahl übergangen und so bleibt ihm die letzte und bitterste Erfahrung erspart, daß es ihm auch in der Heimatstadt nicht gelungen wäre, das unbestimmte Drängen und Sehnen seines Herzens zu überwinden und aus einem genialen „Abseiter" zum nützlichen Mitglied der bürgerlichen Gesellchaft zu werden.

Brahms selbst aber gesteht es sich nicht ein, daß es für ihn eigentlich bedeutungslos ist, ob er in Hamburg gewählt wird oder gegen einen Mitkandidaten unterliegt. Für ihn, der das Unverständnis, welches das Publikum seinen Schöpfungen entgegenbringt, mit stoischer Gelassenheit quittiert, ist die Hamburger Enttäuschung die einzige wirkliche Niederlage seines Lebens. Ihr mißt er die Schuld bei, daß er als „Vagabund" durchs Leben ziehen muß, daß es ihm versagt bleibt, rechtzeitig einen Hausstand zu gründen und mit Frau und Kindern ein friedliches, glückliches Dasein zu führen.

Denn auch sein Verhalten in der Ehefrage bringt Brahms — wie wir wissen — mit äußeren Begebenheiten und vor allem mit der Hamburger Kränkung in Verbindung. Immer wieder erklärt er, daß er in jüngeren Jahren nicht heiraten konnte, da es ihm an einer befriedigenden Stellung und einem gesicherten Einkommen fehlte; dann aber auch, weil ihn im Kampf gegen die Mißgunst des Publikums das Mitgefühl der liebenden Gattin weit mehr beschämt und gehemmt, als gestärkt hätte. Dies entspricht nur bis zu einem gewissen Grad den äußeren Tatsachen. Denn es dauert nicht lange, bis Brahms über recht bedeutende Einnahmen verfügt, und seit dem Erfolg des „Deutschen Requiem" zählt er zu den angesehensten deutschen Komponisten seiner Zeit. In einem tieferen Sinn aber besteht Brahms' Erklärung dennoch zu Recht. Jener Teil seines Wesens, der Gebundenheit erstrebt, kann sich eine Ehe nur auf der Grundlage eines festen Monatseinkommens und des mit einer hervorragenden Stellung verbundenen bürgerlichen Ansehens vorstellen. Der Künstler Brahms hätte sich jedoch vielleicht über solche Bedenken hinwegzusetzen vermocht, wären nicht von seiner Seite einer Eheschließung noch weit größere Hemmungen entgegengetreten. Wohl ist Brahms alles eher denn ein Frauenhasser. Den Reizen des schwachen Geschlechtes zollt er stets durch bedingungslose Verehrung seinen Tribut. Tritt aber zu körperlicher Schönheit noch Geist und Musikalität — im besonderen haben es dem Meister wohlklingende Stimmen angetan — so wird er nur zu leicht zu tieferer Neigung entflammt. Dies geschieht nicht einmal, sondern wiederholt während seines Lebens. Und nicht bloß der leidenschaftliche, schöne Jüngling, auch der reife Künstler und selbst der Meister an der Schwelle des Greisenalters können der Gegenliebe sicher sein. An Gelegenheiten, sein Dasein mit dem Leben einer edlen Frau zu verbinden, hat es Brahms daher nicht gefehlt. Dennoch ist es zu einer dauernden Verbindung nie gekommen. Denn vor dem letzten entscheidenden Schritt ist Brahms stets zurückgeschreckt. Der Gedanke, seine Freiheit und Ungebundenheit aufzugeben, sich anzupassen und einen Teil des eigenen Wesens zugunsten einer neuen höheren Einheit aufzuopfern, ist ihm unerträglich. Dunkel fühlt er auch, daß er seinem Lebenszweck entgegenhandelt, wenn er, der sich ganz der Kunst zu eigen gegeben hat, einem Menschen angehören soll.

In neueren Arbeiten wird der Versuch unternommen, Brahms' Verhalten in der Ehefrage mit Hilfe der psychoanalytischen Methode als Folge eines „Oedipuskomplexes“ zu erklären. Dieser hätte sich in einer unnatürlich starken Bindung an die Mutter sowie einem Gefühl der Rivalität gegenüber dem Vater geäußert und hätte bewirkt, daß Brahms unfähig war, für Frauen, mit denen ihn ein seelisches Band verknüpfte, auch gleichzeitig Leidenschaft zu empfinden. Als Hauptbeweis für diese Behauptung wird auch angeführt, daß Brahms' tiefste Zuneigung einer Mutter von sieben Kindern, der um 14 Jahre älteren Clara Schumann gegolten hat, in der er vor allem die mütterliche Freundin gesehen haben muß. Meines Erachtens entbehren die Voraussetzungen dieser

Theorie der Überzeugungskraft. Wer die Briefe der Eltern an Brahms und die Briefe des Sohnes an den Vater liest, wird hier auch nicht den geringsten Beweis für die Richtigkeit einer solchen Vermutung finden. Jedenfalls gibt es zu denken, daß Johannes, als er gelegentlich des Zerwürfnisses zwischen Vater und Mutter von beiden Teilen zum Richter angerufen wird, sich — bei allem Verständnis für die Lage der alten Frau — doch im großen und ganzen mehr auf die Seite des Vaters stellt. Auch heißt es, die Tatsachen im unrichtigen Licht sehen, wenn man sich Clara Schumann, zur Zeit als sie Brahms zu Leidenschaft entflammte, als mütterliche Matrone vorstellen will. Clara, die damals 35 Jahre zählte, war durch ihre Schönheit und den Zauber ihrer Erscheinung berühmt. Hierzu kam noch ihre unvergleichliche Künstlerschaft und, da auch das Mitleid mit der schwergeprüften Gattin zur Quelle tieferer Neigung werden mußte, ist es nur verständlich, daß der romantische Jüngling der herrlichen Frau die erste und tiefste Liebe seines Lebens weihte. Der reife Meister aber hat für „mütterliche Frauen“ nichts übrig. Er fühlt sich zu schönen Mädchen oder Frauen hingezogen, die nicht nur weit jünger als er sind, sondern gleichzeitig auch zu seinem Künstlertum mit höchster Bewunderung aufblicken. Brahms’ Abneigung gegen die Ehe kann daher schwerlich aus einer „unnatürlichen Bindung an die Mutter“ erklärt werden.

Wie dem auch sei: als sicher kann jedenfalls angenommen werden, daß der Verzicht auf die Eheschließung Brahms nicht leicht gefallen ist. Einerseits empfindet er stets Sehnsucht nach den Annehmlichkeiten eines behaglichen Heimes, andererseits aber hegt er den heißen Wunsch nach Nachkommen, bei denen er die eigenen Gaben noch reiner und stärker ausgeprägt zu finden hofft. Da ihm dies versagt bleibt, wendet er seine Liebe fremden Kindern zu. In allen Sommerfrischen ist Brahms gleich gut Freund mit der Dorfjugend und selbst in Italien rafft er seine geringen Sprachkenntnisse zusammen, um sich mit den Kindern zu unterhalten. Hierbei kommt es ihm sehr zugute, daß er häufig in seinen Taschen allerlei Leckerbissen für kleine Freunde bereit hält. So schreibt Hermine Spies an

Klaus Groth über Brahms: „Wie habe ich ihn verehrt und bewundert, wenn er armen Kindern, die mit verlangenden Augen und Mund vor einem Conditorladen standen, Weihnachtskonfekt austeilte und ihnen die oft so gar nicht sauberen Bäckchen streichelte. Wie schön, wenn der größte Künstler auch zugleich der größte Mensch ist." — Brahms fühlt sich um so mehr zu Kindern hingezogen, als er — wie mancher große Künstler — einen gewissen Zug von Kindlichkeit in seinem Wesen hat. Als Zwanzigjähriger, zur gleichen Zeit, da ihm die aufblühende Freundschaft mit dem Ehepaar Schumann zum unvergänglichen Erlebnis wird, läßt er sich seine Zinnsoldaten von der Mutter nach Düsseldorf nachschicken.[1] Und noch in den letzten Jahren seines Lebens wird er, als er den kleinen Wundergeiger Bronislaw Huberman besucht, von den Reizen eines Markenalbums so gefesselt, daß er sich mehr als eine Stunde lang von dem Vierzehnjährigen in die Geheimnisse seiner Sammlung einweihen läßt.[2]

Die Schilderung von Brahms' Lebenslauf hat gezeigt, welchen entscheidenden Einfluß die Enttäuschungen und Entmutigungen, der Verzicht auf die Lebenshoffnungen und Träume, auf die Formung seines Wesens genommen haben. Als Jüngling ist der Künstler wohl bescheiden, scheu, doch liebenswürdig, treuherzig und begeisterungsfähig. Er wirkt wie eine Gestalt aus einer Erzählung der Romantik. Dies ändert sich entscheidend nach seinem Erlebnis mit Clara und ändert sich immer mehr nach jeder beruflichen und menschlichen Enttäuschung. Eigenschaften treten nun stark in den Vordergrund, die schon früher in seinem Wesen schlummerten, doch nur wenig zur Geltung kamen. Vollends da Brahms am Ende der Siebziger Jahre das reine offene Jünglingsantlitz unter einem dichten Vollbart versteckt, ist er auch in seinem ganzen Gehaben ein anderer geworden. Hierzu kommt, daß die unbekümmerte Rücksichtslosigkeit, die Brahms schon als Jüngling auszeichnete und die ihm nicht zuletzt erst die Verwirklichung so manches seiner künstlerischen Ziele ermöglichte, mit zunehmendem Alter eine beängstigende Steigerung erfährt und sich gleichzeitig auch mit Grobheit paart. Welchen Ruf Brahms in dieser Hinsicht in Wien genießt, mag die verbreitete Anekdote zeigen, welche berichtet, der Meister habe sich beim Verlassen einer Gesellschaft, in der er zum ersten Mal weilte, mit den Worten empfohlen: „Wenn ich jemanden von den Anwesenden zu beleidigen vergessen hätte, so bitte ich dies zu verzeihen."

So umgibt sich Brahms mit einem Panzer aus Ironie und Kühle und dieser ist so fest und dicht, daß zuweilen selbst die nahen Freunde dahinter nicht das warme große Herz ihres Johannes schlagen hören. Wenn es andererseits aber auf Hilfe, Anteilnahme oder Rat ankommt, dann ist niemand so schnell zur Stelle wie der zurückhaltende Brahms. Er, der sonst monatelang Antwort auf Briefe schuldig bleibt, rafft sich zu sofortiger Erledigung auf, wenn es sich um eine Bitte handelt, und die rheinische Sängerin Aloisia Schrötter, die mit einem Anliegen an ihn herangetreten ist, schreibt geradezu[3]: „Also an diesem Ende muß man Sie fassen, um ein Lebenszeichen von Ihnen zu gewinnen: Gefälligkeiten erbitten — das lasse ich mir ... gefallen."

Vielen Musikern, wie etwa Zeller, Buths, Knorr und Wüllner, hat er zu Stellungen verholfen. Noch mehr Menschen haben ihm für Darlehen oder Geldgeschenke zu danken, die er stets streng geheim hält. Wahrhaft großzügig aber ist die Unterstützung, die er seiner ganzen Familie angedeihen läßt. Nicht nur die Höhe der Summen, sondern noch mehr die Art, in der er sie spendet, beweisen, daß Geben und Helfen zu den selbstverständlichen Elementen seines Lebens zählen. Ein Brief, mit dem Brahms die Überweisung von 10 000 Mark an Clara Schumann begleitet, soll hier noch Platz finden, da er schlaglichtartig des Meisters vornehme Wesensart beleuchtet:

„Nimm ... alle Deine Güte und ... gute Gesinnung für mich zusammen, höre und sage dann ein freundliches Ja ... Die Tage ging es mir aber einmal wieder durch den Kopf, wie ich es nur anfangen könnte, Dir eine Summe zu schicken. Als reicher Kunstfreund mit anonymem Brief, als nachträgliche Einzahlung in den Schumannfond oder wie sonst. Ich kann nichts derartiges tun, ohne irgend jemand so weit ins Vertrauen zu ziehen, daß er das Richtige raten kann.

Wenn Du mich dagegen für einen so guten Menschen hältst, wie ich es bin, und wenn Du mich so lieb hast, wie ich es wünsche — dann wäre auch der zweite Teil der Sache einfach, und Du erlaubtest ganz ohne weiteres, daß ich mit meinem sehr überflüssigen Mammon mich z. B. dieses Jahr an Deinen Ausgaben für die Enkel mit etwa 10 000 Mark beteiligte.

Simrock hat wieder einen ganzen Haufen Chöre, Quartette und Lieder. Von dem schönen Honorar merke ich gar nichts, es wandert lautlos und unnütz in die Reichsbank.

Nur denke, wie große Freude mir die Sachen und das Honorar machten, wenn Du mir ein rundes nettes ‚Ja' sagtest.

Weil jedes Ding aber zwei Seiten hat, so sage ich, daß ich mich im ungünstigen Falle entschließe, Simrock den Auftrag zu geben, jene Summe in den Schumannfond zu zahlen . . ."

So lassen sich in Brahms' Wesen zwei grundverschiedene Schichten erkennen: Ironie und Zurückhaltung, gepaart mit echter Güte und Hilfsbereitschaft. Das Verhältnis der Umwelt zum Künstler wird nun davon bestimmt, wie weit die anderen Menschen unter die grobe Schale zu dringen vermögen. Zunächst erweckt Brahms meistens Scheu und Befangenheit; feinere Menschenkenner aber kommen bald hinter das Geheimnis seiner Doppelseitigkeit und, wem es einmal gelungen ist, in des Meisters eigentliches Wesen Einblick zu gewinnen, der ist ihm von ganzem Herzen ergeben.

Groß ist seine Anziehungskraft auf bedeutende Menschen. Der Geiger Adolf Brodsky läßt sich dem kühl-zurückhaltenden Meister gegenüber zu den Worten hinreißen[4]: „Wenn ich so das ganze Jahr hindurch bald hier bald dort von Ihren Werken entzückt, ergriffen, erschüttert werde, und ich darf dann wieder einmal mit dem Schöpfer dieser Werke so formlos und gemütlich plaudern, dann erfüllt mich die größte Lebenslust. Es gibt kein größeres Glück für mich als Sie, teurer Meister, mit der größten Kraft deren meine Seele fähig ist zu lieben. Lachen Sie mich nicht aus!" Doch auch auf Nicht-Musiker wirkt Brahms — wie etwa der Dichter Richard Voß erklärt[5] — „wie ein ganzer Strom belebender urkräftiger Bergluft". Diese belebende Wirkung geht wohl vor allem von Brahms' geistiger Intensität aus. Er ist alles eher denn einseitiger Musiker. Lücken, die der kurze Schulunterricht in seiner Bildung hinterlassen mußte, hat er durch nie erlahmendes Selbststudium ausgefüllt, und schon seine Bibliothek gibt ein überwältigendes Bild von der Weite seines geistigen Horizontes. Religiöse, philosophische, ästhetische, geschichtliche, politische, kunstgeschichtliche Werke finden sich hier neben der Dichtung aller Zeiten und Länder. Daß Brahms all diese Bücher mit wirklicher innerer Anteilnahme gelesen hat, beweisen zahlreiche Anzeichnungen und Anmerkungen.

Dieses lebendige Interesse an allen Fragen der Kunst und der Wissenschaft bringt es auch mit sich, daß Brahms mit hervorragenden Vertretern verschiedenster Berufe in Berührung tritt. Die Männer des praktischen Lebens, Dr. Fellinger und Arthur Faber, die Ärzte Billroth und Engelmann, die Maler Feuerbach, Menzel und Klinger, der Kupferstecher Allgeyer, der Kunsthistoriker Lübke, die Dichter Klaus Groth und Widmann, der Philologe Wendt, die Musikhistoriker Chrysander, Spitta, Nottebohm, Mandyczewski, der Literarhistoriker Erich Schmidt, zahlreiche Schauspieler wie E. Robert, J. Lewinsky: sie alle finden bei Brahms warme, nie ermüdende Anteilnahme an dem, was sie beschäftigt, und bringen ihrerseits dem Meister wieder mannigfache Anregung. Denkt man sich zu dieser Reihe von Namen noch die vielen Musiker hinzu, zu denen Brahms herzliche Beziehungen unterhält, so zeigt es sich, daß der Meister für Männer-Freundschaft besondere Veranlagung besitzt. Doch gerade hier kommt die sein ganzes Wesen durchziehende Zwiespältigkeit zum Ausdruck. Kaum eine der großen Freundschaften seines Lebens — man denke nur an Joachim, Levi, Billroth oder Bülow — erhält sich ungetrübt. Wenn auch in jedem dieser Fälle Anlässe besonderer Art vorliegen, so ist die Wurzel für Brahms' Vorgehen doch immer in seiner Abneigung gegen Bindungen jeder Art zu suchen. Er ist stets für ein fröhlich unbeschwertes Beisammensein, für einen sachlichen Austausch der Meinungen zu haben. Den Anforderungen einer wirklich starken, in sein Leben eingreifenden Freundschaft aber entzieht er sich ebenso wie der Ehe.

So steht die Persönlichkeit des Meisters völlig im Zeichen des Widerstreites zweier entgegengesetzter Prinzipien. Man wäre versucht, dieses Dasein, dem ein innerer Zwiespalt das Gepräge gibt, als selten unglücklich zu bezeichnen, wäre Brahms nicht auf dem Gebiet volles Gelingen beschieden gewesen, dem sein höchstes Streben gilt: in seiner Kunst. Auch hier herrschen die gleichen Grundzüge, die wir im Leben beobachten konnten und die sich in seinem Werk am besten durch die Begriffe *freies Spiel der Phantasie* und *strenge Gesetzmäßigkeit* umschreiben lassen.

Brahms' Schaffen kommt von der Romantik her. Schubert, Schumann und der späte Beethoven sind Patrone seiner ersten Schaffenszeit. Der Jüngling schwärmt für Jean Paul und Novalis, nennt sich selbst nach der bekannten Figur von E. T. A. Hoffmann „Johannes Kreisler junior" und schreibt Melodien, die an Weichheit, Innigkeit und Versonnenheit ihresgleichen suchen. Später treten diese Züge einigermaßen zurück, doch immer noch liebt Brahms die gebrochene Stimmung des „Helldunkels" sowie unwirklich-gespensterhafte Szenerien. Als echter Romantiker erweist er sich mit der tiefen Zuneigung, die er für das deutsche Volkslied und das fremder Länder hegt. Das kleine romantische Klavierstück und vor allem das romantische Lied kehren in seinem Schaffen ständig wieder.

Schon in den Werken des jungen Brahms aber macht sich eine Kraft geltend, welche der Phantastik, dem Gefühlsüberschwang, dem schwärmerischen Geist der Romantik entgegenarbeitet. Sie kommt in dem Streben nach klar gegliederter Architektonik, nach festgefügten Formen zum Ausdruck.

Die vom rein musikalisch formalen Standpunkt überaus freien Kompositionen, welche zu seiner Zeit Liszt schafft, sind Brahms ein Greuel. Klare Gesetzmäßigkeit und strenge Gliederung erscheinen ihm für seine Werke unerläßlich und sind es desto mehr, je älter Brahms wird. Regellosigkeit kennt der Meister nicht und es ist für ihn charakteristisch, daß gerade dort, wo er sich selbst strengen formalen Bindungen unterwirft, seine Phantasie besonders Herrliches schafft. Der Komponist überläßt sich nie dem ersten Einfall. Erst wenn er lange mit ihm „spazieren gegangen ist" und ihn geistig und seelisch völlig verarbeitet hat, bringt er ihn zu Papier. So ist es zu erklären, daß Werke, die durch menschliche Erlebnisse inspiriert sind, gewöhnlich erst geraume Zeit nach dem äußeren Ereignis entstehen (vgl. Deutsches Requiem, II. Streichsextett usw.); andererseits aber auch, daß Brahms' wenige erhaltene Skizzen schon in so überraschender Weise dem fertigen Werk ähneln. Die hier geschilderten Züge sind Gestaltungsprinzipien der Klassiker und man könnte sie vielfach auch bei Haydn, Mozart und dem jüngeren Beethoven feststellen, deren Werke Brahms ja auch in mancher Hinsicht als Vorbild dienten. Bei ihm ergibt sich eben der seltsame, ja in seiner besonderen Prägung einzigartige Fall, daß ein Künstler, der mit Herz und Seele der Romantik angehört, in gleicher Weise auch aus innerem Zwang zur Klassik strebt. Gerade in Brahms' herrlichsten Werken halten sich Gefühl und Verstand, Inspiration und Ausarbeitung, Freiheit und Gebundenheit völlig die Wage. Daß dies auch dem alternden, herben Meister gelingt, ist nicht zuletzt dem Einfluß seiner Wahlheimat Wien zuzuschreiben. Das romantische Feuer, die romantische Innigkeit, die Brahms in jungen Jahren beherrscht haben, ziehen — da der Meister älter wird — aus dem Boden der Kaiserstadt immer neue Nahrung. Denn für alles, was zärtlich und schwärmerisch in seiner Kunst ist, findet Brahms gerade „an der schönen blauen Donau" die richtige Resonanz.

In der Tatsache, daß der Künstler, der seiner Lebenszeit nach der Romantik angehört, auch zahlreiche Elemente klassischen Schaffens in sein Werk aufnimmt, liegt noch ein weiterer für des Meisters Kunst überaus charakteristischer Zug beschlossen: die Hinwendung zur Vergangenheit. Wohl findet sich in Brahms' kühner Melodik, seiner oft komplizierten Harmonik, der häufig so abwechslungsreichen Polyrhythmik und in gelegentlichen Formexperimenten gar mancher in die Zukunft weisende Zug. Im ganzen aber macht der Meister von modernen Freiheiten doch weniger Gebrauch als von der Gebundenheit, die sich für ihn aus dem strengen Festhalten an Wesenszügen der Vergangenheit ergibt. Brahms' antiquarische Interessen und Neigungen gehen ungleich tiefer als bei jedem anderen Großmeister der Tonkunst. Er besitzt die Werke der wichtigsten Musiktheoretiker von J. J. Fux, Forkel und Mattheson bis weit ins 19. Jahrhundert. In seiner Notensammlung sind die großen Komponisten der Vergangenheit mit wunderbaren Originalmanuskripten, sehr kostbaren Erstdrucken und viefach auch in kompletten Gesamtausgaben vertreten. Er verfügt über Tonwerke aller Stilrichtungen vom 16. bis in das 18. Jahrhundert, die er sich vielfach auch eigenhändig in öffentlichen Bibliotheken abgeschrieben hat. Brahms ist jedoch keineswegs nur ein Dilettant auf dem Gebiet der Musikwissenschaft. Wie nur ein zünftiger Fachmann führt er — ein einzig dastehender Fall bei einem schaffenden Künstler von solcher Bedeutung — auch seinerseits wiederholt kritische Revisionen und Neuausgaben älterer Musikwerke durch. Er gibt — größtenteils als erstmalige Veröffentlichungen — Werke von Friedemann und Philipp Emanuel Bach, von Händel und Couperin, von Mozart und Schubert, von Chopin und Schumann heraus. Bei diesen Arbeiten macht er es sich nichts weniger als leicht. Ein für die Gesamtausgabe eingerichtetes Exemplar der Chopin'schen Mazurkas, welches sich in der „Gesellschaft der Musikfreunde" erhalten hat, ist mit roten und blauen und schwarzen Korrekturen von Brahms' Hand geradezu übersät. Und der Briefwechsel mit Clara Schumann und Mandyczewski verrät, wieviel Eifer, Liebe und Mühe Brahms auf den kaum 70 Seiten umfassenden Supplementband zur Schumann-Gesamtausgabe verwendet hat.

Hält man all dies zusammen, so muß man verstehen, wie tief der Zug zur Vergangenheit in Brahms' Wesen verwurzelt ist. Daß er unter solchen Umständen auch in seinem Schaffen stärksten Ausdruck finden muß, ist nur selbstverständlich. Tatsächlich reichen die Fäden, welche Brahms' Werk mit der Tonkunst früherer Zeiten verbinden, nicht nur bis zur Klassik, sondern noch weiter zurück. Die mittelalterlichen Kirchentonarten, die Kanonkunststücke der alten Niederländer, der Palestrinastil, feiern in Brahms' Kompositionen ihre Auferstehung. Mit Fugen, a cappella-Motetten, Choralvorspielen und Passacagliastücken schlägt er die Brücke zu den Schöpfungen eines Bach, mit dem großartigen „Triumphlied" zu den Oratorien Händels.

In Brahms' Werken findet die Musikübung eines halben Jahrtausends ihre Zusammenfassung. Trotz ihrer starken Gebundenheit aber sind des Meisters Kompositionen alles eher denn eklektische Nachahmungen. Davor bewahrt sie der schon erwähnte deutlich moderne, fortschrittliche Zug in Brahms' Schaffen und die kraftvoll eigenwillige Persönlichkeit des Meisters. Jeder kleinere Komponist wäre von so gewaltigen Vorbildern wie Bach und Händel erdrückt und am selbständigen Schaffen gehindert worden. Brahms aber gelingt es, eine wirklich schöpferische Renaissance der alten Meister zu erzielen, bei der erstarrte Formen und Gesetze mit neuem Geist erfüllt werden.

Diese Tatsache macht es auch verständlich, daß Brahms — sieht man von dem jungen Jenner ab — keine persönlichen Schüler gehabt hat. Den Grund dafür nur in Brahms' Ungeduld und seinem völligen Mangel an pädagogischem Talent suchen zu wollen, wäre verfehlt. Letzten Endes bedeutet des Meisters Werk bei all seiner Eigenart doch einen Endpunkt und Abschluß. Und so scharen sich jene, die anfangen wollen, nicht um seine Fahne, sondern um die der Meister, welche mehr der Zukunft als der Vergangenheit zugewendet sind. Vielleicht der einzige große Komponist der Brahms-Nachfolge ist Max Reger. Doch auch er führt im Grunde Brahms' Bestrebungen nicht weiter; genau genommen wiederholt er sie nur auf seine Weise, doch mit ungleich geringerem Gelingen.

Brahms' Festhalten an den alten Formen hat ihm von seiten der radikal-modernen „neudeutschen Schule", deren Mitglieder sich um Liszt und Wagner scharten, den Vorwurf reaktionärer Gesinnung eingetragen. Diese Behauptung ist symptomatisch für den gänzlichen Mangel an Verständnis seitens der

Neudeutschen, der sich zwangsläufig aus der starken Verschiedenheit der Wesensart ergibt. Wagners Schwergewicht liegt auf dem Gebiete des Musikdramas; die Oper bildet für ihn das Maß aller Dinge. Liszt beginnt als Virtuose; später wendet er sich mehr der Komposition zu und betätigt sich vor allem auf dem Gebiete der Programmusik, bei der ein poetischer Inhalt für die rein musikalische Formgebung ausschlaggebend ist. Die musikalische Farbe zählt mit zu den wichtigsten Ausdrucksmitteln dieser Kunst. Liszt, ebenso wie Wagner, eignet ein starkes literarisches Talent; sie stellen es in den Dienst ihrer Idee, deren leitende Gedanken: „Los von der Vergangenheit" und „Reform" sind.

Keiner der hier genannten Züge kommt auch bei Brahms vor. Theaterblut liegt seiner vergeistigten, verinnerlichten Natur so ferne wie nur möglich. Ebenso wenig hat er für Virtuosentum übrig. Brahms ist ein gewaltiger Pianist, dem es jedoch — schon allein aus innerer Schamhaftigkeit — stets widerstrebt, öffentlich aufzutreten. Auf äußere Brillanz oder perlende Technik legt er keinen Wert und trachtet hinter dem Kunstwerk soweit als nur irgend möglich zurückzutreten. Auch die Programmusik im Sinne Liszts lehnt Brahms grundsätzlich ab. Wenn er — wie es bei seinen Klavierstücken ab und zu geschieht — einen poetischen Inhalt vorzeichnet, so ist dieser der rein musikalischen Form untergeordnet. Die Auflösung der Form, wie sie in Liszts „Symphonischen Dichtungen" vorkommt, ist für Brahms, dem die musikalische Architektonik als Grundpfeiler des Schaffens erscheint, völlig undenkbar. Ebenso ist dem Meister klare, folgerichtige Stimmführung ungleich wichtiger als die musikalische Koloristik. Sein Orchester hat einen kühlen, herben Klang und ist von der glühenden Farbenpracht der Kompositionen eines Berlioz oder Wagner weit entfernt. Charakteristisch für Brahms ist es ja auch, daß er sich auf dem Gebiete der Malerei zu den vorzüglich gezeichneten Gemälden eines Feuerbach hingezogen fühlt, in welchen die Farbe die lineare Komposition zu unterstützen hat, während er mit den prunkvoll-üppigen, nur farbigen Improvisationen eines Makart nichts anzufangen weiß.

In literarischen Fragen ist Brahms wohl höchst feinfühlig, nie aber würde es ihm einfallen, sich über seine Kunst oder die Prinzipien seines Schaffens zu äußern. Dies verbietet ihm seine angeborene Zurückhaltung, dann aber auch seine ganze Auffassung von der Musik als einer absoluten Kunst, der man nicht auf dem Umweg über die Literatur nahen dürfe. Und wenn die Künstler der „neudeutschen Schule" sich als Revolutionäre gebärden, denen es obliegt, alles zu ändern und besser zu machen, so fühlt Brahms sich dagegen als Hüter und Bewahrer großer Traditionen. Er, der sich mit Volkstum und Religion seiner Väter untrennbar verbunden weiß, umfängt mit warmer Liebe jedes Zeugnis von deutscher Art und Kunst früherer Zeiten und es ist sein Streben, ein nützliches Glied zu sein in der mächtigen Kette deutschen Geisteslebens.

Eine gewaltige Kluft liegt so zwischen Brahms und den Künstlern der „neudeutschen Schule". Dieser Zwiespalt tritt vollends dadurch zutage, daß auch in Brahms' Wahlheimat Wien zwei Komponisten wirken, die sich bedingungslos zu Wagner bekennen. Hugo Wolf hat auf dem Gebiete des Liedes etwas Ähnliches verwirklicht, wie Wagner auf dem Gebiete des Musikdramas. Er läßt die Singstimme den Text möglichst sorgfältig deklamieren und verlegt Ausdruck und Charakteristik hauptsächlich in den Klavierpart. Anton Bruckners prunkvolle Symphonien aber sind dem Quell süddeutsch-katholischer Mystik entsprungen. Sie sind in großartiger Al-fresco-Technik entworfen, wobei die Architektonik durch das Übergroße der Konzeption nicht selten gesprengt wird. Auch diesen beiden Meistern steht Brahms völlig gegensätzlich gegenüber. Im Lied ist ihm die Singstimme das Wichtigste, der Klavierpart aber — so reich er ihn auch behandelt — wirkt daneben doch nur als eine Art Begleitung. Seine Symphonie aber kommt letzten Endes — ähnlich den Orchesterkompositionen eines Bach — von der Kammermusik her und zeichnet sich durch wunderbare formale Geschlossenheit des Aufbaues aus.

Wenn Brahms so auch künstlerisch zu gar manchem Komponisten seiner Zeit im Gegensatz steht und dieser Gegensatz mitunter sogar recht unerfreuliche persönliche Formen annimmt: seinem Ansehen vermögen solche Plänkeleien nicht zu schaden. Seit der Aufführung des „Deutschen Requiem" wächst des Meisters Ruhm ständig, und nicht nur in Deutschland und Österreich, auch in den artverwandten Ländern, der Schweiz, Holland, England und Amerika, nimmt die Schar seiner Anhänger unentwegt zu. All jene Kreise, die an eine Fortentwicklung der Kunst glauben und doch auch mit Liebe und Verehrung an der Vergangenheit hängen, scharen sich um Brahms.* Seine Anhänger rekrutieren sich aus den besten Kreisen des Bürgertums, aus den Gebildeten aller Stände. Sie rechnen es ihm hoch an, daß er verschiedenen Zweigen der Tonkunst, an denen unzählige Musikfreunde mit wärmster Liebe hängen, zu neuer Blüte verhilft, während die Neudeutschen mehr oder minder verständnislos an ihnen vorübergehen. Denn durch Brahms erlebt die Haus- und Kammermusik eine neue Blüte und auch der Chormusik sowie der evangelischen Kirchenmusik werden durch ihn kostbare frische Impulse zugeführt.

Eiserne Selbstzucht und Disziplin haben Brahms zu den Leistungen befähigt, die ihm die Unsterblichkeit sichern. Niemals macht er es sich leicht; mit unerbittlicher Strenge und Selbstkritik steht er jeder eigenen Schöpfung gegenüber. Er sendet nichts Unfertiges, ja nicht einmal ein schwächeres Werk in die Welt. Seine Kraft, sein ganzes Wollen gilt dem Schaffen; das Leben kommt hierbei zu kurz. Brahms läßt es geschehen, daß sein äußeres Dasein — im Zeichen des Widerstreites zwischen Bürgerlichkeit und Genialität — einen unharmonischen, nicht recht befriedigenden Verlauf nimmt. In

* Bezeichnend ist etwa das Urteil von Hermann Goetz, dem Komponisten der Oper „Der Widerspenstigen Zähmung". In einem Brief an Brahms[6] gibt er seiner Freude Ausdruck, in ihm einen „Künstler zu sehen, der ohne Rücksicht auf den augenblicklichen Beifall der Menge unbeirrt den Weg geht, den ihm seine eigentümlichen Anlagen und die reinste Kunstbegeisterung vorzeichnen", und fährt fort: „Neues Vertrauen auf die Zukunft kann man gewinnen, wenn ein solches Kunstschaffen selbst in unserer oberflächlichen, zerstreuungssüchtigen Zeit immer breiteren Boden gewinnt, und zwar einen Boden, auf dem es immer weiter grünen kann und wachsen."

seiner Kunst aber gelingt es ihm, die scheinbar unversöhnlichen Gegensätze zu vereinen. Freiheit und Gebundenheit, Phantastik und Gesetzmäßigkeit, Fortschritt und Traditionstreue schließen sich hier zu einem organischen Ganzen zusammen, zu einer neuen Einheit, der die herbe Kraft und der schwermütige Ernst, die zarte Innigkeit und der gedämpfte Frohsinn von Brahms' Wesen eine einmalige, durchaus persönliche Prägung verleihen.

ERSTMALIG VERWENDETES BRIEFMATERIAL

(Die Briefe sind — sofern der Adressat nicht angegeben ist — an Brahms gerichtet.)

1. Kapitel: Die Eltern

1 Brief von Christiane Brahms vom 6. Januar 1865.
2 Brief von Jakob Brahms vom 23. August 1866.
3 Brief von Jakob Brahms vom 7. März 1865.
4 Brief von Christiane Brahms vom 10. Juli 1853.
5 Brief von Christiane Brahms vom Herbst 1862.
6 Brief von Christiane Brahms vom 4. Oktober 1854.
7 Brief von Christiane Brahms vom 11. Juli 1855.
8 Brief von Christiane Brahms vom 14. Februar 1855.
9 Brief von Christiane Brahms vom 23. Juli 1854.
10 Brief von Christiane Brahms vom 16. September 1853.
11 Brief von Christiane Brahms vom 15. Mai 1854.
12 Brief von Christiane Brahms vom 3. September 1853.
13 Brief von Christiane Brahms vom 12. Juni 1855.
14 Brief von Christiane Brahms vom 20. März 1855.
15 Brief von Christiane Brahms vom 6. Januar 1865.
16 Brief von Elise Brahms vom 30. September 1856.
17 Brief von Christiane Brahms vom 25. November 1857.
18 Brief von Christiane Brahms vom 6. Januar 1865.
19 Brief von Elise Denninghoff vom 25. September 1889.
20 Brief von Christiane Brahms vom August 1858.
21 Brief von Christiane Brahms vom 12. November 1858.
22 Brief von Jakob Brahms vom 8. August 1871.
23 Brief von Jakob Brahms vom 26. März 1867.
24 Brief von Jakob Brahms vom 16. Dezember 1870.

2. Kapitel: Kindheit und Jugend

1 Brief von Fritz Brahms von 1874.
2 Brief von Elise Brahms vom 27. April (1857).
3 Brief von Elise Brahms vom 24. Februar 1865.
4 Brief von Elise Brahms vom 2. September 1865.
5 Brief von Fritz Brahms von 1853.
6 Brief von Elise Brahms vom 14. Februar 1863.
7 Brief von Eduard Marxsen vom 29. November 1883.
8 Brief von Christiane Brahms vom 10. Juli 1853.
9 Brief von Elise Denninghoff vom 16. Oktober 1880.
10 Brief von Elise Brahms vom 9. September 1853.

11 Brief von Elise Denninghoff vom 25. September 1880.
12 Brief von Christiane Brahms vom 4. Januar 1855.
13 Brief von Elise Brahms vom 9. September 1853.
14 Brief von Elise Brahms von 1865.
15 Brief von Elise Brahms (undatiert).
16 Brief von Christiane Brahms vom 27. April 1859.
17 Brief von Christiane Brahms vom 10. Juli 1853.
18 Brief von Christiane Brahms vom 6. Januar 1865.

3. Kapitel: Sieben bedeutsame Monate

1 Brief von Christiane Brahms vom 11. Juni 1853.
2 Brief von Christiane Brahms vom 23. Juli (1853).
3 Brief von Elise Brahms vom 9. September 1853.
4 Brief von Christiane Brahms vom 3. September 1853.
5 Brief von Christiane Brahms vom 1. Dezember 1853.
6 Verschiedene Briefe von Fritz Brahms, 1853—1854.

4. Kapitel: Sturm und Drang

1 Brief von Christiane Brahms vom 5. März 1854.
2 Brief von Christiane Brahms vom 17. September 1854.
3 Brief von Clara Schumann an Christiane Brahms vom 23. Dez. 1854.
4 Brief von Clara Schumann an Christiane Brahms vom 16. Aug. 1855.
5 Brief von Christiane Brahms vom 7. Mai 1856.
6 Brief von Clara Schumann an Christiane Brahms vom 6. August 1856.
7 Brief von Christiane Brahms vom 30. September 1856.

5. Kapitel: Zwischen Detmold und Hamburg

1 Brief von Ferdinand Hiller vom 8. August 1858.
2 Brief von Ferdinand Hiller vom (Herbst 1858).
3 Brief von Christiane Brahms vom 12. November 1858.
4 Brief von Philippine Grimm von Donnerstag abend (Herbst 1858).
5 Brief von Elise Brahms vom 20. Dezember 1862.
6 Brief von Elise Brahms vom 31. Oktober 1862.
7 Brief von Elise Brahms 1875.
8 Brief von Elise Brahms vom 12. Februar 1873.

6. Kapitel: Heimat und Fremde

1 Brief von Julius Grosser vom 1. März 1887.
2 Brief von Carl Tausig vom 10. April 1867.
3 Brief von Carl Ferd. Pohl vom 1. Februar 1876.
4 Brief von Carl Ferd. Pohl an Nottebohm vom 12. November 1873.
5 Brief von Luise Dustmann vom 9. Oktober (ohne Jahreszahl).
6 Brief von Luise Dustmann (undatiert).
7 Brief von „Fidelio“ (L. Dustmann), undatiert.
8 Brief von Fritz Brahms vom 28. Dezember 1862.
9 Brief von Christiane Brahms vom 6. Dezember 1862.
10 Brief von Friedrich Chrysander vom 16. Dezember 1869.
11 Brief von Eduard Marxsen vom 4. Dezember 1876.

7. Kapitel: Erste Anstellung in Wien

1 Brief von Peter Cornelius (November 1863).
2 Brief von Jakob Brahms vom 5. Juni 1871.
3 Brief von Elise Brahms (1864).
4 Brief von Arthur Nikisch vom 5. September 1895.
5 Brief von Peter Cornelius vom 18. August 1865.
6 Brief von Karl Tausig vom 27. April 1868.
7 Brief von Mathilde Wesendonk vom 12. Juni 1867.
8 Brief von Mathilde Wesendonk vom 30. Dezember 1868.
9 Brief von Mathilde Wesendonk vom 24. November 1874.
10 Brief von Elise Brahms vom 17. August 1864.
11 Brief von Jakob Brahms vom 13. Januar 1865.
12 Brief von Vincenz Lachner vom 24. Januar 1890.
13 Brief von Julius Allgeyer vom 17. Juni 1870.
14 Brief von Julius Allgeyer von Weihnachten 1872.

8. Kapitel: „Ein deutsches Requiem"

1 Brief von Jakob Brahms vom 19. Dezember 1866.
2 Brief von Jakob Brahms vom 9. Juli 1865.
3 Brief von Jakob Brahms vom 14. Oktober 1865.
4 Brief von Jakob Brahms vom 19. Dezember 1866.
5 Brief von Jakob Brahms vom 8. Dezember (ohne Jahr).
6 Brief von Jakob Brahms vom 15. Januar 1869.
7 Brief von Jakob Brahms vom 3. September 1867.
8 Brief von Jakob Brahms vom 7. Juni 1870.
9 Brief von Jakob Brahms vom 26. Juni 1870.
10 Brief von Eduard Marxsen vom 5. April 1868.
11 Brief von John Farmer, undatiert (Original englisch).
12 Brief von Brahms an Amalie von Bruch vom 1. Juli 1868.

9. Kapitel: Artistischer Direktor in Wien

1 Brief von Ferdinand Hiller vom 2. Februar 1869.
2 Brief von Eduard Marxsen vom 10. Oktober 1869.
3 Brief von Elise Brahms (September 1869).
4 Brief von Sophie Ch. von Sell vom 5. Februar 1895.
5 Brief von Carl Ferd. Pohl vom 7. Juli 1872.
6 Brief von Carl Ferd. Pohl vom 11. Juni 1872.
7 Brief von Lucie Coster vom 25. August 1873 (Original französisch).
8 Brief von Gottfried Keller vom 22. Juli 1874.
9 Brief von Carl Ferd. Pohl vom 16. Juni 1874.
10 Brief von Hermann Kretzschmar vom 3. April 1875.

10. Kapitel: Auf dem Gipfel

1 Brief von Brahms an Theodor Billroth vom 6. Mai 1878.
2 Brief von J. A. Sillem vom 26. Dezember (ohne Jahreszahl).
3 Brief von George Alexander Macfarren vom 4. April 1876.
4 Brief von George Alexander Maxfarren vom 27. Mai 1876.
5 Brief von Gerard F. Cobb vom 12. Dezember 1876.

6 Brief von Novello vom 28. Juli 1876.
7 Brief von Stockinger vom 28. August 1877.
8 Brief von Friedrich Chrysander vom 10. November 1879.
9 Brief von Georg Henschel vom 2. Dezember 1879.
10 Brief von Georg Henschel vom 28. Dezember 1877.
11 Brief von Wilhelm Rust vom 18. August 1876.
12 Brief von Ferdinand Hiller vom 24. Dezember 1876.
13 Brief von Friedrich Chrysander vom 13. November 1876.
14 Brief von Georg Henschel vom 20. Januar 1877.
15 Brief von Eduard Marxsen vom 29. Oktober 1876.
16 Brief von Carl Ferd. Pohl vom 14. Oktober 1876.
17 Brief mit zahlreichen Unterschriften vom 8. Januar 1877.
18 Brief von Carl Will vom 13. November 1876.
19 Brief von Theodor Billroth vom 14. November 1877.
20 Brief von J. von Bernuth vom 7. Juli 1878.
21 Brief von Brahms an Billroth vom 6. Mai 1878.
22 Brief von Brahms an Bülow vom Januar 1891.
23 Brief von Julius Allgeyer vom 11. März 1876.
24 Brief von Brahms an Billroth, Anfang Juli 1878.
25 Brief von J. C. Hock vom 21. März 1880.
26 Brief von Franz Jauner vom 25. März (ohne Jahreszahl).
27 Brief von Anton Dvorák vom 18. April 1878.
28 Brief von Brahms an Billroth vom 3. Mai 1881.

11. Kapitel: Alte und neue Freunde

1 Brief von Max Stägemann vom 15. Januar 1879.
2 Brief von Brahms an Billroth vom 10. August 1882.
3 Brief von Brahms an Amalie Joachim vom Dezember 1880.
4 Brief von Brahms an Amalie Joachim vom Dezember 1880.
5 Brief von Gustav Nottebohm an Brahms vom 26. Oktober 1882.
6 Brief von Brahms an Bülow vom Oktober 1877.
7 Karte von Brahms an Brüll vom 3. Oktober 1881.
8 Brief von Franz Liszt vom 15. April 1882.
9 Brief von Ferdinand Hiller vom 5. November 1881.
10 Brief von Brahms an Hans von Bülow (undatiert).
11 Brief von Daniela von Bülow an Brahms vom 7. November 1882.
12 Brief von Brahms an Billroth vom 30. August 1882.
13 Brief von Brahms an Billroth vom 30. Juni 1882.
14 Brief von Amalie Walter vom 27. Mai (1883).
15 Brief von Elise Brahms vom 26. April 1883.
16 Brief von Benjamin Godard vom 7. Dezember 1884.
17 Brief von Ferdinand Hiller vom 17. April 1884.
18 Brief von Ignaz Brüll (1884).
19 Brief von Brahms an Bülow (1885).
20 Brief von Richard Strauß vom 19. November 1884.

12. Kapitel: Reicher Herbst

1 Brief von Samuel de Lange vom 10. August 1886.
2 Brief von Brahms an Billroth vom 30. Juli 1884.

3 Karte von Brahms an Marie Brüll vom 26. Februar 1896.
4 Brief von Brahms an Billroth vom August 1886.
5 Brief von Brahms an Billroth vom 22. Juli 1887.
6 Telegramm von Carl Petersen vom 23. Mai 1886.
7 Brief von Carl Petersen vom 19. März 1890.
8 Brief von Brahms an Bülow vom Januar 1890.
9 Brief von Brahms an Bülow vom Januar 1891.

13. Kapitel: Dem Ende entgegen

1 Brief von Adolf Menzel vom 30. April 1892.
2 Brief von Otto Krigar-Menzel vom 26. April 1892.
3 Brief von Brahms an Bülow (April 1892).
4 Brief von Adolf Menzel vom 7. Mai 1893.
5 Brief von Ignaz Brüll vom 7. Mai 1893.
6 Brief von Eugen d'Albert vom 7. April 1893.
7 Brief von E. Behrens vom Mai 1896 (Original englisch).
8 Brief von Brahms an Adele Strauß vom 9. September 1896, im Besitz von Frau A. Meyszner-Strauß.
9 Brief von Edvard Grieg vom 1. April 1896.
10 Brief von Harold H. Widdop, vom 18. Februar 1897 (Original engl.).
11 Brief von Frederick Cowen vom März 1897.
12 Brief von Hedwig von Holstein vom 16. März 1897.
13 Brief von Julie Schnitzler vom 29. März 1897.

22. Kapitel: Der Mensch und der Künstler

1 Brief von Christiane Brahms vom 28. Oktober 1853.
2 Laut persönlicher Mitteilung von Herrn Prof. Bronislaw Huberman.
3 Brief von Aloisia Schrötter vom 4. August 1859.
4 Brief von Adolf Brodsky vom 13. Februar 1891.
5 Brief von Richard Voß (undatiert).
6 Brief von Hermann Götz vom 6. Juni 1870.

BIBLIOGRAPHIE

Wichtigere Brahms-Arbeiten

Adler, G., Handbuch der Musikgeschichte, Berlin 1930
— J. Br., Wien 1933
Altmann, W., Bach-Zitate in der Violoncello-Sonate op. 38 von Br., Die Musik, 1912
Balassa, O. v., Die Br.-Freundin Ottilie Ebner, Wien 1932
Barth, R., J. Br. und seine Musik, Hamburg, 1904
Blume, W., Br. in der Meininger Tradition, Stuttgart (1933)
Brahms, J., Sämtliche Werke, Ausgabe der «Gesellschaft der Musikfreunde", redigiert von E. Mandyczewski und H. Gál, Leipzig 1926—1928
— Briefwechsel, herausgegeben von der Deutschen Br.-Gesellschaft, 16 Bände, Berlin 1907—1922
Brand, F., Das Wesen der Kammermusik von Br., Berlin 1937
— Das neue Br.-Trio. Die Musik, Februar 1939
Bücken, E., Die Musik des 19. Jahrhunderts bis zur Moderne, Potsdam 1929
— Ein neuaufgefundenes Jugendwerk von J. Br. Die Musik, Oktober 1937
Bülow, M. v., Hans v. Bülow, Briefe und Schriften, Leipzig 1895—1908
Burkhardt, M., J. Br., Ein Führer durch seine Werke, Berlin ohne Jahr
Callomon, F., Some Unpublished Br. Correspondence. Musical Quarterly, Januar 1943
Colles, H. C., On Br., London 1908
— J. Br.'s Werke, Leipzig 1915
Deiters, H., J. Br. in Sammlung musikalischer Vorträge, 1880 und 1898
Deutsch, O. E., The First Editions of Br. Music Review, 1940
Dietrich, A., Erinnerungen an J. Br. in Briefen, besonders aus seiner Jugendzeit, Leipzig 1898
Drinker, Henry S., The Chamber Music of J. Br., Philadelphia 1932
Drinker, Sophie H., Brahms and his Women's Choruses. Merion 1952
Ehrmann, A. v., J. Br., Weg, Werk und Welt, Leipzig 1933
— J. Br., Thematisches Verzeichnis, Leipzig 1933
Einstein, A., Briefe von Br. an E. Frank, Zeitschrift für Musikwissenschaft, 1922
Erb, J. L., Br., London 1925
Ernest, G., J. Br., Berlin 1930
Evans, E., Historical descriptive and analytical account of entire Works of J. Br., Vol. I. The Vocal works, London 1912
— Handbook to the Chamber and Orchestral Music of J. Br., London ohne Jahr

Fellinger, R., Klänge um Br., Berlin 1933
Friedländer, M., Br.'s Volkslieder, Jahrbuch Peters, 1902
— Br.'s Lieder, Berlin 1922
— Neue Volkslieder von Br., Berlin 1926
Fuller-Maitland, J. A., Br., deutsch von W. A. Sturm, Berlin 1912

Geiringer, K., Br. als Musikhistoriker, Die Musik, 1933
— J. Br. im Briefwechsel mit E. Mandyczewski, Zeitschrift für Musikwissenschaft, 1933
— Ein zweites Schatzkästlein des jungen Kreisler, Zeitschrift für Musik, 1933
— Br. as a Reader and Collector, Musical Quarterly, 1933
— Br. und C. F. Pohl, Zeitschrift für Musik, 1934
— Br.'s Mutter, Schweizerische Musikzeitung, 1936
— Br. and Chrysander, Monthly Musical Record, 1937—38
Gerber, R., J. Br., Potsdam 1938
Gottlieb-Billroth, C. A. T., Billroth und Brahms in Briefwechsel. Wien 1935
Grasberger, F., J. Br. Variationen um sein Wesen, Wien 1952

Hadow, W. H., Studies in modern Music, 2nd Series, II. Auflage, London 1926
Heldburg, Freifrau v., 50 Jahre Glück und Leid, herausgegeben von El. v. Hase-Koehler, Leipzig 1926
Henschel, Sir G., Personal Recollections of J. Br., Boston 1907
— Musings and Memories of a Musician, London 1918
Hernried, R., J. Br., Leipzig 1934
Heuberger, R., J. Br., Lebensskizze in „Biographisches Jahrbuch usw.", 1898
Hill, R., Br., London 1933
Hitschmann, E., J. Br. und die Frauen, Wien 1933
Hohenemser, R., Br. und die Volksmusik. Die Musik, 1903
Hübbe, W., Br. in Hamburg, Hamburg 1902
Huschke, K., A. Feuerbach und J. Br., Zeitschrift für Musik, 1933
— J. B. als Pianist, Dirigent und Lehrer, Karlsruhe 1936
— Die Frauen um Br., Karlsruhe 1937
Hutschenruyter, W., Brahms, 's-Gravenhage 1928

Imbert, H., Br., Paris 1888
— J. Br., sa vie et son oeuvre, Paris 1906
Jenner, G., J. Br. als Mensch, Lehrer und Künstler, Marburg 1905
— Zur Entstehung des d-moll-Klavierkonzertes op. 15 von J. Br., Die Musik, 1912
Joachim J., Briefe von und an Joseph Joachim, Berlin 1911-12

Kalbeck, M., J. Br., Berlin 1904—1914
— Br. als Lyriker, Wien 1921
Karpath, J., Begegnung mit dem Genius, Wien 1934
Köhler, L., J. Br. und seine Stellung in der Musikgeschichte, Hannover 1880
Komorn, M., J. Br. als Chordirigent in Wien und seine Nachfolger, Wien 1928
Krebs, E., Des jungen Kreislers Schatzkästlein, Berlin 1909

Kretzschmar, H., Gesammelte Aufsätze ... aus den Grenzboten, Leipzig 1910

Landormy, P., Br., Paris 1921
Leyen, R., von der, J. Br. als Mensch und Freund, Düsseldorf 1905
Lienau, R., Erinnerungen an J. Br., Berlin 1935
Litzmann, B., Clara Schumann, 1923-25
— Clara Schumann-J. Br., Briefe aus den Jahren 1853—1896, Leipzig 1927
Luithlen, V., Studie zu J. Br.'s Werken in Variationenform, Studien zur Musikwissenschaft, 1927

Major, E., Brahms és a magyar zene, Budapest 1933
Mandyczewski, E., Die Bibliothek Br.'s, Musikbuch aus Österreich, 1904
Mason, D. G., From Grieg to Br., New York 1927
— The Chambermusic of Br., New York 1933
May, Fl., J. Br. deutsch von L. Kirschbaum, Leipzig 1911
Michelmann, E., Agathe von Siebold, Göttingen 1930
Mies, P., Stilmomente und Ausdrucksstilformen im Br.'schen Lied, Leipzig 1923
— Aus Br.'s Werkstatt, Simrock-Jahrbuch 1928
— Der kritische Rat der Freunde und die Veröffentlichung der Werke bei Br., Simrock-Jahrbuch 1929
— J. B., Leipzig 1930
Miesner, H., Klaus Groth und die Musik, Erinnerungen an J. Brahms, Heide 1933
Miller zu Aichholz V. v., Br.-Bilderbuch, Wien 1905
Moser, A., Joseph Joachim, Berlin 1908/1910
— H. J., Geschichte der deutschen Musik, Berlin 1920—1924
Müller v. Asow, E. H., J. Br. und Mathilde Wesendonck, Ein Briefwechsel, Wien 1943
Müller-Blattau, J., J. Br., Potsdam 1933
— Der junge Br., Die Musik, 1933
Murdoch, W., Br., with an analytical study of the complete Pianoforte works, London 1933

Nagel, W., Die Klaviersonaten von J. Br., Stuttgart 1915
— J. Br., Stuttgart 1923
Niemann, W., Br., 14. Auflage, Berlin 1933

Ophüls, G., Br.-Texte, Berlin 1898
— Erinnerungen an J. Br., Berlin 1921
Orel, A., Skizzen zu J. Br.'s Haydn-Variationen, Zeitschrift für Musikwissenschaft, 1923
— J. Br. und Julius Allgeyer, Simrock-Jahrbuch, 1928
— J. Br., Olten 1948

Pauli, W., Br., Berlin 1907
Perger, R. v., J. Br., Leipzig ohne Jahr
Petzoldt, R., Br. und der Chor, Die Musik, 1933
Pulver, J., J. Br., London 1933

Rehberg, W. und P., J. Br., Zürich 1947
Reimann, H., J. Br., Berlin ohne Jahr

Riemann, H., J. Br. und die Theorie der Musik, Programmbuch zum 1. deutschen Br.-Fest, 1909
Schauffler, R. H., The Unknown Br., New York 1933
Schenker, H., J. Br., Oktaven und Quinten, Wien 1933
Schering, A., J. Br. und seine Stellung in der Musikgeschichte des 19. Jahrhunderts, Jahrbuch Peters, 1932
Schramm, W., Br. in Detmold, Leipzig 1933
Simrock, N., Verzeichnis aller im Druck erschienenen Werke von J. Br., Berlin 1908
Smyth, E., Br. as I remember him, Radio Times, 5 May 1933
Specht, R., J. Br., Hellerau 1928
Spengel, J., J. Br., Hamburg 1898
Spies, M., Hermine Spies, Leipzig 1905
Spitta, Ph., J. Br. in „Zur Musik", Berlin 1892
Steiner, A., J. Br. (Neujahrsblätter der allgemeinen Musikgesellschaft), Zürich 1898, 1899
Stephenson, K., J. Br.'s Heimatbekenntnis, Hamburg 1933
Sturke, A., Der Stil in J. Br.'s Werken, Würzburg 1932
Thomas-San Galli, W. A., J. Br., München 1922
Urbantschitsch, V., Die Entwicklung der Sonatenform bei Br., Studien zur Musikwissenschaft, 1927
Widmann, J. V., J. Br. in Erinnerungen, Berlin 1898
— Sizilien und andere Gegenden Italiens, Frauenfeld 1912

PERSONEN-, ORTS- UND WERKVERZEICHNIS

Werke mit Opuszahlen: